D1722324

Von Abraham bis Zion
Die Bremische Evangelische Kirche

土

Claus Heitmann

Von Abraham bis Zion

Die Bremische Evangelische Kirche

EDITION TEMMEN

Die Deutsche Bibliothek – CIP-Einheitsaufnahme
Ein Titeldatensatz für diese Publikation ist bei
Der Deutschen Bibliothek erhältlich.

2. vollständig überarbeitete und erweiterte Auflage 2000
1. Auflage 1985

© Edition Temmen
Hohenlohestr. 21 – 28209 Bremen
Tel. 0421-34843-0 – Fax 0421-348094
ed.temmen@t-online.de

Alle Rechte vorbehalten
Umschlag nach dem Entwurf von Lothar Klimek
Layout: L.P.G. Uhlandstraße, Bremen
Herstellung: Edition Temmen
Druck: Offizin Andersen Nexö, Leipzig

ISBN 3-86108-619-0

Inhalt

210 Die Dienste der Bremischen Evangelischen Kirche

257 Zum Schluß

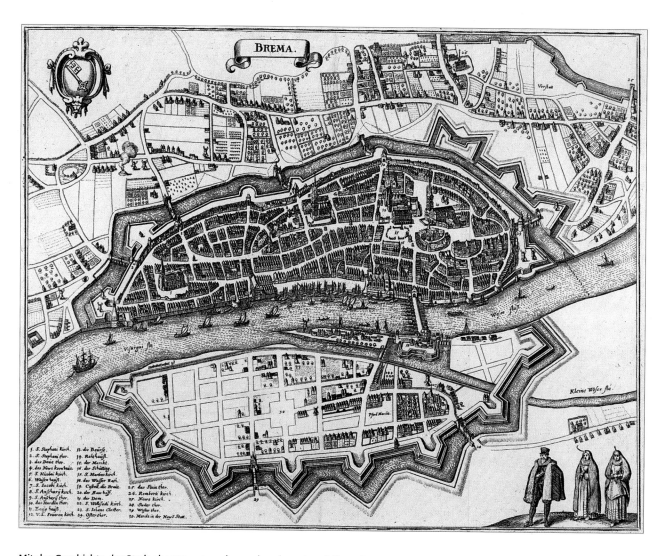

Mit der Geschichte der Stadt ebenso untrennbar verbunden wie mit ihrer Gegenwart:
die bremischen Kirchen. Stadtplan von Matthäus Merian, 1638/41

Geleitwort des Bürgermeisters

Bremen verdankt sein Entstehen und Werden christlichem Glauben und kirchlicher Tatkraft. Von den über 1200 Jahren bremischer Kirchen- und Stadtgeschichte war Bremen 750 Jahre gut katholisch, zweieinhalb Jahrhunderte als »Rom des Nordens« geschätzt.

Wohl als erste der norddeutschen Städte ist Bremen dann 1524 evangelisch geworden. Der Holländer Heinrich von Zütphen hat mit seinem gewaltigen Predigertalent dabei entscheidend mitgeholfen. Als er 1522 in St. Ansarii predigte, war die Kirche so überfüllt, »daß die Leute mit Leitern bis an das Dach der Kirche gestiegen« sind, wie die Chronik berichtet.

Der Andrang zu den Gottesdiensten hat nachgelassen. Ja, es mehren sich die Stimmen, die das 20. Jahrhundert als das letzte christliche sehen. Europa gilt inzwischen als der einzige säkulare Kontinent der Erde. Die Christenheit scheint eine Minderheit zu werden.

Die neu verfaßte und aufgelegte Gesamtdarstellung der Bremischen Evangelischen Kirche von Pastor i.R. Claus Heitmann zeigt in die andere Richtung. Sie wirft, gerade weil sie in der Historie gründet, ein kraft- und hoffnungsvolles Licht auf die kirchliche Gegenwart und Zukunft. Die lebendige und menschennahe Beschreibung der so unterschiedlichen Gemeinden und Einrichtungen in ihrem Werdegang läßt keinen Zweifel aufkommen, daß diese einzigartige, vielschichtige und im besten Sinne christliche bremische Kirchenlandschaft auch künftig Bestand hat.

Die 69 evangelischen Gemeinden und die vielen kleinen und großen Werke, Dienste und Verbände sind das lebendige Fundament eines Glaubens, der sich auch als Minderheit behaupten wird.

Bei Lukas steht die Ermutigung: »Fürchte dich nicht, du kleine Herde!«

Die Bremer Kirchengemeinden fürchten sich nicht. Sie verkörpern und leben die frohe Botschaft, deren Kern das unabdingbare Einstehen für den Nächsten und Fernsten ist. Sie bezeugen, daß der Mensch als Ebenbild Gottes eine unzerstörbare Würde besitzt.

Dieses wunderbare Buch erzählt Geschichte und Geschichten, es verweist auf die Quelle und ermutigt für die Zukunft.

Henning Scherf
Bürgermeister der
Freien Hansestadt Bremen

Geleitwort des Kirchenausschusses der Bremischen Evangelischen Kirche

Im Herbst 1985 erschien die erste Auflage dieser umfassenden Darstellung der Bremischen Evangelischen Kirche, die sich mit achtsamer Liebe den speziellen Besonderheiten und Eigenheiten der einzelnen Ortsgemeinden annahm. Mit dieser Form der Darstellung entsprach das Buch dem Verfassungsgrundsatz der Bremischen Evangelischen Kirche, nach der diese Kirche aus ihren Gemeinden besteht und die Glaubens-, Gewissens- und Lehrfreiheit der Gemeinden im Rahmen der Präambel der Verfassung unbeschränkt bleibt.

Claus Heitmann ist für seine große Arbeit gedankt worden, weil sie ein wertvoller Beitrag für die Kirchengeschichte der Bremischen Evangelischen Kirche und eine notwendige Bremensie ist. Nun liegt die zweite verbesserte Auflage dieses Werkes vor, die vor allem deshalb erforderlich wur-

de, weil den Ämtern und Werken der Bremischen Evangelischen Kirche der ihnen zustehende Raum gegeben werden sollte. Denn die Bremische Evangelische Kirche ist erst dann vollständig im Blick, wenn neben den unterschiedlichen Ortsgemeinden eben auch die ausdifferenzierte Vielfalt der Ämter und Einrichtungen beachtet wird. Dies gilt auch dann, wenn es kaum eine andere Kirche in der EKD gibt wie die Bremische, die so eindeutig und konsequent von den Gemeinden her aufgebaut ist.

Noch vor hundert Jahren war die Unterschiedlichkeit zwischen den Gemeinden so groß, daß es über etliche Jahrzehnte hin zu erbitterten Streitigkeiten zwischen liberal und bibeltreu sowie fortschrittlich-sozialistisch und konservativ-national bestimmten Gemeinden kam, die in der Bremer Öffentlichkeit oft als »Theologengezänk« wahrge-

Zentrum gemeinsamen Handelns aller evangelischen Gemeinden Bremens: das von H. Budde und C. Schröck erbaute »Haus der Kirche« am Franziuseck.

10

nommen wurden. Die jeweiligen Positionen waren manchmal so extrem, daß sie weit über Bremen hinaus beachtet wurden und Bremen oft als Ort der Häresie ausgemacht wurde. Diese alten Geschichten hängen der Bremischen Evangelischen Kirche noch immer an.

Die Zeiten haben sich gewandelt und mit ihr die Bremische Evangelische Kirche und ihre Gemeinden. Zu den ursprünglich 27 Gemeinden, aus denen in den zwanziger Jahren die Bremische Evangelische Kirche bestand, kamen sieben lutherische und reformierte Gemeinden aus den umliegenden Landeskirchen hinzu. Nach 1945 bildeten sich insgesamt 36 Töchter- und Enkeltöchter-Gemeinden. Die Gemeinden lernten mit den Jahrzehnten, immer sorgfältiger aufeinander zu achten. Es wurde immer selbstverständlicher, regionale Arbeitsabsprachen zu treffen. Bei aller Selbständigkeit der Gemeinden findet sich in Bremen eine bunte kirchliche Landschaft, die das Gemeinsame in wesentlichen Fragen eher betont als die selbstverständlich noch immer festzustellenden Unterschiede.

Das Buch dokumentiert die Vielfalt, mit der in der Bremischen Evangelischen Kirche versucht wird, das Evangelium von der Liebe Gottes in Jesus Christus in den unterschiedlichsten Bereichen und auf den verschiedensten Ebenen so zum Klingen zu bringen, daß Menschen es in ihren jeweiligen konkreten Lebenssituationen hören können. Viele tausend Menschen, Ehrenamtliche und Hauptamtliche, in den Gemeinden und in den Werken und Einrichtungen mühen sich, die Liebe Gottes in Wort und Tat zu bezeugen. In diesem tastenden Suchen nach den richtigen Wegen wird es immer Streit und Auseinandersetzung geben. Es gibt keine einfache und eindeutige Antwort auf die den Lebensnerv der Kirche treffende Frage, wie

wir mit unserem Reden und Tun dem Evangelium und den Menschen gerecht werden. Wobei außer Zweifel steht, daß wir den Menschen nur gerecht werden, wenn wir dem Evangelium gerecht werden bzw. daß wir dem Evangelium nur gerecht werden, wenn wir den Menschen gerecht werden.

Dieses Buch will helfen, den feinen Verästelungen dieses immerwährenden Suchens und Tastens in unserer Kirche nachzuspüren. Es gibt Orientierung für die eher Außenstehenden in einer unübersichtlich erscheinenden Kirchenlandschaft. Es bietet eine kirchliche Gesamtschau für alle, die an einem ganz konkreten Ort dieser Kirche leben und arbeiten, so daß die vielfältige kirchliche Nachbarschaft wahrgenommen werden kann. Das hilft, den persönlichen Glauben und die eigene Arbeit in einem größeren Kontext einzuordnen.

Wir danken Claus Heitmann herzlich dafür, daß er nach fast fünfzehn Jahren mit dieser zweiten verbesserten Auflage unsere Kirche und Bremen mit einer aktuellen Kirchengeschichte beschenkt hat.

Bremen, im Herbst 1999
Der Kirchenausschuß der
Bremischen Evangelischen Kirche

Heinz Hermann Brauer
Präsident

Louis Ferdinand von Zobeltitz
Schriftführer

Der Präsident des Kirchenausschusses Heinz Hermann Brauer (oben) und der Schriftführer Louis-Ferdinand von Zobeltitz (unten)

Dies vorweg

Ende der fünfziger Jahre hatte ich an einer auswärtigen Konferenz teilzunehmen. In der Pause sprach mich ein Herr im Lutherrock an: woher ich denn käme. Arglos gab ich ihm zur Antwort, ich sei Pastor der Bremischen Evangelischen Kirche. Was nun folgte, ist mir lange nachgegangen. Es hat nicht wenig zum Entstehen dieses Buches beigetragen. Ein ironisches Lächeln spielte um den Mund meines Gegenübers. Dann bemerkte er genüßlich: Was Sie nicht sagen, gibt es denn in Bremen überhaupt so etwas wie eine Kirche?

Eine Schockfrage? Unglaublicher Mangel an Geschichtskenntnis? Weit gefehlt. Der Herr Oberkirchenrat war ziemlich genau im Bilde: Bei der Ausbreitung des christlichen Glaubens in Nordeuropa hat eben diese Kirche seit dem 8. Jahrhundert eine Schrittmacherrolle gespielt. Vom Erzbistum Bremen-Hamburg ist die Missionierung Dänemarks, Schwedens, Norwegens, Islands, der Orkney-Inseln, des baltischen Livlandes und der slawischen Gebiete jenseits der Elbe vorangetrieben worden. Unter dem bedeutenden *Adalbert* (1043–72) sonnte es sich zeitweise im Ruhm eines »Rom des Nordens«. Und wenig später brachte Erzbischof *Friedrich* mit holländischen »Entwicklungshelfern« die Kolonisation weiter Sümpfe und Ödlandgebiete zwischen Unterweser und Niederelbe in Gang. Aus ihr sind einige der ältesten bremischen Landgemeinden hervorgegangen. Daß sich die streitbaren Erzbischöfe nicht nur als Platzhalter Jesu Christi, sondern ganz selbstverständlich als Inhaber weltlicher Macht verstanden, kann man ihnen im Nachhinein schwerlich ankreiden. Das war im Weltbild des Mittelalters begründet. Freilich: Nach der eindrucksvollen Missionsperiode haben sie sich in der Hauptsache um den politischen Bestand ihres niederdeutschen Herrschaftsbereiches gekümmert; haben ihn im Ringen mit den Anliegerstaaten und mit der Stadt Bremen zu behaupten gesucht.

Aber nicht auf diese »katholische« Vergangenheit war die Spitze meines Gesprächspartners gemünzt. Fragwürdig erschien ihm und erscheint vielen noch immer, was aus der alten Kirche Bremens geworden ist, von der Reformation bis heute. Unvergessen sind die Aufregungen, die das eigenwillige Kirchengebilde an der Unterweser immer neuen Zeitgenossen beschert hat. Und der grimmige Seufzer eines sächsischen Kurfürsten, ein paar Jahrzehnte nach Luther: unter der rotweißen Speck-

fahne hausten »Aufrührer und des Reiches Rebellen«, klingt in mannigfaltigen Abwandlungen bis in die Gegenwart nach. Der Leser wird in diesem Buch einiges davon hören.

In der Tat: Der Verbund der 69 zum Teil recht unterschiedlich geprägten Kirchengemeinden hebt sich in mehr als einer Beziehung von anderen Landeskirchen ab. Einen Bischof wird man hier vergeblich suchen. Der Präsident der Bremischen Evangelischen Kirche ist verfassungsgemäß ein Nichttheologe, meist ein Jurist. Ihm zur Seite steht ein Gemeindepfarrer mit der hanseatisch unterkühlten Amtsbezeichnung »Schriftführer«. Sie täuscht leicht über die Autorität des Amtsträgers hinweg. Es wird aber erwartet, daß er seine Kompetenzen in brüderlicher Weise zur Geltung bringt. Unkundige spötteln gelegentlich, jeder Pastor sei hier sein eigener Papst, ein gemeinsames Lehrfundament gebe es nicht. Doch der oberflächliche Eindruck trügt: Das Evangelium von Jesus Christus und die Bekenntnisse der Reformation sind in der Verfassung ausdrücklich als verbindliche Grundlage festgeschrieben. Ein weiträumiges Dach, gewiß, aber reformierte, lutherische und einfach evangelisch sich nennende Gemeinden haben sich mehr oder weniger friedlich unter ihm miteinander arrangiert. In vielen von ihnen führen, sofern es die Gemeindeordnung nicht anders bestimmt, theologische Laien den ehrenamtlichen Vorsitz: die sogenannten »Bauherren«. Gemeinsame Anliegen werden im »Kirchentag« entschieden, dem Parlament und der gesetzgebenden Versammlung aller Gemeinden. Und der zwölfköpfige »Kirchenausschuß« besorgt mit einer »Kirchenkanzlei« die Geschäftsführung. Er ist offiziell das repräsentierende Organ. Schließlich muß kein Bremer Protestant unbedingt Glied seiner Wohngemeinde sein. Die Einrichtung der »Personalgemeinde« erlaubt es ihm, der zuzugehören, die ihm am meisten zusagt.

Alles in allem: Die Bremische Evangelische Kirche ist zwar durchaus nicht ein Unicum oder gar das enfant terrible unter den deutschen Kirchen. Aber sie hat ihre Besonderheiten. Mit ihnen gehört sie seit 1953 anerkanntermaßen samt allen Rechten und Pflichten zur Evangelischen Kirche in Deutschland. Und die Wirklichkeit hat gezeigt, daß man mit dieser Konstruktion nicht schlechter fährt als anderswo. Vielmehr ermöglicht das Höchstmaß an persönlicher Entscheidungsfreiheit und Gemeindeinitiative eine gewiß spannungsvolle, aber dafür um so lebendigere Entfaltung wirklich vorhandener Kräfte. Vielleicht ähnelt sie darin frühchristlichen Gemeindeverhältnissen mehr, als manche wahrhaben wollen.

Natürlich ist das alles nicht am Schreibtisch entstanden. Es resultiert aus geschichtlichen Erfahrungen. Die starke Position der Nicht-Theologen, der »bouwemester«, hat sich schon im 14. Jahrhundert – ähnlich wie in anderen Städten Norddeutschlands – herausgebildet. Sie sind nicht unwesentlich beteiligt gewesen an der Durchsetzung der Reformation in Bremen-Stadt. Seither haben sie, gemeinsam mit den »Diakonen« (Armenpflegern), einen beträchtlichen Einfluß auch auf das geistliche Klima der Gemeinden genommen. In den leidenschaftlichen Kontroversen, für die Bremen von der Mitte des 16. Jahrhunderts bis in die Gegenwart eine vielbeachtete Schaubühne geworden ist, haben sie zwar nicht abseits gestanden, aber gewöhnlich mit ihrer pragmatischen Einsicht mäßigend gewirkt. Davon versprach man sich auch für die Zukunft den notwendigen Ausgleich.

Ähnliches gilt von der oft beargwöhnten »Glaubens-, Gewissens- und Lehrfreiheit« der bremischen Gemeinden. Sie ist tatsächlich ein Wagnis. Und mehr als einmal sind, wir werden es sehen, von bremischen Kanzeln Ideen verbreitet worden, die mit dem Christuszeugnis der Bibel kaum noch etwas zu tun hatten. Diesem immer möglichen Wildwuchs ist der Kirchentag 1952 noch einmal ausdrücklich durch die Erklärung begegnet, daß die Freiheit der Verkündigung laut Verfassung an

Seit Jahrhunderten wird die Silhouette Bremens von seinen Kirchen bestimmt. Aufnahme aus den dreißiger Jahren.

das Evangelium und die reformatorischen Bekenntnisse gebunden sei. In diesem Rahmen, der sich freilich von selbst verstehen sollte, bleibt ein erfreulicher Spielraum, das unterschiedliche Verständnis der Wahrheit im brüderlichen Streit zur Geltung zu bringen. Maulkörbe können so leicht nicht verpaßt werden.

Wenn man in Bremen von Kirche spricht, denkt man jedenfall nicht zuerst an eine Behörde oder an schwarzgewandete Würdenträger. Man hat Gemeinden vor Augen, die ihr kirchliches Leben weitgehend selber ordnen. Es ist zwar ein Gerücht, daß die Gesamtkirche nur aus einer »gemeinsamen Kasse« bestünde. Aber ihre Befugnisse sind auf das Notwendigste beschränkt. Bis dieser Zustand der Ausgewogenheit erreicht wurde, ist allerdings ein vierhundertjähriger Weg zurückgelegt worden. Im diplomatischen Ringen mit dem in der Stadtmitte residierenden Erzbischof und später mit dem Dom, der anderthalb Jahrhunderte lang erst schwedisches, dann hannoversches »Ausland« war, in der Auseinandersetzung zudem mit durchweg lutherischen Nachbarstaaten hat der reformierte Rat bzw. der Senat bis 1918 über weite Strecken ein strenges Kirchenregiment geführt. Frühe Ansätze zu einer Selbstverwaltung der Gemeinden sind im Keim erstickt worden. Die ab 1524 vom Rat berufenen »Superintendenten« vermochten gegen ihren Dienstherrn keine unabhängige Position zu erringen. Ebenso wenig gelang es dem »Venerandum Ministerium«, einem korporativen Zusammenschluß der altstädtischen Prediger (seit 1561 und 1591 fest organisiert), so etwas wie eine eigenständige Kirchenleitung zu bilden. Nach dem Auslaufen des Superintendentenamtes (1656) wurden seine Zuständigkeiten vielmehr empfindlich beschnitten. Die Landgemeinden dirigierte das Rathaus ohnehin durch seine »Visitatoren«.

Noch in der Amtszeit des genialen Bürgermeisters Johann *Smidt* (1821–57), der selber von Haus aus Theologe war, verhinderte der Senat durch seine autokratische Politik die längst überfällige Selbstverwaltung des bremischen Kirchenwesens. Dadurch förderte er jene heftigen theologischen Auseinandersetzungen, für die Bremen zeitweise berüchtigt war. Erst die Weimarer Wende, die das landesherrliche Kirchenregiment beendete, veranlaßte auch die Widerborstigsten, sich einer gemeinsamen Verfassung anzubequemen. Weil aber die Flügelkämpfe zwischen »bibeltreuen« und »freisinnigen« Gemeinden weitergingen, schien der Nationalsozialismus 1934 mit der uneinigen Kirche leichtes Spiel zu haben. Dennoch war der auf das biblische Bekenntnis und hanseatische Traditionen gestützte Widerstand hier und dort unerwartet

entschlossen. Der Schock, den die böse Erfahrung jener Jahre auslöste, hat in der Folgezeit eine nachhaltige Neubesinnung auf die gemeinsamen Grundlagen herbeigeführt. Und die Nachkriegs-Senate haben den kircheneigenen Lernprozeß zumeist in partnerschaftlicher Zurückhaltung begleitet. Kurzum, man mag, mit einer bestimmten Brille vor Augen, über die Verhältnisse in der Bremischen Evangelischen Kirche den Kopf schütteln. Daß sie auf ihre Weise Kirche ist, kann nur ein Böswilliger bestreiten.

Freilich wird sie nun zeigen müssen, daß sie mit ihren bremischen Eigenheiten auch der Zukunft gewachsen ist. Denn zweifellos steht sie im dritten Jahrtausend n. Chr. vor neuen, außerordentlichen Herausforderungen. Fremdartige Religionen, esoterische Kulte, virtuelle Weltbilder rücken vor die Haustür und erscheinen in den Medien. Christliche Traditionen drohen zu verblassen. Verweltlichung breitet sich flächendeckend aus. Technisch-wirtschaftlicher Strukturwandel überzieht den Globus bis in jeden Winkel mit ökosozialen Problemen.

Auf diese Herausforderungen werden in erster Linie die 69 Gemeinden vor Ort mit ihren unterschiedlichen Gaben des Glaubens reagieren müssen. Sie sind nach wie vor die Kerne der Bremischen Evangelischen Kirche. Darum sollen sie in diesem Buch, mit Streiflichtern auf ihre Geschichte, auch zuerst vorgestellt werden. Aus Platzgründen können die Porträts allerdings nicht so vollständig wie vielleicht erwünscht ausfallen. Nur Besonderheiten, nicht das ganze »klassische« Programm jeder Gemeinde finden Erwähnung. Wir bitten daher den Leser um sein Verständnis, wenn er möglicherweise bestimmte, ihm wichtig erscheinende Namen, Ereignisse und Bildansichten vermißt. In jedem Fall scheint es uns dagegen unerläßlich, einen Eindruck von den Kirchenräumen zu vermitteln. Der Gottesdienst ist und bleibt nun einmal die Mitte des christlichen Lebens. Und die bremischen Gotteshäuser, namentlich aus der Zeit nach dem Zweiten Weltkrieg, sind architektonische Zeugnisse eines oft eigenwilligen Zugangs zum Evangelium. Wir hoffen, durch Text und Bild das Interesse auch für sie zu wecken und zu Besuchen einzuladen.

Der Titel unseres Buches, »Von Abraham bis Zion«, scheint den Leser auf eine falsche Fährte zu locken. Tatsächlich schwebte zunächst eine Aufreihung von Einzeldarstellungen in alphabetischer Reihenfolge vor. Viele Gespräche haben uns jedoch von diesem allzu schematischen Verfahren abgebracht. Mit Recht wurde der Wunsch geäußert, diese erstmals komplette Porträtsammlung möge wenigstens in Umrissen etwas von der geschichtlichen Entwicklung zur Bremischen Evangelischen Kirche unserer Tage aufzeigen. Wir haben uns also im ersten Teil bemüht, dem erst allmählichen, dann sprunghaften Wachstumsweg der Gemeinden nachzuspüren. Allein seit 1945 ist deren Zahl um ein gutes Drittel gewachsen. Soweit das möglich ist, soll der »Stammbaum« der Unterweser-Kirche in Abschnitten sichtbar werden – jener Prozeß, in dem Mutterkirchen immer wieder neuen Töchtern zum Leben verholfen haben. Das war, parallel zum oft berufenen »Wirtschaftswunder« der Bundesrepublik, eine beispiellose Expansion. Sie ist inzwischen durch eine deutliche Konzentrationsbewegung abgelöst worden: Die Gemeinden sind gehalten, sich den gemeinsamen Aufgaben planvoller denn je mit kombinierten Kräften zu widmen – ebenso auch alle anderen Organe am Leib der Kirche.

Zu diesen Organen gehören nicht zuletzt die für die gesamte Bremische Evangelische Kirche tätigen Verbände, Werke, Aufträge und Dienste. Ihre bedeutende Arbeit soll im zweiten Teil dieser erweiterten Neuausgabe des Buches wenigstens skizziert werden. Erst damit erhält der Leser wirklich einen umfassenden Überblick über unsere Landeskirche. Denn bei diesen Einrichtungen handelt es sich ja keineswegs um entbehrliches Zubehör. Vielmehr üben sie stellvertretend und ergänzend spezielle Dienste aus, die von der einzelnen Gemeinde in der hochkomplexen Gesellschaft unserer Tage kaum oder gar nicht wahrgenommen werden können. Ob nun ein Großunternehmen wie das Diakonische Werk oder das viel kleinere Rundfunkreferat, ob pfarramtlich verfaßt oder von Nichttheologen geführt – in jedem Falle sind diese Einrichtungen als Kirche zu verstehen: als Glieder am Leibe Jesu Christi.

Wir wünschen allen, die in dem Buch stöbern, viele interessante Funde und Entdeckungen. Zusammenhänge mögen sich erschließen, die bislang unbekannt waren und die doch bis heute in der bremischen Kirche nachwirken: Vergangenes ist ja nur scheinbar vergangen. Es ist im Jetzt für morgen aufgehoben. Einen herzlichen Dank sagen wir allen denen, die beim Zustandekommen dieses Buches mitgeholfen haben – vor allem den Gemeinden und gesamtkirchlichen Einrichtungen selbst: Sie überließen uns Unterlagen, ohne die wir unser Vorhaben nicht hätten bewältigen können. Ein weiterer Dank gebührt unzähligen älteren Chronisten, auf deren Arbeit wir aufbauen mußten. Denn es ist unmöglich, jedem Faktum mit dem historischen Mikroskop nachzuforschen.

Durch Lesung des Manuskriptes und wertvolle Hinweise haben dem Autor seine Amtsbrüder Hartwig *Ammann*, Dr. Klaus *Dirschauer*, Dr. Ortwin *Rudloff* † und Gerhard *Schmolze* weitergeholfen. Der Kirchenausschuß sowie die Kanzlei der Bremischen Evangelischen Kirche haben die Herausgabe des Buches mit Rat und Tat gefördert. Insbesondere das Archiv, die Landeskirchliche Bibliothek sowie die Redaktion der »Bremer Kirchenzeitung«, namentlich Hilke *Nielsen*, Hanni *Steiner*, Joachim *Colberg* und Heinrich *Figge* erschlossen wichtige Zugänge. Ein Teil der Bebilderung stammt aus den reichen Beständen des Focke-Museums, der Landesbildstelle und des Staatsarchivs. Nicht zuletzt dankt der Verfasser Suse *Heitmann*, seiner lieben Frau, die ihn während der mehrjährigen Arbeit geduldig und ermutigend begleitet hat.

Die folgenden Seiten sind von jemandem zusammengestellt, der Bremen und seiner Kirche in kritischer Liebe zugetan ist. Er möchte sich mit diesem Buch erkenntlich zeigen für ein schönes Stück weltlicher und geistlicher Heimat, die ihm hier an der Weser zugewachsen ist. So soll diese zweite, erweiterte Auflage unseres »Kirchenführers« den gesamtkirchlichen Einrichtungen und Gemeinden insgesamt, »Von Abraham bis Zion«, aufs neue gewidmet sein.

Claus Heitmann

Bremen, im Oktober 1999

DIE GEMEINDEN DER BREMI-SCHEN EVANGELISCHEN KIRCHE

Mauern – Dünen – Deiche – Geestrand:
Die Gemeinden rechts der Weser

Landratten, die wir zu Besuch haben, wissen oft nicht, was bei der Betrachtung eines Flusses rechts oder links ist. Um Mißverständnissen vorzubeugen: maßgeblich für die Orientierung ist das Strömungsgefälle. Man blicke flußabwärts in die Richtung, die das Wasser nimmt. Dann kann man die bewährte Faustregel anwenden: rechts ist, wo der Daumen nach links zeigt. Und das ist, im Falle der Weser, die Altstadtseite mit den vielen Kirchtürmen.

Der Strom, der vor Tausenden von Jahren mit vielen Nebenarmen das breite Urstromtal bis zum Meer hin durchfloß, spielt auch in der Sage von der Entstehung Bremens eine Rolle. Die Story ist stadtbekannt und soll in einem Arkadenbogen unseres Rathauses festgehalten sein. Es war einmal: Da trieben Heimatlose auf der Suche nach einer neuen Bleibe den Fluß herunter. Am rechten Ufer erblickten sie eine hohe Düne. Sie landeten, und siehe da: aus dem Heidekraut lief ihnen eine Henne mit ihren Küken entgegen. Und sie beschlossen, Hütten zu bauen.

Die hübsche Geschichte hat einen historischen und vor allem einen geologischen Kern. Der langgestreckte Dünenzug von Achim bis Burg-Grambke, in seiner Bedeutung für das einst von Wasserläufen und Sümpfen umgebene »bremun« nicht zu überschätzen, tritt im Bereich der heutigen Altstadt dicht an die Weser heran. Wo die ersten »Häuser« auf der flußnahen Düne gestanden haben, wird sich nicht mehr ermitteln lassen. Sicher ist, daß der angelsächsische Mönch Willehad am 1. November 789 auf dieser »Dom-Düne« die erste Kirche der späteren Stadt Bremen weihen ließ. Vielleicht an der Stelle eines germanisch-sächsischen Häuptlingssitzes ist das zunächst kleine Zentrum zur befestigten Domburg geworden. Etwas älter als diese »hölzerne« Domkirche ist möglicherweise die Mutterkirche des Gebietes nördlich der Lesum: St. Martini. Historische Belege lassen sich dafür freilich nicht heranziehen. Was das bremische Kern-Territorium angeht, so ist zu vermuten, daß nahezu alle alten bremischen Kirchen vom Domkapitel gegründet worden sind. Nachweislich gilt dies von den bis heute erhaltenen *Altstadtkirchen* rund um den Roland, die sich westlich und südlich der Domdüne aneinanderreihen.

Zu den drei Kirchspielen von Unser Lieben Frauen, St. Ansgarii und St. Stephani gehörte ursprünglich das nördliche Umland von Bremen. Dort, draußen vor den Stadttoren, entstanden seit dem 12. Jahrhundert die *Vorstadtgemeinden* mit zunächst rein bäuerlicher Bevölkerung. Auf eine sehr frühe bürgerliche Initiative geht bemerkenswerterweise das St. Remberti-Stift zurück. Dessen Jurisdiktion unterstand ein großer Teil des östlich gelegenen Vorfeldes. So kommt es, daß die flußaufwärts befindlichen »Dünen-Gemeinden« zwei unterschiedliche Stammbäume besitzen. Die Hastedter Gruppe hat in St. Remberti ihre Wurzel, die Hemelinger und Mahndorf in der wohl um 1200 existierenden Arberger Pfarrkirche.

Unter völlig anderen, wesentlich härteren Bedingungen sind die ersten Gemeinden nördlich des Dünenzuges begründet worden. Hier war der Boden zuallererst urbar zu machen. Dies geschah im Auftrag des Domkapitels und unter Anleitung niederländischer Entwässerungsspezialisten in den Jahren ab 1104. Zwei Abstammungslinien sind in dieser *Hollerländer Region* zu erkennen: Die eine führt zur Entstehung der Horner Gruppe, die andere

Der Legende nach wies sie den »Ur-Bremern« den Weg auf die Dom-Düne: Die Gluckhenne in einem Arkadenbogen des Rathauses.

Wenn es auch längst nicht mehr so viele sind wie auf alten Ansichten, so prägen doch noch immer die Kirchtürme das Bild der Altstadt. Aufnahme vom Wasserturm.

durchzieht das ehemalige, sehr große und bis an die Osterholzer Heerstraße reichende Kirchspiel Oberneuland. Erst in der zweiten Hälfte des 20. Jahrhunderts sind auf hollerländischen Wiesen die *Gemeinden in der Vahr* hinzugekommen.

Wahrscheinlich in einem zweiten Abschnitt des Kolonisationswerkes wird die Entwässerung des weiter westlich liegenden Sumpfgebietes begonnen worden sein. Unter schwierigen Umweltbedingungen hat sich hier die *Blockland-Gemeinde* mit ihrem Stützpunkt Wasserhorst (vor 1200) gebildet. Sie lehnt sich nach Süden an den Dünenrücken – das »Rückgrat« Bremens – an, der unterhalb der Stadt immer weiter vom Weserufer zurücktritt. Zwischen dem Dünenzug einerseits, den Deichen an der Weser und Lesum andererseits finden sich hier die Gemeinden des *Werderlandes.* Ihre historischen Wurzeln liegen in Mittelsbüren und Gröpelingen.

Jenseits des Lesum-Flusses und bis zum südlichen Rand der Osterstader Marsch, im »hohen *Norden*« Bremens also, erstreckt sich eine der geschichtlich und konfessionell interessantesten Re-

gionen der Bremischen Evangelischen Kirche. Ihre Gemeindefamilien haben sich aus zwei frühen Brennpunkten entwickelt: St. Martini zu Lesum, das sehr wahrscheinlich schon im 8. Jahrhundert existiert hat, und die im 16. Jahrhundert gebildete Reformierte Gemeinde Blumenthal.

Kirchlich gehört zu Bremen auch die Bürgermeister-Smidt-Gedächtniskirchengemeinde *Bremerhaven,* geographisch durch die am rechten Weserufer sich hinziehende Osterstader Marsch und territorialrechtlich durch Sprengel der hannoverschen Landeskirche von den übrigen bremischen Gemeinden getrennt. Ihrer Sondergeschichte werden wir ebenso wie dem Bereich nördlich der Lesum in späteren Kapiteln nachgehen.

Vom »Bremer Kreuz« bis zur Lesum

Zunächst soll uns jenes Gebiet der bremischen Kirche beschäftigen, das sich vom »Bremer Kreuz« der Bundesautobahn im Südosten der Stadt in nordwestlicher Richtung bis zur Lesum ausdehnt. Im Norden wird es durch die Wümme, im Süden von der Weser begrenzt. Es ist zwar, verglichen mit dem Einflußbereich der Erzbischöfe von Hamburg-Bremen, zu einem schmalen Streifen geschrumpft. Gegenüber den Anfängen des Erzbistums und der Stadt im 8./9. Jahrhundert auf der »Dom-Düne« hat es in unseren Tagen jedoch eine beachtliche Größe. Der Kern Bremens außerhalb der seit Erzbischof Ansgar umwallten Domburg wird anfänglich nur aus wenigen Quadratkilometern bestanden haben. Besondere Bedeutung kam dem Viertel an der »Balge«, dem ersten Bremer Hafen, und den an der »Langen Straße« aufgereihten Häuserzeilen zu. Die gegenwärtige bremische Landeskirche ist über diesen kleinen Altstadtbezirk ganz erheblich hinausgewachsen. Mit vielen ehemaligen Landgemeinden formiert sie sich jetzt zu einem flächendeckenden Zusammenhang. Von dem weseraufwärts gelegenen niedersächsischen Ort Bollen bis hinunter zur Lesum, an ihr entlang bis zum Einfluß der Wümme, gegen den Lauf der Wümme bis auf die Höhe von Oberneuland und von dort über den Hollerdeich in südlicher Richtung wiederum nach Bollen zurückbiegend – diese Linie umschreibt in groben Zügen den Teilbereich der Bremischen Evangelischen Kirche, dem wir uns jetzt zuwenden.

Das Gebiet zwischen dem heutigen Bremer Kreuz und der Lesum, 1653. Ausschnitt aus der Weserkarte in der ›Topographia Saxoniae Inferioris‹ von M. Merian.

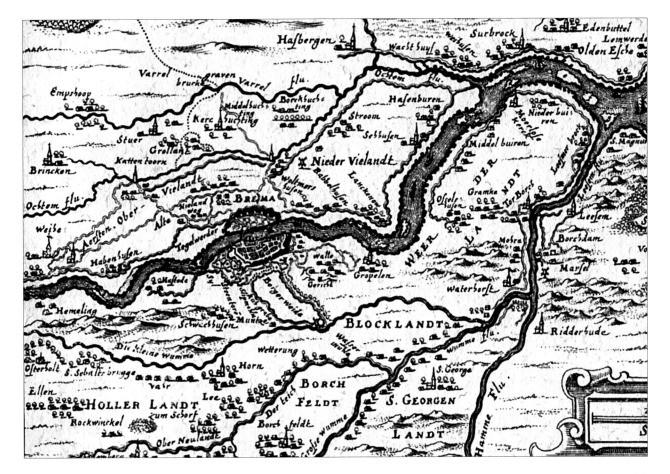

Rund um den Roland

Sie stehen wieder hoch im Kurs: die Städte-Ansichten aus vergangenen Jahrhunderten. Als handliche Stiche in Fluren und Wohnzimmern, als Wanddekorationen in öffentlichen Gebäuden und Restaurants mit gehobenen Ansprüchen kommen sie der nostalgischen Sehnsucht nach Herkunft, Nestwärme, heimatlicher Geborgenheit, übersichtlicher Umwelt entgegen. Das ist auch in Bremen so. Auf den Nachdrucken der Weigel, Hogenberg, Landwehr ist das alles noch dicht beieinander: die Weser mit ihren altertümlichen Wasserfahrzeugen und darüber, von der Neustadt aus betrachtet: die Schokoladenseite der späteren Freien Hansestadt Bremen, ein lockerer Wald von Türmen.

Viele von ihnen sind inzwischen verschwunden. Ausgelöscht die stolze Silhouette von Alt-Ansgarii, die Umrisse rund eines Dutzends kleinerer Kirchen und Kapellen. Die Großstadt an der Niederweser, gebeutelt in Jahrhunderten und doch stets aufs neue die Herausforderungen der Gegenwart annehmend, hat den altstädtischen Bildrahmen längst nach allen Seiten gesprengt. Doch so hat er

einmal ausgesehen, und noch viel bescheidener waren die Verhältnisse in den Entstehungsjahren.

Keine Abbildung, nicht der winzigste Rest eines Bodenfundes ist uns von dem allerersten kirchlichen Bauwerk Bremens erhalten geblieben. Dennoch hat von diesem hölzernen Bauwerk, 789 geweiht, von diesem oft zerstörten, immer großartiger wiederaufgebauten und erweiterten *St. Petri-Dom* nicht nur die christliche Epoche zwischen Niederweser und Niederelbe ihren Ausgang genommen; ist der frühen »Stabsarbeit« des Domkapitels nicht nur die spätere Existenz der Welt- und Handelsstadt Bremen zu verdanken. Weite Bereiche Nordeuropas sind durch die von ihm ausstrahlende Missionsarbeit für die Botschaft von Jesus Christus gewonnen worden.

200 Jahre lang ist St. Petri die repräsentative Kirche des bescheidenen Fährdorfs im weit verzweigten Flußgebiet der Unterweser gewesen. Erst unter Erzbischof Adaldag, dem Kaiser Otto der Große als seinem Kanzler 965 das Marktrecht bestätigte, begann sich eine städtische Entwicklung

Die Stadtansicht von Martin Weigel, um 1560, zeigt die zahlreichen Kirchen der Innenstadt.

abzuzeichnen. Die Bevölkerung wuchs. Der Dom wurde zur Bischofskathedrale. Und Erzbischof Unwan (1013–29) übertrug die geistliche Versorgung einer neu erbauten Pfarrkirche. Sie war dem Heiligen Veit geweiht – dem Schutzpatron des für Norddeutschland so bedeutenden Missionsklosters Corvey an der Weser. Auf ihrer Südseite blühte der Markt auf. St. Veit, deshalb als »Marktkirche« oder wegen der Versammlungen der Ratsmitglieder in ihr auch als »Ratskirche« bezeichnet, wurde im 12. Jahrhundert in »Marien« oder »Unser Lieben Frauen« umbenannt. In dieser Zeit ist die Altstadt mit einem ersten Mauerring befestigt.

Nicht eingeschlossen war die flußabwärts gelegene »Steffensdüne«: Die dort lebenden »einfachen Leute« beteiligten sich 1139 in ihrem neuen, von St. Veit ausgegrenzten Kirchspiel an der Gründung von *St. Stephani*. Diese Kirche war später über die Langenstraße durch ein Tor beim heutigen »Brill« zu erreichen. Erst später wurde die »Steffensstadt« in den erweiterten Mauerring einbezogen. In der Altstadt führte die zunehmende Bevölkerungsdichte 1229 zur Aufteilung der überlasteten Großpfarre Unser Lieben Frauen. Sie behielt ihr Kirchspiel im Ostteil der Stadt und in deren östlichem Vorfeld, bis dort St. Remberti die kirchliche Zuständigkeit übernahm. Das weiter westlich gelegene Stadtviertel, Wohnbezirk vor allem des Adels und der Ratsfamilien, wurde – samt dem entsprechenden Umland – dem *St. Ansgarii*-Stift zugeschlagen. Der Bau seiner ansehnlichen Kirche mit dem höchsten Turm Bremens, scheint nur mühsam vorangekommen zu sein. Sie ist im Zweiten Weltkrieg einer Bombe zum Opfer gefallen. Im vorderen Schwachhausen hat die Gemeinde ein neues Gotteshaus erhalten.

Südlich von Unser Lieben Frauen und von deren Pfarrbezirk durch einen Seitenarm der Weser, die »Balge« – Bremens erstem Hafen – getrennt, entstand ebenfalls 1229 die Basilika *St. Martini* mit einem großen Kirchspiel, das auch die Seelsorge auf dem gegenüberliegenden linken Weserufer umfaßte. Hier, unmittelbar am Fluß, war das Quartier der Kaufleute, Böttcher und Schiffsbauer. Von den zahlreichen übrigen Gotteshäusern der mittelalterlichen Altstadt ist nur noch die Franziskaner-Klosterkirche *St. Johann* am Rand des Schnoor-Viertels übrig geblieben. Sie dient jetzt den Katholiken Bremens als Hauptkirche.

St. Petri-Dom

Unser Weg durch die Bremische Evangelische Kirche beginnt in der Altstadt, auf der verkehrsumflossenen »Dom-Insel«. Hier nämlich setzt ihre bis in unsere Tage bewegte Geschichte ein. Die frühe Dom-Gemeinde ist nicht nur die Mutter der Freien Hansestadt Bremen – bis heute lehnt im Staatswappen der Schlüssel, Zeichen des Jesusjüngers Petrus, dem schon der erste Bau der Domkirche geweiht war. Von hier aus sind die meisten ältesten Kirchengemeinden Bremens gegründet worden. Noch lange haben sie im Wirkungsbereich des Domkapitels gelegen. Erzbischöfe und Bischöfe, Superintendenten, Pfarrerinnen, Pfarrer und »Bauherren« sind bis in die Gegenwart an St. Petri tätig

gewesen: als Missionare und Verkünder des Evangeliums, als Organisatoren und Diplomaten, oft genug auch mit der blanken Waffe.

Natürlich hat die Dom-Gemeinde anfänglich ganz anders ausgesehen als in unseren Tagen. Im 8. Jahrhundert war der elf Meter hohe Dom-Hügel vermutlich ein heiß umkämpfter Platz. Vielleicht haben sich hier einheimische Sachsen erbittert gegen die christlichen Truppen Karls des Großen und seine Mönchsmissionare verteidigt. Hier, nur wenige Schritte entfernt von dem militärisch wichtigen Weser-Übergang, errichtete der König einen befestigten Stützpunkt, das Hauptquartier des sogenannten »Wigmodi-Gaues« im Elbe-Weser-Dreieck. Die Bremer Ur-Gemeinde wird also aus Missionspriestern, fränkischen Soldaten und Verwaltungsspezialisten bestanden haben; dazu aus

Rathaus und St. Petri-Dom – symbolisch für die gemeinsame Geschichte von Stadt und Kirche.

sächsischen Kleinbauern, Fischern und Gewerbetreibenden, soweit sie nicht vorsichtshalber von den Besatzungstruppen deportiert waren. Ihre erste Kirche ist 789 errichtet. Vermutlich war es ein nicht allzu aufwendiges Holzbauwerk, sicher aber von Anfang an Zentrum eines großen Komplexes von Klostergebäuden und Wirtschaftsanlagen.

Das geistliche Leben unterlag strengen Vorschriften. Die Gemeinde kam regelmäßig zur Messe zusammen, die Pfarrerschaft rund um die Uhr zu den festen Gebetszeiten. Die Geistlichkeit bildete den Kern des »Domkapitels«, so bezeichnet nach den täglichen Lesungen von Bibelabschnitten. Man arbeitete, schlief und aß gemeinsam in einer mönchischen Wohngemeinschaft. Gutshöfe und Filialgemeinden rundum hatten für den Unterhalt aufzukommen. Dafür wurden sie vom Domkapitel betreut. Eine gezielte »Bildungsarbeit« gehörte zu den wichtigsten Aufgaben. Mindestens die Grundelemente des christlichen Glaubens sollte jeder Einwohner des wachsenden Bistums kennen: Credo, Zehn Gebote und Vaterunser. Die ersten Bremer Erzbischöfe und Bischöfe, vom wundertätigen *Willehad* (787-89) über den Visionär *Ansgar* (848-65) und den demütigen *Rembert* (865-88) bis zu *Unni* (918-36) waren noch selbst »Pastoren«. Sie predigten, hörten Beichte, tauften, firmten, kümmerten sich persönlich um »Problemfälle«. Sie übten gemeinsam mit den Archidiakonen im ganzen Gau das gefürchtete »Sendgericht« aus: Vor versammelter Gemeinde, umgeben von Priestern mit brennenden Kerzen, stößt der Bischof die schuldig Gewordenen aus der kirchlichen und bürgerlichen Gemeinschaft aus.

Unter *Adaldag* (937-88) wurde das anders. Nun stiegen die Erzbischöfe von Hamburg und Bremen zu Kanzlern und Beratern der Kaiser auf, verwickelten sich zunehmend in die Reichspolitik, waren oft lange abwesend. Dompropst und Domkapitel nahmen unterdessen die kirchlichen und städtischen Verpflichtungen wahr. Die heutige Altstadt erweiterte und verdichtete sich. *Unwan* (1013-29) erhob eine vielleicht schon vorhandene kleine Kapelle dicht vor der Dombefestigung zur St. Veitskirche, später »Unser Lieben Frauen« umgewidmet. Sie war die erste reine Pfarrkirche des alten Bremen. Der St. Petri-Dom blieb zwar weiterhin für das »Kirchenvolk« geöffnet, zumal an den vielen Festtagen. Im wesentlichen aber war er seither die Kathedrale des Erzbischofs und Gottesdienstraum des Domkapitels. Von nun an beginnt die bremische Geschichte zweigleisig zu verlaufen: hier das nach Süden und Norden ausladende »Erzstift« mit seiner Geistlichkeit, der adeligen Ritterschaft und

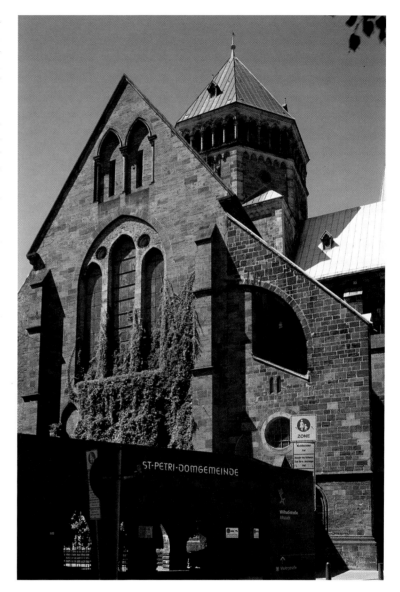

dem Verwaltungsstab – dort die immer selbstbewußter auftretende Bürgerschaft.

Ein wichtiges Datum ist das Jahr 1229. Ein päpstlicher Beschluß teilte die bisherige Großpfarre in mehrere Kirchspiele auf. Im Dombezirk konnte man sich nun stärker auf die politischen Angelegenheiten des Erzbistums konzentrieren. Nicht die geringste Sorge galt dem Gleichgewicht zwischen Domkapitel und Stadtbürgerschaft.

Bis zur Reformation hat das Domkapitel mitten in Bremen ein Eigenleben geführt. Darauf, daß sich bürgerliche Mitbestimmung schon viel früher, selbst bis in die Kathedrale hinein, durchsetzte, lassen Inschriften auf dem alten Chorgestühl schließen. Längst verwalteten Ratsherren und theo-

Weniger bekannt als die Schauseite: Blick von der Chorseite auf die Vierungskuppel des Doms.

23

Rekonstruktion des Doms zur Entstehungszeit des romanischen Kernbaues.

Nachdem der Südturm bereits 1638 eingestürzt war, brannten 1656 auch der Turmhelm des Nordturms und das Langhausdach ab. Aquarell in einer Chronik des 17. Jahrhunderts.

Zu Tumulten führte die Wiedereröffnung des Doms 1638 gegen den Willen des reformierten Senates durch die Bremer Lutheraner.

logische Laien als »structuarii« die kirchlichen Baufinanzen – übrigens relativ unabhängig, in des »buwemesters rechtigkeit«. Hier sind die Anfänge des »Bauherren-Amtes« zu suchen, das bis heute für die Gemeindeverfassung der bremischen Kirche charakteristisch ist. Wie auch immer, gegen Ende des Mittelalters war kirchliches Leben an beiden Seiten der Niederweser in eingeschliffenen Formen entfaltet. An den fünfzig Altären der Domkirche verrichtete die Priesterschaft ihren Dienst. Die gregorianischen Gesänge der 24 Chorherren müssen in dem um 1230 eingewölbten Raum eindrucksvoll geklungen haben. Dennoch schien die anfängliche geistliche Kraft erschöpft zu sein. Die moralische Fassade zeigte bedenkliche Risse. Ein lateinischer Spottvers behauptet, die »Bremer Esel« hätten bereits Ostern gefeiert, wenn es gerade Okuli war. Die Verhältnisse auch am Dom waren offensichtlich reif für eine Veränderung.

Sie kündigte sich 1522 an mit den ersten evangelischen Predigten Heinrich von Zütphens in der alten St. Ansgarii-Kirche. Die Chronik verlautet: »Da sandten die Pfaffen des Domes täglich ihre

Kaplane und Vikare aus, daß sie ihn in seiner Lehre fangen möchten«. Doch das Spitzelsystem versagte. Reformatorische Verkündigung, durchmischt mit sozialrevolutionärem Aufbegehren, ergriff die ganze Stadt. Zwar hielten sich im Dom, hinter verschlossenen Türen, noch bis 1528 katholische Gottesdienste. Vier Jahre später aber zwingt eine Gruppe von Revolutionären, die berüchtigten »104«, den evangelischen Pastor von Unser Lieben Frauen und Superintendenten Jakob *Propst* zu einer Reihenpredigt in der Kathedralkirche. Den im Hohen Chor versammelten geistlichen Herren schlägt man

die Meßbücher aus der Hand, bringt sie zum Schweigen. Nach diesen turbulenten Zwischenfällen bleibt der Dom 15 Jahre lang geschlossen. Erst 1547 wird es wieder in ihm lebendig. Das Domkapitel, inzwischen zur Reformation umgeschwenkt, beruft als ersten evangelischen Prediger den Holländer Dr. Albert Rizäus, genannt *Hardenberg*. Doch seine Abendmahlslehre, die vom lutherischen Bekenntnis abweicht, löst heftige Streitigkeiten in Bremen aus. Und obwohl *Georg*, der letzte katholische Erzbischof, und sogar Bürgermeister Daniel von Büren sich für den beliebten Domprediger einsetzen, muß er schließlich die Stadt verlassen. Wieder werden die öffentlichen Gottesdienste eingestellt – diesmal für 77 Jahre.

Als die Kirche 1638 erneut geöffnet wird, hat sich die politische und kirchliche Lage gründlich verändert. In Deutschland tobt der Dreißigjährige

Krieg. In Bremen hat sich das reformierte Glaubensbekenntnis durchgesetzt. Schweden und Dänemark gelingt es, dem Prinzen *Friedrich*, einem überzeugten Lutheraner, die Würde des Erzbischofs zu verschaffen. Daraufhin verbietet der reformierte Rat den Bürgern, die Kirche zu betreten. Gleichwohl: der Andrang ist gewaltig. 4000 Menschen sollen zur Wiedereröffnung zusammengeströmt sein. Es kommt zu Zwischenfällen. Der Rat läßt die Zugänge sperren. Soldaten verfolgen Kirchgänger mit Piken bis vor den Altar. Weil diese Maßnahmen nicht verfangen, werden harte Strafen angedroht: 50 Reichstaler Bußgeld, Verlust des Bürgerrechts, Gefängnis. Doch ein Jahr später wird der »Stader Vergleich« geschlossen: Nun sollen Lutheraner straflos in ihre Kirche gehen können.

Nach dem Westfälischen Frieden (1648) wird der Dom aufgrund der Rechtslage schwedisches, dänisches und von 1720 bis 1803 kurhannoversches Staatsgebiet mit abweichendem lutherischen Bekenntnis. Eine kuriose Situation, gleichviel: Die mächtige Kathedralkirche mit ihren vier lutherischen Predigern zieht einen immer höheren Prozentsatz der Bremer Bevölkerung an. Allsonntäglich werden nicht weniger als vier Gottesdienste abgehalten. Die Gemeinde sitzt auf gemieteten Plätzen mit Namensschildchen und Gesangbuchfach. Kinder des St. Petri-Waisenhauses tragen mit ihrem Gesang zu den mehrstündigen Feiern bei. Stadtbekannte Pastoren halten ausgiebige Predigten. 1733 amtieren sie noch genau 7897mal in den heute verschollenen Beichtstühlen. Dann, 1803, fällt der gesamte hannoversche Besitz und damit auch das Domgebiet an die Stadt Bremen. Endlich glaubt der Bürgermeister Johann Smidt die erwünschte Gelegenheit gekommen, die lästige Opposition dicht neben dem Rathaus auszuräumen und dabei auch gleich die Domgüter zu kassieren. Indessen, Domprediger *Nicolai* und die Domdiakone nehmen den Kampf um die Selbstbestimmung mit dem Senat auf.

Der unentschiedene Streit wird von der großen Politik unterbrochen: 1807 ziehen die Franzosen in Bremen ein. Nun wird die Domkirche bevorzugter Schauplatz napoleonischer Siegesfeiern. Uniformierte marschieren unter Trommelschlag zum Hauptaltar, von der Kanzel müssen Anordnungen der Militärregierung verlesen werden, und zeitweilig kommen die Dompastoren *Kottmeier* (1810–42) und *Nicolai* (1781–1826) als Geiseln in Arrest.

Erst 1830, lange also nach der Befreiung durch alliierte Truppen, können sich die strittigen Parteien einigen. Allen Bremern, die zum lutherischen Dom gehören wollen, soll dies gestattet sein. Die

Als nach 1638 im Dom wieder lutherische Gottesdienste stattfanden, stiftete wahrscheinlich Erzbischof Friedrich die prunkvolle Kanzel.

Dr. Albert Rizäus, genannt Hardenberg, wurde als erster evangelischer Prediger an den Dom berufen. Portrait um 1550.

25

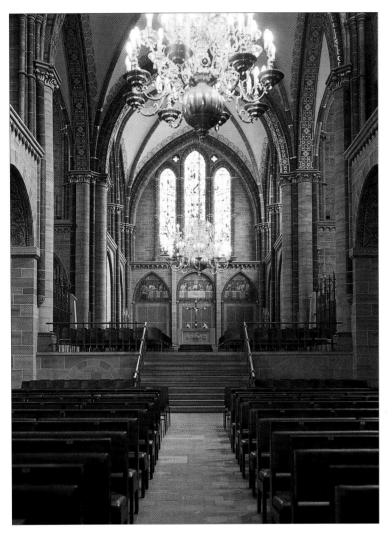

zusammen. Eine Zeitlang taufte er nicht mehr im Namen des Dreieinigen Gottes, sondern auf das Wahre, Gute und Schöne; beugte sich aber dem Senat, der als oberste Kirchenbehörde die Wiederholung von etwa 600 Taufen anordnete. Der betuchte Kaufmann Franz *Schütte* soll dem bedrängten Mauritz seinerzeit den Bau einer besonderen Kirche auf seine Kosten angeboten haben. Immer jedoch hat die Domgemeinde durch kluge Zusammensetzung ihrer Prediger dafür gesorgt, daß extreme Auffassungen nicht die Oberhand gewinnen konnten. So hat Pastor *Pfalzgraf* (1914-37) in den revolutionären Wirren von 1918 öffentlich gegen die geplante Aufhebung des Religionsunterrichtes Stellung bezogen. Und bemerkenswerterweise ist es die Domgemeinde gewesen, von der 1920, nach dem Fortfall der Kirchenleitung durch den Senat, der entscheidende Anstoß zur Bildung einer unabhängigen »Bremischen Evangelischen Kirche« ausgegangen ist.

Mit nüchternem protestantischen Urteilsvermögen hat die Gemeinde auch den vorläufig letzten großen Konflikt bestanden: den mit dem Nationalsozialismus und seiner religiösen Spielart, den »Deutschen Christen«. Lic. Dr. H. *Weidemann*, Domprediger und gegen alle bremische Tradition zum Landesbischof ernannt, sucht das kirchliche Leben Bremens gleichzuschalten. Im Dom, wo er sich zeitweilig einquartiert, kommt es zu Handgreiflichkeiten. Es ist eine Äußerung Weidemanns

Ein Blick in das Mittelschiff.

Domgemeinde ihrerseits – nahezu zwei Drittel der Einwohner halten sich inzwischen zu ihr – ist einverstanden mit der Errichtung von Gemeinden »gemischten« Bekenntnisses. So ist, 1860, die bremische »Personalgemeinde« geboren: Jeder Evangelische kann derjenigen Gemeinde angehören, zu der ein bestimmter Prediger ihn hinzieht. Mit einem eigentümlichen Selbstbewußtsein, das bis heute vorhält, ist der Dom aus den Auseinandersetzungen hervorgegangen.

Freilich zeigte sich: die geistige Entwicklung hatte die alten Bekenntnisgegensätze ausgehöhlt. An die Stelle des vierhundertjährigen Gegensatzes »lutherisch/reformiert« trat nun das Ringen »fortschrittlicher« Weltanschauungen mit dem Glauben der Väter. Als Vertreter der progressiven Richtung predigte sich besonders der Dompastor Oskar *Mauritz* (1897-1946) eine große Anhängerschaft

Bis zur Umgestaltung Ende des 19. Jahrhunderts präsentierte sich der Dom mit nur einem Turm. Aufnahme vor 1888.

aller Welt bekannte Bleikeller mit seinen mumifizierten Leichnamen läßt das 1987 geöffnete Dom-Museum in die Geschichte der alten Kathedral-Kirche hineinschauen. Sehr bewußt baut die über die ganze Stadt verstreute Domgemeinde auf vielfach bestelltem Boden weiter. Getreu der bewährten Tradition treten immer aufs neue verantwortungsbewußte Bürger Bremens in ihren Dienst.

Die Domdiakonie - sie geht bis auf das Jahr 1638 zurück und hat sich gerade in kritischen Zeiten als verläßliche »Kerngruppe« erwiesen - steht ein für zeitgemäße Sozialarbeit: Stadtbekannt ist ' das St. Petri-Witwenhaus und das St. Petri-Kinderheim. Weltoffene und dem biblischen Evangelium verpflichtete Gottesdienste setzen das Christuszeugnis fort, das mit dem angelsächsischen Mönch Willehad auf der Domdüne begann. Gut eingeführt hat sich das 12-Uhr-Mittagsgebet: an allen Werktagen wird es gemeinsam von den Pastoren des Domes und Unser Lieben Frauen gehalten. Eine zweite Gottesdienststätte, nach Entwürfen von F. *Schumacher*, hat die Gemeinde 1965 am Osterdeich gebaut. Diese Domkapelle steht auf einem Gelände, das einmal dem von Erzbischof *Adalbert* (1043–72) gegründeten Paulskloster gehörte. Eine weitere Begegnungsstätte ist das Domheim Seebergen in der grünen Umgebung Bremens. Auch die Bildungsarbeit der noch heute größten Gemeinde Bremens ist von einer nie ganz abgebrochenen Überlieferung getragen. Sehr früh hat es, neben der weithin berühmten Dombibliothek, eine Domschule gegeben. Einem der »Scholarchen«, *Adam*

Der bekannte Domprediger Oskar Mauritz.

Zu den Schätzen des Dommuseums gehört auch diese Krümme eines Bischofsstabs aus der 1. Hälfte des 13. Jahrhunderts.

Blick in die Westkrypta von 1068 mit dem erzenen Taufbecken von 1230.

überliefert, wonach er dem »Reichsführer SS«, Himmler, die Kirche als nationalsozialistische Kultstätte angeboten habe. Der Widerstand der eigenen Gemeinde, entschlossene Bekenntnisgruppen und schließlich das Unbehagen selbst der Hitler-Regierung lassen den Phantasten scheitern. Am Heiligen Abend 1945 sammeln sich im Inneren des beschädigten Doms 4000 bis 5000 Menschen, um das altjüdische Prophetenwort neu zu hören: »Das Volk, das im Finstern wandelt, sieht ein großes Licht«.

Die immer schnelleren Veränderungen der Gegenwart lassen Ausschau halten nach geistigen Fundamenten, die sich als tragfähig erwiesen haben. Deshalb ist es wohl kein Zufall, daß Mitte der siebziger Jahre im Zuge einer groß angelegten Restaurierung und Umgestaltung unter der Initiative des Bauherrn Hans-Henry *Lamotte* und der künstlerischen Leitung von Dombaumeister Friedrich *Schumacher* Grabungen unter dem Fußboden der Kirche kostbare Relikte aus der Vergangenheit zutage gefördert haben. Mehr als der in

Der Bremer Domchor
auf Gastspielreise:
Verdis »Requiem«
in Paris, St. Germain
des Prés, 1995.

Interessierten direkt neben den Kirchenmauern im Glockengarten an.

Ein besonders glanzvolles Kapitel ist die Musik am St. Petri-Dom. Spätestens 1240 amtierte ein Domkantor. Von 1684 bis 1722 wirkte der Kirchenlieddichter Lorenz *Lorenzen* an der Kathedrale, der »feine und rare Musikstücke zum großen Vergnügen der ganzen Gemeinde, auch der frömd ankommenden« zu setzen verstand. Und weit über unsere Stadt hinaus sind die Namen von Bremer Domkantoren und -organisten aus neuerer Zeit und Gegenwart bekannt: *Reinthaler, Nössler, Liesche, Heintze,* Käte *van Tricht, Helbich, Baumgratz.* Inzwischen stehen ihnen drei Orgeln zur Verfügung: die große *Sauer*-Orgel, eine *Silbermann*-Orgel und die 1966 eingeweihte Bach-Orgel der Brüder *van Vulpen.* 1856 wurde der Bremer Domchor gegründet. Er wirkt regelmäßig in den Gottesdiensten mit und führt bedeutende Werke der Kirchenmusik auf. Seit langem hat er Weltruf, der durch Konzertreisen im In- und Ausland bestätigt wird. Die musikalischen Darbietungen im Dom zählen zu den außerordentlichen Ereignissen im Programm der Stadt. Immer häufiger öffnet sich die alte Kathedralkirche experimentierfreudig auch ungewohnten Veranstaltungen und neuen liturgischen Formen. Als besonders anziehend hat sich die »Thomas-Messe« erwiesen – ein Gottesdienst für Menschen, die noch einen Zugang zum Glauben suchen.

Niemand schließlich, der dies mächtige und farbenfrohe Bauwerk durchwandert, wird achtlos vorübergehen an den bedeutenden kirchlichen Kunstschätzen, die es birgt. Wer sich darüber informieren möchte, benutze die Leitfäden, die im »Domladen« angeboten werden. Oder er nehme die Darstellung von Pastor Dr. *Dietsch* (1940–75) zur Hand: »Der Dom zu Bremen«. Dort wird er auch, was wir nur andeuten können, ausführlicher beschrieben finden: die wechselvollen Schicksale einer der bedeutendsten Domkirchen Europas und einer der interessantesten Gemeinden der Evangelischen Kirche in Deutschland.

von Bremen (gest. um 1081), verdanken wir die Lebensbeschreibung Adalberts. Später ist daraus das lutherische Gymnasium geworden, 1648 als »Athenäum regium bremensis Cathedralis« fortgeführt. Unter dessen Leitern findet sich der Verfasser des immer wieder neu aufgelegten Anstandsbuches »Umgang mit Menschen«: Adolph Freiherr *Knigge.* Heute ist Schulbildung in der Regel Sache des Staates. Dafür bietet der Dom öffentliche Vortragsveranstaltungen an – so im Rahmen des »Arbeitskreises für kulturelle Fragen« und der »Bremer Beiträge«. Ein kleiner »Lehrpfad« durch Pflanzenarten, die in der Bibel vorkommen, bietet sich

Adolph Freiherr Knigge
stand auch der
Domschule vor.
Portrait von
J. Fehrmann, 1794.

Unser Lieben Frauen

Einen kräftigen Steinwurf weit vom St. Petri-Dom liegt Unser Lieben Frauen, die alte Ratskirche. Heute umbrandet sie an Werktagen eine Farbenwoge aus nahezu hundert Blumenständen. In der Frühzeit freilich grenzte der längst beseitigte Friedhof an einen sehr viel geräumigeren Marktplatz. Damals trug Unser Lieben Frauen auch noch ihren ersten Namen: St. Veit. Der erste Kirchbau ist unter Erzbischof *Unwan* erfolgt, zwischen 1013 und 1029. Das neue Gotteshaus sollte sogleich eine erhebliche Bedeutung bekommen: der Dom trat die Pfarrechte für das ganze damalige Bremen an es ab. St. Veit war also die erste reine Gemeindekirche der Stadt, und sie ist es bis zur Aufteilung in mehrere Pfarrsprengel (1229) geblieben. Wenig zuvor, als die Marienverehrung sich allenthalben ausbreitete, wurde sie der Mutter Gottes umgewidmet. Die Bezeichnung Unser Lieben Frauen hat sie dann auch in den stürmischen Zeiten der Reformation behalten. Bis in unsere Tage erinnert dieser Name an das über mehr als ein Jahrhundert hinwegreichende ökumenische Erbe Bremens.

Bremen war zu Erzbischof Unwans Zeiten noch ein größeres Dorf. Dicht nebeneinander, auf der Düne längs der Weser: Häuser aus Holz und Lehmflechtwerk, dazwischen einzelne steinerne »Wohntürme«. Den Dombezirk umgab ein Wall, und außerhalb dieser befestigten Bischofsstadt stand St. Veit. An ihren zahlreichen Gottesdiensten nahmen selbstverständlich und regelmäßig die Einwohner des alten »bremun« teil, die Händler aus dem Umland, auswärtige Geschäftsreisende – eine doch schon ziemlich umfangreiche Gemeinde, deren Pfarrer alle Hände voll mit der Seelsorge und den Amtshandlungen zu tun gehabt haben. Als die Besiedlung sich verdichtete, fand dann – wahrscheinlich auf Betreiben des St. Ansgarii-Stiftes – die erwähnte Aufteilung in mehrere Kirchspiele statt. Dies freilich minderte das Ansehen von Unser Lieben Frauen keineswegs. Vielmehr behielt sie unter den zahlreichen Klöstern, Kapellen und Kirchen »stets den ersten Rang«. Man nannte sie die »Ratskirche«, weil sich in ihr die Bürgermeister und Ratsherren versammelten und deren Familien im näheren Umkreis wohnten. In der »Trese-Kammer« (griech. Thesauros = Schatz) an der Westseite wurden wichtige Urkunden verwahrt. Sie ist die Wiege gleichsam des heutigen Staatsarchivs. Diese und andere Umstände haben lange zu Rivalitäten zwischen Dom und Unser Lieben Frauen beigetragen.

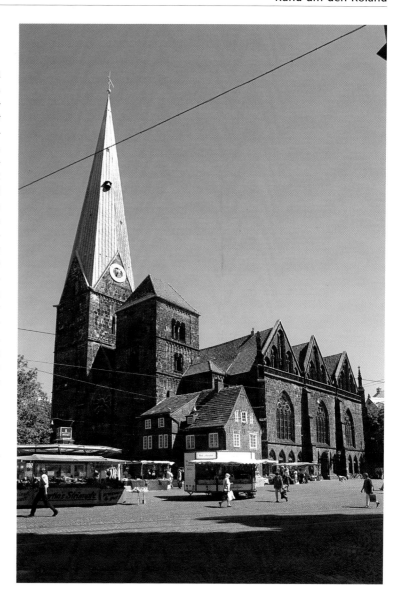

Die alte Rats- und Marktkirche Unser Lieben Frauen heute.

Der Beginn der Reformation ist solch ein kritischer Zeitpunkt. 1523, nach den Predigten Heinrich von Zütphens, bestürmen bremische Bürger die »Kerckherren« von Liebfrauen, evangelisch zu predigen. Kleinlaut ein dortiger Kaplan: darauf verstünde er sich nicht, das habe er nie gelernt. Ein Jahr später berufen Gemeindevorsteher gegen den Einspruch des Domkapitels Jakob *Propst* und Johann *Selstius zu* evangelischen Predigern. Propst kam auf dem Umweg über Wittenberg aus Antwerpen. Von dort war er, nachdem er seine reformatorischen Äußerungen zunächst widerrufen hatte, dann aber wegen »Rückfälligkeit« mit dem Scheiterhaufen rechnen mußte, geflüchtet. Der ernste, nach innen gekehrte Mann spielte als erster »Superintendent« der

Erster Superintendent Bremens war Jacob Propst (oben auf einem zeitgenössischen Holzschnitt; rechts das Titelblatt seines Berichts über die Gefangenschaft).

logisch versierten Bürgermeister Daniel von Büren steuerte Pezel den überwiegenden Teil der Gemeinden entschlossen in reformiertes Fahrwasser. Damals ist Bremen erfüllt von leidenschaftlichen Konflikten um das Verständnis von Abendmahl und Prädestination (der Lehre von der Vorsehung Gottes), auch um die äußere und innere Ordnung der Kirche. Ein Bauherr von Unser Lieben Frauen, *Schomaker,* nimmt eigenhändig an der »Säuberung« der Gottesdienste von »abergläubischen Zeremonien« teil. Des Papstes »Hoffarben« sollen ganz verschwinden: »Weil sich befunden, daß noch in neulichkeit die hölzernen und ganz ungestalten Bilder und Götzen mit grossem ergernis unserer Gemeind verehrt und dafür niedergekniet worden ist, also hat die Obrigkeit unsrer Stadt solch ergernis nach dem 1. Gebot vollends hinwegzuthun befohlen«. So sind 1582 die Tafelgemälde am Altar und ein Kruzifix aus der Kirche entfernt worden. Gleichwohl ging, trotz empörter Kritik einiger Radikaler (»Ohrenschmaus«, »Leeres Geschrei am Orte der Anbetung«) der lateinische Gesang der Gymnasialschüler im Gottesdienst weiter.

Im übrigen führte der Rat ein strenges Sittenregiment. Er untersagte nicht nur Fastnachts-Festivitäten. Sogar das Tragen von Schmuckstücken und Lockenfrisuren war verboten. Ein auswärtiger Besucher Bremens fand die Reformierten »unausstehlich ernst«. Die Lutheraner dagegen, mit denen er im Ratskeller trank, waren »viel jovialer«. Nun hat

junge evangelischen Kirche Bremens allerdings kaum eine kraftvolle Rolle. Dennoch ist dies leitende Amt bis in die zweite Hälfte des 17. Jahrhunderts offenbar häufig von Liebfrauen-Pastoren wahrgenommen worden. Die Superintendenten hatten die geistliche Aufsicht in der Stadt und über die »Kerckherren up den doerpen«, sie visitierten die Gemeinden und hielten Vorlesungen. Dann übernahm das »Venerandum Ministerium«, ein Kollegium der altstädtischen Prediger, einen Teil dieser Aufgaben. Es tagte üblicherweise in der Ratskirche.

Ein ähnliches Flüchtlingsschicksal wie Propst hatte der Pastor Wilhelm *Voß.* Er mußte Osnabrück verlassen, weil er die katholische Taufliturgie nicht mehr verantworten wollte. Außerdem hatte er dort aus Protest »bilder bei nachtzeit aus der kirche genommen« – die Beseitigung wertvoller Kunstschätze in der zweiten Hälfte des 16. Jahrhunderts war also schon im Gange. Sie hat Bremen um viele Kostbarkeiten gebracht.

Reformierte Glaubensüberzeugung wurde aufs nachhaltigste von Christoph *Pezelius* (1539–1603) vertreten, einem Theologieprofessor und energischen Kirchenpolitiker. Ihn holte der Rat der Stadt, der sich seit der Reformation auch als kirchliche Obrigkeit verstand, aus Hessen nach Bremen. Ab 1584 war er Pastor primarius an Unser Lieben Frauen und Superintendent. Gemeinsam mit dem theo-

Pastor Rudolph Dulon in seiner Hoyaer Gefängniszelle. Lithographie von 1851.

man zwar im ehemals reformierten Bremen immer etwas entschiedener auf Mäßigkeit geachtet als anderswo. Aber ganz so enthaltsam ging es schon hundert Jahre später nicht mehr zu. Zu recht vergnügten Volksfesten wurden namentlich die Einholungen neu berufener Prediger. In prächtig herausgeputzten Kutschen fahren die Diakone und Honoratioren des Kirchspiels dem heranreisenden Pastor bis zu einem Vorwerk entgegen. Feierliche Begrüßungsreden werden gehalten. Dann setzt sich der Zug »sehr brilliant« stadtwärts in Bewegung: voran die Bauherren in ihren Kaleschen, gefolgt von den Pastorenfamilien, am Schluß die Diakonie. Immer dichter drängt sich die Menge beiderseits der Straßen. Münzen werden nach rechts und links ausgestreut. Im Haus des neuen Predigers ist ein Festmahl gerichtet, bei dem man die Gäste »aufs allerlieblichste traktieret«. Die »ehrsamen Dames und Eheliebsten« der Bauherrn und Pastoren übernehmen die Aufwartung.

So 1782: Schlaglichter auf ein wohlgeordnetes Gemeindeleben, wie es bis heute für Unser Lieben Frauen bezeichnend ist. Einmal nur, so scheint es, hat der Konvent, die gesetzgebende Gemeindeversammlung, diese traditionelle Zurückhaltung vernachlässigt und sich damit – gegen die Warnung der Bauherren *Iken* und *Gildemeister* – prompt aufs Glatteis begeben: im Revolutionsjahr 1848 nämlich, mit der Wahl Rudolph *Dulons*. Der frühere Magdeburger Pfarrer erweist sich auf der Liebfrauen-Kanzel sofort als radikaler Demokrat. Mit scharfen Angriffen gegen Fürsten, Parteien und Kirchen reizt der »Jakobiner im Chorrock« seine Gegner bis zur Weißglut. »Du bist mir ein schöner Dulon«, pflegen Eltern zu ihren unartigen Kindern zu sagen. Doch schätzungsweise 20.000 von den damals 55.000 bremischen Bürgern halten zu dem aufsehenerregenden Prediger, der es »denen da oben tüchtig gibt«. Sogar auf Pfeifenköpfen erscheint sein Portrait. Nun aber geht das konservative Lager der Gemeinde zum Gegenangriff über, und der Senat gibt ein Gutachten über die Theologie Dulons in Auftrag. Sein Haus wird durchsucht. Auf einer Reise nach Hannover holt ihn die Polizei aus dem Zug und setzt ihn fest. Nach seiner Entlassung hält der Gefeierte noch einmal vierspännig einen triumphalen Einzug in die Hansestadt. Aber der Höhepunkt der Begeisterung ist überschritten. Vor der drohenden Verhaftung flieht Dulon auf die britische Insel Helgoland. In Rochester bei New York ist der religiöse Sozialist 1870, verarmt, gestorben.

Diese Affäre hat der Gemeinde Unser Lieben Frauen eine Lehre erteilt, die sie in den nun nicht

Blick ins Innere der Kirche.

mehr abreißenden Auseinandersetzungen mit politischen Heilslehren auf der Hut sein ließ. In ihre Verfassung von 1854 nahm sie die Richtlinie auf, die Prediger hätten sich an die Heilige Schrift und an die kirchliche Ordnung zu halten. Diesen Grundsatz brachte sie auch in die 1920 aus der Staatsaufsicht entlassene Bremische Evangelische Kirche ein, zu deren erstem »Schriftführer« ihr Pastor D. Karl *Büttner* gewählt wurde. In einer ähnlich schwierigen Situation – der Phase immer neuer Gemeindegründungen und der teilweise kirchenkritischen Studentenbewegung – hat D. Günter *Besch* (1946-74) einige Jahrzehnte später dieses Amt innegehabt. Der mit der Ehrendoktorwürde der Universität Göttingen ausgezeichnete gebürtige Brandenburger ist auch Beauftragter der Evangelischen Kirche Deutschlands für die Heimatvertriebenen gewesen.

Die reich ausgestaltete
Kanzel mit Rankenwerk
und symbolischen
Figuren.

Pastor D. Günter
Besch, langjähriger
Schriftführer der
Bremischen Evange-
lischen Kirche.

Wie wichtig das biblische Bekenntnis für den
noch ungefestigten Gemeindeverband werden sollte, wurde in dem dramatischen Ringen mit den
nationalsozialistischen »Deutschen Christen« und
dem »Landesbischof« Weidemann deutlich. Unser
Lieben Frauen ist in diesem mutigen und schließlich erfolgreichen Kampf (1934–44) eine nicht un-
wesentliche Rolle zugefallen. Und wieder sind es
besonders die Bauherren, die sich zäh gegen das
aufgezwungene »Führer-System« und die Bischofs-
diktatur bewährt haben. Unter ihnen verdient der
Arzt Prof. D. Dr. Karl *Stoevesandt* ausdrückliche
Erwähnung. Es gelang den Bekenntnisgruppen,
sogar den Reichskirchenminister in Berlin gegen
Weidemann einzunehmen und diesen endlich ganz
auszuschalten. Noch vor Kriegsende löste sich der
Spuk einer Kirche auf, »die für alle Zeit zum
Schwurzeugen des Nationalsozialismus und
Deutschtums werden« sollte.

Was soziales Engagement in der Nachfolge Jesu
Christi ist – das brauchte man dieser Gemeinde
wahrhaftig nicht erst beizubringen. Unser Lieben
Frauen hat bereits 1525, als erste in Bremen, den
lutherschen Vorschlag eines »gemeinen Kastens«
verwirklicht. Das Kirchenregister jener Jahre hält

auch die Namen der ersten sechs Diakone fest,
deren Nachfolger bis in unsere Zeit verfolgt werden können. In der »gades kyste« – sie war sinnfäl-
lig verziert mit einer Gleichnisdarstellung vom reichen Mann und armen Lazarus – wurden hinfort
Mittel für die Armenpflege gesammelt. Aus diesem Kapital versorgten die Diakone, auf die Kirch-
spielbezirke verteilt, persönlich die Bedürftigen.
Falls notwendig, wurde mit Feuerung, Leinen, Torf
und anderem Material ausgeholfen. Es gab Lager-
räume und sogar Werkstätten, in denen arbeitsfä-
hige Arme als Schuhmacher, Schreiner oder Schnei-
der beschäftigt werden konnten. Diese praktische
Nächstenliebe, immer als Mission des Glaubens
verstanden, machte keineswegs an den Grenzen des
Gemeindegebietes halt. 1539, so berichtet das
Gotteskisten-Buch, »war eyn groth water, dat de
luede in den blocklande grote last von den water
hadden«. Da rudert Diakon Hans *Frede* selbst mit
einem Kahn voller Lebensmittel in das Überschwemmungsgebiet hinaus, um den am schwersten Betroffenen schnelle Hilfe zu bringen. Daß
es in der langen Geschichte der Diakonie auch
kümmerliche Zeiten, Zank, Ehrsucht und ein Über-
handnehmen von luxuriöser Geselligkeit gegeben
hat, braucht man nicht zu verschweigen. Doch was
sie an persönlichem, unbürokratischem Einsatz
zusammen mit den anderen Altstadt-Diakonien,
auch nach der Übernahme der Sozialarbeit durch
den Staat im Jahre 1820, für Bremen und das evangelische Europa geleistet hat, bleibt für die Heutigen eine Meßlatte praktischen Engagements aus
dem Geist des Evangeliums.

Begründend aber bleibt der Gottesdienst in der
alten Stadtkirche und, parallel dazu, in dem 1954/
55 von Gerhard *Langmaack* erbauten Gemeindehaus am Schwachhauser Ring. Rings um dieses fünf
Kilometer von der City entfernte zweite Zentrum
wohnen die meisten der praktizierenden Gemeindemitglieder. Nur ein kleiner Teil lebt in den Innen-
stadtbezirken – eine Möglichkeit der Wahl zwischen
räumlich-atmosphärisch durchaus unterschiedlichen Sonntagsgottesdiensten, aber auch eine Herausforderung, die Einheit der Gemeinde zu wahren. Ein großer Teil des täglichen Gemeindelebens,
der Gruppenarbeit, der Veranstaltungen findet in
Schwachhausen statt. Andererseits bietet der
Stadtsprengel gute Möglichkeiten, die jahrelange
ökumenische Nachbarschaft zu St. Johann, der
katholischen Hauptkirche Bremens, zu pflegen. Mit
Mangelerscheinungen und Problemen der Gesellschaft hat sich Unser Lieben Frauen in spezifischer
Weise auseinanderzusetzen. So macht sich, wie in
allen Innenstadtgemeinden, Überalterung bemerkbar, desgleichen der Bedarf an mitmenschlicher

Nähe. Das 1979 in Seebergen oberhalb der Wümmewiesen in Eigenarbeit fertiggestellte Tagesheim, eine alte Scheune, ermöglicht vielen die Erfahrung, »dazuzugehören«. Kontakte werden mit der Partnergemeinde Bobbin auf Rügen und mit der Evangelischen Gemeinde in Pabianice (Polen) sowie mit der Jesus-Gemeinde in Riga unterhalten. Das vergleichsweise große Potential an ehrenamtlichen Mitarbeitern – für Gemeindeaufgaben, gesamtkirchliche Einrichtungen und nicht zuletzt die »Norddeutsche Mission« – gehört zur Tradition von Liebfrauen. Was wäre sie schließlich ohne den »Knabenchor«, der mit seinen Singfahrten bis ins Ausland bekannt geworden ist – wie denn auf musikalische Verkündigung in wechselnden Formen unter der Leitung profilierter Kantoren (Harald *Wolff*, Chris *Vandré*, Landeskirchenmusikdirektor Ansgar *Müller-Nanninga*) von jeher größte Sorgfalt verwandt worden ist. Durch eine große Anzahl von Konzerten ist die Kirche auch ein Raum kulturellen Lebens in der Stadt Bremen.

Das dicht neben dem Rathaus gelegene wuchtige Gotteshaus, dessen mehrhundertjähriger reformierter Charakter in der nüchternen Raumwirkung deutlich nachklingt, ist ein dreischiffiger Hallenbau mit zusätzlichem Schiff an der Südseite. Ein Marmorepitaph von David *Etner* (2. Hälfte des 17. Jahrhunderts) zeigt die Erweckung des Jünglings zu Nain. Die 1709 von dem Bauherrn Simon *Post* gestiftete Kanzel mit Kanzeltreppe ist in Bremen geschnitzt. An der Wand des Treppenlaufes wuchert üppiges Ornament. In den fünf Kanzelfeldern sind Matthäus, Markus, Moses, Lukas und Johannes dargestellt. Die weiblichen Figuren an den Kanzelecken verkörpern sechs Tugenden. Auf Putzresten zwischen den roten Backsteinen erkennt man Reste von Malerei, deren älteste aus dem 13. Jahrhundert stammen dürften. Die farbigen Glasfenster von Alfred *Manessier* (geb. 1911), in Chartres hergestellt, laden den Betrachter zur Meditation ein. Die schwungvolle Fläche im Altarraum wirkt wie eine künstlerische Antwort auf das Pfingstereignis. Auf die Menschwerdung Gottes im Wort ist das Stirnfenster im nördlichen Seitenschiff bezogen. Die Nähe der Kanzel bestimmt die Aussage des südlichen Seitenfensters: »Wir sind Botschafter an Christi Statt« (2. Kor. 5, 20). Die Rosette über der Empore, im Bereich der Kirchenmusik, regt zur Betrachtung des Lobgesanges der Maria an, der Namenspatronin von Unser Lieben Frauen: »Meine Seele erhebt den Herrn« (Luk. 1, 46).

1985 wurde ein großer gewölbter Raum, einige Meter unterhalb des Nordschiffes, der Vergessenheit entrissen. Diese Krypta, die aus der Zeit Unwans stammt, gilt als der älteste umbaute Raum

Bremens. Er enthält Fragmente von Wandmalereien. Nachdem 1992 ein Zugang vom Kircheninneren geschaffen worden ist, finden in der Krypta auch Andachten und kleinere Veranstaltungen statt.

Westseite des Gemeindezentrums am Schwachhauser Ring.

St. Ansgarii

Wer heute durch die geschäftige Obernstraße nach Westen geht, findet zur Rechten bald eine platzähnliche Bucht in der Front der Schaufenster: den alten Ansgarii-Kirchhof mit Gedenksäule und einer interessanten Passage. Auf diesem Areal hat fast genau 700 Jahre eine der stattlichsten Kirchen Bremens gestanden. Mit ihrem 103 Meter hohen Turm zwischen Dom und Stephani gab sie der Stadtkulisse einen unverwechselbaren Höhepunkt: St. Ansgarii, auf Platt allgemein die »(An-) Scharskarken« genannt. Beim 122. Luftangriff auf Bremen hat sich eine Sprengbombe tief in ihr Fundament gebohrt. Am 1. September 1944 stürzte der

Einst Wahrzeichen der Stadt: Der 103 Meter hohe Turm St. Ansgarii (oben auf einer Lithographie Ende des 19. Jhdts., rechts um 1900).

Turm in das Kirchenschiff. Nur eine Ruine blieb übrig. Die Gemeinde mußte sich eine neue Bleibe suchen.

Die Gedenkstätte und viele alte Bilder halten die Erinnerung wach an Alt-Ansgarii. Den Dom ausgenommen, hat die »Scharskarken« mit Sicherheit die am weitesten zurückreichende Tradition aller Innenstadtkirchen. Sie beginnt mit dem heiliggesprochenen ersten Erzbischof von Hamburg-Bremen, *Ansgar*. Dieser »Apostel des Nordens« ist 801 im französischen Corbie geboren. Als wissenschaftlich hochgebildeten und zugleich frommen Diener des Evangeliums schildert ihn seine erste Lebensbeschreibung. Persönlich umsorgt er Kranke und Bedürftige. Auch stiftet er außer einem Hospital, wie es heißt, Stipendien für zwölf mittellose Geistliche, die wohl auf dem späteren Kirchplatz gelebt haben und vermutlich einer Art Missionsausbildung nachgegangen sind. Daß dazu mindestens eine kleine Kapelle gehörte, kann als sicher gelten. So liegen die Anfänge von St. Ansgarii möglicherweise vor dem Tode des Erzbischofs im Jahr 865.

Hartwig II. erweiterte diese Gründung 1187 durch großzügige Schenkungen zu einem sogenannten »Kollegiat-Stift« mit zwölf weiteren Priestern. Offenbar lebte man nicht schlecht. Auf dem Speisezettel des Ansgar-Gedenktages standen bei-

spielsweise »Kohl oder sonstiges gutes Küchenkraut und andere Zukost, Ochsen-, Schaf- und Schweinefleisch, frisches und geräuchertes, gekocht und gebraten, jedem ein halbes gekochtes Küken, einen halben Braten, ein Schönbrod, gutes Bier, je zwei ein halb Sechstel Met, und zuletzt soll Weißbier aufgetragen werden«.

Ob es nun an dem guten Essen gelegen hat – jedenfalls kam die Errichtung der Basilika nur schleppend voran. In einem Bericht heißt es, es sei »der Bau dieser Kirche ohngefähr 1224 vorgenommen, aber 1229 ist dieser Kirchbau durch Hilfe der Bürger erst recht vonstatten gegangen und damit bis 1243 kontinuieret, da die Kirche eingeweihet worden«. Doch schon 1229, bei der grundlegenden Kirchspieleinteilung, wurde Ansgarii ein zentraler, mitten in der besten und wohlhabendsten Wohngegend gelegener Bezirk zugesprochen. Mit den 27 Altären und einer kostbaren Innenausstattung konnte und wollte man offensichtlich dem prächtigen St. Petri-Dom Konkurrenz machen. Rings um die Kirche lebte die Geistlichkeit in sogenannten »Kurien«. Man hielt Gottesdienst, betrieb Seelsorge, pflegte den Chorgesang und las gegen eine Rente Seelenmessen für die Verstorbenen. An hohen Festtagen pilgerten die Chorherren in feierlicher Prozession durchs Kirchspiel; bei schlechtem Wetter über die heute noch vorhande-

Die zerstörte »Scharskarken« vor dem Abriß.

ne »Kurze Wallfahrt«. Bald aber zeigten sich Risse in dieser klösterlichen Gemeinschaft. »Im Anfange dieses Collegii«, so meldet eine Chronik »heelden de Canonicen gute Disziplin, waren thosamen in einem Convente. Averst in volgenden Tiden hebben se düsse Vorsamblunge und Hus vorlaten und ein jeder sin egen Hoff beseten«.

Unzufrieden mit solchen Verhältnissen, wünscht sich die Gemeinde schon vor 1520 einen evangelischen Prediger. Und als der Augustinermönch Heinrich von *Zütphen* auf der Flucht von Antwerpen in Bremen Station macht, bitten ihn die Bürger Eberhard *Speckhan* und Heinrich *Esich* um die reformatorische Verkündigung. Die Predigtkapelle soll in der zweiten Novemberwoche so überfüllt gewesen sein, »daß die Leute mit Leitern bis an das Dach der Kirche gestiegen« wären. Trotz Protestes der altgläubigen Geistlichkeit Bremens bleibt Heinrich von Zütphen zwei Jahre lang Prediger an der Scharskarken. 1524 wird er auf einer Dienstreise nach Dithmarschen gefaßt und schauerlich zugerichtet und kommt als Ketzer auf den Scheiterhaufen. Dem Blutzeugen des Evangeliums widmet Martin Luther »die Geschichte von Bruder Henrico, in Dietmar verbrand«, und Melanchthon schreibt in einem Klagegedicht den Zweizeiler: »Alle Kräfte der Seele – sie atmeten Liebe zu Christo, dem er von Herzensgrund gläubig sein Leben geweiht«.

In den theologischen Streitigkeiten der Folgezeit haben die Ansgarii-Pfarrer noch länger auf der lutherischen Seite gestanden. Elardus *Segebadus* wörtlich: »Unde wenn he (Jesus) enen swinekötel genommen hedde und also gespraken: dit sie sein wahrer lief – ik wolde et up sein wort nehmen«.

Mit den Predigten Heinrich von Zütphens begann 1522 die bremische Reformation.

35

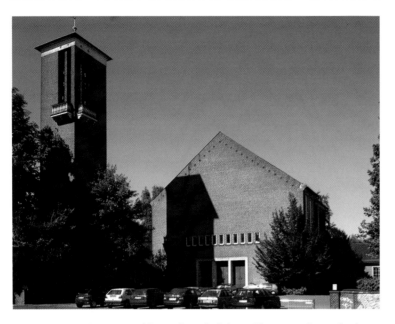

Toleranz wählte die Gemeinde mit Dr. J.F. *Köppen* 1804 erstmalig wieder einen lutherischen Prediger. Unter den Späteren sind besonders bekannt geworden der nachmalige Bischof von Magdeburg, Dr. J.H. *Dräseke* (1814-32); der schriftstellernde Pastor Dr. F.A. *Krummacher* (1824-43, »Eine Herde und ein Hirt«); Pastor J. *Bode* (1908-42) – er schloss sich ebenso wie sein Amtsbruder R. *Leonhardt* (1914-1943) aus nationaler Gesinnung dem Widerstand gegen die »Deutschen Christen« an – und, als Religionshistoriker und Lehrbeauftragter an der Universität Münster, Dr. Chr.M. *Schröder* (1951-76), der die an Ansgarii so ausprägte Überlieferung des »geistigen Fortschritts auf dem Grunde des Evangeliums« an die Heutigen weitergab.

Für diesen Kurs war immer ein großer, aktiver Teil der Gemeinde aufgeschlossen. Schon 1367 wird ein Bremer Bürger, Henricus *Stockfisch*, als gewählter »Baumeister« erwähnt. Seither und besonders seit dem Beginn der Reformation sind immer neue Generationen von »Bauherrn« und »Diakonen« für die Gemeinde tätig gewesen. Unter den Lehrern der Ansgarii-Kirchspielschule, die erst 1895 vom Senat übernommen wurde, spielt Peter *Koster* eine besondere Rolle. Der 1604 als Sohn eines Schiffers geborene »Moralist und bremische Patriot« schrieb eine bis heute lesenswerte Stadt-Chronik. Auch die Kirchenmusik, die namentlich seit der Gründung der Kantorei durch Prof. Gebhard *Kaiser* (1957-1986) und unter dessen Nachfolger Prof. Wolfgang *Mielke* (ab 1986) mit regelmäßiger Begleitung des Gottesdienstes, zahlreichen Oratorienaufführungen und der Reihe »SonnAbendmusik« glanzvolle Höhepunkte erreichte, läßt sich in der Geschichte weit zurückverfolgen. Der erste uns bekannte Organist war Thomas *Janssen*. Er kam 1618 aus Emden.

Durch Jahrhunderte ist tatkräftiger Einsatz der Nächstenliebe an Ansgarii zu Hause gewesen, seit ihr bischöflicher Namensgeber den Mühseligen und Beladenen eigenhändig die Füße wusch. Seinem Beispiel folgend, besuchen »Ehrenamtliche« des »Diakonischen Kreises« immer wieder ältere Gemeindeglieder zu Hause oder im Heim. Ein therapeutisch arbeitender Kindergarten für behinderte und nicht behinderte Kinder wurde neben der Kirche im »Heinrich von Zütphen-Haus« eröffnet. Ebenfalls auf dem Gelände von Ansgarii ist 1995 ein modernes Kindertagesheim entstanden, für das die Fregatte »Bremen« der Bundesmarine die Patenschaft übernommen hat. Auch hat sich die Jugendarbeit kräftig entwickelt; beliebt ist »Konferettis«, ein Treffpunkt zum Spiel für Konfirmanden. Mehrere Jugendkreise kommen während der Woche zusammen, jährliche Freizeiten im

Ruhig und streng präsentiert sich die neue St. Ansgarii-Kirche an der Holler Allee (oben) auch im 1997 neugestalteten Altarraum (unten).

Aber schon Jodokus *Glanaeus*, ein orthodoxer Heißsporn, wird 1580 vom Rat abgesetzt. Wie sehr die ganze Gemeinde in dem Glaubensstreit Partei ergriff, verdeutlicht die Tatsache, daß mit den lutherischen Pastoren auch Bauherren die Stadt verlassen. Dem Kirchenpolitiker Christoph *Pezel* folgt bis 1804 eine lange Kette reformierter Theologen auf die Ansgarii-Kanzel. Wir nennen nur Dr. Urban *Pierius* (1599-1616), zuvor Generalsuperintendent in Küstrin, und den Professor und Dichter Friedrich Adolf *Lampe* (1727-1729, »Mein Leben ist ein Pilgrimstand«). Der berühmte Theologe und Physiognomiker C. *Lavater* aus Zürich predigte zwar »mit vielem Beifalle«, nahm aber den Ruf nach Bremen nicht an. Als Bekundung ihrer religiösen

Der Orgelprospekt von 1611 ist ebenso wie die flämischen Leuchter aus der zerstörten Kirche gerettet worden.

Ausland stehen auf dem Programm. Unbeschwerter Geselligkeit von Erwachsenen, Jugendlichen und Kindern dient nach wie vor das Freizeitheim in Harpstedt (Eduard-*Schilling*-Stiftung). Gut eingeführt haben sich in der Gemeinde die Osterfrühgottesdienste mit gemeinsamem Frühstück und der Agape-Gottesdienst unter dem Thema »Pfingstlich essen und trinken«, der dem Pfingstmontag neue Bedeutung verleiht.

Von der aufwendigen Ausstattung der Scharskarken (»noch hett die kerke kleinode, so hir to lang is tho schrieven«, sagt ein Augenzeuge) ist nur wenig erhalten geblieben. Bereits der Bildersturm von 1586 hat gewaltige Lücken gerissen. Tragikomisch mutet folgende zeitgenössische Geschichte an: Ein übereifriger »Ansgarianer« trägt Heiligenbilder aus der Kirche und verbrennt sie – zu Haus im Ofen. Sein Nachbar, der dies bemerkt, will dem Mann einen Streich spielen. Er versieht eines dieser Bilder mit Pulver. Mit gewaltigem Getöse zerspringt es im Feuer. Der »Kirchensäuberer« bekommt Angst vor seiner eigenen Courage. Er meint nun nichts anderes, als daß die Heiligen sich auf ihre Weise an ihm hätten rächen wollen.

Was die bewegten Zeiten unversehrt überdauerte, ist 1944 zum größten Teil vernichtet worden. In einer Notkirche an der Holler Allee hat sich die Ansgarii-Gemeinde nach Kriegsende aufs neue gesammelt, bis ihr Grundstück in der Innenstadt verkauft und ihre jetzige Kirche 1957 nach Plänen des Architekten Fritz *Brandt* eingeweiht werden konnte. Wenigstens einige wertvolle Reste der alten Scharskarken sind in diese moderne Basilika mit freistehendem Glockenturm eingebracht worden. Der Marten *de Mare* zugeschriebene repräsentative Orgelprospekt ist 1611 entstanden. Er verkleidet das 1958 gebaute, 1994 umfänglich renovierte Instrument der Firma Alfred *Führer*: die zweitgrößte bremische Kirchenorgel. Ergänzt wird sie durch die kleine Altarorgel (1957) mit einem Prospekt von Arp Schnitger (1698). Im Zuge einer größeren Renovierung wurde der Altarraum von Prof. Chup *Friemert* umgestaltet und 1997 vorgestellt. Bronzetafeln tragen nun die spätmittelalterliche Holzskulptur des Kruzifixus (1520) und unterstreichen das Halbrund der Apsis. Die gelungene Veränderung läßt Ost- und Westchor einander eindrucksvoll korrespondieren. Die Kanzel stammt aus dem Jahr 1592. Wahrscheinlich ist sie in der Werkstatt von Meister Hermen *Wulff* hergestellt worden. Zu mehreren Epitaphien prominenter Gemeindeglieder, die in der Kirche zu sehen sind, gehörte ursprünglich auch die bedeutsame Grabskulptur des Ratsherrn Arnd von Gröpelingen, dessen Tod (1304) zum Sturz der Patrizierherrschaft in Bremen führte. Sie befindet sich jetzt als Leihgabe im Fokke-Museum. Vier prachtvolle flämische Leuchter (1635, 1647 und 1650) schließlich tragen mit diesen kostbaren Erinnerungen an die vielgeliebte alte Ansgarii-Kirche dazu bei, daß die unvergessene Vergangenheit der traditionsreichen Gemeinde auch in dem modernen Kirchenraum weiterlebt und sich in neue Glaubensimpulse umsetzt.

1179 durch den Papst bestätigt wurde, bescheinigt ihm die kirchliche Obrigkeit besonderen Fleiß bei der Errichtung bereits des zweiten Gotteshauses auf der Dünenkuppe. Es wird die Pfarrkirche eines großen Kirchspiels im Bremer Westen und gleichzeitig Zentrum des Wilhadi-Kapitels. Dieses Priester-Kollegium ist aus der Nachbarschaft des Domes hierher verlegt worden und erhält nun die Doppelbezeichnung »St. Wilhadi–St. Stephani«. Der ältere Name Stephani setzt sich für Kirche und Wohnbezirk schließlich durch.

Die Gründung gibt dem Steffensviertel einen kräftigen Akzent – und manchen ärgerlichen Anstoß. In den ersten Jahrhunderten fügen sich die Kapitel-Herren einem strengen Reglement. Nicht einmal der Ausgang ist ihnen gestattet. Aber sie leben doch recht sorglos von ihren Einnahmen, die ihnen laufend aus Stadt und Umland zufließen. Den ärmeren Vikaren, die meist den Dienst an den 18 Altären übernehmen müssen, gilt die Zuneigung der Bevölkerung. Sie sammelt sich in eigenen religiösen Berufsgemeinden, den »Bruderschaften«. Typisch für Stephani: die Aalfänger-Bruderschaft vom Heiligen Kreuz. Auch gibt es Köpfe, die kirchlich und politisch den sich ausprägenden Willen der Gemeinde vertreten. Ein Marquard *Wittebrod*, um 1400, ist der erste namentlich bekannte »bawmeister« von Stephani.

Bereits vor der Reformation kann man von einer regelrechten »Steffensstadt« reden. Rings um

St. Stephani

Die äußerste Westecke unserer Altstadt, jetzt eingerahmt von Verkehrsadern, hat noch immer ihren eigentümlich stillen Reiz. Ebenso früh wie auf dem Dom-Hügel wird es hier, rund um die »Steffensdüne«, einen Siedlungskern mit besonderem Menschenschlag gegeben haben. Diese Fischer, Kleinbauern, Handwerker, Fahrensleute im altbremer Westend haben es verstanden, ihre Eigenart über den sie einbeziehenden Mauerbau (um 1300) bis an die Schwelle der jüngsten Gegenwart herüberzuretten. Wohlhabend waren sie in der Regel nicht. Desto hartnäckiger hielten sie an ihrer Lebensart fest. »Steffen is de ehrbarkeit«: diese Zeile aus der Reformationszeit ist eine respektvolle Verneigung vor dem besonderen Völkchen. Und schon in einer Urkunde von 1139, deren Inhalt

St. Stephani heute (oben) und Ansicht vom Westen um 1880 (rechts).

die hochragende Kirche: das Kapitelhaus, das »Slaphus« der Vikare, Wohnungen an der Außenmauer. Ein Häuschen am Turm bewohnt der »Hundeschläger«. Er hat die Aufgabe, die Tiere während des Gottesdienstes aus der Kirche zu jagen. Dort drinnen gibt es vielerlei Gestühl – vom Polstersitz für vornehme Herrschaften bis zum Klappsitz –, das in gestaffelten Preisen wie Land verhökert wird.

Auch hier, wie in den anderen bremischen »Unterstiftern«, schafft die Reformation nicht mit

Den »Waßmann-Löwen« ließ die Gemeinde aus Sympathie zum streitbaren Pastor an dessen Haus anbringen.

der Bauherren, Diakone und natürlich der Prediger.

Eine stattliche Pastorenliste weist die Chronik auf: entschiedene, aber kaum extreme Vertreter bald des reformierten Bekenntnisses, mitunter streitbar. Bemerkenswert der »Fall Leo *Wasmann*« (1571-1603): Dieser attackiert den anwesenden lutherischen Erzbischof von der Kanzel, verweigert ihm den Gruß. Die Affäre verläuft im Sande. Aber die Gemeinde läßt ihm als Zeichen ihrer Sympathie ein Bild in die Wand des Pastorenhauses setzen. Es stellt den Sieg eines Löwen über einen Drachen darf. Mit dem Rat der Stadt wiederum legt sich Dr. H. *Flocke* (1655-80) an.

Der Bremer Rat verstand sich durchaus als legitimes Kirchenregiment. Jede Gemeindeversammlung, jede Pfarrerwahl war von ihm zu genehmigen, wobei die neu berufenen Prediger vor versam-

einem Schlage klare Verhältnisse. Die Pfründenwirtschaft des Kapitels geht sogar bis ins 17. Jahrhundert weiter. Doch schon 1526 steht der als Ketzer verschriene »Herr *Hermann*« auf der Stephani-Kanzel, ein »christlich und gelert praedicante des hilligen evangelii«. Katholisches Brauchtum hält sich noch lange: die Verwendung von Weihrauch, nützlich wohl auch wegen des Verwesungsgeruches aus den schlecht abgedichteten Gräbern, wird gar erst 1812 eingestellt. Nun aber finden täglich dreimal evangelische Gemeinde-Gottesdienste statt. Eine »Gotteskiste« für die Versorgung der Armen existiert seit 1526. Dem Worte Gottes, der Seelsorge und der Schule, für die St. Stephani weithin bekannt werden soll, gilt der besondere Einsatz

Ruine der Stephani-Kirche zu Kriegsende 1945.

Der westliche Teil der Altstadt, das »Steffensviertel«, auf dem Merian-Stadtplan von 1638.

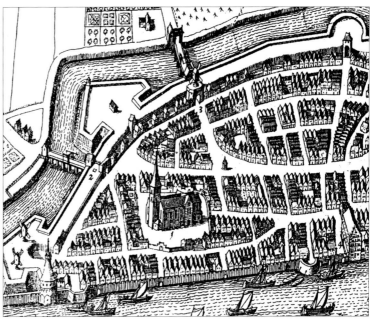

Der Innenraum der Kirche mit den Fenstern von Erhart Mitzlaff.

Verehrt und gehaßt: Pastor F. Mallet. Eigenhändig signierte Photographie, nach 1856.

Nur wenige Jahre später konnte Stephani sich freilich rühmen, »den größten Gottesgelehrten reformierten Bekenntnisses seiner Zeit« gewonnen zu haben. F.A. *Lampe* (1709-20) stellte die Bibel über die erstarrte Kirchenlehre. Er war ein vorzüglicher Seelsorger und ebenso eifriger Literat. 48 Schriften hat er hinterlassen, darunter das weithin gerühmte »Geheimnis des Gnadenbundes«. Auch die nötige Strenge fehlte ihm nicht: 1710 scheuchte er Musikanten aus einer Hochzeitsfeier. Dabei hatte seit P. *Knoop*, dem ersten »Orgelisten« der evangelischen St. Stephani-Gemeinde, die Musik einen angesehen Platz. So nimmt es nicht wunder, daß bis in die Gegenwart musikalische Verkündigung gepflegt wird. Seit der Pensionierung des Landeskirchenmusikdirektors Prof. Erich *Ehlers* (1961-95) ist der Kantor von Stephani zugleich für die Immanuel-Gemeinde tätig.

Die Aufklärung, die sich in diesen Jahren auf einigen bremischen Kanzeln ausbreitete, zeigte sich an Stephani eher von der gemäßigten Seite. Man teilte zwar die Überzeugung, daß Tugend lehrbar sei. Und der alte J. *Smidt* (1760-95), Vater des nachmaligen Bürgermeisters und Gründers von Bremerhaven, suchte dies in dreistündigen Predigten zu bewerkstelligen. Doch war man weit davon entfernt, die Bibel und die überkommene Lehre in Frage stellen zu wollen. In Dr. J. *Ewald* (1796-1805), zuvor Hofprediger und Generalsuperintendent in

melter Gemeinde den Bürgereid zu schwören hatten. Versprachen die Konvente heikel zu werden, so wurden Soldaten der Bürgermiliz nach Stephani abgeordnet. Nicht minder selbstbewußt gaben sich manche Bauherren. Schließlich hatten sie ein lebenslängliches Ehrenamt mit einer gewaltigen Aufgaben-Liste. Nicht zuletzt in der öffentlichen Fürsorge: im Kirchspiel lagen das »Mannhaus«, das »blaue Waisenhaus« und »dieser stat armenhaus zum Behten und Arbeiten«. Meinungsverschiedenheiten hat es dabei häufiger gegeben. Vor einer Predigerwahl sei es, wird berichtet, derart hitzig zugegangen, daß »wo es der gütige Gott nicht verhindert, so wären Mordt und Totschlag in der Kirche gewesen«.

Detmold, hat Religiosität und praktische Begabung sich besonders glückhaft vereinigt. Er ist zum ersten Schulreformer Bremens geworden. Damals hatte die Stephani-Schule schon eine vielhundertjährige Geschichte hinter sich. Aber eben in Ewalds Amtszeit wirkte an ihr, in Chorrock und weißem Bäffchen, der Lehrer D. *Lange* (1782–1815) als Schulmeister und pädagogischer Publizist so erfolgreich, daß man sich in den Kontoren um seine Schulabgänger riß. Gemeinsam mit seinem Ansgarii-Kollegen Häfeli knüpfte Ewald Kontakte zu Pestalozzi und Herbart und richtete im Schnoor eine »Bürgerschule« ein.

Die pädagogische Blüte der Stephani-Kirchspielschule war immerhin so erstaunlich, daß sie der Verstaatlichung des Unterrichtswesens am längsten widerstanden hat. Auch F. *Mallet* (1827–65) machte gegen ihre Einvernahme durch den Senat Front. Vor allem aber ist dieser Mann als »der größte Stephaniprediger des 19. Jahrhunderts« in die Gemeindegeschichte eingegangen. Er, der sich auf der Kanzel wie auf dem gesellschaftlichen Parkett gewandt zu bewegen verstand, habe »ein halbes Jahrhundert nur volle Kirchen« gesehen. Man habe dicht bei dicht in den Gängen gestanden, um ihn zu hören. Fesselnd war nicht nur seine Rednergabe, sondern seine überzeugende Glaubenszuversicht. Freilich schonte er seine Gegner, die frühen Atheisten, nicht. Dafür wurde er als »General der Heiligen« verleumdet, auf der Bremer Bühne als »Tartüffe« durch den Kakao gezogen; ja, man malte ihm einen Galgen an die Haustür und die Parole: »Werft den Hund in die Weser«. Die Gemeinde hat den Bekenntnisstreit ihres Pastors unbeirrt

mitgetragen. *Mallets* »Jünglingsverein Feierabend« (1834) ist ein Vorläufer des späteren CVJM.

Überhaupt tritt die Stephani-Gemeinde mit Mallet in die kirchliche Gründerzeit ein. Es entstehen Vereine, eine »Kinderbewahranstalt«, das damals sehr moderne Gemeindehaus, um »christliche Gesinnung, christlichen Wandel und Fortschritte in Wissen und Können« zu fördern. Die Verhältnisse im Bremer Westen haben begonnen, sich sprunghaft zu verändern. Zwischen 1880 und 1898 steigt die Einwohnerzahl hier um nahezu das Doppelte. Immer mehr Fabrikanlagen schießen aus dem Boden. Die längsseits der Weser gelegene »Kirchenweide« von Stephani, um deren Besitz immer wieder und einmal sogar vor dem kaiserlichen Hof-

Blick auf die Orgelempore und die Kronleuchter aus dem 17. Jhdt.

Das 1859 erbaute Gemeindehaus war das erste seiner Art in Bremen.

Herrn Landesbischof 3.12.34

165

Bremen, den 30. November 1934.

Liebe Gemeindeglieder von St. Stephani!

Hin und her in unserer Stadt und in deutschen Landen hört man: Not in der Evangelischen Kirche! Was heißt das? Was sind „Deutsche Christen"? Was ist „Bekennende Gemeinde"? Was hat es auf sich mit der Maßregelung von Pastoren? Was sollen Bekenntnisgottesdienste?

Spüren wir nicht auch bei uns in St. Stephani die Not der Deutschen Evangelischen Kirche? Wir haben zwei Pastoren berufen, aber nur einer von ihnen wird im Kirchenzettel aufgeführt und predigt in der Kirche. Der andere ist „gemaßregelt" und predigt in anderen Gebäuden. Das geht nun schon seit vielen Monaten so. Wie ist das gekommen?

Um diese Fragen zu beantworten schreiben wir Euch heute einen Brief.

Die Not in der Deutschen Evangelischen Kirche ist offenbar geworden seit den Kirchenwahlen vom Juli 1933, nach denen die „Deutschen Christen" in der Reichskirche und in fast allen Landeskirchen das Kirchenregiment in die Hand bekamen. Seitdem ist Kampf in der Deutschen Evangelischen Kirche.

In diesem Kampf geht es um das Wesen der evangelischen Kirche: Soll in der Kirche allein Jesus Christus und sein Wort regieren? Soll seine Gemeinde dafür verantwortlich sein, daß das Evangelium rein verkündigt wird? Sollen die Ordnungen in der Kirche sich nach dem Worte Gottes richten?

Diese entscheidenden Fragen sind in Stephani in der Vergangenheit von der Hl. Schrift her grundsätzlich bejaht worden. Tatsächlich waren wir uns aber als Gemeindeglieder des Ernstes der Verantwortung nicht genügend bewußt. Sonst brauchte der Brief wohl nicht geschrieben zu werden.

Die „Deutschen Christen" beantworten diese Fragen nicht nach der Hl. Schrift. Sie wollen Gott nicht nur im Alten und Neuen Testament, sondern auch in der eigenen Art, in Blut und Rasse und in geschichtlichen Ereignissen erkennen. Sie übernehmen das weltliche Führerprinzip in die Kirche und entmündigen damit die Gemeinden. Nach diesen Grundsätzen versuchten die deutsch-christlichen Kirchenregierungen, über Recht, Bekenntnis und Verfassung hinweg, eine sogenannte einheitliche Reichskirche zu bauen und haben damit die Deutsche Evangelische Kirche zerstört.

Das haben wir in Bremen selbst erlebt: Unser deutsch-christliches Kirchenregiment hob Kirchentag und Gemeindeordnungen auf und setzte auf Grund des weltlichen Führerprinzips „Gemeindeführer" ein. Als nun ein Pastor unserer Gemeinde gegen Gewalt und Unrecht in der Kirche Einspruch erhob, wurde er seines Amtes „vorläufig enthoben". Die kirchlichen Gebäude wurden ihm für seine Amtshandlungen unter Androhung von Gewalt verboten und der „Sonntagsgruß" wurde ihm für Mitteilungen an die Gemeinde entzogen.

Was hier in Bremen geschah, ist in mehr als 1000 Fällen im Deutschen Reich in der einen oder anderen Form geschehen. In dieser Not haben sich die bekenntnistreuen Pfarrer und Gemeinden zu der „Bekennenden Kirche der Deutschen Evangelischen Kirche" zusammengefunden. Ihre grundlegende „Erklärung" aus Barmen, auf Grund deren sich auch in Bremen die „Bekennende Gemeinde" sammelte, und ihre „Botschaft" aus Berlin-Dahlem sind diesem Brief beigefügt. Wir bitten Euch, lest und prüft sie sorgfältig auf Grund der Heiligen Schrift. Wir können Euch in diesem Brief nur mit wenigen Worten auf den Ernst der Entscheidung hinweisen. Tageszeitungen und Sonntagsgruß stehen uns nicht mehr offen. Deshalb tragen wir Euch den Brief in Eure Häuser und rufen alle, die am Glauben unserer Väter festhalten wollen, zu einem

Gemeindeabend

am Freitag, den 7. Dezember 1934, abends 8 Uhr, im kleinen Saal der Centralhallen, Eingang Düsternstraße.

Bitte, bringt die Anlagen dieses Briefes und das Gesangbuch mit.

Wir bitten Gott, daß Er unserer Stephani-Gemeinde diesen Abend segnen möge und grüßen Euch

als der Bruderrat der „Bekennenden Gemeinde" von Alt-Stephani

Pastor prim. Rosenboom; Pastor lic. Greiffenhagen; C. Jorck; Dr. G. Meyer; H. Reinders; M. Thlume; B. Tiemann. 32

Der Kirchenkampf in Bremen entbrennt: Brief an die Stephani-Gemeinde, 1934.

gericht in Wien prozessiert worden war, wird in ihrer Bedeutung für die bremische Wirtschaft entdeckt. Weitsichtig schlägt der Bauherr J. C. *Vietor* den Bau von Heimstätten-Siedlungen im Utbremer Gelände vor, um das Wuchern von »Familien-Kasernen« zu verhindern. Er bleibt in der Planung stecken. Für den Erlös der »Kirchenweide«, auf der nun ein riesiges Industriegebiet und seit 1884 der »Europahafen« sich ausbreitet, kann die missionarische Arbeit in die immer dichter besiedelte westliche Vorstadt getragen werden.

In den folgenden Jahrzehnten formiert sich an Stephani ein kompromißloser Widerstand gegen die Herrschaft der nationalsozialistischen »Deutschen Christen« in der Bremischen Evangelischen Kirche. Seit 1935 besteht die Gemeinde aus zwei Pfarrbezirken. Die Pastoren Gustav *Greiffenhagen*

(1931–67), zeitweilig suspendiert und in »Schutzhaft« genommen, und Wiard *Rosenboom* (1926–37) schließen sich mit ihren Mitarbeitern der Irrlehre nicht an. Sie bilden eine Zelle der »Bekennenden Kirche«, sorgen für getaufte Juden. Nach dem frühen Tod von Rosenboom ist der Nordbezirk bis zum Kriegsende mit Pastor Fritz *Schipper* illegal tätig. Magdalene *Groot-Stoevesandt* hat die abenteuerliche »Wüstenwanderung« dieser Jahre packend beschrieben: die Verfolgung der »Staatsfeinde« durch die Gestapo, die Fortführung von Gottesdienst, Unterricht, Seelsorge und Krankenbetreuung durch Gemeindeglieder, das ständige Wegtauchen vor dem Zugriff der Staatsorgane, die Umzüge von einem zerbombten Haus ins andere. Kein Gottesdienst ist in dieser Zeit der Illegalität ausgefallen. Nach Kriegsende wird die Untergrund-Gemeinde anerkannt, und mit dem Einzug in das wiederhergestellte Seitenschiff der zerstörten Kirche ist dieser Teil der »Wüstenwanderung« zu Ende.

Ganz deutlich wurde auch der Stephani-Gemeinde die deutsche Schuld an den Greueln des »Dritten Reichs« erst, als diese der Weltöffentlichkeit in ihrem vollen, entsetzlichen Ausmaß vor Augen traten. Um so mehr lag ihr daran, Ähnliches in Zukunft mit größerer Wachsamkeit zu verhindern. Deshalb rief sie sich und ihre Mitarbeiter dazu auf, »den Geist Jesu Christi gegen Militarismus und Antikommunismus, im Verzicht auf Feindbilder, Gewalt (Kriegsdienstverweigerung) und in Feindesliebe zu bewähren«. Auch das Ringen um soziale Gerechtigkeit sowohl im eigenen Land als auch in der Ökumene wolle sie mitvollziehen. Dieses politische Engagement hat die Gemeinde, von der Wiederbewaffnung der Bundesrepublik bis zur Diskussion um die Neutronenwaffe, in vielfachen Erklärungen ohne Wenn und Aber zum Ausdruck gebracht. Sie hat es, bei den entsprechenden Anlässen, tätig unter Beweis gestellt. 1983 ist auch eine umfangreiche Obdachlosenarbeit begonnen worden: Sonntag für Sonntag werden Kaffee und Kuchen sowie eine warme Mahlzeit ausgegeben. Während einer Heilig-Abend-Feier bewirten und beschenken die Helfer alle Gäste.

Der bremischen Gesamtkirche stellte die Stephani-Gemeinde 1995 ihren Pastor Louis-Ferdinand *von Zobeltitz* als Schriftführer des Kirchenausschusses.

Wer die mit dem schlanken Turm, dem »langen Steffen«, weit in den westlichen Himmel aufragende Stephani-Kirche betritt, ist beeindruckt von der schlichten Majestät des kreuzförmigen Hallenbaus. Zerstörungen und Umbauten haben von der künstlerischen Ausstattung früherer Jahrhunderte kaum etwas übrig gelassen. Bruchstücke des geschnitzten Orgelprospektes (*Krusebecker*, 1768), der an Schönheit die von St. Martini und St. Ansgarii noch übertraf, können leider kaum restauriert werden. Auf der Empore über dem Westeingang erhebt sich jetzt ein Instrument aus der Orgelbauwerkstatt *von Beckerath*. Etwa 10.000 farbige Glasstücke sind in dem sechsteiligen Fenstermosaik der Altarwand verarbeitet. Der Fischerhuder Künstler Erhart *Mitzlaff* hat die vielfältigen Detail-Motive unter das Gesamtthema »Alte und Neue Welt« gestellt. Über drei Jahrhunderte hinweg sind die kostbaren Kronleuchter mit Inschriften gerettet worden – Stiftungen der Stephani-Gemeinde aus dem 17. Jahrhundert. Zum Christfest 1992 läuteten erstmals drei neue Bronzeglocken. Sie tragen die Namen: Schöpfung, Friede, Gerechtigkeit.

St. Martini

»Sunt Marten – wo 't Water dör geiht«, diese altbremische Kinderreimzeile führt plastisch die Gefahr vor Augen, von der Kirche und Gemeinde St. Martini jahrhundertelang bedroht waren. Unmittelbar an der Weser, anfänglich nur durch Erdaufschüttungen und Pfahlwerk gegen den Fluß geschützt, haben sie wieder und wieder die Gewalt seiner Wasserfluten erfahren. Daß man es wagte, auf diesem gefährdeten Gelände 1229 eine Basilika zu errichten, hat seinen Grund. Zu dieser Zeit dürfte die Martini-Gegend das am dichtesten besiedelte Viertel der Bremer Altstadt gewesen sein. Landeinwärts, an der »Balge«, einem jetzt zugeschütteten Seitenarm der Weser, lag der älteste Hafen. In seiner Nähe wohnten und arbeiteten vor allem Kaufleute. Darum wurde St. Martini die »Ollermannskarken« genannt – Kirche der »Elterleute« also, welche die Kaufmannschaft vertraten. Ihnen wird der heilige Martin von Tours, der nach alter Legende einem Armen seinen Rock ließ, ständige Mahnung gewesen sein.

Vermutlich war St. Martini eine begüterte, sicher eine selbstbewußte Gemeinde. Die Elterleute des Kaufmanns – sie stellten natürlich auch die Bauherren – traten nicht selten als Wortführer der Opposition gegen den allzu selbstherrlich regie-

St. Martini und ein Teil der Schlachte.

renden Rat der Stadt auf. Von ihrer Kirche sind immer wieder politische und auch kirchliche Bewegungen ausgegangen, die Bremen beunruhigt und erneuert haben. Es scheint, als habe die Nähe zum Weserfluß die Gemeinde besonders empfänglich gemacht für die mit dem Strom der Zeit herantreibenden neuen Ideen.

Schon in den Anfangsjahren der bremischen Reformation sehen wir St. Martini an der Spitze der geistigen Entwicklung. Mit Unser Lieben Frauen ist sie 1525 die erste Pfarrkirche der Stadt, in der ein katholischer Pfarrer kurzerhand seines Amtes enthoben wird. An seine Stelle tritt der bisherige Kaplan Ludolf *Stunneberg* als erster Prediger des neu verstandenen Evangeliums. Vom Rat der Stadt mit der Abfassung der neuen evangelischen Kirchenordnung beauftragt, hat Johann *Timann* dann 1534 Bedeutung für ganz Bremen erlangt. Die Leute gaben ihm den Spitznamen »Sötemelk«, denn häufig forderte er die Sauberkeit der lutherischen Lehre mit der Bemerkung: »De Melk is nich rein«.

Bald aber zeigte sich, zu welchen Kursänderungen die Gemeinde imstande war und bis in unsere Tage geblieben ist. Die Reformierten bekamen Oberwasser, zwei lutherische Martini-Pastoren kehrten Bremen den Rücken. Altarbilder, Kreuze, Grabmäler und Apostelfiguren wurden in der

Am Wasser gebaut: St. Martini mit Weser-Partie um 1875.

Blick ins Kirchenschiff von St. Martini.

Kirche zerschlagen. Mit Joseph *Naso* handelte man sich vorübergehend (1581–83) einen ausgesprochenen Radikalen ein. Er leugnete jederlei Anwesenheit Christi im Abendmahl. Das ging selbst dem reformierten Bürgermeister Daniel von Büren zu weit. Mit dem empörten Ausruf »Was hundert Teufel soll das sein? Wollen wir denn das Kind mit dem Bade ausschütten?« soll er während der Predigt aus der Kirche gelaufen sein. Nur ein Jahr länger war ein anderer Mann von Seltenheitswert Pastor an St. Martini: Philipp *Caesar* (1628–30). Eigenmächtig ließ er sein Amt im Stich und trat im Rheinland zur katholischen Kirche über.

Mit den meisten ihrer Prediger hatte die Gemeinde mehr Glück: mit dem recht begabten Ludwig *Crocius* (1610–28), auch Professor an dem berühmten Gymnasium Illustre und Vertreter Bremens auf der Synode von Dordrecht; mit Wilhelm *Schnabel* (1649–70), der vorher Hofprediger des Großen Kurfürsten gewesen war, und besonders mit Theodor *Undereyck* (1670–93). Der strenggläubige Mann kommt auf Empfehlung von drei bremischen Kaufleuten in die Stadt. Hier erregt er alsbald Anstoß mit seiner Kritik an der erstarrten Kirchenlehre und mehr noch durch seine erbaulichen Hauskreise. Sie und der Umstand, daß die Frau Pastor aktiv dabei in Erscheinung tritt, befremden die Öffentlichkeit. Auch das Verhalten

Undereycks beim Gottesdienst schockiert. Dennoch: die Gemeinde liebt ihn. Zum Freimarkt bekommt er jedesmal einen fetten Ochsen ins Haus geliefert.

Martini wurde zum Zentrum des reformierten Pietismus in Bremen. Den »Undereyckschen Kreaturen«, wie es abfällig hieß, rechnete man auch Joachim *Neander* zu. Obgleich er nur ein Jahr (1679–80) für die Gemeinde tätig war, leuchtet der Name dieses vielleicht musischsten aller bremischen Prediger heller als andere durch ihre Geschichte. In Bremen aufgewachsen, folgt er einem Ruf nach Düsseldorf. Das nahebei gelegene »Neandertal«, in dem er geistliche Versammlungen abhielt, ist nach

Ein großer Prediger und Seelsorger: Pastor G. Menken.

ihm benannt. Unerquickliche Streitigkeiten veranlassen Neander zur Rückkehr in seine Heimatstadt. Er wird »Frühprediger« an St. Martini. Die »Five«-(Fünf-Uhr)-Prediger hatten dem Gesinde der Kaufleute Gottesdienst zu halten. Mehr als durch seine Predigten ist Neander bekannt geworden durch seine geistlichen Dichtungen und Choralmelodien, namentlich mit dem noch immer unverbrauchten Lied »Lobe den Herren, den mächtigen König der Ehren«.

Doch abermals bahnte sich eine geistige Wende an. 1784 folgte der Zürcher Jacob *Stolz* einem Ruf ins Martini-Pfarramt. Stolz war ein Aufklärer reinsten Wassers. Was in der Bibel nicht zu dem

vernunftbetonten Weltbild dieser Zeit paßte, überging er einfach oder deutete es um. Schließlich zog er sich in die Schweiz zurück und widmete sich für die letzten Lebensjahre der Schriftstellerei. Auch die Gemeinde muß seinen Umgang mit der »Urkunde des Glaubens« als Holzweg erkannt haben. Sie wählte nämlich in die frei gewordene Pfarrstelle sogleich einen Mann, der das ganze Gegenstück zu Stolz war: den bisherigen Pastor an St. Pauli, Gottfried *Menken* (1811–25). Der war ein hingebungsvoller Lehrer und Seelsorger, vor allem aber ein überzeugender Prediger, der die Heilige Schrift im Sinne der Kirche mitreißend auszulegen verstand. Man pilgerte in diesen politisch so unsicheren Zeiten aus allen Gegenden der Stadt in die Martini-Gottesdienste, und die interessante Sonntags-Unterhaltung begann oft mit der Frage: »Ward ji hüd bi Menken?« Es war ein Glücksfall für die Gemeinde, daß sich der große Prediger mit seinem mehr praktisch veranlagten Amtsbruder Gottfried *Treviranus* (1814–66) aufs beste verstand. Treviranus, ursprünglich Kaufmann, entfaltete im Pastorat große organisatorische Gaben. Mit J.H. Wichern, dem Begründer des Rauhen Hauses in Hamburg, berief er 1848 den ersten Deutschen Evangelischen Kirchentag ein. »Ein Glaubensmann der Tat, wie ihn die großen Städte unserer Tage brauchen«, wurde er der Initiator der »Inneren Mission« in Bremen. Obgleich ihm acht von sei-

Joachim Neander, »Frühprediger« an St. Martini und Dichter des Liedes »Lobe den Herren«.

Ein einziger Lobgesang:
die farbigen Glasfenster.

Zwischen allen
Stühlen: der Pastor
und Schriftsteller
Emil Felden.

nen zehn Kindern wegstarben, hat seine väterliche Güte vielen geholfen.

Betrübt mußte Treviranus es noch erleben, wie sein Nachfolger Moritz *Schwalb* (1867–94) das Ruder erneut herumriß. Auch er hatte ein ansehnliches Publikum in der Stadt – vermutlich aber darum, weil er auf der Kanzel die Gottessohnschaft Jesu leugnete. Offfenbar schwebte dem getauften Juden eine Art Ökumene aus »altem« und »neuem

Israel« vor. Schwalbs Kollege und Nachfolger Albert *Kalthoff* (1888–1906) überrundete noch dessen kritische Äußerungen. Mit ihm geriet die Martini-Gemeinde auf die sozialpolitische Ebene. Im ganzen deutschen Reich wurde sie zum Gesprächsstoff, als ihr Prediger sich dem dialektischen Materialismus anschloß und den Christus als bloße Erlösungsidee antiker Proletariermassen bezeichnete. Zudem übernahm er den Vorsitz im atheistischen »Monistenbund« und in der von ihm 1903 mitbegründeten Bremer Ortsgruppe der »Deutschen Friedensgesellschaft«.

Mit Emil *Felden* (1907–33) kam ein weiterer Vertreter »verwegener Theologie« (Theodor Heuss) ins Martini-Pfarramt. Er ließ die Kinder im Unterricht über die Existenz Gottes abstimmen und folgerte aus dem Ergebnis, der Glaube sei ein Resultat religiöser Dressur. In seinen Abendmahlsgottesdiensten, die in Erinnerung an das solidarische Opfer Jesu gehalten wurden, reichten sich die Gemeindeglieder die Hände zum »Bruderbund«. Trotz seiner bedenklichen Lehrauffassung ist der zwischen alle Stühle geratene Mann eine der markantesten Gestalten der Gemeindechronik. Zu seiner Zeit ist Martini eine »Arbeitergemeinde« gewesen. Felden war als Mitglied der SPD Abgeordneter der Bremer Bürgerschaft und des Deutschen Reichstages, ein aktiver Gegner des Antisemitismus. 1933 mußte er sein Amt quittieren und wurde ständig verfolgt.

Seit der Zerstörung des Kirchengebäudes lag Martini in den ersten Jahren nach dem Zweiten Weltkrieg auch geistlich darnieder. Erst 1974 besann sich die Gemeinde mit Pastor Dr. Dr. G. *Huntemann*, der sich als Prediger, theologischer Schriftsteller und Hochschullehrer einen Namen machte, erneut auf die unverfälschte reformierte Tradition. Diese Linie setzte Pastor Jens *Motschmann*, auch er ein sorgfältiger Ausleger der Heiligen Schrift und Publizist, ab 1987 in einer wachsenden Gemeinde konsequent fort. Den Leitworten »bibeltreu, bekennend, reformatorisch« folgen vielfältige Aktivitäten, von der Gebetsgemeinschaft bis zur Seniorenarbeit. Auf jährlich stattfindenden »Martini-Kongressen« beraten gut 150 Teilnehmer aktuelle Fragen aus biblischer Sicht. Seit 1993 ist ein »Beratungs- und Seelsorgezentrum St. Martini« geöffnet, in dem biblisch-therapeutischer Beistand in Konfliktsituationen angeboten wird. Auch ist die Gemeinde Gastgeberin für die Rußlanddeutschen in Bremen und weiß sich schließlich der »Ev. Bekenntnisschule« verbunden.

Die mannigfaltigen Dienste sind nur mit einem großen Stamm ehrenamtlicher Kräfte zu bewältigen. Sie haben in St. Martini, wie die dichte Folge der Diakone (seit 1526) und der Bauherrn (seit 1376) zeigt, selten gefehlt. Die Wappen der letzteren, von Werner *Rohde* ausgeführt, leuchten jetzt in den Langhausfenstern. Die übrige Verglasung ist von Elisabeth *Steineke* entworfen. In der Art einer »Bilderbibel« erzählen sie die Geschichte des Heils, in die auch die Legende vom Heiligen Martin und das Lob Joachim Neanders eingerückt ist. Von den alten Werken kirchlicher Kunst haben Brände, Überflutungen und Kriegszerstörungen wenig übrig gelassen. Um so wertvoller ist darum eine Darstellung des Weltgerichtes im Türfeld an der Südseite der Kirche, eine Kreuzigungsgruppe an der Nordwand des Turmes und der Stein mit der Gestalt des segnenden Christus, der 1945 aus den Trümmern der eingestürzten Basilika geborgen und in das Chorgewölbe eingefügt worden ist. Von seltener Schönheit sind der barocke Orgelprospekt des bremischen Bildhauers Hermann *Wulff* (1603) und die ebenfalls von ihm geschnitzte Kanzel. Mehrere erhalten gebliebene Sterbedenkmäler erinnern an prominente Glieder der Gemeinde und an die Gewalt der Vergänglichkeit, während die beiden ausladenden Messingkronleuchter von 1650 das »ewige Licht« symbolisieren. Des Namenspatrons der Gemeinde gedenkt ein Sandsteinrelief, das jetzt im Westeingang der Kirche seinen Platz gefunden hat. Mit sieben Glokken besitzt St. Martini das größte Geläut aller bremischen Gotteshäuser. Ein Glockenspiel läßt um

9, 12, 15 und 18 Uhr die Choralmelodie »Lobe den Herren, den mächtigen König der Ehren« über Altstadt und Weser erklingen.

Aus den Trümmern des Gewölbes konnte 1945 der Schlußstein mit dem segnenden Christus geborgen werden.

47

Draußen vor dem Tor: Die Vorstadtgemeinden

Ländliche Idylle:
Doventorsvorstadt
mit St. Michaelis,
um 1785.

Zigarrenmacher, Geschäftsleute in der Nähe der Ausfallstraßen; im Westen, flußabwärts: alles, was mit Seefahrt zu tun hatte. Fast durchweg handelte es sich um weniger Bemittelte, die nicht im Besitz des vollen Bürgerrechtes waren. Erst 1848 wurde in den ursprünglich nur bis zu den »Landwehren« an Dobben, Bürgerweide und »Kumpgraben« reichenden Vorstadtbereich die Pauliner Marsch, die Feldmark Pagentorn, die ganze Bürgerweide und Utbremen einbezogen. Damit reagierte man auf einen gewaltigen Besiedlungsschub, der nur mit dem Wachstum Bremens nach dem Zweiten Weltkrieg vergleichbar ist. In einem Zeitraum von rund 25 Jahren überbot die Bevölkerungsziffer außerhalb der Stadtgrenzen – sie hatte jahrhundertelang weniger als die Hälfte der City-Bewohner ausgemacht – um etwa 70 % die von Alt- und Neustadt zusammengenommen.

Ein fiebriger Bau-Boom, besonders im Osten und im Westen, nun auch von wohlhabenden Bürgern betrieben, setzte ein.

Wo sich heute jenseits des Stadtgrabens das Häusermeer Bremens nach allen Seiten ausdehnt, erstreckte sich noch bis ins 20. Jahrhundert die auf dem rechten Weserufer liegende Vorstadt. Aus sieben Bauernschaften ist sie hervorgegangen, die alle unmittelbar vor den Toren saßen. Entsprechend ländlich war ihr Charakter. Im Norden und im Osten: Gemüsebauern, Handwerker, später auch

Vom Mittelalter bis ins 19. Jahrhundert gab es in diesem Gebiet nur zwei Kirchengemeinden: in der westlichen Vorstadt, als Filiale von St. Ansgarii, *St. Michaelis* und in der östlichen Vorstadt, im Außenbezirk von Unser Lieben Frauen, *St. Remberti*. Beide Kirchen lagen dicht vor den Bastionen Bremens, also in deren Schußfeld. Sie wurden daher bei Gefahr im Verzuge von den Bürgern abgebrochen und haben auch nach dem Wiederaufbau unter militärischen Operationen und politischen Veränderungen zu leiden gehabt.

Im zweiten Drittel des 19. Jahrhunderts entstanden kurz nacheinander im Einflußbereich von St. Stephani drei neue Vorstadtgemeinden: *Wilhadi* (1878), *Immanuel* (1908) und »Luther« (1914). 900 Häuser wurden damals im Westen gezählt. Es spricht für die Weitsicht der Stephani-Bauherren, daß sie der Bauwelle in Utbremen und im Findorff-Viertel mit der Gründung von Stützpunkten in noch freiem Gelände zuvorkamen. Gleiches gilt für die Bildung der *Friedensgemeinde* (1868) in der rasch sich verdichtenden, eigentlich zu St. Remberti gehörenden östlichen Vorstadt, die seinerzeit erst 1660 Häuser zählte. Die sechzig Fuß breite Humboldtstraße, an der die Friedenskirche errichtet wurde, war damals gerade sechs Jahre alt. Beginnen wir unseren Weg durch die Vorstadtgemeinden aber zunächst bei St. Michaelis und den Stephani-Töchtern.

Das St. Stephani-Pastorenkollegium 1929. Seine Wirksamkeit führte zur Gründung von drei neuen Gemeinden im Bremer Westen.
Sitzend von links: P. Thyssen (St. Stephani), R. Vietor (Wilhadi),
P. Tiefenthal (Immanuel); stehend: W. Vogt (Luthergemeinde),
E. Arlt (Wilhadi), W. Rosenboom (St. Stephani).

St. Michaelis

Die Verehrung Michaels (hebr. = Wer ist wie Gott? s. Offenbarung 12,7) ist in Norddeutschland weit verbreitet. Allein auf bremischem und niedersächsischem Boden findet sich der Erzengel dreißigmal als mittelalterlicher Kirchenpatron, und zu unserer Landeskirche gehören zwei Gemeinden, die seinen Namen tragen. Die ältere von beiden hat eine bewegte Geschichte. Ihr Gotteshaus ist wohl zwischen 1139 und 1185 im Bereich der jetzigen Kleinen Helle-Ellhorn-Falkenstraße entstanden und wurde wahrscheinlich von den Nonnen eines nahegelegenen Klosters genutzt. Allzu »vorstädtisch« darf man sie sich nicht vorstellen. 1336 war sie jedenfalls ordentliche Pfarrkirche, und wenig später nennt eine Urkunde den Namen des bestallten Geistlichen: *Dietrich*. Er und seine Nachfolger sind allem Anschein nach geachtete Männer gewesen. Auch Vermögensverwalter werden bereits im 14. Jahrhundert erwähnt. Bis in die Gegenwart stehen solche »Bauherren« oder »Bauherrinnen« an der Spitze der Gemeindevertretung von St. Michaelis.

Leider ist die mittelalterliche Kirche 1524 der vielleicht gelenkten Zerstörungswut einer bezechten Horde zum Opfer gefallen. Die »druncken sick full, lepen uth der Stadt unde breken s. Michael kercken daell«. Dem Rat wird der skandalöse Vorfall ins Konzept gepaßt haben, wurden doch damals wegen befürchteter militärischer Angriffe auch anderswo Gebäude im Vorfeld Bremens niedergelegt. Die heimatlose Michaelisgemeinde mit ihrem ersten evangelischen Pastor, Hermann *Koch*, wich nun nach Walle aus. Dorthin, in ein zwischen 1535 und 1545 errichtetes Gotteshaus, nahm sie ihre Glocke mit, die als einziges sichtbares Überbleibsel im Vorraum der Michaeliskirche zu betrachten ist. Erst 1700 hatte die in der Zwischenzeit auf St.

Stephani und Walle verteilte Gemeinde wieder ein eigenes Dach über dem Kopf. In einem vierstündigen Gottesdienst wurde die mittlerweile dritte Michaeliskirche, eine schlichte Predigtstätte, unweit der ursprünglichen Stelle am Doventorsdeich eingeweiht. Doch so bald sollte man nicht zur Ruhe kommen: Während des Siebenjährigen Krieges machten Engländer das Gebäude zum Lazarett, von 1810–13 konnte man französische Predigten hören. Doch mit Pastor Friedrich *Mallet*, einem eindrucksvollen Prediger, wurde die Kirche vor dem Doventor zum stadtweit bekannten Anziehungspunkt. Von nah und fern strömten die Hörer. Die Gemeindeglieder ihrerseits strebten eine »freiere Entwicklung des kirchlichen Lebens« an, wollten

Wie ein »Segel Gottes« strebt die moderne St. Michaelis-Kirche empor.

Die (dritte) St. Michaelis-Kirche von 1790 war ein klassizistisches Predigthaus mit Dachreiter.

49

Auch im Inneren
herrscht das Dreieck
als bestimmende
Form vor.

sich auch ab 1823 offiziell als »evangelisch«, nicht mehr als reformiert bezeichnen dürfen.

Gegen Ende des Jahrhunderts trat der liberale Dr. Otto *Veeck* das Pfarramt an, vielseitiger Seelsorger und Kirchengeschichtler. Seinerzeit entstanden große, bis in die Gegenwart wirksame Stiftungen der Armenpflege, und unter enormen finanziellen Opfern konnte 1900 anstelle der zu eng gewordenen Predigtstätte eine vierte St. Michaelis-Kirche für die auf 15.000 Seelen angewachsene Gemeinde erbaut werden. Auf Gemeindeinitiative hin bildete sich ein Kirchenchor, wurden zusätzliche Sonntagabendpredigten eingeführt, erschien das erste Gemeindeblatt. Reges Leben auf vielen Gebieten, bis St. Michaelis mit Pastor Emil *Hackländer* und den Bauherrn in die kirchenpolitischen Wirren des sogenannten Dritten Reiches verwickelt wurde. Ihr mutiger Widerstand war erst 1939 gebrochen. Und fünf Jahre später, in der Nacht vom 18./19. August 1944, verbrannte die Kirche im Feuersturm eines Luftangriffs mit dem Bremer Westen.

Wieder einmal stand die Gemeinde vor einem neuen Anfang, nun vereinigt mit der Findorffer Luther-Gemeinde. Doch als sich das Doventors-Viertel allen düsteren Spekulationen zum Trotz ab 1960 neu aus den Trümmern erhob, versammelte Pastor Walter *Korhammer* die Menschen, erst in der Kirchenruine, dann in einer Baracke. Und am Ersten Advent 1966 wurde die fünfte St. Michae-

lis-Kirche ihrer Bestimmung übergeben. »Mitmachen, um für sich etwas zu gewinnen« war von Anfang an die Devise – ob das nun Arbeit mit Kindern, mit Alten oder Behinderten war, in der Kantorei, bei Seminaren, in der Friedensgruppe oder in Aktionen für die bedrohte Schöpfung.

Die zeltartige Gestalt der Kirche, von Jerg *Blanckenhorn* und Gottfried *Müller* entworfen, scheint im Rückblick auf die bewegte Geschichte der Gemeinde und im Aufblick zu Gott sagen zu wollen: »Wir haben hier keine bleibende Stadt, sondern die zukünftige suchen wir«. Der von aufsteigenden Dreiecken bestimmte hohe Gottesdienstraum mit seinen tief herabreichenden »Flügeln« schafft eine Atmosphäre der Geborgenheit. Man betritt ihn durch eine Eingangshalle, die von einer dekorativen Betonglaswand ihre lichte Stimmung erhält. Sie und die mit handgestrichenem Rotstein untermauerten farbigen Lichtbänder sind eine Arbeit von K.H. *Lilienthal*. Der aufstrebende Kirchenraum wird beherrscht durch das große Bronzekreuz mit angedeutetem Christuskörper, das über dem Altar hängt. Kreuz, Altar, Kanzel und auch Taufbecken sind ein Werk des Bildhauers Ulrich *Conrad*. Die Orgel baute die Firma *von Beckerath*.

Wilhadi

Stürmisch war die Stadtentwicklung, die Mitte des 19. Jahrhunderts das Bremer Westend ergriff und dann in die Landgemeinden vordrang. Arbeiter, Angestellte, Geschäftsinhaber: sie alle lockte die Konjunktur in noch dünn besiedelte Räume. Bald wohnte in der westlichen Vorstadt über die Hälfte der Gemeindeglieder von St. Stephani, seit 1871 betreut von Pastor Ludwig *Tiesmeyer*. Als Stützpunkt dienten zunächst zwei Wohnhäuser in der Lützower Straße. 1878 konnte die neugotische Kirche, nach Plänen von Johann *Rippe*, eingeweiht werden. Sie lag noch im freien Gelände, an der hoch aufgeschütteten Nordstraße. Bis zum Gröpelinger Deich erstreckte sich Garten- und Ackerland.

Bei der Namensgebung erinnerte man sich an die Bedeutung des Missionsbischofs Willehad für die Anfänge der bremischen Kirche und des auch nach ihm benannten Kapitels auf dem Steffensberg. Der »engeländer« Mönch erneuerte 770 un-

ter Lebensgefahr die von Bonifatius begonnene Mission in Friesland und Drente, erhielt von Karl dem Großen 780 einen Sendungsauftrag für den »Wigmodi-Gau« zwischen Unterweser und Unterelbe, mußte aber vor den aufständischen Sachsen fliehen. 785 kam er zum zweiten Mal ins Bremer Land, wurde 787 zum Bischof der jungen Kirche geweiht und starb 789, kurz nach dem Bau des ersten St. Petri-Doms. Wenige Schritte südwestlich haben Reste einer alten Wilhadi-Kirche gestanden. Sie wurden 1861 abgebrochen, um dem Börsenbau Platz zu machen.

Wilhadi im Jahre 1878: Die Stephanigemeinde war sich offenbar dessen bewußt, daß eine neue Missionszeit für Bremen angebrochen war. Ein großer Teil der neu Zugezogenen schien nicht gerade kirchenfreundlich gesinnt. Aber der zweite Wilhadi-Pastor Rudolf *Vietor* (1894-1932), ein volkstümlicher, publizistisch begabter Mann, wußte jedermann zu nehmen. Nach der Bauperiode ist er zum eigentlichen Gründer der Gemeinde geworden. Rund um die mächtige Kirche blühte ein kräf-

Die heutige Wilhadi-Kirche und die alte Wilhadi-Kirche auf dem Stadtplan von 1638 (unten Mitte).

Blick zur Orgelempore
der Wilhadi-Kirche.

zig Menschen überlebten in Kellern und Notunterkünften. Eine Glocke wurde aus dem Schutt geborgen. Bei Löscharbeiten in der brennenden Wilhadi-Kirche und der Rettung des Altarbildes von Pfannschmidt hat Pastor Max *Penzel* (1932–45) sich nicht geschont. In »liebevoller Kleinarbeit« gelang es dem im Kirchenkampf als entschlossener Gegner des Nationalsozialismus hervorgetretenen Pastor Erwin *Arlt* (1913–56), die Reste der versprengten Gemeinde zu sammeln. Der Plan, die Turmruine ähnlich wie die der Berliner Gedächtniskirche als Mahnmal für spätere Generationen zu erhalten, ließ sich nicht verwirklichen. Den vom beginnenden Wirtschaftswunder faszinierten Neubaubewohnern erschien sie bald »wie ein Pfahl im Fleisch, ein störendes, düsteres Manko im farbenfrohen Bild des Neugewordenen«. Doch wenigstens eine Erinnerungstafel weist heute an dieser Stelle auf das Ende der früheren Wilhadi-Kirche hin.

Während der schwierigen Nachkriegszeit hat die Gemeinde Unterschlupf bei ihrer Tochter, in der Immanuel-Kapelle, gefunden. Das Provisorium war 1959, mit der Einweihung des zweiten Gemeindezentrums, zu Ende. Es erstand wenige hundert Meter vom ehemaligen Standort, an der Ecke Steffensweg/ St. Magnusstraße. Dort bildet es, zusammen mit dem katholischen Zentrum von St. Marien, einen städtebaulich geglückten Schwerpunkt: weithin sichtbares Zeichen der geglaubten Einheit der Kirche. Im brüderlichen Miteinander suchen beide Gemeinden der Ökumene lebendige Wirklichkeit zu verschaffen. In der breiten Palette ihrer Aktivitäten legt Wilhadi besonderen Wert auf die Jugendarbeit und die Kirchenmusik.

Die von Fritz *Brandt* erbaute Kirche beeindruckt den Betrachter durch die wuchtige Gestalt seines durch Streben gegliederten und nach Westen erweiterten Langhauses. Südlich begrenzt die Baugruppe des Gemeindehauses den geräumigen Vorplatz. Auf der Nordseite lehnt sich ein hoher Glockenturm an die Kirche an. Im Innenraum wird die Helligkeit von schlichten Werkstoffen aufgefangen. Farbige Glasfenster von Will *Torger* vergegenwärtigen die Geschichte Jesu.

tiges geistliches und kulturelles Leben auf, das im Bekenntnis zu Jesus Christus seinen Mittelpunkt hatte. Diese entschiedene Haltung hat sich in den Jahren des »Dritten Reiches« bewährt.

In der Bombennacht vom 18. zum 19. August 1944 ging der ganze Bremer Westen in Flammen auf, mit ihm Kirche und Gemeindehaus. Nur sieb-

Eine historische
Aufnahme: Einweihungs-
gottesdienst 1959.

Immanuel

Es spricht für die geistliche Kraft und den strategischen Weitblick der Stephani-Gemeinde, daß sie bereits zwei Jahrzehnte nach der Gründung ihrer Wilhadi-Filiale schon wieder in Neuland aufbrach. In dem mit den nahen Hafenanlagen und Industriewerken unablässig wachsenden Findorff-Viertel lebten damals bereits 5000 Menschen ohne jede kirchliche Versorgung. Pastor Paul *Tiefenthal* (1898–1932), zweiter Prediger an Wilhadi, konzentrierte sich mit seinen Hausbesuchen daher auf das Gebiet zwischen Grenzstraße, Waller Ring und Osterfeuerberg. Tiefenthal, aus dem rheinisch-westfälischen Industriegebiet nach Bremen gekommen, »war nicht nur ein Prediger und Seelsorger nach dem Herzen der Leute in den schlichten Arbeiterstraßen des Westens, sondern auch ein unermüdlich Tätiger, der sein einmal gestecktes Ziel zu erreichen wußte«. Als er in den vorläufigen Stützpunkt, ein Pfarrhaus mit Lehrsaal in der Elisabethstraße, einzog, gab ihm der Bauherr *Stoevesandt* etwas skeptisch mit auf den Weg: »Wo Ihre Gemeinde sein wird, weiß ich nicht. Die müssen Sie sich suchen«.

Tiefenthal, eine Pioniernatur, nahm das wörtlich. Als der Lehrsaal für die andrängenden Besucher nicht mehr ausreichte, wanderte er »in einer ihm ungewohnt feierlichen Kleidung durch die Straßen unserer alten Hansestadt von Kontor zu Kontor«, um Geld für ein bescheidenes Kirchlein zu sammeln. Denn noch gab es keine bremische Gesamtkirche, aus deren Kasse man hätte schöpfen können. Und tatsächlich, wenn auch mit erheblichen Schulden, wurde 1908 auf benachbartem Baugrund die »Immanuel-Kapelle« eröffnet – ein für diese Zeit überraschend modernes Mehrzweckgebäude, das seine Funktionstüchtigkeit bis heute bewahrt hat. Ihr Name, der schon bei der Entstehung von Wilhadi im Gespräch gewesen war, bedeutet »Gott mit uns« (Jes. 7,14). Daß damit der biblische Christus und kein anderer Gott gemeint sei, hat die Gemeinde in schweren Kampfzeiten tapfer bezeugt. Von den vielen Mitarbeitern, die sie bauen halfen, ist namentlich »Vater *Meinken*« im Gedächtnis: ohne Gehalt hat er seine Lebenskraft investiert.

Mit Pastor Friedrich *Denkhaus* trat »Immanuel« 1932 in das Vorfeld härtester Auseinandersetzungen ein. In seine Amtszeit fällt die nationalsozialistische Gewaltherrschaft und der Kirchenkampf. Die Gemeinde, die sich der 1934 formulierten »Barmer Theologischen Erklärung« verpflichtete, hielt wie eine große Familie zusammen.

Viele bekennende Bremer Christen haben damals den Weg zu ihr gefunden. So gelang es dem »braunen Landesbischof« Lic. Dr. Weidemann nicht, in »Immanuel« Einfluß zu gewinnen. Im Rückblick auf die Kampfjahre konnte Denkhaus später sagen: »Als die Verwirrung unter dem Gewaltregime durch die Stadt ging, hatten wir in unserer Gemeinde keinen, der zu dieser Bewegung hielt.« Dies ist insbesondere seiner persönlichen Unerschrockenheit und Bekenntnistreue zu verdanken. Eindrucksvoll belegt wird sie durch die Mitschrift einer Disputation, zu der Denkhaus den »Landesbischof« in die Immanuel-Kapelle eingeladen hat. Das uns von Prof. D. Dr. Karl Stoevesandt überlieferte Protokoll ist eines der überzeugendsten Dokumente des bremischen Kirchenkampfes.

Hat den Krieg wohlbehalten überstanden: Die efeubewachsene Immanuel-Kapelle.

Im Inneren der
Immanuel-Kapelle an
der Elisabethstraße.

Durch eine glückliche Fügung blieb die Kapelle an der Elisabethstraße auch während der heftigsten Luftangriffe vor dem Gröbsten bewahrt. Als eines der ersten Gotteshäuser Bremens konnte

sie 1946 wieder benutzt werden. Im gleichen Jahr erhielt die Gemeinde ihre rechtliche Unabhängigkeit. Seitdem wurden die »Barmer Thesen« zum Bestandteil ihres Bekenntnisses. Gemeinsam mit vier Nachbargemeinden wird ein neuartiger Entwurf kirchlicher Jugendarbeit im Bremer Westen verwirklicht. Speziell für die Jugendarbeitslosigkeit sucht Immanuel zusammen mit der Gröpelinger Gemeinde und in Tuchfühlung mit den Schulen nach Lösungen. Auch den Senioren gilt engagierte Fürsorge. Und über die rührige Teilhabe an den Problemen des Stadtteils hinaus zielt eine »Aktion Bundesschluß Bremen–Matiwanc's Kop (Südafrika)«.

1958 wurde die mittlerweile fünfzig Jahre alte Kirche neu gestaltet. In ihrem Altarraum dominiert das Kreuz mit den gehämmerten Kupferbuchstaben »Lasset Euch versöhnen mit Gott« (2. Kor. 5,20). Seit 1988 steht im Kirchenraum eine Orgel der Firma *Schwarz* (Überlingen), Baujahr 1908. Sie hat dem Kirchenmusik- und Konzertleben im Rahmen einer Kooperation der beiden Gemeinden Immanuel und St. Stephani neuen Auftrieb gegeben. Der Kapelle ist 1960 ein Gemeindezentrum und 1966 ein viel beachteter Kindergarten angefügt worden, beides nach Entwürfen des Bremer Architekten Carsten *Schröck*.

Martin-Luther-Gemeinde Findorff

Noch einmal haben die Bauherren und Pastoren von St. Stephani aus gesamtkirchlicher Verantwortung zum Entstehen einer neuen Gemeinde beigetragen. Das nach dem berühmten Moorkolonisator J.Ch. Findorff benannte Viertel westlich des Bürgerparks verdichtete sich zügig. 1898 hatte es etwa 5000 Einwohner. Eigentlich gehörte es zum Sprengel von St. Michaelis. Dort aber war man entweder zu sehr mit näherliegenden Aufgaben beschäftigt, oder die Stephanigemeinde fürchtete die seinerzeit dort herrschende »freisinnige« Theologie. Jedenfalls »meinte man es seinem Gewissen schuldig zu sein, sich hier für einen Prediger im Sinne der alten Bibelgläubigkeit einsetzen zu müssen«. Dieser Prediger war Martin *Graeber* (1914–21), zuvor deutscher Pfarrer in Kairo. Unterstützt vom »Evangelischen Verein« und dem Stadtmissionar *Drojewski* von der in zwischengemeindlichen

Lücken ungewöhnlich rührigen »Inneren Mission« legte er mit dem »Vereinshaus« an der Sommerstraße den Grundstein für die neue Gemeinde jenseits der Bahnlinie.

Im und nach dem Weltkrieg entwickelte sie sich in fast familiären Formen. 1920 schloß man sich vorerst zu einem »Luther-Gemeinde-Verein« zusammen. Der Name des Reformators stand schon über dem Eingang des ersten Domizils. Nun aber sollte »der echte Bibelglaube« noch aktiver gefördert und der Bau einer richtigen Luther-Kirche angestrebt werden. Auch außerhalb der Gottesdienste fanden Treffen statt: zu unvergessenen Osterspaziergängen, die Posaunen voran, im Bürgerpark; zu fröhlichen Freimarktszusammenkünften. Und häufig erschallten die Klänge der Blasinstrumente über die Dächer des Findorff-Viertels. Die Einführung von Pastor Waldemar *Vogt* (1928–34) wurde zu einem großen Gemeindefest.

Inzwischen hatte aber auch St. Michaelis im gleichen Gebiet ein Gemeindehaus errichtet. Die Verhältnisse drängten auf eine Festlegung neuer Kirchspielgrenzen. Und 1934 rang sich der bremische Kirchentag zu dem Beschluß durch, in Findorff endlich eine Gemeinde mit eigenem Recht aus Teilen von St. Stephani und St. Michaelis zu bilden. Doch die Pläne für eine Kirche mußten vorläufig in der Schublade bleiben: Die Vorkriegszeit mit anderweitigen Perspektiven stoppte alle Baumaßnahmen. So blieben die beiden Gemeindeteile vorerst getrennt, und die zwei Gemeindehäuser wurden im Bombenkrieg vernichtet.

Der Neuanfang war abenteuerlich. Wer in dem schwer getroffenen Viertel überlebt hatte, mußte in einem Notraum Gottesdienst feiern. Ein Kellerfenster war der Einstieg. Mitunter konnte man der Predigt nur unter aufgespanntem Regenschirm lauschen. Die 1948 ausgebaute »Kapelle« reichte allerdings schon 1951 nicht mehr aus. So entstand am Ausgang des früheren Torfhafens 1954 das jetzige, von Friedrich *Schumacher* entworfene Zentrum. Es wurde auch von der heimatlosen Michaelisgemeinde mitbenutzt, die sich von 1954 bis 1956 offiziell mit »Luther« zur »Michaelis-Luther-Gemeinde« vereinigte. Dann löste sich die »Zwangsehe« wieder auf.

1961 sind beide im Grunde immer eigenständig gebliebenen Gemeindeteile noch in eine gemeinsame Kirche eingezogen. Neben dem erwähnten Zentrum an der Neukirchstraße entstand, ebenfalls nach Plänen von F. *Schumacher*, das mächtige Bauwerk, das alsbald im Volksmund den Spitznamen »Findorffer Dom« bekam. Tatsächlich ist es, zusammen mit dem Gemeindezentrum und der Tagesstätte für behinderte und nichtbehinderte Kinder, eines der größten nach dem Kriege errichteten bremischen Gotteshäuser: ein unübersehbarer baulicher Akzent des ganzen Viertels. Über dem

Portal sieht man ein Relief von Kurt *Lettow*. Es stellt den Einzug Jesu in Jerusalem dar. Die kupferbeschlagene Tür trägt ein farbiges Emailband, Luthers 95 Thesen andeutend: eine Arbeit von Karl *Wienceck*. Im Hauptschiff wird die Aufmerksamkeit vom Altar und den über ihm angebrachten Rundfenstern von Albrecht *Kröning* angezogen. Sie zeigen das Kreuz und vier Evangelisten-Zeichen. Kanzel und Taufstein sind aus Muschelkalk hergestellt. Die farbigen Fenster im Ostschiff stammen aus der Werkstatt Heinz *Lilienthals*.

In Anlehnung an den vielbesuchten Findorffer Wochenmarkt neben dem Gemeindezentrum findet in der mächtigen Martin-Luther-Kirche von Zeit zu Zeit das »Forum« (Marktplatz) statt: Gottesdienste mit unkonventioneller Liturgie und mit Themen, wie sie eben auf dem Markt beredet werden. Außerdem sind dort seit Beginn der 90er Jahre Ausstellungen von Bildern bzw. Skulpturen zeitgenössischer Künstlerinnen und Künstler zu sehen. Der Verkauf des zweiten Gemeindehauses hat neue Wege in das dritte Jahrtausend eröffnet: Unter der Devise »Gemeinde 2000« ist ein gläsernes Foyer entstanden, das die zentrale Position der Kirche »mittendrin« im Stadtteil dokumentiert. Das Gemeindezentrum an der Neukirchstraße kann von den Findorffern auch als »Bürgerhaus« genutzt werden. Den Dienst in der Gemeinde teilen sich die theologischen Mitarbeiter in flexiblen Arbeitszeiten. Pastor Dr. *Konukiewitz* hat überdies einen Lehrauftrag an der Bremer Hochschule. Er ist mit religionspädagogischen Veröffentlichungen hervorgetreten.

Dr. Arnold Rutenberg, der zweite Nachkriegspräsident der Bremischen Evangelischen Kirche, bei der Grundsteinlegung.

St. Remberti

Bremer, die auf ein undogmatisches Verständnis der christlichen Religion Wert legen, halten sich zur Gemeinde St. Remberti. Deren Zentrum im ansehnlichen Schwachhausen, nahe dem parkähnlichen Riensberger Friedhof, ist nach dem fünften bremischen Erzbischof *Rembert* (865–88) benannt. Alte Chroniken schildern ihn als einen Mann mit hohen geistlichen Gaben und demütiger Bereitschaft zu helfender Tat. Vermutlich ist das kapellenartige, einem niedersächsischen Bauernhaus anempfundene Gotteshaus an der Schwachhauser Heerstraße - wegen seiner Architektur im Volksmund gelegentlich »Us Herrgott sin Landhuus« genannt - bereits die sechste Remberti-Kirche. Die erste wird um 1200 - nachweislich seit 1306 - Bestandteil eines Spital-Komplexes gewesen sein, den bemerkenswerterweise die Bürgerschaft und nicht das Domkapitel in der »Pagentorner Vorstadt« errichtet hat - einige hundert Meter außerhalb der Befestigungsanlagen. Dorthin

wurden Leprakranke auf einem mit Warnglöckchen versehenen Wagen gebracht. Um 1500 befindet sich eine dem Rembert geweihte kleine Kapelle auf dem Stiftsgelände. Dies war der Anfang eines eigenständigen großen St. Remberti-Kirchspiels. In der Folgezeit wandelte sich das Hospital allmählich zu einem Altersheim. Das ist es bis in unsere Tage geblieben.

Der erste evangelische Prediger an St. Remberti war Johann *Bornemacher*. Auf einer Reise wurde er unter ungeklärten Umständen im Verdener Dom

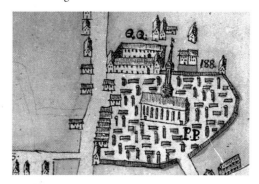

»Us Herrgott sin Landhuus« – St. Remberti an der Schwachhauser Heerstraße.

Das »alte« St. Remberti auf einem Stadtplan von J.D. Heinbach, 1757

57

Blick durch das Kirchenschiff auf die Orgelempore.

Pastor Wilhelm Nagel, den Bürgermeister Smidt vor der Amtsenthebung bewahrte.

Die 1736 erbaute »freundlichste und zierlichste« Kirche im »weiten Umkreis von Bremen«.

verhaftet, grausam gefoltert und 1526 auf dem Scheiterhaufen verbrannt. Seine letzten Worte sollen das Vaterunser gewesen sein. In der Zeit der Glaubenskriege des 16. Jahrhunderts wurde das Stift zum Zweck eines freieren Schußfeldes dem Erdboden gleichgemacht und erst 1596, »wedder umme erbuwet und erwidert«. Es war der erste bremische Kirchbau nach der Reformation: eine einfache Saalkirche mit Dachreiter wie ihre jetzige Nachfolgerin. Der Rat der Stadt erhob Remberti zum Kirchspiel für ein großes Gebiet, das Pagentorn und Schwachhausen bis nach Hastedt hin umfaßte. Mehrfach waren diese Dörfer von Besatzungstruppen betroffen und gehörten bis 1803 zum hannoverschen »Ausland«.

In den Jahrzehnten voll kriegerischer Wirren hat die ab 1611 sich unablässig ergänzende »Diakonie« – ein auch in anderen bremischen Gemeinden seit 1523 nachzuweisendes Gremium ehrenamtlich tätiger angesehener Bürger – unendlich viel zur Linderung der Nöte getan. Bis heute nimmt die Diakonie wichtige soziale Aufgaben wahr. 1736 setzte sie sich für einen Kirchenneubau ein, der »im weiten Umkreis von Bremen als der freundlichste und zierlichste« gepriesen wurde. Durch ein englisches Lazarett wurde er im Siebenjährigen Krieg »zweckentfremdet«. Und wenige Jahrzehnte später, während der Befreiung Bremens von napoleonischen Truppen, wäre die Kirche beinahe gänzlich zerstört worden.

Um diese Zeit begann die für St. Remberti so bezeichnende »liberale« Ära. 1826 wurde auf eine der Pfarrstellen ein lutherischer Pfarrer gewählt – in der reformierten Stadt Bremen damals noch eine Seltenheit. Zwanzig Jahre danach erregte Pastor Wilhelm *Nagel* (1842–64) mit seiner freisinnigen Auslegung der Heiligen Schrift erhebliches Aufsehen. Das »Venerandum Ministerium« beantragte beim Senat die Entfernung des aufregenden Predigers aus dem Amt. Aber Bürgermeister Johann *Smidt* – selber Mitglied der Gemeinde – lehnte das Ansinnen ab, »da sogenannte Glaubensgerichte im Bremischen Freistaat ordnungsgemäß nicht bestehen«. Auf einer zeitgenössischen Karikatur ist er als Schmied abgebildet, der inmitten einer Schar von Gegnern einen großen Nagel festhält.

Nagels Nachfolger, zu deren Amtszeit St. Remberti als neugotischer Bau des Architekten *Müller* (1871) neu entstand, haben die liberale Linie konsequent fortgesetzt. Vorübergehend ist es dieser Konzeption halber allerdings zu Auseinandersetzungen gekommen. So hoffte der dem frühen Nationalsozialismus nahestehende Pastor Ewald *Uhlig* (1915-31), im Streit mit dem »liberalen Feuerkopf« und Pazifisten Friedrich *Steudel* (1897-1933), die Gemeinde völlig umkrempeln zu können. Der Konflikt verursachte eine zehnjährige Spaltung, von der sich die Gemeinde erst nach und nach erholte. Dazu haben, wiewohl in nicht unwesentlichen Grundfragen unterschiedlicher Überzeugung, Walter *Schomburg* (1931-53) und Heinz *Nölle* (1933-73) beigetragen. War Schomburg eher völkisch-national gesinnt, so ist Nölle im Spannungsfeld zwischen theologisch liberaler Überzeugung und Bekennender Kirche ein entschiedener Gegner der nationalsozialistischen Ideologie gewesen.

1942 zerstörte eine Bombe auch das große neugotische Gotteshaus. Aus dem verschütteten Keller konnten etwa hundert Menschen befreit werden. Zwischen den Trümmern fand sich das unbeschädigte Altargerät. Nach dem Zweiten Weltkrieg verhinderte die Stadtplanung den Wiederaufbau im historischen Remberti-Viertel. So wurde das Gemeindeleben ins nördliche Schwachhausen verlagert. Dort baute Eberhard *Gildemeister* die

Kirche von 1951, der 1959, um einen Innenhof, ein Gemeindezentrum angegliedert wurde. »Us Herrgott sin Landhuus« enthält als besondere Kostbarkeit einen Zweitguß des Kruzifixes von Ernst *Barlach*.

Die 1967 eingebaute *Kemper*-Orgel wurde 1994 durch ein Instrument der Firma *Fischer und Krämer*/Endingen ersetzt. Mit ihrem »badisch-elsässischem Klang« ist sie eine Besonderheit der Bremer Orgellandschaft. Die Kirchenmusik wurde in der Nachkriegszeit zunächst besonders von Landeskirchenmusikdirektor Prof. Gerd *Reinfeldt* (1956-84) geprägt.

Aus einer umfangreichen Jugend- und Familienarbeit entstand, als »Remberti-Filiale«, das Freizeiten-Heim Hohenfelde (Ostsee).

Die theologisch liberale Tradition hat sich bis heute in der Gemeinde erhalten.

Die Altarnische mit dem Barlach-Kreuz.

Die neugotische Rembertikirche von 1871.

Die Glasfenster der Friedenskirche.

Friedensgemeinde

Auf dem Stadtplan von 1865 ist das »Fehrfeld« nördlich des Ostertorviertels noch weitgehend unbebaut. Dann aber setzt bis zur Jahrhundertwende ein gewaltiger Zustrom in die östliche Vorstadt Bremens ein. Wie sollte sie angemessen kirchlich versorgt werden? Eine Gesamtstrategie gab es nicht, nur Einzelgemeinden, die nicht sonderlich an möglicher »Konkurrenz« interessiert waren. In dieses Vakuum sprang, wie andernorts so auch hier, die von Gedanken Wicherns erfüllte »Innere Mission«. Sie schickte Stadtmissionare in die Ostervorstadt. Und 1868 wurde Pastor Otto *Funcke* in der heutigen Friedensgemeinde als »Missionsinspektor« tätig. Funckes Predigt fand schnell einen so erstaunlichen Widerhall, daß ihm der Kaufmann *Kulenkampff* einen Bauplatz und 1000 Taler für die zu errichtende Kirche schenkte. Weitere großzügige Spenden ermöglichten 1867-69 den Bau der von Johann *Rip-*

pe entworfenen neugotischen Backsteinkirche an der Humboldtstraße, der Zufahrt zum Komplex der städtischen Krankenanstalten.

Funcke bewegte sich anfänglich etwas außerhalb der Legalität. Auf dem Papier existierte nämlich noch keine Gemeinde. Aber man drückte höheren Orts ein Auge zu, als der erfolgreiche Pastor trotzdem Amtshandlungen ausführte. Und 1872 wurde die Ablösung der Friedensgemeinde von St. Remberti offiziell. Kaum ein anderer Pfarrer der Bremischen Evangelischen Kirche hat so weit in die Welt hinausgewirkt wie dieser. Seine etwa 30 Schriften seelsorgerlichen Inhaltes, in die meisten europäischen Sprachen übersetzt, verwickelten den vom rheinischen Pietismus Geprägten in eine buchstäblich internationale Korrespondenz. Briefe kamen aus Indien, Südafrika, vom Nordkap, aus Salons, Heringsschiffen, Kasernen und Gefängnissen. Im Umgang mit seiner Gemeinde zeigte der bald mit der theologischen Ehrendoktorwürde der Universität Halle ausgezeichnete Pastor ein sensibles soziales Verantwortungsbewußtsein. Als eine vornehme Dame ihm eines Tages erklärte, sie achte ihre Dienstboten nicht höher »als den Kot an ihren Schuhen«, verweigerte Funcke ihr bis zur Zurücknahme dieser Bemerkung jeden weiteren Besuch.

Der Kollege Funckes, Pastor Paul *Zauleck* (1875-1912), erhielt ebenfalls, von der Berliner Universität, den theologischen Ehrendoktor. Er ist mit Recht »Vater des Kindergottesdienstes« genannt worden. Bisher gab es in Bremen allenfalls »Sonntagsschulen«. Zauleck aber lag daran, »dem Kinde nicht nur religiöse Erkenntnis einzupflanzen, sondern die Elemente religiösen Lebens bei den Kindern zu wecken«. Das werde, so war seine Überzeugung, nur durch eine anschaulich erzählende Verkündigung und gezielte Gruppenarbeit erreicht. Dieser moderne Stil der Kinderarbeit, über seine Zeitschrift »Der Kindergottesdienst« nahegebracht, hat sich in der ganzen Evangelischen Kirche Deutschlands durchgesetzt. Auch Zaulecks »Bremer Textplan«, seine veröffentlichten Kinderpredigten und das von ihm zusammengestellte Kindergesangbuch haben dazu beigetragen.

Mit tatkräftigen Bauherren, von denen nur J. *Schröder* - der Vater des Dichters R.A. Schröder - genannt sein soll, und rasch wechselnden Pastoren hat die Friedensgemeinde die drei ersten Jahrzehnte ihrer Geschichte durchmessen. 1919 trat Erich *Urban* sein Amt an. Die wirtschaftlichen Engpässe der Zwischenkriegsjahre, den Nationalsozialismus und die »Stunde Null« nach 1945: dies alles galt es mit Wort und Tat zu meistern. Angesichts einer drohenden Spaltung in »Deutsche Christen« und jene, die zum überlieferten Evangelium standen, sammelte Urban unbeirrt die bekennende Friedensgemeinde. Nach Kriegsende wurde er vom Kirchentag zum ersten Schriftführer des Kirchenausschusses gewählt. Neben ihm wirkte ab 1940 als Vikarin Charlotte *Schultz*, die erst zwölf Jahre später den männlichen Kollegen rechtlich gleichgestellt wurde. Sie war dann die erste Pastorin unserer Landeskirche.

Auf dem von ihren Vorgängern beackerten Boden bauen die heutigen Pastoren mit ihren Mitarbeitern weiter. Nach wie vor wird der Gottesdienst als Kernstück aller Zusammenkünfte betrachtet.

1994/95 durch eine »Westdrehung« durchgreifend umgestaltet worden. Schon vorher hat sie mit den künstlerisch wertvollen Fensterbildern des Ehepaares Ruth-Elisabeth und Peter *van Beeck* eine wesentliche Bereicherung erfahren. Auf den Fenstern der Ostseite »liest« das Auge die erste Schöpfung, den Fall des Menschen und die prophetische Verheißung kommender Erlösung. Die Glasbilder in der gegenüberliegenden Wand sprechen von dem Beginn des ewigen Friedens, dem Tor zur bleibenden Stadt und den fünf Klugen Jungfrauen, die dem Bräutigam entgegengehen. Die versammelte Gemeinde ist gleichsam immer unterwegs zwischen diesen beiden Welten.

Die Friedensgemeinde sieht eine wichtige Aufgabe darin, das benachbarte Ostertor-Viertel in das kirchliche Leben einzubeziehen.

Gründungspastor Funcke (zweiter von rechts) im Kreise seiner Familie.

Die auf der um 1870 entstandenen Aufnahme (links) sichtbaren Bäume verdecken inzwischen die Schauseite, nur vom Gemeindehaus her ist der neugotische Klinkerbau noch klar erkennbar.

Besuchsdienste, Gesprächskreise über theologische und politische Fragen, Kinderarbeit und die Kantorei strahlen von ihm aus.

Seit 1968 verfügt die Friedensgemeinde über ein von Carsten *Schröck* gebautes Gemeindehaus mit Kindertagesheim. Letzteres, 1992/93 erweitert, zählt zu den größten Einrichtungen für Kinder in der bremischen Kirche. Einen reizvollen Kontrast bildet dieser moderne Atrium-Flachbau zu der über hundert Jahre alten Kirche, mit der er räumlich verbunden ist. Das Innere der Friedenskirche ist

An der Heerstraße nach Verden:
Die Dünengemeinden im Bremer Südosten

Nur die Bezeichnung »Heerstraße« für den langgestreckten Verkehrsweg zwischen Hastedt und Mahndorf läßt heute noch ahnen, welche enorme Bedeutung er vor der Autobahnzeit für Bremen hatte. Auf ihm rollte die Handelsfracht hinaus und hinein. Er verband die Zentrale der erzbischöflichen Verwaltung rund um den St. Petri-Dom, zunehmend auch das Rathaus, mit dem Stützpunkt Achim und der Grenzfeste Langwedel, die bis 1679 den Zugang nach Bremen sicherte. Daß die Heerstraße von Hastedt über Mahndorf bis in unsere Tage gerade so verläuft, ist kein Zufall. Sie paßt sich genau dem hoch gelegenen und darum überschwemmungsfreien Dünenzug an, der die Weser von Grambke im Nordwesten bis Achim im Südosten begleitet. Auf ihm entstand nicht nur der Fährort »bremun«. Dort wuchsen flußaufwärts auch die ehemaligen Landgemeinden, von denen im folgenden die Rede sein soll.

Unter ihnen ist *Hastedt* geographisch und kirchlich Bremen am engsten verbunden. Es war zwar nacheinander erzbischöflich-bremisches, schwedisches und zuletzt hannoversches Gebiet, gehörte aber seit dessen Neugründung in der nachreformatorischen Zeit zum St. Remberti-Kirchspiel. Aus mancherlei Gründen haben die »Rembertianer« die Freigabe der Hastedter Gemeinde über den Kirchbau hinweg bis 1868 hinausgezögert. Reibungsloser ging die Ablösung des östlichen Bezirkes von Alt-Hastedt vor sich, der 1958 als »Auferstehungs-Gemeinde« unabhängig wurde.

Von dieser Hastedter Gruppe mit ihrer Remberti-Herkunft ist im Bremer Südosten eine andere zu unterscheiden: die *Arberger Gemeindefamilie*. St. Johannis-Arbergen, dessen Name noch deutlich auf seine Lage auf der hohen Düne am Wasser (ara) schließen läßt, ist 1331 aus dem Achimer Kirchspiel ausgegliedert worden. St. Johannis wurde seinerseits zur fruchtbaren Mutterkirche. Allerdings mußte erst der Wandel des benachbarten Hemelingen vom Bauerndorf zum bremischen Industrievorort erfolgen, ehe sich die hier entstehende Gemeinde 1890 von Arbergen trennte. Zweiundsiebzig Jahre später verdichtete sich die Bevölkerung abermals derart, daß die Arberger Großmutter die Geburt eines Hemelinger Enkelkindes feiern konnte. Es war dies, 1962, die »Gemeinde zum Guten Hirten«. Schließlich erblickte, mit der stärkeren Besiedlung im östlichen Bremer Grenzgebiet, noch eine spät geborene Tochter das Licht der Welt: 1965 wurde die Gemeinde St. Nikolai in Mahndorf unabhängig. Nicht nur historisch ist der Arberger Zweig der Bremischen Evangelischen Kirche eine besondere Einheit. Er bildet auch bekenntnismäßig eine Gruppe, die dem Lutherischen Gemeindeverband angehört.

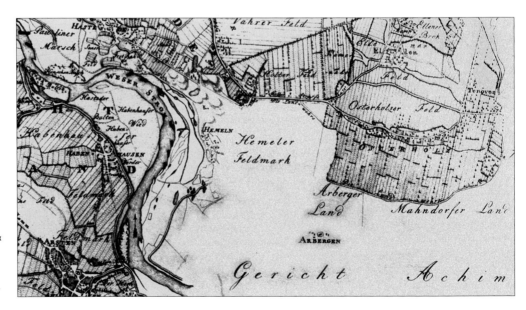

Die »Dünengemeinden« im Bremer Südosten. Ausschnitt aus einer Karte Anfang des 19. Jahrhunderts.

Alt-Hastedt

Als »Heerstätte« ist die Ortsbezeichnung Hastedt wohl richtig gedeutet. Darin steckt etwas von den bösen Erfahrungen, die seine Bewohner im Laufe der Jahrhunderte haben machen müssen. Schon die Truppen Karls des Großen sollen hier, an der Gete, ein Hauptquartier gehabt haben. Und in den Feldzügen der Erzbischöfe, im Schmalkaldischen Krieg, in der Schweden- und Franzosenzeit: immer wieder war dieses Dorf unmittelbar vor den Toren Bremens ein gefundenes Fressen für die Soldateska. Schließlich haben die Bomben des Zweiten Weltkriegs nur wenig vom alten Hastedt übrig gelassen.

In friedlichen Zeiten hatten die Bauern nicht zu klagen. »In Hastedt wasst de beste Kohl«, verlautete die Mundpropaganda im nahen Bremen. Nicht ganz so wohlhabend waren die jüdischen Einwohner. Bis 1848 blieb ihnen der Zuzug in die Stadt verwehrt. Sie siedelten sich vorzugsweise in Hastedt an. Hier befindet sich auch Bremens einziger Judenfriedhof. Dann aber setzte, mit der ersten industriellen Revolution, eine immer raschere Umschichtung ein. Arbeiter kamen, vor allem die schlecht entlohnten und deshalb aufbegehrenden Zigarrenmacher.

Kirchlich gehörte das Gebiet seit 1596 zu St. Remberti. Da aber dessen Pastoren rund 17.000 Gemeindemitglieder zu versorgen hatten, haperte es mit der pastoralen Versorgung. Von »Verwilderung der Sitten« war die Rede. Doch, wie so oft in der Geschichte der Bremischen Evangelischen Kirche, schuf die Initiative bremischer Bürger Abhilfe. Erstaunlich rasch ermöglichten Spenden und Sammlungen den Bau der Alt-Hastedter Kirche auf einem von Bauer Hermann *Lampe* gestifteten Grundstück. 1862 konnte sie eingeweiht werden. Man hatte auch einen Pastoren, Ernst *Achelis* (1862–75). Der aber mußte sich, als Hilfsprediger, noch sechs Jahre lang »jeglicher Ministerialakte« enthalten, weil Remberti die Gemeinde nicht in die Unabhängigkeit entlassen wollte. Achelis hat später als Professor der Praktischen Theologie in Marburg eine Wirksamkeit entfaltet, die bis heute spürbar ist. Hart war die Arbeit des ersten Hastedter Pastors auch danach. Viele Gemeindemitglieder scheuten den Spott der Leute über die »Kirchgän-

Eine Gründung des 19. Jahrhunderts: Gemeinde und Kirche von Alt-Hastedt.

Blick in den Chor.

Stiftete das Kirchen-
grundstück:
Bauer H. Lampe.

ger«. Der Widerstand der frühen Gewerkschaften ging so weit, daß sie bei kirchlichen Begräbnissen die Niederlegung eines Kranzes verweigerten. Dennoch wird von etwa 400 Abendmahlsgästen an Karfreitagen berichtet. Von so einem Abendmahlsgottesdienst kommt ein Zigarrenmacher nach Hause. Seine Frau fragt ihn: »Vadder, wat büst du denn all wedder dor? Gung dat so schnell? « Darauf der Mann: »Jo, de Pastor har sick enen Wickelmoker mitbrocht«. Der Wickelmacher war eine Art Gehilfe bei der Zigarrenherstellung. Der Gefragte meinte damit – den Vikar, der bei der Austeilung mitwirkte.

So erzählte Pastor Rudolf *Wintermann* (1919–24) in seinem Büchlein »Auf mancherlei Kanzeln« von seiner Hastedter Amtszeit. Inzwischen hatten schon sechs Pastoren im Dienst der Gemeinde gestanden. Mit der Einbeziehung des Vororts in die Stadt, 1902, durfte sie sich eine Bauherrnverfassung geben. Diese war insofern fortschrittlich, als sie, allen anderen bremischen Gemeinden voraus, auch die Wahl von Frauen in kirchliche Ämter vorsah. Pastor Hermann *Rahm* (1925–34) suchte die Entkirchlichung in dem Arbeiterviertel energisch zu bremsen. In seine Amtszeit fällt die Erneuerung der Kirche und der Bau eines Gemeindehauses.

Nach dem Kriege lag ringsumher alles in Schutt und Trümmern. Glücklicherweise waren Kirche und Gemeindehaus wieder instandzusetzen. 1950 reichten die 300 Sitzplätze für die nachdenklich gewordenen Menschen kaum aus. Man mußte an eine Teilung der inzwischen auf 20.000 Köpfe gewachsenen Gemeinde denken. Sie ist in der Amtszeit Heinz *Gerths* (1945–69) Wirklichkeit geworden.

Beachtenswert in der Alt-Hastedter Kirche sind neben dem Altarkreuz mit sechs Leuchtern (Friedrich *Stuhlmüller*), dem Taufstock des Bremer Bildhauers Klaus *Bücking* und dem Lesepult mit Evangelisten-Symbolen (Kurt *Lettow*) die Kirchenfenster. Die Verglasung des Chores besorgte Gottfried *von Stockhausen*. Sie zeigt die Weihnachtsgeschichte, den Weg Jesu zum Kreuz und seine Auferstehung. Die Seitenfenster sind von dem Bremer Maler-Ehepaar *van Beeck* entworfen. Zur rechten Hand sieht man Darstellungen der Feste Himmelfahrt, Pfingsten und Trinitatis. Die linke Fensterreihe versinnbildlicht die Kirche und beide Sakramente. 1975 erfolgte der Einbau einer Orgel durch die Firma *Jahnke*.

Blick in das Kirchen-
schiff mit den Fenstern
des Ehepaares
van Beeck.

Auferstehungsgemeinde

Manche Töchter werden von der Mutter mit sanfter Gewalt in der Unmündigkeit festgehalten. So war es seinerzeit der heranwachsenden Gemeinde Alt-Hastedt gegangen. Sie hat daraus gelernt. Spätestens seit Mitte der dreißiger Jahre war dem Kirchenvorstand klar, daß im Ostbezirk »grünes Licht« für eine eigenständige Entwicklung gegeben werden müßte. Das sogenannte »Dritte Reich«, der Krieg und die Zeit danach drängten andere Probleme in den Vordergrund. Noch eine ganze Weile ist der Ostbezirk mit Pastor Klaus *Berg* auf der Wanderschaft gewesen: zwischen der Mutterkirche, einer Gemeindebaracke am Rand des Trümmergrundstücks Hastedter Heerstraße 212, Schulräumen, der Friedhofskapelle – und dem »Odeon-Filmtheater«. Die Veranstaltungsreihe »Kirche im Kino«, sie soll bis zu 600 Besucher pro Vorstellung angezogen haben, machten den einfallsreichen Pastor in Bremen schlagartig bekannt. Zwei einander kontrastierende Filme und eine eindringliche Predigt – das war eine ungewohnte, Auge und Ohr beanspruchende Verkündigung. Was früher einmal die Bilder der Flügelaltäre und der Kirchenfenster geleistet hätten, das, so meinte Berg damals, könne nun wenigstens teilweise die Kinoleinwand ersetzen. Aber natürlich war es auch Raumnot, die ins »Odeon« trieb.

Dort übrigens machte der junge Carsten *Schröck* die werdende Gemeinde und eine breitere Öffentlichkeit mit seinen spektakulären Plänen für das Osthastedter Gemeindezentrum bekannt. Lange vor dem Bau war es als »hypermoderne« Architektur, als »Sessel des lieben Gottes«, im Gespräch. Schröck freilich wußte überzeugend deutlich zu

machen, daß sich sein Entwurf aus nichts anderem als dem Verständnis des Gottesdienstes in der Industriewelt entfaltet habe. Alles, was in diesen Räumen geschehe, finde »seinen Mittelpunkt im Altar«. 1959 ist aus den Plänen Realität geworden. Die frisch gebackene »Auferstehungs-Gemeinde« wurde in dem seinerzeit modernsten Kirchbau Bremens seßhaft. Und in Anspielung auf ihren umlaufenden Spitznamen hieß es in der Einweihungspredigt: »Jawohl, es kann uns nichts besseres widerfahren, als wenn Gott mitten unter uns seinen Thron aufrichtet«.

Das Gebet um seine Gegenwart und der ständige Versuch, angemessene Konsequenzen daraus zu ziehen: dies hat das Gemeindeleben in den folgenden Jahren bestimmt. Die Frömmigkeit der Anfangszeit hat inzwischen viele andere Ausdrucksformen gefunden.

So ist auf immer neue Weise die Begegnung mit der Bibel gesucht worden. In den Spuren der Anfänge bewegen sich die »open-air«-Gottesdien-

Der »Sessel des lieben Gottes« (links kurz nach dem Bau) ist heute von dichtem Grün umgeben.

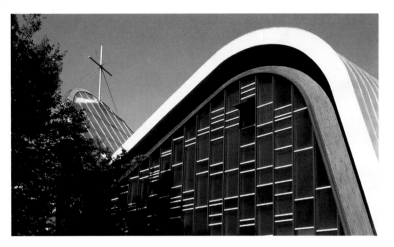

Das Gemeindezentrum will in der verkehrsreichen Nähe des Autobahn-Zubringers bewußt Gelegenheit zur Besinnung auf Schuld und Vergebung sowie zur Gemeinschaft miteinander bieten. Es ist 1991 in großem Umfang umgebaut worden. Platz für ein Kindertagesheim und einen eigenständigen Jugendbereich ist entstanden. Der Turm am östlichen Rand des Grundstücks, mit einem skurrilen Wächterhahn besetzt, trägt drei Glocken; »Gnade Christi«, »Liebe Gottes«, »Gemeinschaft des Heiligen Geistes« sind sie genannt. Ihrer dreifaltigen Einladung folgend, betreten wir die um einen Gemeindesaal zu erweiternde Kirche über einen stillen Innenhof. Den Gottesdienstraum bildet eine 14 Meter hohe, parabelförmige Betonschale, die wie eine

Die seinerzeit modernste Kirche Bremens hat nichts von ihrem Flair eingebüßt.

ste am Himmelfahrtstag, die Taufgottesdienste am Weserwehr – mit einem wahren »Tauf-Boom«. Lang ist die Liste der kirchenmusikalischen Veranstaltungen, der Freizeiten im 1968 eingeweihten Okeler Heim, der gemeinsamen Ferien-Wochen. Grenzübergreifende Partnerschaft verbindet die Auferstehungsgemeinde seit 1987 mit der anglikanischen St. Francis-Gemeinde in Dudley (England).

Die Aufhellung der Hastedter Geschichte ergab, daß in einer Großwäscherei auf dem späteren Gelände der Auferstehungskirche bis 1944 polnische Zwangsarbeiterinnen tätig waren und bei einem Bombenangriff ums Leben gekommen sind. Zum Gedenken an sie ist am Bußtag 1987 im Gemeindezentrum eine Gedenktafel enthüllt worden. Seitdem findet als Ausdruck der Sehnsucht nach Versöhnung an jedem Buß- und Bettag ein Friedensgottesdienst mit der katholisch-polnischen Gemeinde Bremens und dem deutsch-polnischen Chor statt.

In seiner Einweihungspredigt 1959 nahm Pastor D. Günter Besch Bezug auf den Spitznamen der Kirche.

umgestülpte Muschel wirkt. Sie umschließt den Altarraum mit Kanzel und Taufbecken schützend gegen die Straße und öffnet sich ostwärts dem Einfall der Sonne. Die Seitenwände, ganz aus Glas, lassen zusätzliches Tageslicht eintreten. Sehr schön fügen sich in den von Beton, Holz, Metall und Backstein bestimmten Gesamteindruck die Glas-Mosaik-Arbeiten des Fischerhuder Künstlers Erhart *Mitzlaff* ein. Die Bildzyklen beschreiben, vom vierfüßigen Taufbecken bis hinüber zur Kanzel, sinnbildhaft den Weg von Taufe und Abendmahl über Kreuz und Auferstehung bis zur Ausgießung des Heiligen Geistes. Die Orgel auf der gegenüberliegenden Empore ist ein Werk Alfred *Führers*.

Altehrwürdig:
St. Johannis zu Arbergen

St. Johannis Arbergen

Auf einer leichten Erhebung zwischen Arberger Heerstraße, Autobahnkreuz und Osnabrücker Eisenbahn liegt St. Johannis. Sie ist eine der ältesten Kirchen im bremischen Landgebiet. Ihre jetzige Gestalt geht zwar auf das Jahr 1719 zurück – damals mußte die Vorgängerin wegen Baufälligkeit abgerissen werden –, aber der wuchtige Turm mit seinem Mauerwerk aus Feldsteinen scheint für eine Entstehung im 12. Jahrhundert zu sprechen. Das Kirchdorf Arbergen ist im Bremer Urkundenbuch 1230 erstmalig erwähnt; von einem Bau oder Umbau der Kirche wird 1331 berichtet. Zugleich ist von einem »Rector ecclesiae«, also einem dortigen Pfarrer, die Rede. Wahrscheinlich ist St. Johannis, das zum Besitz des Erzbistums Bremen gehörte und am Verbindungsweg Bremen-Verden lag, als Wehrkirche entworfen worden.

Die Reformation hat verhältnismäßig spät in Arbergen Einzug gehalten: erst 1556 nämlich, ganze 28 Jahre nach Heinrich von Zütphens Auftreten in St. Ansgarii. Vermutlich ist es dem letzten katholischen Erzbischof Christoph gelungen, ihr Ausgreifen ins ostwärtige Landgebiet der Stadt von Verden aus noch geraume Zeit zu bremsen. Der letzte katholische Pfarrer, Hinrich *Lübbeken* – er wohnte selbst nicht in Arbergen und ließ den Dienst durch einen Amtsbruder versehen – zog sich gänzlich zurück. Und eben dieser Kollege trat zum evangelischen Glauben über. So ist Hilmer *Hilmers* (1556-82) zum ersten reformatorischen Prediger an St. Johannis geworden. Wenig später wird der Domherr Dietrich *Clüver* die Arberger Schule errichtet haben.

Die alten Kirchenbücher sind leider zum großen Teil in den unruhigen Jahren nach dem Dreißigjährigen Krieg verloren gegangen. Immerhin läßt sich die Reihe der Pastoren bis in die Gegenwart bruchlos verfolgen. Offenbar hatten sie ein weites Einzugsgebiet zu betreuen. Es heißt, daß zeitweise sogar die Sagehorner den langen »Kirchweg« durchs Bremer Land nicht gescheut hätten. Ohnehin war der Sprengel groß genug. Das erst 1890 abgetrennte Dorf Hemelingen gehörte zu ihm, Ellen, auch Mahndorf, Uphusen und Bollen.

Energisch betrieb Pastor D.G. *Heisius* (1705-47) den Neubau der Johannis-Kirche. Gefördert wurde er von dem schwedischen Generalleutnant von Klinckowström, dem Besitzer des Gutes Clüversweder bei Uphusen. Der Pastor habe, so ist es überliefert, erst dann zum Gottesdienst läuten lassen, wenn er die Pferde von dessen Wagen erblickt habe. Arbergen war seinerzeit von 800 Menschen bewohnt. »Bauleuten«, also Bauern, Kötnern und »Brinksitzern«. Um so erstaunlicher die Zahl der Abendmahlsgäste: In einem Jahr lag sie mit 2422 bei rund 300 Prozent. Allsonntäglich ging man zum Tisch des Herrn. Wie in anderen bremischen Gemeinden auch, waren die Plätze in der Kirche Privateigentum und wurden als solches von einer

Generation auf die andere vererbt. Erst während des Ersten Weltkrieges fiel dieser Brauch allmählich fort.

Die kulturelle Ausstrahlung der evangelischen Pfarrfamilie ist eine bekannte Tatsache. Auch das Arberger Pfarrhaus hat dazu einen Beitrag geleistet. Von den beiden berühmten Gelehrten, die hier das Licht der Welt erblickten, ist einer noch im Bewußtsein der Gegenwart: der Bremer Arzt und Astronom Wilhelm *Olbers*. Er verbrachte hier als Sohn des Pastors und nachmaligen Dompredigers Georg *Olbers* (1747–60) seine Kindheit. »Es gift nicht väle Karken, de so schön liggt und von allen Sieten so schön to sehn sünd as use Arbarger Karken«, rühmt Seebode noch 1919. Und wenn sich auch manches um sie her und in ihr selbst verändert hat: sie ist immer einen Besuch wert. Die einfache Saalkirche unter hohem Satteldach entstand 1719 nach Plänen des hannoverschen Landesbaumeisters Georg *Dick*. Nur einige wenige Stücke der früheren Einrichtung konnten in den Neubau übernommen werden und sind bis heute zu sehen: der aus einem Baumstamm geschnitzte Opferstock und eine eisenbeschlagene Truhe, jetzt im Untergeschoß des Turmes. Das Rokoko-Epitaph (1773) in der Nordwand des Kirchenschiffes soll an den königlich-britischen Oberst J.A. Kaufmann erinnern. Für den romanischen Taufstein hat der Bremer Goldschmied Franz *Bolze* 1961 ein metallenes Becken geschaffen.

Außen wie innen
stimmig:
die Arberger Kirche.

Gemeinde Hemelingen

Von wenigen Einzelhöfen über das Bauerndorf bis zur Industriegemeinde unserer Zeit hat Hemelingen einen vermutlich über 1200jährigen Weg zurückgelegt. Sein Name stammt vielleicht von einem sächsischen Häuptling, dem Hemilo. Dies könnte bedeuten: einer, der auf vom Wasser umspülten Land wohnt. Historisches Profil bekommt eine bestimmte Hemelinger Gegend erst viel später. 1204 sitzt ein Lüneburger Herr, zu Beginn des 13. Jahrhunderts ein Sohn Heinrichs des Löwen auf dem »Stackkamp«, der noch auf unseren modernen Stadtplänen verzeichnet ist. Dann tauchen dort häufiger Bremer Namen auf. Und höchstwahrscheinlich hat das Geschlecht der »Hemelinge« – es stellt der Stadt seit dem 14. Jahrhundert eine ganze Reihe tüchtiger Ratsmitglieder – hier seine Besitzungen gehabt. Noch 1796 sind neben gerade 39 »Feuerstellen« Reste von zwei ehemaligen Burganlagen zu sehen.

Wie die Grenze zwischen Hastedt und Hemelingen, so war auch die West-Orientierung des Orts bis zu seiner Eingemeindung nach Bremen nicht immer eindeutig. Zu den Märkten hatte es früher kaum eine ausgeprägte Beziehung. Und die sehr hohe Quote von 3828 lutherischen zu nur 181 reformierten Einwohnern im Jahre 1885 spricht eher für eine starke Bindung an das hannoversche Umland. Doch im 19. Jahrhundert geraten die überkommenen Verhältnisse in unaufhaltsame Bewegung. Mit sieben gewerblichen Betrieben tritt Hemelingen 1827 in die Industrie-Epoche ein. Immer größere Werke folgen, unter ihnen die für die spätere Kirchengemeinde so bedeutsame Wilkens'sche Silberwaren-Fabrik und die Jute-Spinnerei. Gastarbeiter aus dem In- und Ausland ziehen in Massen zu. Zwischen 1853 und 1877 hat sich die Einwohnerzahl fast verdreifacht. 1902 wird ein Weserhafen mit nicht unbeträchtlichem Frachtverkehr ange-

»Meisterstück damaliger Baukunst«: die 1891 erbaute Hemelinger Kirche.

legt. Diese Entwicklung mit ihren Höhen und Tiefen hat den arbeitsamen Platz zwangsläufig zu einem Industrievorort Bremens werden lassen.

Mit ihr hängt die Entstehung der Evangelisch-Lutherischen Kirchengemeinde aufs engste zusammen. Seit der Christianisierung des Bremer Umlandes, spätestens jedoch seit dem Bau der dortigen Pfarrkirche ist Arbergen das kirchliche Zentrum für die Hemelinger. Man hat dort seine angestammten Kirchplätze, familiäre Beziehungen verknüpfen die beiden Orte, und die weiten, nicht ungefährlichen Wege werden mit Selbstverständlichkeit zurückgelegt. In den Veränderungen des 19. Jahrhunderts freilich lockern sich die Bindungen. Und nun tritt zum ersten Mal ein Mitglied der Familie *Wilkens* auf, die für die industrielle und kirchliche Entwicklung Hemelingens von so großer Bedeutung werden sollte.

F.W. Wilkens bittet 1877 das zuständige hannoversche Konsistorium in Stade um eine selbstän-

Aufbruch in die Zeit der Technik: H. Wilkens mit dem ersten Hemelinger Auto.

Nicht nur der Bau,
auch die Innen-
ausstattung wurde zu
großen Teilen aus
Stiftungen bestritten.

Christliches Leben:
Versammlung des
Hemelinger CVJM,
um 1905.

dige Pfarre für den aufstrebenden Platz. Von dort kommt zwar keine runde Absage; doch wird zunächst nur ein »Collaborator«, ein Hilfsprediger, zugestanden, der Arbergen unterstellt bleibt. Der erste dieser Collaboratoren ist Pastor *Armknecht* (1880-83). Um wenigstens »die Unterhaltung eines evangelischen Gottesdienstes am hiesigen Ort zu fördern«, gründet Wilkens mit dem berühmt gewordenen und vom Kaiser mit dem Kronenorden IV. Klasse ausgezeichneten Oberlehrer H. *Brinkmann* einen »Kirchenverein«. Gottesdienste werden vorläufig im »Prüfungssaal« der Schule gehalten. Die 300 Plätze seien, so heißt es, »von Anfang an gut besetzt« gewesen. Den Wunsch nach einer ei-

genen Kirche konnte diese Übergangsregelung freilich nicht zerstreuen. Doch die Familie Wilkens schafft Fakten: Sie stiftet ein Grundstück, läßt ein Pfarrhaus bauen und gibt dem Architekten K. *Börgemann* (Hannover) Pläne für die Kirche in Auftrag. 1890 ist der neugotische, rote Ziegelbau über kreuzförmigem Grundriß vollendet: »Ein Meisterstück damaliger Baukunst«. Der schlanke, 47 Meter hohe Turm ist weithin sichtbar. Die Baukosten von 106.000 Mark werden aus einer Sammlung bestritten, zu der die Wilkens allerdings nicht nur 80.000 Mark aus eigener Tasche beisteuern: Sie stiften auch Altar, Kanzel, Orgel und Farbfenster. Im Jahr der Einweihung, bei der »ein Geist weihevoller Andacht über die Festgemeinde sich lagerte«, ist die Hemelinger Gemeinde offiziell begründet worden. Dem schon 1880 erbauten »Alten Pflegehaus« folgte ein für die damaligen Verhältnisse hochmodernes »Vereinshaus« und eine Spielschule für Kinder - durchweg Stiftungen der Wilkensschen Familie.

Der erste »ordentliche« Pastor in Hemelingen war Hermann *Brinkmann* (1871-1907). Otto *Oeters* (1910-30) suchte in einem »Arbeiterverein« der katastrophalen Arbeitslosigkeit nach dem Ersten Weltkrieg entgegenzuwirken. In gutem Andenken steht Karl *Heintze* (1917-33), der Vater des Bremer Domkantors. Ernst *Röbbelen* (1931-36) mußte sein Amt aufgeben, nachdem er seinen Wahlzettel mit einer geharnischten Absage an den Nationalsozialismus

ausgefüllt hatte. Um die Ausbesserung der beschädigten Kirche und den Neuanfang hat sich Pastor Siegfried *Symanowski* (bis 1972) verdient gemacht. In diese Zeit fällt auch die Einrichtung einer »Begegnungsstätte« (1966), die - unter der Obhut von Pastor H.G. *Hellwich* (bis 1982) - als Treffpunkt der Generationen und der vielen in Hemelingen lebenden Ausländer mit den Einheimischen vorbildlich für die Gemeinwesenarbeit wurde. Die Betreuung der Kinder erfolgt in einem Tagesheim.

Die im Zweiten Weltkrieg zerstörten kostbaren Fenster, deren Farbeindruck den Innenraum der symmetrisch angelegten Kirche bestimmte, sind inzwischen größtenteils nach Entwürfen von E. *van Beeck* ersetzt worden. Wenn man den Rundgang auf der rechten Seite beginnt, ergibt sich eine Bilderzählung der Geschichte Jesu bis zur pfingstlichen Stiftung der Kirche, ihrem zeitlichen und ewigen Geschick. Über dem hundert Jahre alten, reich geschnitzten Altar findet sich, in der Apsis, die zentrale Aussage des Bildzyklus: die Himmelfahrt des Herrn, flankiert von einer Kreuzigungsszene und der symbolisch gefaßten Osterbotschaft, daß »der Kopf der Schlange zertreten ist«. Diese Fensterpartie ist dem Muster einer Kirche im ostpreußischen Masuren nachgebildet. Die Gedenktafel, die einmal den Altarraum beherrschte, hat inzwischen einen angemessenen Platz in der Nähe des Eingangs gefunden. Sie wurde 1990 durch eine Sand-

Über dem Schnitzaltar das »Himmelfahrtsfenster« E. van Beecks.

steinplatte zu ihren Füßen ergänzt. Beides läßt nun mit Worten der Erinnerung und Zuversicht der Opfer zweier Weltkriege gedenken. An der Kanzel sehen wir die Gestalten der vier Evangelisten. Die Orgel auf der Empore, mit einem Prospekt von Fritz *Brandt*, ist ein Beitrag der Werkstatt *Führer*.

Die moderne Orgel fügt sich gut in das Ambiente ein.

71

Ein markanter frei-
stehender Glockenturm
schmückt die Kirche
des Guten Hirten.

Gemeinde des Guten Hirten

In dem Bau-Boom des ausgehenden 19. Jahrhunderts hatte Hemelingen seine erste eigene Kirche bekommen und war eine selbständige Gemeinde geworden. Aber die Bevölkerung des Ortsteiles wuchs so rasch, daß man schon sehr bald an eine Neugründung dachte. Hauptursache war die Anlage des »Eisenbahnausbesserungswerkes«. Sie zog den Bau von Wohnstätten nach sich. So begannen schon 1916 »erste Verhandlungen mit dem Eisenbahnfiskus wegen der Begründung einer zweiten Kirche und dritten Pfarrstelle in diesem Gebiet«.

Bis zur Einweihung dieser zweiten Kirche sollte es freilich noch ganze 46 Jahre dauern – fast ein halbes Jahrhundert also. Der damalige Hemelinger Pastor Heintze lud die Eisenbahn-Kolonisten, unter ihnen viele nach dem Ersten Weltkrieg hierher verschlagene Westpreußen, zu Versammlungen ein. Sie fanden zunächst im Klubzimmer der »Papeschen Gastwirtschaft« statt. Sogar Tauffeiern wurden in dieser sehr weltlichen Umgebung gehalten. Ein gewisser Fortschritt war demgegenüber dann schon der Ankauf einer Bürobaracke im November 1926, wenn auch die beiden Räume oft nicht ausreichten. Bis 1940 blieben sie ausgestattet mit einem Harmonium. Sie waren das kirchliche Zuhause vieler Neu-Hemelinger. Nach der Rückgabe der Ba-

racke an die Reichsbahn wurden Bibelstunden und Passionsandachten in Privathäusern gehalten.

Die Zerstörungen des Zweiten Weltkrieges brachten eine neuerliche Bautätigkeit. Heimatvertriebene, Ausgebombte, Umsiedler, die bisher in Notunterkünften des Bremer Landgebietes gehaust hatten, fanden nun im Gemeindebezirk eine zweite Heimat. Zu erschwinglichen Preisen: nur 51 DM kostete damals eine 2½-Zimmer-Wohnung in der »Selbsthilfe-Siedlung« des Saar-Viertels. Abermals griff man auf die Idee einer Filial-Gemeinde von 1916 zurück. Und wieder war es eine Baracke, die als »Kirchsaal« und Büro diente. Nun aber übernimmt ein Gemeinde-Diakon, Walter *Dornhöfer*, hauptamtlich die Arbeit. Der Durchbruch ist erzielt. 1959 wird Pastor Hartwig *Ammann* als Pfarrer dieses Bezirkes eingeführt. Planungsarbeiten für ein Zentrum sind im Gange. 1962 wird die Gemeinde selbständig und kann in das von Architekt Peter O. *Ahlers* entworfene Kirchenzentrum einziehen.

Die Neu-Hemelinger haben ihrer Kirche und der Gemeinde einen »sprechenden« Namen gegeben. Als »Guten Hirten« hat der Herr und Bruder sich (Joh. 10) selbst bezeichnet, der die Seinen ruft, sammelt und schützt. Diesem Herrn folgt die Gemeinde des Guten Hirten auf vielerlei Weise. Auf der Arbeit mit Kindern liegt ein besonderer Schwerpunk. Das beginnt mit dem Kinderspielkreis, in dem Kinder ab 2½ Jahren auf den Kindergarten vorbereitet werden, und setzt sich fort in den Kindergruppen und dem Kunterbunten Kindermorgen, in dem der Kindergottesdienst einmal im Monat einen ganzen Sonntagvormittag ausfüllt. Regelmäßig sind auch zahlreiche Kinder türkisch-muslimischer Familien aus der Nachbarschaft dabei - Integration, die wie selbstverständlich gelebt wird.

Bei alledem ist die Kirche hier noch wirklich »mitten im Dorf« - als räumlicher wie geistlicher und kultureller Mittelpunkt einer kleinen Siedlung, umgeben von lauter Industrieflächen - und dazwischen wie eine Oase diese Kirche, deren Glocken von allen, die dort wohnen, wahrgenommen werden können. Hier kommt man zusammen zu Familienfeiern von der Taufe bis zur Bestattung, zu den Festen des Jahres, den Gruppen und Kreisen der Gemeinde, zu Konzerten, Flohmärkten und mancherlei Aktivitäten. Hier probt die Hemelinger Chorvereinigung. Hier finden sich als Gäste auch die Besucher einer Gruppe des »Blauen Kreuzes« ein, zu der regelmäßig zahlreiche Patienten des nahegelegenen Krankenhauses in das Gemeindezentrum kommen. Bei abnehmender Zahl hauptamtlicher Mitarbeiter und -innen engagieren sich zunehmend freiwillige, ehrenamtliche Helferinnen und Helfer, um für »ihre« Kirche einzutreten und bei der Gestaltung der Gemeindeaktivitäten mitzuwirken.

Unter dem von einem Kreuz (Claus *Homfeld*) gekrönten Glockenturm hindurch betritt man das Zentrum »Zum Guten Hirten«. Die Altarwand im Kirchsaal schmückt ein Bild des »Verlorenen Sohnes«, hergestellt in der Werkstatt der *Ev. Marien-*

schwesternschaft Darmstadt. Edith M. *Heinze,* Worpswede, hat die Glasbauwand im Süden mit einer Darstellung der drei Kreuze von Golgatha und dem »A und O«, den Zeichen für Anfang und Ende in Christus, versehen. Das Bundesbahnausbesserungswerk Sebaldsbrück stiftete sieben eiserne Wandleuchter. 1965 erhielt die Gemeinde eine bei Alfred *Führer,* Wilhelmshaven, gebaute Orgel. Was einmal nur als Gemeindesaal gedacht war, ist nun eine Mehrzweck-Kirche geworden.

Blick auf die Altarnische (links) mit dem Moasi des »Verlorenen Sohnes« (oben).

liche und verkehrstechnische Verbindung mit der Hansestadt führte 1939 zur Eingliederung dieses Raumes in deren Staatsgebiet. Nur Uphusen ist bei dem jetzigen Land Niedersachsen geblieben. In den sechziger Jahren schwappte eine neue Siedlerwelle in die Ortschaften hinein.

Die Kirchengeschichte Mahndorfs ist kaum weniger alt als die Arbergens. 1331 wird eine dem Heiligen Nikolaus geweihte Kapelle zum ersten Mal urkundlich erwähnt. Der bis heute in der Adventszeit gern bemühte Heilige ist als historische Persönlichkeit im Kleinasien des vierten nachchristlichen Jahrhunderts nachzuweisen. Die Legende erzählt, er sei durch ein »Gottesurteil« zum Bischof gekürt worden. Die Wahlversammlung, unschlüssig, wen sie in das Amt berufen solle, habe sich darauf geeinigt: Wer als nächster durch die Tür hereinkomme, der solle es sein. Dieser Mann war Nikolaus. Ferner wird berichtet, der Heilige sei den Armen besonders zugetan gewesen. So habe er eines Tages einem Unglücklichen, um ihn nicht zu beschämen, Goldstücke durchs Fenster zugeworfen. Und als Seeräuber für die Schonung jedes Kindes in der Stadt ein Pfund Gold verlangten, habe er die kostbaren Kirchengeräte zur Auslösung fortgegeben. Daher vermutlich stammt die eigentliche Bedeutung des Nikolaustages für die Kleinen. Auch die in der Adventszeit gern genossenen Spekulatius-Kekse haben wahrscheinlich mit der Würde des Nikolaus zu tun. Als »Spekulatien« (lat. speculari = beobachten) wurden die Aufsichtspflichten eines Bischofs bezeichnet.

Die erste dem St. Nikolaus geweihte Mahndorfer Kirche ist noch nach der Reformation benutzt worden. Ihr Mauerwerk war bis in das ausgehende 19. Jahrhundert vorhanden. Doch der Name blieb im Ort lebendig. Und als die wachsende Einwohnerzahl eine kirchliche Nah-Versorgung erforderlich machte und man an den Bau einer neuen Kirche heranging, knüpfte die Gemeinde an die in Norddeutschland weit verbreitete Nikolai-Überlieferung an. Die Bezeichnung des mittelalterlichen wurde auf das neu entstehende Gotteshaus übertragen. Noch vor der Einweihung des Zentrums, 1965, fanden Andachten, Zusammenkünfte und Unterricht in ihm statt. Ebenfalls seit diesem Jahr ist St. Nikolai eine von Arbergen unabhängige Gemeinde. Gleichwohl besteht, zumal seit 1998, eine enge Kooperation mit der Muttergemeinde. Weiter hinaus reicht die Verbindung mit den Partnergemeinden im Kreis Halberstadt. Sie existiert bereits seit den frühen 70er Jahren und ist auch nach der »Wende« bestehen geblieben.

Der erste Mahndorfer Pastor war Michael *Lahusen*. Er verstand sich nicht als »Allestuer«,

St. Nikolai – Mahndorf

An der alten Handels- und Heerstraße, die Verden mit Bremen verbindet, liegt als südöstlicher Stadtteil der einstige Dünenplatz Mahndorf. Mit Uphusen (Haus auf der Düne) und Hemelingen gehörte »Mondorpe« seit dem Mittelalter zum Arberger Kirchspiel. Es ist aber, was reiche Bodenfunde bestätigen, mit seinen leicht zu bearbeitenden Ackerböden schon in vorchristlicher Zeit ein bevorzugter Aufenthaltsort gewesen. Bis 1800 waren die Satelliten des Arberger Kirchspiels »für jene Zeit große Dörfer mit reicher Viehzucht und einem kräftig entwickelten Bauerntum«. Mit der Entwicklung des benachbarten Hemelingen zum bremischen Industrie-Standort begann der Zuzug von Fabrikarbeitern. Die zunehmende wirtschaft-

Wuchtiger Turm neben schlichtem Langhaus: St. Nikolai in Mahndorf.

Der moderne Altar
mit dem segnenden
Christus und der
Orgelprospekt.

sondern als »schriftgelehrter Spezialist« und als »Regisseur« vielfältiger Aktivitäten. Die Gemeinde sollte sich selbst zur Handlungsgemeinschaft entwickeln. So waren die sich bald bildenden Gruppen von vornherein in die Mitwirkung an Veranstaltungen aller Art einbezogen. Gottesdienste, auch in neuer und ungewohnter Form, wurden gemeinsam vom Pastoren und von Laien getragen. Auf die Mitverantwortung von Nichttheologen ist bis in die Gegenwart immer entschieden hingewirkt worden.

Seit ihrem Bestehen hat die Mahndorfer Gemeinde ihre Verbindung zur bremischen Partnerkirche in Togo vertieft. St. Nikolai hat den Bau von Brunnen und Zisternen, die Anschaffung von Fahrzeugen und die Besoldung eines Katechisten ermöglicht. Die Taufe von Mahndorfer Kindern durch den togolesischen Pastor *Sidza* fand in den afrikanischen Kirchen große Beachtung.

Das von dem bremischen Kirchenbaumeister Fritz *Brandt* entworfene Zentrum ist ein einfacher Langschiffbau aus verschiedenfarbigen holländischen Klinkersteinen. Die farbigen Fenster zeigen Darstellungen aus dem Leben Jesu. Über dem Altar ist eine Plastik des Christus angebracht, der die Welt segnet und von ihr verehrt wird. Die frei-

hängende Schnitzarbeit stammt von Günter *Colberg*. Seitlich vom Altar befindet sich eine Empore, auf der die bei Alfred *Führer* hergestellte, 1997 generalüberholte Orgel mit ihrem schrankartigen Prospekt sichtbar ist. Von dem freistehenden, 25 Meter hohen Turm läuten die fünf Glocken der Hemelinger Gießerei *Otto*.

Der togolesische
Pfarrer Sidza tauft ein
Mahndorfer Kind.

Wo die Holländer den Spaten ansetzten:
Die Hollerland-Gemeinden

Aus dem ersten Viertel des 18. Jahrhunderts stammt diese Umgebungskarte Bremens mit dem Hollerland bis »Brockfelt«, aber ohne die Kirche in Horn.

Von der Mahndorfer Düne zieht sich eine - aus einem früheren Weserarm entstandene - etwa zehn Kilometer lange und drei bis vier Kilometer breite Ebene bis zur Wümme hinüber: der landschaftlich vielleicht schönste Streifen Bremens. Nur auf wenigen höhergelegenen Flächen dieser Niederung ist schon in vorgeschichtlicher Zeit gesiedelt worden. Ansonsten war das weitgestreckte Bruchland bis ins 12. Jahrhundert eine einzige Wildnis. Dann begann die für den Großraum Bremen entscheidend bedeutsame Kultivierung dieses Gebietes. Mit Sicherheit läßt sich nur sagen, daß sie zwischen 1104 und 1126 in Angriff genommen wurde. In dieser Zeit nämlich wird der Vertrag Erzbischof Friedrichs I. ausgefertigt worden sein, in dem »gewisse diesseits des Rheines wohnende Holländer« die Sumpfebene zur Urbarmachung und zum Bau von Kirchen überlassen bekommen. Sie sind namentlich bekannt: der Priester *Heinrich*, die Laien *Helikin*, *Arnold*, *Hiko*, *Fordolt* und *Referic*. Nach diesen sechs Niederländern, möglicherweise aus Utrecht stammend, nennt

man den Landstrich seitdem das Holländer- oder, in abgeschliffener Form, das »Holler Land«.

Wann die holländischen »Entwicklungshelfer«, unterstützt natürlich von einheimischen Hilfskräften, den Spaten ansetzten, ist wegen der unklaren Datierung des Vertrages nicht präzise festzustellen. Höchstwahrscheinlich aber haben sie es in Horn getan. Dessen Kirche wird in einer späteren Urkunde Erzbischof Hartwigs II. (1185) als schon bestehend erwähnt. Aus dieser Kirche »Vom Heiligen Kreuz« ist der *Horner Stammbaum* hervorgegangen. 1955 teilte sich die Gemeinde in zwei weitgehend voneinander unabhängige Hälften: Horn I und Horn II. In der ebenfalls während der ersten Kolonialisierungsphase besiedelten und zum Horner Kirchspiel gehörigen Vahr entstanden 1957 die Christusgemeinde, 1958 »Dreifaltigkeit« und »Heilig-Geist«. 1964 folgte auf dem Leher Feld die Andreas-Gemeinde. Zeitweilig war auch Sebaldsbrück nach Horn eingepfarrt.

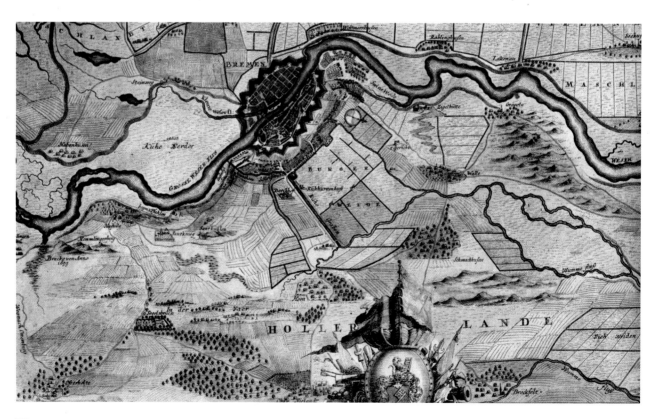

Gegen Ende des 12. Jahrhunderts wurden die Entwässerungsmaßnahmen nach bewährtem Muster halbkreisförmig in den Osten und Südosten Horns verlagert. An die Bearbeitung des »neuen« Landes im Dreieck Horn-Lehe-Vahr schloß sich die Gewinnung des »oberen neuen« Landes an: »Overnigelant«, Oberneuland. Eine große Leistung ist der zum Schutz von Höfen und Feldmarken angelegte Hollerdeich. Die geistliche Versorgung der »Bauleute« in diesem Teil des Hollerlandes wurde von Erzbischof Siegfried 1181 der Parochie »St. Johann« aufgetragen. Deren Zuständigkeit reichte von den Ufern der Wümme südwärts bis Osterholz und Tenever: ein Raum von gewaltigem Ausmaß, aber 800 Jahre hindurch wohl relativ spärlich bewohnt. Der *Oberneuländer Stammbaum* beginnt sich erst mit der nationalsozialistischen Siedlungspolitik zu verzweigen. Das sich verdichtende Osterholz wurde 1938 von der Mutter abgetrennt und erhielt eine »Dankeskirche«. An deren Stelle hat jetzt die Melanchthon-Gemeinde ihr schönes Zentrum. Den gleichen Plänen verdankt die heutige Versöhnungs-Gemeinde Sebaldsbrück, ebenfalls 1938, ihre Entstehung. Ursprünglich zu Oberneuland gehörend, war sie etwa hundert Jahre dem Horner Kirchspiel zugeordnet. Wechsel sind auch in der Geschichte Ellens zu verzeichnen. Das kleine Dorf, sicher schon vor der Holländer-Kolonisation vorhanden, war bis 1246 nach Arbergen eingepfarrt. Dann wurde es dem Kirchspiel und Gericht Oberneuland angegliedert. Kirchliche Unabhängigkeit erhielt die Gemeinde Ellener Brok erst 1965. In diesen Jahren sprang die Neubautätigkeit auf das westlich benachbarte Blockdiek über. 1965 entstand hier, auf historischem Holler Boden, eine weitere Gemeinde. Und nur wenig später wuchs das heiß umstrittene »Klein-Manhat-tan« östlich vom Ellener Brok auf der grünen Wiese. Zwischen den Hochhäusern konstituierte sich 1971 die Kirchengemeinde Tenever. Sie ist die jüngste der fünf Töchter, die aus dem einst flächendeckenden Kirchspiel Oberneuland erwachsen sind.

Zum Hollerland ist schließlich auch *Borgfeld* zu zählen. Man könnte dieser Gemeinde bei der Beschreibung der ganzen Region begründetermaßen den ersten Platz einräumen. Denn allem Anschein nach hat in Borgfeld schon vor der Kultivierung durch die Niederländer eine Ansiedlung bestanden. Die früheste Erwähnung einer Kirche ist auf 1281 datiert. Wie immer man die Reihenfolge ansetzt – bei jeder Wanderung durch das landschaftlich so reizvolle Hollerland wird man an die kulturelle Großtat bremischer Erzbischöfe und der »Sechs vom Niederrhein« samt ihren Baugruppen denken dürfen.

Die Weserkarte Merians gibt 1653 für Horn und »Borchfeldt« jeweils eine Kirche an.

Wümmelandschaft. Zeichnung von J.G. Walte, um 1850.

Die Kirche zum
Heiligen Kreuz
in Horn.

Horn

Nur wenige, die am Wochenende über die Horner Heerstraße und Lehe ins grüne Hollerland fahren, wissen: Jetzt passieren wir uraltes geschichtliches Kulturgelände. Auch das schlichte klassizistische Kirchlein links der Straße mag täuschen: es ist erst 1824 errichtet worden. Doch die »Thing-Linde« vor ihrem Eingang soll der älteste Baum Bremens sein. Und sicher ist das erste Gotteshaus »Sanctae Crucis tom Horne« bald nach dem Eintreffen holländischer Siedler, in den Jahren ab 1104, errichtet worden. Seinen Namen verdankt es zum einen möglicherweise einer Reliquie, die man als Splitter des Kreuzes Jesu verehrte, zum andern seiner Lage auf der hornförmigen Ecke zwischen Ländereien und Wasserläufen. Es war zweischiffig, gewölbt, aus Granit, Backsteinen und Tuff erbaut, mit einem niedrigen Turm, der Altar geostet.

Aus dem Gemeindeleben vor der Reformationszeit ist wenig bekannt. Als erstem in dem lückenlosen Katalog evangelischer Pastoren begegnen wir Johannes *Jeger* (1505-37). In der Zeit des Schmalkaldischen Krieges verwüstet ein kaiserlich-katholisches Heer die Landgemeinden. Auch die Kirche Vom Heiligen Kreuz ist betroffen. Andererseits soll damals die Glocke der St. Magnus-Kapelle in Lesum auf nicht ganz durchsichtige

Weise hierher gelangt sein. Es heißt, die Horner hätten sie in einer Nacht- und Nebel-Aktion aus deren Trümmern entführt. Die verbreitete Verehrung des Heiligen in Norddeutschland läßt aber auch andere Deutungen ihrer Beschriftung zu.

Mit Rudolf *Mönnickhusen* wird 1574 ein leidenschaftlicher Calvinist zum Pastor gewählt, nachdem er in Eckwarden wegen reformierter Äußerungen »in ungnaden afgedankt« worden war. Die längste und vielleicht schwerste Zeit der Gemeindegeschichte, den Dreißigjährigen Krieg und die Jahre danach, verbringt Wilhelm von *Linen* (1628-67) auf der Pfarrstelle. Die Nöte seiner Gemeinde und der siebenköpfigen Familie trägt er dem Rat in einer Eingabe beredt vor. Auch im Siebenjährigen Krieg hat Horn unter den Durchzügen französischer, hannoverscher, preußischer Truppen zu leiden.

Dennoch: Seit langem steht der schmucke Ortsteil in dem Ruf, eine »begüterte« Gemeinde zu sein. Ihr Wohlstand mehrt sich, als im 19. Jahrhundert betuchte Bremer Bürger in dem ländlichen Vorort die Sommersitze einrichten. Schwachhausen ist nicht mehr schwedisches Ausland, die Straßenverhältnisse bessern sich, und über die Lilienthaler Heerstraße, den »langen Jammer«, transportieren die Moorbauern den Torf in die Stadt. Nun mögen die vornehmen Horner nicht mehr mit der baufällig gewordenen alten Kirche leben. Die Gemeinde muß Hand- und Spanndienste beim Neubau leisten. Und 1824 wird die Saalkirche mit flacher Decke, nach dem Entwurf von *Rauschenberg* und *Tölken*, eingeweiht. Ihre jetzige Gestalt hat sie 1868 und 1894 durch den Bremer Architekten *Weyhe* erhalten.

Bernhard Ph. *Noltenius*, zu dieser Zeit Pfarrer in Horn, spricht und predigt noch plattdeutsch. Der warmherzige Seelsorger, bibeltreu wie sein Freund Gottfried Menken von St. Martini, hat sich besonders um das Horner Schulwesen bemüht. In seiner Dienstzeit (1818–28) ist die bisher reformierte Gemeinde zu einer die beiden alten Bekenntnisse verbindenden uniierten geworden. J.M. *Kohlmann* (1829–64), der sich mit wissenschaftlicher Genau-

meinde erneuert. Der Altar und der Taufstein sind aus Obernkirchener Sandstein gearbeitet. Das wertvolle Glasfenster an der Nordseite wurde von Hermann *Oetken* entworfen. Es läßt die Gestalt des Christophorus aufleuchten. 1965 ist eine Kupferplastik des Bildhauer-Ehepaares Claus und Ursula *Homfeld* eigens für den Altarraum geschaffen worden. Sie macht sichtbar, wovon christliche Gemeinde und besonders diese lebt: das Kreuz, an dessen Stamm sich Menschen in ihrer Not klammern.

Bei aller Schlichtheit weist das Kircheninnere eine fast graphisch anmutende Eleganz auf.

J.M. Kohlmann (links) war Horner Pastor und Kirchenhistoriker.

igkeit dem Studium der bremischen Kirchengeschichte hingibt, verspürt in dem städtisch werdenden Vorort gelegentlich »gewaltige Lust zu Strafpredigten«. Selbst aufs schwerste geprüft – er verliert kurz nacheinander seine Frau und fünf Kinder – siegt in ihm die verstehende Güte.

Mit Gustav *Fraedrich* (1918–48) geht die Gemeinde durch die Zwischenkriegszeit, die Jahre des Nationalsozialismus und den Zweiten Weltkrieg. Fraedrich, zu dessen Konfirmanden der frühere Bundespräsident Carstens zählt, hat sie ohne lauten Widerstand, aber mit zähem taktischen Geschick durch die Notzeit hindurchgeleitet. Seine Sorge ist darauf gerichtet gewesen, »ob unser Volk noch christlich ist und sein will«.

Die Kriegsschäden der dreischiffigen Basilika hat Dombaumeister Friedrich *Schumacher* behoben und den Bau nach den Vorstellungen der Ge-

Zwei Horner
Gemeindehäuser.

Gemeinde
Horn I und Horn II

Wer heutzutage am Leben einer der beiden Horner Gemeinden teilnehmen will, wird um eine Wahl zwischen zwei unterschiedlichen Zugängen nicht herumkommen – es sei denn, er ließe sich die Entscheidung von der Lage seines Wohnsitzes abnehmen. Zwar ist Horn in rechtlicher Hinsicht nach wie vor eine Gemeinde mit gemeinsamer Verwaltung, Kirche und Liegenschaften. Aber die Bezifferung bedeutet nicht nur, wie sonst vielfach üblich, eine Einteilung in Bezirke. Sie meint zwei Einzelgemeinden, die durchaus ihre eigene Prägung haben.

Hervorgegangen sind sie aus dem sogenannten »Horner Kirchenstreit«. Der Konflikt entzündete sich vordergründig an Meinungsverschiedenheiten über Wahlvorgänge. Er war aber wohl von vornherein zugleich ein Ringen um das kirchliche Bekenntnis und die Auslegung des Evangeliums.

1948 hatte Pastor Wilhelm *Schmidt* (1948–76) die Nachfolge Gustav Fraedrichs angetreten. Sein Mitbewerber, Dr. Ulrich von *Hasselbach* (1949–55), war bei der Wahl unterlegen. Dennoch betrachtete eine keineswegs kleine Gruppe Dr. von Hasselbach als ihren Pfarrer. Trotz zahlreicher Einsprüche setzte er seine Tätigkeit fort. Die Streitigkeiten mit der um ihn gescharten »Freien Protestantischen Vereinigung e.V.« konnten im Konvent nicht beigelegt werden. Also mußte die Bremische Evangelische Kirche 1953 einen »Kommissar« als Schlichter einsetzen. Zwei Jahre später, 1955, regelte eine neue Ordnung das Verhältnis der beiden nun weitgehend voneinander unabhängigen Gemeindegruppierungen.

Horn I, die kleinere, ist eine evangelische Gemeinde, in der altkirchliche und reformierte Be-

kenntnisse gelten. In gewissem Sinne knüpft sie an die Lehrauffassungen um 1820 an. Das in der ganzen Heiligen Schrift bezeugte Evangelium des Gekreuzigten und Auferstandenen ist der Inhalt ihrer Verkündigung und damit Dienst und Seelsorge auch in dieser Zeit. Der Sonntag wird abwechselnd entweder in schlichten Predigtgottesdiensten oder, reicher entfaltet, in der Form der »Evangelischen

Messe« gefeiert. Die Teilnehmer wirken an der liturgischen Handlung mit. Ökumenische Verbindungen nicht nur mit der katholischen Kirche werden gepflegt.

Liberal im theologischen Sinn ist die Gemeinde Horn II, deren erster Pastor nach der Neuordnung Robert *Hartke* (1956–62) wurde. Sie setzt bewußt die undogmatische Linie von Pastor Fraedrich fort und sucht, von dem Boden der kritisch verstandenen Bibel aus, die vielschichtigen Probleme unserer Zeit anzugehen. Ausdruck findet diese Tradition während der 70er und 80er Jahre auch in den gesellschaftspolitischen Aktivitäten der Gemeinde. Sie ist tätig auf den Feldern der Diakonie und Ökologie. Sie setzt sich gegen die Arbeitslosigkeit ein. Ulrich *Finckh* ist als Gemeindepastor bundesweit bekannt geworden durch sein Engagement für die Kriegsdienstverweigerer. Zunehmendes Gewicht erhält die Arbeit mit Kindern und Jugendlichen.

Aus dem alten Kirchspiel, das einmal mehrere ganz kleine Landgemeinden umfaßte, ist inzwischen ein großstädtischer Wohnraum mit hoher Mobilität geworden. Zu Horn gehört u.a. die Bremer Universität. Den beiden Einzelgemeinden steht je ein eigenes Gemeindehaus zur Verfügung (Horn I: Dombaumeister Friedrich *Schumacher* und Claus *Hübener*, 1966; Horn II: Manfred *Castens*, 1971). Die Kirche Vom Heiligen Kreuz wird im Wechsel benutzt – Zeichen des Einvernehmens im Dienste des Einen Herrn.

Horn I verdankt Pastor W. Schmidt (rechts) entscheidende Impulse; R. Hartke (links) war der erste Pastor von Horn II.

81

Andreas-Gemeinde

Das »Leher Feld«, auf dem sich die Horner Neu-baugemeinde eingerichtet hat, ist über 800 Jahre altes Kulturland. Es gehört zu jenem Gebiet, in dem niederländische Deichbau-Spezialisten bald nach 1104 im Auftrag des Erzbistums Bremen den Spaten ansetzten. Die Ortsbezeichnung »Lehe« be-zieht sich auf die Führung von Entwässerungsgrä-ben. Heute ist die einstige Wiesenfläche zwischen dem »langen Jammer« (der Lilienthaler Heerstraße) und dem Lehester Deich ein durchgrüntes Wohn-gebiet mit Einfamilien- und Hochhäusern.

1959 begann die Bebauung. Und weil man mit etwa 13.000 Zuzüglern rechnete, wurde die Bildung einer neuen Gemeinde im Nordosten des Horner Sprengels vorbereitet. Noch bevor sie 1964 durch Abtrennung von Horn ihre Selbständigkeit erhielt, war ein Grundstück für das künftige Zentrum in der Werner-von-Siemens-Straße gewählt und die Bauplanung abgeschlossen. Der vorläufige Kirchen-vorstand rief den Horner Pfarrer und Schriftleiter der Bremer Kirchenzeitung, Rudolf *Hempel*, als ersten Pastor ins Leher Feld. In einer hölzernen Schwedenkirche fanden die Gottesdienste statt, und schon im November 1964 machte sich ein neuer Seelsorger, Hermann *Molkewehrum*, an den eigent-lichen Aufbau der Siedlungsgemeinde. Zwei Jahre später gab sie sich den Namen »Evangelische An-dreas-Gemeinde in Bremen«. Andreas ist nach dem Johannes-Evangelium (1,35–42) der erste Jünger Jesu. Er führte ihm seinen Bruder Simon Petrus zu. Die Andreas-Gemeinde möchte sich als eine

Das Kirchenzentrum der Andreas-Gemeinde fällt durch seine Sachlichkeit auf. Auf dem Mantel der Glocken im kreuzförmi-gen Turm ist in fünfzehn Sprachen das Wort »Friede« eingraviert.

Gemeinschaft von Menschen verstehen, die im Hören auf das Wort ihres Herrn ihm nachfolgt und andere auf den Weg Gottes mitnimmt. Ihr Siegel zeigt das Andreaskreuz und ein Netz mit Fischen.

Junge Familien mit vielen Kindern bestimm-ten anfangs weitgehend das neue Siedlungsgebiet. Unter ihnen fanden die Mitarbeiter der ersten Stun-de rasch Zuspruch: Es war sympathisch, im Ge-meindezentrum moderne Lebenshilfe zu finden. Hunderte von Kindern kamen in den provisori-schen Gemeinderäumen zusammen. Das Ziel vie-ler Wünsche schien erreicht, als das Kirchen-zentrum Pfingsten 1968 fertig und eingeweiht war – »ein einladender, weiter, gastlicher Bau, in dem Engstirnigkeit und Muffigkeit keinen Platz« ha-ben sollten. Erschwert wurde die Gemeindearbeit freilich von Anfang an durch die unglückliche Wahl des Standortes. Der größere Teil der Gemeindemitglieder wohnt in dem durch einen Grünstreifen »abgeschnittenen« Leher Feld–Nord. Um den dort Wohnenden wenigstens einen kleinen Ausgleich zu bieten, wurde 1975 das Gemeindehaus-Nord in der Edisonstraße errichtet.

Auf mancherlei Weise folgt »Andreas« der Devise: »Gottes Humanität bezeugen«. Ein Schwerpunkt der Arbeit bestand darin, die für Bremens Kirche historisch so bedeutsamen Verbindungen mit den niederländischen Gemeinden zu festigen. Kontakte mit Den Haag, Vlissingen und Kampen wurden gepflegt. Die Partnerschaft mit der Gemeinde in Szentendre (St. Andreas)/Ungarn war ein Beitrag zum Frieden in Europa.

hang von Gericht und Vergebung hereinruft. Das Gotteslob der singenden Gemeinde wird seit 1969 von einer Orgel aus der Werkstatt *Führer* begleitet. Die Kirchenmusik, von Hans *Richter* auf den Weg gebracht, bewegt sich zwischen Klassik und Moderne. Die Andreas-Gemeinde ist Aufführungsstätte beachteter Konzerte.

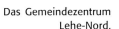

Das Gemeindezentrum Lehe-Nord.

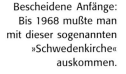

Bescheidene Anfänge: Bis 1968 mußte man mit dieser sogenannten »Schwedenkirche« auskommen.

Mit jährlichen Gemeindefahrten ist die Andreas-Gemeinde nach wie vor überall hin offen – vor allem für den eigenen Stadtteil. Hier nimmt sie gemeinsam mit anderen Organisationen und Initiativen (z.B. Runder Tisch Jugend, Aktionen für ein ausländerfreundliches Horn-Lehe und die Erhaltung des Hollerlandes) ihre Verantwortung wahr.

Das von Peter O. *Ahlers* entworfene Zentrum aus Stahlbeton lädt mit dem eleganten kreuzförmigen Glockenträger zum Besuch ein. In seiner kupferverkleideten Kammer ertönen vier Glocken (Fa. *Bachert-Kochendorf*, Friedrichshall), auf deren Mantel in fünfzehn Sprachen das Wort »Friede« eingraviert ist. Der sechseckige Kirchraum mit einer »schwebenden« Dachkonstruktion ist in fröhlichen Braun-Weiß-Farben gehalten. Über dem Altar – einem einfachen Tisch – sind an der Wand drei Kreuze sichtbar. Sie lassen daran denken, daß Jesus sich auf Golgatha zwischen zwei anderen Gekreuzigten mit der schuldbeladenen Menschheit solidarisch erklärt hat und auch seine Gemeinde in den Zusammen-

Das sachlich gehaltene Kircheninnere strahlt Ruhe aus.

83

Gemeinde Oberneuland

Kilometerweit über die Wümmeniederung hinweg bezeichnet der schlanke Turm den Sammelpunkt der Gemeinde Oberneuland. Nur wenige Spaziergänger wissen von der Bedeutung dieses Platzes für die bremische Kirche. Im 12. Jahrhundert kultivierten niederländische Entwässerungsspezialisten schrittweise das östliche Hollerland. 1181 verfügte Erzbischof Siegfried die Bildung einer großflächigen Gemeinde »Overnigelant, Rocwinkil, Osterholt et Vurholt«, und etwa zur gleichen Zeit wird

es auch zu dem Bau einer Kapelle gekommen sein, die man nach dem Täufer und Vorläufer Jesu »St. Johann« nannte. Bis in die Gegenwart hat diese Oberneulander Mutter nicht weniger als fünf neue Gemeinden in die Selbständigkeit entlassen.

Von sechs namentlich bekannten Pfarrern vor der Reformation wird wenig berichtet. Jedenfalls hatten sie ein riesiges Gebiet zu versorgen, und ihre Pfarrkinder mußten weite Kirchwege durch sumpfiges Gelände in Kauf nehmen. Der erste evangelische Pastor ist nicht bekannt. Seit 1530 amtierte Joachim *Blaustein*. Ihm wie den anderen »Kerckherren up den doerpen« legt die Gemeindeordnung von 1534 gewissenhafte Amtsführung nahe: »Me schal en dat grass nehmen, so se de schap nich (recht) weiden willen«. Das ist ziemlich wörtlich zu nehmen. Denn noch bis 1884 wurden auf den Dörfern die Pastoren mit Naturalien versorgt. An Johannes *Schröder* (1619–63) und seine drei Frauen erinnert eine Tafel in der Kirche. Er soll sich während der Verwüstungen des Hollerlandes in der Zeit des Dreißigjährigen Krieges durch treue Hingabe ausgezeichnet haben und außerdem ein »trefflicher lateinischer Poet« gewesen sein. Allzu phantasievolle Mutmaßungen W. Maßolles umranken die Person W. *Koenes* (1679–81) und seine Beziehungen zu einer Prinzessin Amélie von Tremouille und Tarent. Die scheinbare Romanze erweist sich bei kritischer Betrachtung als ein Stück handfester Familienpolitik. J.H. *Tiling* (1739–70) ist in den drei Jahrzehnten seiner Wirksamkeit durch schriftstellerische Tätigkeit und Übersetzung fremdsprachlicher Literatur besonders hervorgetreten. Er begann die Geschichte der Kirchengemeinde zu schreiben.

Weit weniger abgelegen ist Oberneuland zur Zeit des Pastors T. *Achelis* (1856–81). Nun kommen immer mehr Städter in das Dorf hinaus und nehmen ihm seine Abgeschiedenheit. Die Hamburger Bahnlinie zieht eine Eisenschwelle durchs Hollerland. Und der Geschmack der Zeit verlangt nach einer modernen Kirche. So wird denn, nach Entwürfen des bremischen Architekten H. *Müller*, aus vielen Spenden ein Neubau ausgeführt und 1860 mit einer Rede von Dr. Mallet, dem damaligen Bremer »Kanzel-Star«, eingeweiht. Von dem Inventar des alten Gotteshauses haben die kostbaren Wappenfenster einen merkwürdigen Weg genommen: Erst befanden sie sich in einer benachbarten Kegelbahn, dann kamen sie in den »Schütting«, das Haus der Bremer Kaufmannschaft.

Bemerkenswerterweise ist Oberneuland der erste Stadtteil Bremens, der Gas- und Wasserversorgung, Straßenbeleuchtung, Kanalisation und eine Feuerwehr erhielt. Zu Anfang dieses Jahrhunderts veränderte sich das Kirchspiel auch durch die Gründung von sozialen Einrichtungen, der nachmaligen Nervenklinik, der Egestorff-Stiftung, der Klinik Dr. Heines und des Kindergenesungsheimes Holdheim. Pastor F. *Holthoff* (1881–1926), der bei einer der vielen Überschwemmungen im Kahn seinen Einzug halten mußte, hat sich in 45jähriger Dienstzeit auch um sie gekümmert. Noch heute lesenswert sind die schwarzen Bücher in Goldschnitt, in welche die Konfirmanden mit Schönschrift die hundert Paragraphen seiner Glaubenslehre eingetragen haben.

Mit den Auswirkungen des Nationalsozialismus auf die Gemeinde hatte sich P. *Reusche* (1930–53) auseinanderzusetzen. Das Nachrichtenblatt durfte nicht mehr erscheinen. Reusche wurde von der Geheimen Staatspolizei verhört. Mit großem Einsatz hat er, der als letzter Oberneulander Pastor noch Bienen züchtete und einige Schafe hielt, vor Kriegsausbruch eine umfassende Renovierung der Kirche ermöglicht. Auch hat er das Amt eines Seniors der bremischen Landprediger-Konferenz und kirchliche Rundfunkarbeit wahrgenommen.

Ein kurzer Blick in die zwei aufschlußreichen Chronikbände von Hartwig *Ammann* (Pastor von 1978–1988) zeigt, wie farbig sich das kirchliche Leben in Oberneuland unter Mitwirkung vieler Gemeindeglieder entwickelt hat. Weithin bekannt geworden ist die Kantorei. An der Orgel wirkte V. *Gwinner* (1946–57), der sich auch als Komponist in die Seiten der modernen Kirchenmusikgeschichte eingeschrieben hat. In Kantor J. *Goens* hat er einen anerkannten Nachfolger gefunden, der ebenfalls kompositorisch hervorgetreten ist. Und immer haben evangelische Einwohner des Stadtteils die Verantwortung für die Gemeinde mitgetragen. Die alten Kirchenbücher waren zwar in den Wirren des Zweiten Weltkrieges verschollen, sind aber mittlerweile aus der früheren Sowjetunion nach Bremen zurückgekommen. Sie lassen die ununterbrochene Folge der »Kirchgeschworenen« und Kirchenältesten bis heute verfolgen. Nachdenklich macht so manche Ankündigung, die im 19. Jahrhundert im Auftrage des Senates von der Kanzel zu verlesen war. Beispielsweise diese: »Bäume oder Zweige zu Weihnachten zur Stadt zu bringen, ist verboten« (1823). Eine »grüne« Sorge weit vor unseren Tagen?

Bei dem Rundgang durch den Innenraum der neugotischen Kirche stößt man auf einige Gegenstände aus der langen Geschichte der Gemeinde. Das älteste Stück ist der romanische Taufstein von etwa 1250, mit einer modernen Bronzeschale aus der Werkstatt Claus *Homfelds*. Ein Grabstein von 1628 ist unter der linken Empore angebracht. Den

Altarraum beherrscht ein »Christusfenster«, das sich einst im Dom befunden hat. Runde Buntglasfenster von C. *Lietsch* und R. E. *van Beeck* erinnern an den Schweizer Reformator Zwingli und die barmherzige Tabea der neutestamentlichen Gemeinde. Die Deckenbemalung im Vorraum und über dem Altar, beides von Prof. *Fischer-Trachau*, verwendet die Symbole der vier Evangelisten und Zeichen für den Weg Jesu von der Krippe bis zur Auferstehung. Holzarbeiten hat der Oberneulander Meister H. *Bartels* ausgeführt. Das Lesepult mit seinen Darstellungen von Jesus, Paulus und Johannes wurde von dem 86jährigen Holzbildhauer und

Den Altarraum beherrscht ein Christusfenster, das aus dem Dom stammt.

Traditionell wie der Kirchenraum ist auch die Kleidung der Sargträger.

Gastwirt W. Behrens aus Oberneuland geschnitzt. Die Tafeln an der Kanzel hat E. *Roediger-Wächtler* entworfen und angefertigt. Von Schriftsätzen eingerahmt, sieht man das Bild des Christus, der die Hand des sinkenden Petrus ergreift, und den Herrn, wie er das Kreuz trägt. Erwähnung schließlich ver-

dient die Orgel, die 1966 in der Werkstatt von *Arend und Brunzema* in Leer hergestellt und 1996 vollendet wurde. Zu den »Oberneulander Orgeltagen« kommen Organisten von weither, um auf ihr zu musizieren.

In der Kirche oder der alten Kapelle finden die Trauergottesdienste statt. Und wenn ein Sarg zu Grabe gebracht wird, sieht man die Sargträger in altüberlieferter Livree über den großen Kirchhof gehen, der – ein echter Dorffriedhof – auch ein Ort ist, an dem »man« sich begegnet.

Die Kreise, besonders für Kinder und Jugendliche, sind zahlreich und vielfältig. Stolz ist die Gemeinde darauf, einen der stärksten Posaunenchöre Bremens zu haben.

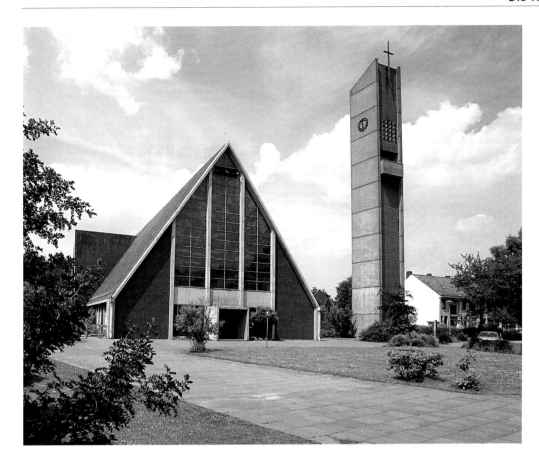

Nach dem Gelehrten und Kirchenpolitiker ist die Melanchthon-Gemeinde in Osterholz benannt.

Melanchthon-Gemeinde

Auf eine achthundertjährige kirchliche Vergangenheit kann die Gemeinde im Bremer Osten zurückblicken. Unter anderen Ödlandgebieten, die Erzbischof Siegfried 1181 einer Unternehmergruppe vom Niederrhein zur Urbarmachung anwies, wird es als »Osterholt« aufgeführt. Und weil die Kultivierung der dünn besiedelten, morastigen Landschaft in »Overnigelant« einsetzte, wurden Alteingesessene und Neusiedler zwischen der Wümme und Osterholz samt und sonders und für lange Zeit in das Kirchspiel Oberneuland eingepfarrt. Den reichen Eichenbestand, dem »Osterholz« (östlicher Wald) seinen Namen verdankt, hat das Wachstum der Stadt Bremen nicht verschont. Zwischen 1813 und 1968 kletterte die Zahl der Einwohner von Osterholz – eingeschlossen Tenever, Schevemoor, Blockdiek und Ellen – von 443 auf über 30.000. Selbst für den rührigsten Oberneulander Pastor wurde es immer unmöglicher, den Menschen im immer dichter besiedelten Großraum auch nur annähernd gerecht zu werden.

Dieses Problem löste die nationalsozialistische Kirchenleitung, indem sie Osterholz mit seinen Ortsteilen 1938 diskussionslos von der Mutter abtrennte. Die Gemeinde erhielt eine Verfassung nach dem »Führer-Prinzip«, und in der »Dankeskirche« wurde der erste Pastor, Wolfgang *Wehowsky*, eingeführt.

Freilich mußte er kurz darauf den Talar gegen die Uniform der Wehrmacht eintauschen. Ohne das Einspringen von Oberneuland wäre die Tochter Osterholz bis zum Kriegsende unversorgt geblieben. Erst nach der Kapitulation Bremens im Mai 1945 nahm ein eigener Pfarrer den Dienst in dem bombenzerpflügten Stadtteil rund um die unbenutzbar gewordene Kirche auf. Helmuth *Winkler* versah sein Amt zunächst nur kommissarisch. Die bisherige Gemeindeordnung war ja illegal, sie mußte durch eine Satzung nach der nun wieder geltenden Verfassung der Bremischen Evangelischen Kirche von 1920 ersetzt werden.

Als Osterholz 1946 endgültig seine Selbständigkeit erlangte, begann unter schwierigen Verhältnissen der wirkliche Gemeindeaufbau. Eine Baracke, eigentlich aber mehr ein geschlossener Fahrradstand, der notdürftig ausgebesserte Kirchraum, die Pastorenwohnung: das waren die Räume, in denen man sich versammelte. In dem 1955 eingeweihten Gemeindehaus konnte sich das Gemeindeleben weiter entfalten. Die Zahl der Mitglieder stieg durch große Neubaukomplexe sprunghaft. Nur durch Umordnung konnte die verdichtete Gemeindearbeit bewältigt werden: Die nahegelegene Nervenklinik, deren Betreuung lange zu dem festen Aufgabenkatalog gehörte, erhielt eigene Pfarrämter. Eine zweite Pfarrstelle für die Gemeinde wurde geschaffen. Der Mitarbeiterkreis erweiterte sich. Berthold *Lindemann*, auch Mitglied des Kirchenausschusses der Bremischen Evangelischen Kirche, ist als Osterholz-Historiker hervorgetreten.

Bald erwies sich die kleine »Dankeskirche« als unzureichend. Deshalb atmete die Osterholzer Gemeinde auf, als sie 1968 den ersten Gottesdienst in ihrer neuen, von Heinz *Lehnhoff* erbauten, Kirche feiern konnte. Sie erhielt zugleich mit der Gemeinde den Namen Philipp Melanchthons. Der bedeutende Gelehrte und Kirchenpolitiker – er vertrat die Sache der Evangelischen 1530 in Augsburg »vor Kaiser und Reich« – hat einen kaum zu überschätzenden Einfluß auf die Entwicklung der jungen evangelischen Kirche Bremens gehabt. Auf die Ausstrahlung seiner Wittenberger Lehre ist es zurückzuführen, daß man an der Unterweser den Weg zu einem »philippistischen«, das heißt mild reformierten Bekenntnis einschlug.

Die zahlreichen farbigen Fenster tauchen den Kirchenraum in ein geheimnisvolles Licht.

Nicht als unevangelische »Heldenverehrung« ist es mißzuverstehen, wenn uns in den farbigen Betonglasfenstern Albrecht *Krönings* die Gestalten der Reformatoren begegnen. Sie legen dem Besucher der Osterholzer Kirche nahe, sich stets auf neue um das rechte Verständnis des biblischen Christuszeugnisses zu bemühen. Drei Szenen werden in den Südfenstern vor Augen geführt: das erste Zusammentreffen Luthers mit Melanchthon in Wittenberg, das berühmte Marburger Religionsgespräch und die Verteidigung der reformatorischen Position vor dem Augsburger Reichstag durch Philipp Melanchthon. Die beiden Fenster über der Empore und dem Taufstein stellen in ungegenständlicher Weise die Wirklichkeit der Kirche und Dessen dar, der sie zur Kirche macht: die Kräfte des Heiligen Geistes. Die Orgel ist von Alfred *Führer* hergestellt. Als weiterer Stützpunkt dient ein Gemeindehaus, das etwa 3 km entfernt bei der Kuhkamp-Siedlung erbaut wurde.

Versöhnungsgemeinde Sebaldsbrück

Seinen Namen – ursprünglich »Seggelsbrugge« oder »Seggesbrock« – verdankt der Ortsteil im Osten der Stadt einer Brücke, die über einen Wasserlauf führte. Sie war insofern von großer verkehrstechnischer Bedeutung, als die alte Heerstraße von Bremen nach Hamburg sie überqueren mußte. Nahe bei ihr lag der »Sattelhof«. Hier wechselten die Fernreisenden ihre Pferde. Daran erinnert noch heute eine Straße in der Umgebung der Kirche.

Seit der Gründung von Oberneuland, 1181, hat Sebaldsbrück zu dessen weit nach Süden ausladendem Kirchspiel gehört. Erst 1834 kamen die Evangelischen zur Horner Gemeinde. Die Vahrer Straße war der Verbindungsweg. Wegen der erheblichen Entfernung gab es jedoch kaum Zweifel, daß Sebaldsbrück über kurz oder lang kirchlich von Horn unabhängig werden würde. Faktisch ist dies 1938 geschehen, allerdings unter »illegalen« Voraussetzungen. Damals entstand in dem Ortsteil eine größere Siedlung. Nach dem Willen des »Landesbischofs« Weidemann wurde sie – wie ähnliche Neubaugebiete in Gröpelingen und Osterholz – mit einer Art Gemeinschaftshaus ausgestattet, das auch als Kirche zu benutzen war. Diese und die beiden

anderen Bauten sind zur gleichen Zeit, am Ersten Advent 1938, auf den Namen »Dankeskirche« eingeweiht worden. Die harmlose Bezeichnung freilich hatte es in sich. Weidemann ließ in gleichlautenden Einladungsschreiben wissen: Die drei Kirchen seien gebaut »aus Dankbarkeit gegen Gott für die wunderbare Errettung unseres Volkes vom Abgrund des jüdisch-materialistischen Bolschewismus durch die Tat des Führers«. Obendrein sollte die Sebaldsbrücker Kirche den Namen »Horst Wessel« erhalten – zum Gedenken an den Pfarrerssohn und »Märtyrer« der nationalsozialistischen Bewegung. Bürgermeister Böhmcker wußte diese »untragbare Anmaßung der Kirche« unter Berufung auf das »Gesetz zum Schutz der nationalen

Der dreieckigen Form des Turms folgt auch der Kirchenraum der Versöhnungsgemeinde Sebaldsbrück.

Die Vorgängerin der Versöhnungskirche sollte dem Gedächtnis Horst Wessels, eines »Märtyrers« der Nazi-Bewegung, gewidmet werden.

89

Ebenso originell wie
überzeugend: die
konsequente Anwen-
dung der Dreiecksform.

Symbole« zu verhindern, und der zur Einweihung gebetene Führer und Reichskanzler sagte seine Teilnahme auffallend knapp und ohne Begründung ab.

Das Gemeinschaftshaus, durch 18 Bombeneinschläge in seiner näheren Umgebung während des Krieges beschädigt, wurde 1945 instandgesetzt und wieder in Gebrauch genommen. Die Zahl der Gemeindeglieder schnellte in die Höhe, im Gebiet des Rennplatzes und vor allem in der benachbarten Vahr nahm die Wohndichte zu. So gingen denn wenige Jahre nach der 1948 legalisierten Selbständigkeit der Sebaldsbrücker Gemeinde weitere Zentren aus ihr hervor.

Dem von Peter und Ruth-Elisabeth *van Beeck* mit viel Kunstverstand ausgestatteten Gemeindehaus (1957) folgte 1964 der Bau der »Versöhnungskirche«. Das winklige Grundstück und der heikle Untergrund über einem alten Kolk, Sumpfloch aus früheren Überschwemmungen, stellte Prof. Gerhard *Müller-Menckens* vor ungewöhnliche Schwierigkeiten. An der Stelle der unbrauchbar gewordenen »Dankeskirche« mußte das neue Gotteshaus auf neun Meter tiefes Pfahlwerk gesetzt werden. Der winkligen Fläche gewann der Architekt einen dreieckigen Grundriß ab, der in den Baukörpern durchgehalten ist und ebenso originell wie überzeugend wirkt. Hier hat sich, von Pastor Dr. Karl *Hansch* (1945–70) bis in die Gegenwart, reges Gemeinde-

leben entfaltet. Besonders bekannt geworden ist der Einsatz der »Versöhnungsgemeinde« für die »Casa Materna« unterhalb des Vesuvs bei Neapel. Seit 1905 hat dieses mit Landwirtschaft, Schule und Klinik ausgestattete Haus etwa 14.000 verwaiste und kranke Kinder aufgenommen.

1966 wurde die unter hundertjährigen Eichen und Weiden liegende »Versöhnungskirche« eingeweiht. Der neue Name ist nicht nur eine entschiedene Absage an den Ungeist der »braunen« Ära. Er ist ein biblisches und mitmenschliches Programm, dem sich die Gemeinde verpflichtet weiß. Wir betreten die Kirche durch eine flache Eingangshalle (Keramikwand: Annelott *Höge*) neben dem vierstöckigen Turm, in dem sich eine Taufkapelle und ein offener »Posaunen-Balkon« befindet. Der Gottesdienstraum, durch ein bleiverglastes farbiges Lichtband (Ludwig *Schaffrath*) erhellt, lenkt mit seiner Dreiecksgestalt die Konzentration auf den Altar. Das mit Gold und Edelsteinen verzierte Kreuz ist eine Arbeit von Klaus *Luckey*. Beim Verlassen der Kirche werfen wir einen Blick auf die Turmspitze. Sie ist, nach dem Entwurf von Prof. Gerhart *Schreiter*, mit einem Sinnbild der Versöhnung versehen: zwei kupfergetriebenen offenen Kugelschalen, die durch ein Kreuz zusammengehalten werden.

Gemeinde Ellener Brok

Mit Blockdiek und Tenever gehört das Ellener Brok zu einem fast lückenlosen Wohnstreifen, der sich südlich des Autobahnbogens zwischen den Abzweigungen Vahr und Sebaldsbrück entlangzieht. Das Alte Dorf Ellen, auf dünigem Grund neben einem verschwundenen Weserarm gelegen, zählte lange zu der 1181 von Erzbischof Siegfried gegründeten »Flächengemeinde« Oberneuland. Und noch zu Beginn der sechziger Jahre hielten sich viele der 1500 Alteingesessenen zu der nördlichsten Kirche im Hollerland.

So ging die Abtrennung nicht ohne Komplikationen vor sich. Die Oberneulander protestierten feierlich gegen die Einsetzung eines Pastors im Ellener Brok durch den Kirchenausschuß der Bremischen Evangelischen Kirche. Doch ein Gutachten des Bürgermeisters Dr. *Spitta*, eines »alten Hasen« im vertrackten Bremer Kirchenrecht, zerstreute die Bedenken. Er wies nach, daß der Kirchenausschuß in der Rechtsfolge des Senats stehe und Erstberufungen gültig vornehmen könne. Vor allem freilich drängte der Fortgang der Bauarbeiten südlich der Autobahn. Schließlich wurde ein Pastor »zur besonderen Verwendung«, der frühere Studentenpfarrer Paul Gerhard *Küpper*, 1964 in das Neubaugelände entsandt, und ein Jahr später die Ablösung der Gemeinde von Oberneuland in aller Form nachgeholt.

Dennoch: die Konflikte hatten die Planung gebremst. Gottesdienste, Unterricht und Zusammenkünfte fanden anfänglich in einem Atriumhaus an der Züricher Straße statt. Später wurde eine hölzerne »Schwedenkirche« aufgestellt. Gemeinsam mit Küpper übernahmen erste Laienkräfte die Aufgaben des Kirchenvorstandes und des Bauausschusses, der die Planung des künftigen Gemeindezentrums mit Hermann *Brede* vorantrieb. In ihm hatte man den verständnisvollen Architekten gefunden, der die Vorstellung von Kirche in dieser unkonventionellen Umgebung in bauliche Formen umsetzte. Wie Pilze schossen die Wohnblocks nun rimgsumher aus der Erde, die Zahl der Gemeindeglieder stieg steil an. Der erste gewählte Kirchenvorstand entschied sich, die neue Gemeinde nach der alten Flurbezeichnung zu benennen. Seitdem heißt sie »Evangelische Kirchengemeinde Ellener Brok«. Endlich, zu Pfingsten 1969, war das Zentrum vollendet: das erste Kommunikationshaus« in diesem Neubaugebiet. Viele Gruppen benutzten es als Treffpunkt. Und noch heute haben z.B. die »Anonymen Alkoholiker« Gastrecht unter dem Dach der Kirche.

Die Gemeinde Ellener Brok weiß sich in die besondere Situation der hier Lebenden hineingestellt. Einerseits ist diese geprägt durch einen hohen Prozentsatz älterer Menschen, die nahebei in Senioren-Wohnungen untergebracht sind; andererseits durch sehr viele junge Familien. Die Kinder- und Jugendarbeit bleibt also neben der Betreuung älterer Gemeindemitglieder ständiger Schwerpunkt des Programms. Der Kindergarten besteht seit 1989 aus drei Integrationsgruppen; für Heranwachsende ist im Keller des Gemeindehauses eine »Offene Tür«; auch für Mutter-und-Kind- sowie für Frauengruppen stehen Räume zur Verfügung. Seit 1996 trifft sich hier regelmäßig eine afrikanische Pfingstgemeinde. Und nach sorgfältigen Beratungen hat

Zeitgemäße Gestaltung des Gemeindezentrums Ellener Brok durch Hermann Brede.

Ausdruck unsenti-
mentalen Glaubens:
Sichtbeton im Außen-
wie im Innenbereich.

der Konvent beschlossen, die Kirche für die Seg-
nung homosexueller Paare zu öffnen. Ruth *Fenko*,
seit 1980 in Ellener Brok tätig, ist 1994 zur Landes-
jugendpastorin berufen worden.

Das durchweg betongegossene Zentrum, erstes
seiner Art in Bremen, ist nicht unumstritten gewesen. Auf den ersten Blick ist es kaum als Kirche zu
erkennen. Und tatsächlich ist es nicht nur »für den
Sonntag« gedacht, »sondern für jeden Tag«. Dennoch haben es die Bewohner des »Schweizer Viertels«, so genannt nach den Straßenbezeichnungen,
längst als vertrauten Bestandteil ihrer heimatlichen
Welt angenommen. Allen Altersschichten gibt es die
Möglichkeit, »Gemeindeleben zu praktizieren«. Die
Funktion der Räume hat in dem äußeren Erschei-
nungsbild seinen Ausdruck gefunden. Ohne Putz
und Verkleidung treten die Baustoffe (Beton, Stein,
Holz) deutlich hervor. Anstatt des gewohnten Glok-
kenturmes sehen wir eine schlanke »Stele«, den kunst-
voll gestalteten Glockenträger. Durch ein Foyer betreten wir den Kircheninnenraum. Er beeindruckt
durch sachliche Aufrichtigkeit. Die Wandflächen aus
Beton erscheinen durch den Abdruck der Holzver-
schalungen wie belebt. In warmen Farbtönen har-
monieren die Holzkassettenformen der Decke mit
dem leicht winklig angeordneten Gestühl. Die von
Heinz *Lilienthal* geschaffene Altarrückwand aus
Blähton, ein Feld von lebhaften Strukturen, lädt
den Betrachter zur Meditation ein. Die Orgel ist
von der Firma *Kleuker* gebaut.

Gemeinde Blockdiek

Wie es in der Vorgeschichte dieser Siedlungsgemeinde hier ausgesehen hat, läßt nur noch die alte Ortsbezeichnung ahnen. »Blockdiek« bedeutet so viel wie »Damm über morastige Felder«. Von dieser unwirtlichen Vergangenheit ist nichts mehr übrig geblieben. Bis zur Hälfte des 20. Jahrhunderts wurde dieses zu Oberneuland und Osterholz gehörende Flurstück noch landwirtschaftlich genutzt. Heute erhebt sich in Blockdiek eine moderne Wohnanlage mit vielen Grünflächen. Die abwechslungsreichen Bauformen, vom Einfamilienhaus bis zum mehrstöckigen Wohnblock, haben vor allem junge Familien mit Kindern zu überzeugten Blockdiekern gemacht, und die vorzügliche Verkehrsanbindung rückt die einstmals so ferne Stadt in greifbare Nähe.

Beauftragte der bremischen Kirche waren unter den ersten Zuzüglern. Gleich in der »Start-Phase« 1965 sollte die frohe Botschaft vor Ort angeboten und aus den Neubau-Bewohnern Gemeinde gesammelt werden. Buchstäblich eine »Nullpunkt-Situation«. Ein Pastor war zur Stelle: Wolf-Udo *Smidt*, eine Sekretärin, ein Küster. Aber noch gab es keinen Versammlungsraum. Das Amtszimmer des Pastors mußte ihn vorläufig ersetzen. Mit einer Postwurfsendung wurden alle Haushaltungen angesprochen, Mitarbeiter gewonnen. Am Dritten Advent 1966 feierte man in einer kleinen Holzkirche den ersten Blockdieker Gottesdienst. Und vier Monate später ging der zweite Pastor, Hermann *Memming*, an die Arbeit.

Außen wie innen schlichte Formen: Das Gemeindezentrum Blockdiek.

Der zeltartige Giebel unterstreicht, daß die Blockdieker Kirchengemeinde »mit Gott unterwegs« ist.

Die Gemeinde suchte den Fragen und Erwartungen vor allem der überwiegend jungen Familien gerecht zu werden. Dabei war die Aufmerksamkeit nicht nur auf einzelne Menschen, sondern auf den ganzen Wohnbereich gerichtet. In einer »Interessengemeinschaft Blockdiek« brachte man die Vertreter der hier tätigen Organisationen zusammen. Verbindungen zum Ellener Hof und zum Krankenhaus Ost wurden hergestellt. Neben Verkündigung, Unterricht und Seelsorge gab es Gesprächsangebote. Aus der Sammlung von Kindergruppen entwickelten sich Kinderspielkreise und der Kindergarten. Musikalische Arbeit und Theaterspiel gewannen für den ganzen Blockdieker Raum und darüber hinaus Bedeutung. Von vornherein wußte sich die Gemeinde auch dem »fernen Nächsten« verbunden. Sie hat »friedens- und entwicklungspolitische Zielsetzungen« in ihrer Verfassung verankert. Zu den übergreifenden Aufgaben der Bremischen Evangelischen Kirche hat die Gemeinde schließlich beigetragen, indem sie mit Pastor Wolf-Udo *Smidt* einen Schriftführer der Unterweserkirche stellte.

Schon in den Aufbaujahren reichten die kleine Holzkirche und die 1968 errichtete Holzbaracke für die vielen andrängenden Aufgaben nicht mehr aus. Deshalb war die Gemeinde erleichtert, als im Winter 1971 das neue Gemeindezentrum bezogen werden konnte. Otto *Andersen* hat es gebaut. Man kann sagen, daß ihm diese »Kirche mitten im Dorf« gut gelungen ist. Mit ihrem zeltähnlichen Giebel hebt sich das vielfältig zu nutzende Zentrum unverkennbar von seiner Umgebung ab. Andererseits öffnet es sich einladend zum Einkaufszentrum, dem »Marktplatz« des Ortsteils. So spricht die ganze Anlage architektonisch von beidem, was die Gemeinde bestimmt: von der Besonderheit des mit Gott auf Erden zeltenden Gottesvolkes und seinem weltoffenen Einsatz für die große Menschenfamilie.

Gemeinde Tenever

»Thedenevere« ist die mittelalterliche Ortsangabe für das heute im äußersten Osten an die Stadtgrenze stoßende Gebiet. Sie läßt sich am treffendsten mit »am Ufer befindlich« wiedergeben. Nach einem größeren Wasserlauf wird man allerdings vergeblich suchen. Nur Reste sind von dem Nebenarm der Weser übrig geblieben, der vor vielen Jahrhunderten an Tenever vorbei nach Norden abzweigte. Die Gräben, die das große Wohnbau-Projekt durchziehen, lassen ebenso wie die Straßenbezeichnung »An der Schevemoorer Heide« – dort liegt jetzt das eigenwillige Zentrum der Neubau-Gemeinde – an den moorigen Sandboden denken, der diesen Stadtteil trägt.

Wenn auch keine Überschwemmung mehr zu fürchten ist – die Leute in Tenever hatten in anderer Hinsicht Mühe, über die Gegenwartsprobleme »ans andere Ufer«, sprich: zu einem störungsfreien Alltagsleben zu kommen. Als »Klein-Manhattan«, als »Betongebirge« geriet die Konzeption der Wohn-

stadt in das Kreuzfeuer der politischen Parteien, während schon die ersten Mieter einzogen und die bremische Kirche mit der Bildung der Gemeinde 1971 »von vornherein eine selbständige seelsorgerliche Tätigkeit« gewährleistet hatte. Unter dem Eindruck rückläufiger Einwohner-Statistiken, der heißen Kritik an allzu verdichteter Bauweise und mangelhafter Infrastruktur wurde das ehrgeizige »Demonstrations-Bauvorhaben« schließlich gestoppt und »abgerundet«. Trotz bemühter Nachbesserungen ist der Stadtteil in sozialer Hinsicht einer der schwierigsten Bremens.

Auf diese Schwierigkeiten hatte sich der Kirchenvorstand mit dem ersten Pastor, Rolf *Huhs* (1971), in Verkündigung und Gemeindearbeit vom ersten Augenblick an einzustellen. Zwar mußten noch eine ganze Weile gastweise die Räume im benachbarten Ellener Brok in Anspruch genommen werden. Aber dem früheren Landesjugendpfarrer und Leiter eines Sozialzentrums in Westafrika gelang es überraschend schnell, das Vertrauen der Teneveraner zu gewinnen. Eine Gemeindeversammlung mit dem Bausenator, zu der Huhs 1973

Mutiges Projekt in schwierigem Umfeld: Gemeindezentrum Tenever.

Der bewußt flach
gehaltene Bau wirkt
zwischen den
Hochhäusern »wie
ein David neben
einem Goliath«.

einlud, geriet unerwartet zu einer Einwohnerversammlung. Nach zwei Jahren ambulanter Tätigkeit konnten endlich Wohnungen im eigenen Bezirk als Stützpunkt bezogen werden. Sardinendicht waren sie vollgestopft. Die Festpredigt mußte buchstäblich »zwischen Tür und Angel« gehalten werden.

Nach »langer, allmählich unerträglicher Wartezeit« wurde 1976 das baufrische Gemeindezentrum bezogen. »Im Tal zwischen den Hochhäusern« sollte es, »ein David neben einem Goliath«, deutlich gegen die bauliche Umwelt kontrastieren. Carsten *Schröck*, der 1973 zu früh verstorbene, einfallsreiche Baumeister, hat es noch als eingeschossige Raumgruppe rund um einen gedeckten »Marktplatz« entwerfen können. Seine Architektengruppe *Rosengart, Busse* & Partner setzte es dann in die Wirklichkeit um. Die Verwendung von Backstein, Holz und nur wenig Beton gibt dieser »kleinen Stadt in der Stadt« mit ihren vielen Räumen und Nischen eine einladende Wärme.

1996 feierte die Gemeinde Tenever ihr 25jähriges Bestehen. Getreu dem biblischen Wort »Wer zu mir kommt, den werde ich nicht abweisen« (Joh. 6, 37) an der Außenwand des Zentrums, ist sie offen für die Bewohner des Stadtteils. Unter denen, die sich einfinden, sind viele Aussiedlerfamilien aus der ehemaligen Sowjetunion. Da Tenever einer der kinderreichsten Bezirke Bremens ist, wird die Einrichtung eines Kindertagesheimes im Jubiläumsjahr als hilfreiche Neuerung empfunden.

Gemeinde Borgfeld

Ob das unmittelbar an der Wümme liegende Borgfeld schon vor der Holländer-Kultivierung existiert hat, ist noch strittig. Greifbar wird »borchvelde« erst in einer Urkunde von 1235, und die erste Mitteilung von einer Kirche ist auf 1281 datiert. Sogenannte »Erbrichter«, Angehörige miteinander verwandter Familien, verwalten dort an der Stadtgrenze ihren bäuerlichen »Miniaturstaat«, bis der Senat im 19. Jahrhundert ihr Regiment vollends ablöst. Als »Patrone« haben sie auch das Recht, die Pastoren vorzuschlagen. Die Gerichtsbarkeit, unter einer Linde neben der Kirche ausgeübt, teilen sie sich erst mit dem Erzbistum, ab 1595 mit dem Rat. Der zweite Bürgermeister der Stadt Bremen hat seinen Amtssitz in dem inzwischen abgeräumten »Ratsspieker« gegenüber der Kirche.

1465 ist von einem »Kerkherren«, also Pfarrer, Johannes *von der Helle* die Rede. Der erste evangelische Pastor, mit dem die Reformation in Borgfeld einzieht, heißt Gerhard *Everkamp* (etwa 1520–38). Man hält in diesem und dem folgenden Jahrhundert auf strenge Sitte. Abendliche Trauungen werden verboten, weil dabei zu viel Unfug getrieben werde. Der Ausschank von Bier nach 22.00 Uhr ist untersagt. Das Fluchen wird unter Strafe gestellt. Hart geht das Schicksal im Dreißigjährigen Krieg mit der Gemeinde Borgfeld um. Die Kirche wird von Kaiserlichen »demoliert«, eine Glocke gestohlen. Auch die Franzosenzeit läßt das Dorf nicht ungeschoren. Der Erbrichter und Patron *Noltenius*, später bekanntgeworden durch seinen aufsehenerregenden Prozeß gegen die Giftmörderin Gesche Gottfried, steht auf der napoleonischen Fahndungsliste.

In dieser Zeit erheblicher politischer und sozialer Spannungen ist Dethard *Abegg* (1835–87) mehr als fünfzig Jahre hintereinander Pastor in Borgfeld. Zum Dank pflanzt ihm die Gemeinde am Friedhofseingang eine »Abegg-Eiche«. Etwas zu romantisch beschreiben Zeitgenossen das »idyllisches Behagen gewährende Dorfbild« jener Jahrzehnte. Noch sind die Wege in einem traurigen Zustand. Die Deiche können häufige Überschwemmungen nicht verhindern. Am katastrophalsten wirkt sich die Flut von 1880 aus: die Wasserwüste dehnt sich bis nach Bremen, ein Dampfboot verkehrt damals »querbeet« zwischen Borgfeld und dem Herdentor.

Aber zugleich erhält das kommunale und kirchliche Leben neue Impulse. Mit Pastor Carl *Homann* (1887-1902) kommen erstmalig »freisinnige« Ideen auf die Kanzel. Die Gemeinde, um Katrepel

Wo man immer mit Überschwemmungen rechnen mußte (unten: Deichbruch 1880), war der Beistand Gottes umso wichtiger – auch in Borgfeld.

und Lehester Deich erweitert, wird in der Pfarrerwahl vom Senat unabhängig. Alte Zöpfe fallen. Die Abgabe von »Pflicht-Torf« und sogar von Ostereiern an den Küster wird eingestellt. Leider fällt auch manches Erhaltenswerte der Mode zum Opfer: das Innere des Kirchenraumes, wertvolles altes Inventar. Ein leidenschaftlicher Liberaler, der »zu einem Großen unter den Bremer Pastoren« werden soll-

97

Auch wenn es heute zur Großstadt Bremen gehört: das Kirchlein des Bauern- und Fischerdorfes hat seinen Charakter über die Zeit bewahrt.

te, ist F.K.L.H. *Weingart* (1902–21). Wegen Irrlehre von der Osnabrücker Kirchenleitung seines Amtes enthoben, wählen ihn die aufgeschlossenen Borgfelder zu ihrem Pfarrer. Beachtlich ist seine geistige und künstlerische Ausstrahlung. Auf Weingarts Grabstein steht die selbstverfaßte Verszeile: »Frei sei der Geist und ohne Zwang der Glaube«.

Und wieder fällt die Amtszeit eines Pastors mit langanhaltenden Umbrüchen zusammen. Johannes *Mohrmann* (1921–60) hat mit der Gemeinde Inflation, Arbeitslosigkeit, »Drittes Reich«, Krieg und Wiederaufbau zu bestehen. Borgfeld beginnt sich seit 1933 zu verdichten. Siedlungshäuser entstehen in Selbsthilfe. Einer ihrer prominentesten Bewohner ist Wilhelm Kaisen. Auf seinem Anwesen, das bis 1945 zum Zufluchtsort des nachmaligen weltbekannten Bürgermeisters geworden ist, führt er nach Kriegsende erste Verhandlungen mit den Alliierten. Trotz schwerer Schäden wird Borgfeld zu einem Auffangplatz für Ostflüchtlinge und Bremer Ausgebombte. Ein neuer Siedlungsschub folgt 1955. Prinz Lous Ferdinand von Preußen, der Enkel des letzten deutschen Kaisers, ließ sich auf seinem Katrepeler »Wümmehof« nieder.

Das alte Bauern- und Fischerdorf ist, dank umsichtiger Baupolitik, einer der schönsten Wohn-

bezirke Bremens und bevorzugtes Erholungsgebiet geblieben. Mit dem Spaziergang durch die Wümme-Wiesen und über den Hollerdeich sollte man einen Besuch in der Borgfelder Dorfkirche verbinden, die mit dem von Jan *Noltenius* errichteten Gemeindehaus zu den Sehenswürdigkeiten Borgfelds zählt. Über der Eingangstür begrüßt uns das Wort »Der Herr ist mein Licht und mein Heil« (Ps. 27). Das Innere des oft erneuerten Gotteshauses ist durch Fenster belichtet, die von der alteingesessenen Familie *Jacobs* gestiftet sind. Die Kanzel ist 1640 für die St. Pauli-Kirche in der Bremer Neustadt handgeschnitzt worden. Nach dem Kriege wurde sie hier in Borgfeld aufgestellt.

Den alten und neuen Borgfeldern eine gemeinsame geistliche Heimat zu schaffen, ist neben der Fürsorge für Senioren und »Vereinsamte« sowie einer weit über den Ortsteil hinauswirkenden Kirchenmusik die vornehmlichste Aufgabe der Gemeinde.

Vom Reißbrett in den Sand: Die Vahrer Gemeinden

Viele bremische Gemeinden sind in Jahrhunderten gewachsen. Von Generation zu Generation haben sie Erfahrungen weitergegeben, die sie in wechselvollen Zeitläuften am Evangelium von Jesus Christus sammeln konnten. Anders die Vahrer: ohne jeden Anlauf mußten sie sozusagen vom Reißbrett der Planung in die Wirklichkeit springen. In eine Wirklichkeit obendrein, die ihrerseits eben erst unter den Raupen der Bulldozer in die Gegenwart geholt worden war.

Die Vahr nämlich ist ältestes bremisches Kolonisationsgebiet. Hier haben jene sechs Utrechter »Entwicklungshelfer«, die bald nach 1104 von Erzbischof Friedrich engagiert wurden, höchstwahrscheinlich die erste Probe ihres Könnens abgelegt. Und nach dem Vahrer Modell ist später das Hollerland, sind die weiten Sümpfe und Brüche zwischen Wümme und Ochtum aus ihrem vorzeitlichen

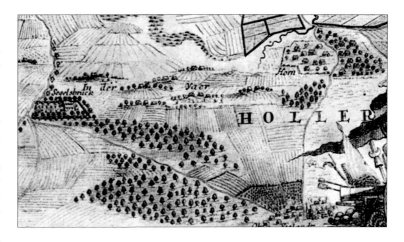

Tiefschlaf geholt worden. Die am höchsten gelegene Feldmark Vahr bot sich für das Experiment am ehesten an: Gräben wurden gezogen, der rückwärtige »Achterdiek« gegen neu andringendes Wasser aus dem noch unbesiedelten »oberen Land« angelegt und an einem Fleet, auf Wurten, Bauhöfe errichtet. Das ganze Areal nannte man »Vara« oder »Vahr«. Das bedeutet etwa »Föhren«- oder »Kiefern«-Gegend.

Gut 800 Jahre später setzte der Senat der Freien Hansestadt Bremen im Umkreis dieser noch immer ländlichen Flächen zum zweiten Sprung in die Zukunft an – einem gewaltigen Projekt der Urbanisation. Man erinnert sich heute kaum noch, wie bedrückend die Wohnungsnot nach dem Zweiten Weltkrieg war. Drei Fünftel aller Gebäude Bre-

mens lagen in Schutt und Asche. Zehntausende hausten in Notunterkünften. Diese Zwangssituation veranlaßte den Staat zu eiliger Förderung des sozialen Wohnungsbaus, nicht zuletzt zu dem spektakulären Vahrer Großprojekt.

Mitte der fünfziger Jahre entstand, noch auf dem Boden der Hastedter Feldmark, die »Gartenstadt Vahr«, zwischen Vahrer Straße und der Osnabrücker Eisenbahnlinie. Rund 5000 Menschen bot sie Raum. Es folgte, 1957–62, auf einem 200 ha großen Wiesengelände der alten Feldmark Vahr, die Trabantenstadt »Neue Vahr« – seinerzeit die größte Wohnungsbaustelle in der Bundesrepublik. Etwa 35.000 Einwohner beiderseits der Franz-Schütte-Allee sollte sie aufnehmen. Fakten und Ideen verknoteten sich unter den zufällig zusammengewürfelten Einwohnern der Vahr zu Problemknäueln, die von Zeit zu Zeit zum Tagesgespräch in Bremen wurden.

Historische Ansichten wie die Weserkarte M. Merians von 1653 (unten) und die kolorierte Umgebungskarte um 1723 zeigen in der Vahr lediglich einige Einzelhöfe.

Hermann Fitger hat einen davon noch in den 20er Jahren graphisch festgehalten (links).

In dieses Problemfeld, das mit den ersten Wohnblocks buchstäblich aus der grün gewesenen Erde wuchs, wurden die ersten Mitarbeiter der bremischen Kirche geschickt. Auch sie stand vor absolutem Neuland. Ungewohnte Fragen der Planung und des Kirchenrechts waren zu lösen, und man spürt aus den Aufzeichnungen aus diesen Jahren noch heute, wie schwer sie sich anfänglich mit verantwortbaren Entscheidungen getan hat.

Den wirklichen Sprung ins kalte Wasser haben freilich die kirchlichen Pioniere auf dem noch aufgewühlten Boden machen müssen: kleine Dienstgruppen, Volksmissionare, die Pastoren der ersten Stunde. Bei Hausbesuchen, in angemieteten Räumen, dann in Notkirchen und schließlich in neu und immer wieder anders konstruierten Gotteshäusern, die der beispiellosen Lebenssituation der Neusiedler entsprechen sollten, legten sie die Grundsteine für die kirchliche Entwicklung in sämtlichen Nachbarschaften der Vahr. Je nach Beurteilung der Lage haben die Gemeinden dann auch mit unterschiedlichen und wechselnden Konzepten auf sie geantwortet. In dem weiten Spektrum zwischen notwendiger Anpassung an die »Bedürfnisse« der Bevölkerung und dem entschiedenen Festhalten am besonderen Auftrag der Kirche sind sie angeordnet. Davon werden die folgenden Portraits wenigstens etwas ahnen lassen.

Die Kette der Geburtstage unserer Vahrer Gemeinden erstreckt sich über einen Zeitraum von zehn Jahren. Den Anfang machte, 1956, »Epiphanias« in der Gartenstadt. Ein Jahr später wurde, als erste in der Neuen Vahr, die »Christus-Gemeinde« gebildet. Ebenfalls hier folgten 1958 »Dreifaltigkeit« und »Heilig-Geist«. Gewissermaßen ein Nachkömmling ist die 1966 gegründete »Jona-Gemeinde« – sie ergänzt das kirchliche Leben in der Gartenstadt Vahr.

Die eindrucksvolle Stadtlandschaft der »Neuen Vahr«.

Epiphanias-Gemeinde

Eine Stadt aus der Retorte – das war auch für die bremische Kirche etwas Neues. Also fehlte es bei der Gründung der ersten Vahrer Gemeinde nicht an Startschwierigkeiten. Schon waren die ersten Wohnblocks der Gartenstadt hochgezogen, Begrüßungsbesuche im Gange und Gottesdienste im nahen Flüchtlingslager – da diskutierte man noch über die Aufstellung eines Kirchenzeltes. Und als die »Evangelische Kirchengemeinde Bremen-Neue Vahr« schließlich rechtliche Gestalt annahm, 1956, in den Sprengeln des Domes und Sebaldsbrücks, übertrug der Kirchentag einem Vikar aus Walle vorerst lediglich die »pfarramtliche Betreuung«. Daß die Flinte seinerzeit dennoch nicht ins Korn

flog, war der Einsatzfreude von Gerhard *Ahlers*, einem gelernten Flugzeugbauer und Theologen, zu verdanken.

1956 hatte die Gemeinde wenigstens ihren vorläufigen Stützpunkt: zwei Parterre-Wohnungen. Ein Hinweisschild auf der fast noch unbebauten Wienhauser Straße zeigte den Weg. Bei der Einweihung dieses ersten Domizils herrschte ein kaum sehr verheißungsvolles Glatteis. Doch Pastor Ahlers und seine Mitarbeiter ließen sich nicht beirren. Sie sammelten Menschen um das Wort. Auf Nachbarschaftsabenden mit Klönschnack stellten sie Kontakte her. Kaum jemand kannte sich ja bislang.

Man atmete auf, als 1960 – nach dem zweiten Provisorium, einer Kirchenbaracke – endlich das von Architekt Peter O. *Ahlers* entworfene Zentrum bezogen werden konnte. Die Bezeichnung, die man

Der Innenraum der Epiphanias-Kirche strahlt Wärme und Geborgenheit aus.

nis. Vielfältige Kontakte zum Luthertum Skandinaviens wurden bedeutsam. In dem Göteborger Bischof Bo Giertz gewann die Gemeinde einen väterlichen Freund und Berater. Im Mittelpunkt der äußerst vielseitigen Arbeit stehen nun die zwei sonntäglichen Abendmahlsgottesdienste und ein »Lobpreisgottesdienst« am 1. Mittwoch jedes Monats sowie an den zweiten Feiertagen: Wegen des gleichbleibend starken Besucherandrangs mußte sogar noch angebaut werden. Nach den Gottesdiensten und während der Woche steht ein Seelsorgekreis von etwa 25 geschulten Mitarbeitern zum Gespräch und Gebet bereit. Der missionarische Gemeindeaufbau mit »Grundkursen des Glaubens« und gelegentlichen Großveranstaltungen bleibt das Hauptanliegen der Gemeinde. Aus ihrer Mitte wurden aber auch mehrfach Frauen nach Afrika und Indien ausgesendet; eine Gemeinschaft von ca. 70 getauften Iranern entstand, und in mannigfaltiger Weise wendet man sich diakonisch Hilfsbedürftigen und Ratsuchenden in der Stadt zu: Epiphanias fängt Flüchtlingskinder auf, beteiligt sich am Projekt »Ran an die Zukunft« und am bekannten »Café Compakt«, einer Anlaufstelle für Jugendliche. Für die ältere Generation ist eine Begegnungsstätte, das »Eben-Ezer-Haus«, eingerichtet worden. Wie alle diese und viele ungenannte Aufgaben bewältigt werden können? Nur mit Hilfe einer großen Zahl von »Ehrenamtlichen«. Es sind zur Zeit rund 200.

Wohin auch immer die mancherlei Aktivitäten ausstrahlen – ihr Mittelpunkt ist die Kirche. Man betritt sie, die sich über einem gestreckten Sechseck-Grundriß erhebt, durch den hoch aufragenden Turm. In dem harmonischen Raum fällt über dem Altar das Steinkreuz aus Schlüchterner Muschelkalk ins Auge. Im querliegenden Chorfenster sieht man ein Glasgemälde von Prof. Willy *Menz*. Es stellt den Christus dar, der das aufgewühlte Meer beruhigt. Vom gleichen Meister stammt auch der Entwurf für den mitten in der Kirche stehenden Taufstein, ausgeführt von dem Bildhauer *Horling* und von Kunstschmied *Oetken* mit einem Kupferaufsatz versehen. Ebenso wie »die Taufe« ist auch die *Führer*-Orgel (1961) in die Nähe der Gemeinde gerückt.

Epiphanias war die erste evangelische Kirche in dem neuen Stadtteil.

ihm gab, »Epiphanias«, erinnert an die Heiligen Drei Könige – jene ersten Vertreter der großen Welt, die dem Christuskind ihre Anbetung darbringen. Eine Einladung, es ihnen gleichzutun! Freilich, nicht alle betraten das schöne, helle Gebäude in guter Absicht. Ein Jahr nach der Einweihung, dies läßt das schwierige Klima ahnen, wütete ein Kirchenschänder darin.

Dennoch machte die Arbeit schnelle Fortschritte. Im Jahre 1968 entschied sich die Epiphanias-Gemeinde, damals unter der Leitung von Pastor Dr. Georg *Huntemann*, für das lutherische Bekennt-

Christus-Gemeinde Vahr

Pionierarbeit in der Neuen Vahr, jener weiter nördlich gelegenen großen Schwester der Gartenstadt,
hat die Christus-Gemeinde geleistet. Nicht ohne
Komplikationen wurde sie von Sebaldsbrück abgetrennt, obgleich an eine zureichende seelsorgerliche Betreuung auch nur eines Teils der riesigen
Satellitenstadt von dort aus gar nicht zu denken
war. 1957 nahmen Pastor Hans Jürgen *Kalberlah*
und seine Mitarbeiter in den ersten »Nachbarschaften« ihren Dienst auf. Reiz und Last der »Stunde
Null« auch hier: Menschen aus ganz Bremen und
der Bundesrepublik, ohne gemeinsame Geschichte und vielfach ohne feste kirchliche Bindung, einander noch fremd, nur durch den gleichen Wohnsitz zusammengeführt. Daß christliche Gemeinde
in einer solchen Lage phantasievoll vorgehend muß,
versteht sich von selbst.

Auf welcher erstaunlichen Bandbreite man an
die Aufgabe heranging, belegen die Berichte aus
den Anfangsjahren. Haus- und Bibelkreise, Kinder-
und Erwachsenengruppen bildeten sich. Einmal

im Monat wurde unter aktuellen Themenstellungen
zu »Kirchabenden« eingeladen. Die drei mit Orff-
schem Instrumentarium ausgestatteten Chöre unter der Leitung von Günther *Kretzschmar*, der auch
als Komponist bekannt geworden ist, machten von
sich reden. Bedeutung nicht nur für den neuen
Stadtteil erlangten die »Vahrer Gespräche«, deren
Regie der Christus-Gemeinde zufiel. Besonderes
Gewicht legte man auf Gottesdienste in wechseln-
der Gestalt, auch als Bild- und Film-Meditationen
»50 Minuten für rastlose Menschen« angeboten.
Kirche sei »der Ort, an dem Gott der Herr durch
das Wort seine Gemeinde erbauen will« – diese
Grundidee fand auch in der architektonischen

Die Christus-Kirche
kommt dem Besucher
wie eine Einladung
entgegen.

103

In der Kirche treffen sich einmal im Monat Frauen aus ganz Bremen zur Frauen-liturgiefeier.

Konzeption des Zentrums ihren Niederschlag. Vom Zentralbau des Gotteshauses am Ende der Steger-waldstraße strecken sich die Gemeindehaustrakte dem Besucher zu beiden Seiten »wie offene Arme« entgegen: Kommt, ihr seid eingeladen (Mt. 11,28).

Seit Anfang der siebziger Jahre haben sich die Gewichte in der Gemeindearbeit verlagert.

Die Aufforderung Jesu »Geht hin in alle Welt« (Mt. 28,19) erschien jetzt der Tagesordnung in der Neuen Vahr angemessen. Jugendarbeit erhielt Prio-rität. Entschlossen wendete man sich alleinerzie-henden Müttern und Vätern zu. Seit dem Militär-putsch in Chile 1973 wurde den Verfolgten auf mancherlei Weise geholfen. Intensiv war die Mit-arbeit in den Abrüstungsinitiativen. Die Apartheid in Südafrika kam in den Blick.

In den 80er und 90er Jahren stand ein Teil der Arbeit im ökumenischen Horizont. Unter der Überschrift »Frieden, Gerechtigkeit und Bewahrung der Schöpfung« wurden die Themen der großen Welt- und Europa-Versammlungen von Vancouver bis Graz aufgegriffen.

Einen weiteren Brennpunkt des Gemeinde-lebens bildete die Suche nach erweiterten Formen gottesdienstlichen Feierns: Wie läßt sich göttliche Gegenwart mit dem ganzen Menschsein erfahren? Dies hat zu »liturgischen Werkstätten«, Feiern der Osternacht und einer besonderen Frauenliturgie, zu Gottesdiensten in Meditation, Bewegung, Ge-sang und Gespräch geführt.

Vieles davon findet in dem 1960 von Enno *Huchting* und Karl-Heinz *Lehnhoff* erbauten Got-teshaus statt. Zugänglich ist es durch den konisch aufstrebenden hohen Turm aus zwei Spannbeton-Pfeilern. In der Eingangshalle empfangen acht kupfergetriebene Gleichnisdarstellungen (Hinnerk *Schrader*) den Besucher. Die farbigen Fenster der Seitenwände sind ebenso wie das Mosaikband über dem Altar von H. *Lilienthal* entworfen. Wie ein Bildteppich wirken diese Szenen aus der Geschich-te Jesu Christi. Nach Lilienthals Vorstellungen sind auch Altar, Kanzel und Taufstein aus Beton gegos-sen. Die 1961 von *Beckerath* geschaffene Orgel, wegen ihres Klanges gerühmt, hat auf der rechten Empore Aufstellung gefunden.

Dreifaltigkeits-Gemeinde

Schon das erste Bekanntwerden des gigantischen Bauprojektes »Neue Vahr« machte es unwahrscheinlich, daß auf die Dauer ein einziges kirchliches Zentrum für die ganze Stadtlandschaft ausreichen würde. Es gab zwar Stimmen im bremischen Kirchentag, die einem großen Zentralbau mit mehreren Pfarrstellen den Vorzug vor anderen Lösungen gaben. Aber die bauliche Gliederung der Neuen Vahr in sogenannte »Nachbarschaften« und das vieldiskutierte Prinzip der »Überschaubarkeit« führte dann doch zur Bildung von zwei weiteren Gemeinden. Zunächst wurde das Gebiet an der Autobahn von der »Neuen Vahr I« und Sebaldsbrück abgetrennt. Die neue Gemeinde, 1962 gegründet, nannte sich nach dem dreiteiligen Glaubensbekenntnis der christlichen Kirche »Dreifaltigkeit«. Als Pastor wurde Martin *Gresing* berufen. Er hat die 3. Nachbarschaft und das angrenzende Gartengelände für das Evangelium zu gewinnen versucht, bis er den Dienst an einen Nachfolger weitergab.

Der lange verzögerte Bau eines wirklichen Gemeindezentrums hat die junge Mannschaft auf eine harte Probe gestellt. Mehr als vier Jahre ist eine Kirchenbaracke ihr Versammlungsraum gewesen. Als »wache Gemeinde, die auch das Experiment wagt und den Mut hat, auf traditionellem Funda-

Der dreieckige Kirchenbau mit seinem gegossenen Betonkreuz symbolisiert die Dreifaltigkeit.

Andacht in der Dreifaltigkeitskirche. An der Altarwand die Darstellung des Lebensbaums.

105

ment Neues zu wagen«, hat sie das Beste aus dieser beengten Situation herausgeholt. Die Menschen, an die sie sich wenden wollte, bezeichnete der 1966 eingeführte Pastor Elmar *Dornhöfer* als »die Frommen und auch die, die meinen, niemals fromm werden zu können«. Geborgenheit, Lebenssinn und Mut zur Freiheit: dies solle in dem neuen Kirchenzentrum wachsen. 1967 wurde es eingeweiht.

Als steinernes Symbol der Heiligen Dreifaltigkeit verstand der Architekt Peter O. *Ahlers* das dreieckige Bauwerk mit dem schräg abfallenden Dach, dessen Tür sich einladend zur Straßenseite hin öffnet. Die Hauptstütze der zeltartigen Konstruktion ist ein 26 Meter hohes und 30 Tonnen schweres Betonkreuz, das am Bauplatz gegossen wurde. Die Glasfenster, von Georg *Höge* entworfen, lassen das Licht sparsam durch die Seitenwände einfließen. An der dreiteiligen Wand hinter dem Altar befindet sich die Andeutung eines Lebensbaumes, eine Arbeit von Paul *Halbhuber*; die Früchte stehen für den zwölfköpfigen Jüngerkreis Jesu. Altar und Kanzel sind gegenüber den Sitzgruppen der Gemeinde nur wenig erhöht. So kann ein Gefühl der Distanz nicht aufkommen. 1970 hat die Dreifaltigkeitskirche eine *Kleuker*-Orgel erhalten. 1981 übernahm mit Ulrike *Hardow* und Wilfried *Preuss-Hardow* erstmals in der Bremischen Evangelischen Kirche ein Theologenehepaar gemeinsam den Pfarrdienst.

25 Jahre nach ihrer Gründung hatte sich die Gemeinde zu einem blühenden Treffpunkt im Südosten des Stadtteils entwickelt. Kindergarten und Jugendbereich, Kirchenmusik, Seminare und Seniorenkreis fanden regen Zuspruch bei jung und alt. Eine engagierte Arbeit für Frieden und Versöhnung brachte internationales Flair in den Wohnbezirk. Die Zukunft kirchlicher Arbeit in der Vahr sehen die Verantwortlichen in der immer schon regen, jetzt aber zu verdichtenden Zusammenarbeit mit den anderen Kirchengemeinden des Stadtteils.

Von der Straße wird deutlich, wie sich das »Kirchenzelt« auf das Kreuz stützt.

106

Heilig-Geist-Gemeinde

»Sich den Menschen zuwenden« – das war die Devise, mit der die Heilig-Geist-Gemeinde (Neue Vahr-Nord) 1959 an die Öffentlichkeit trat. Ihr Kern sammelte sich zuerst mit Pastor Dr. Werner *Kallweit* in einem Familien-Reihenhaus. Dann benutzte man zwei Jahre lang eine kleine hölzerne »Wanderkirche«, bis 1964 das Kirchenzentrum am Mittelkampsweg bezugsfertig war. Wie sieht die Bilanz aus, wenn man auf eine Zeit voller Ansätze, Experimente, Abbrüche zurücksieht? Sie sei »eine Gemeinde ohne eindeutige Erfolgsgeschichte«, heißt es in einer Rückschau von »Heiliggeist« recht nüchtern. Manchmal mute das kirchliche Tun an »wie ein Bahnhof: sie kommen und gehen.«

Sicher trägt zu dieser Bilanz die spezielle Situation in dem Stadtteil bei. War die Gründungsphase gekennzeichnet durch den Zuzug vieler junger Familien, die sich noch in großer Zahl zur Gemeinde zählten, so hat sich im Laufe der Zeit die Bevölkerungsstruktur erheblich verändert. Erwachsen gewordene Kinder zogen fort, der Anteil der Alten stieg. In freiwerdende Wohnungen ziehen vielfach ausländische Familien oder Aussiedler ein.

Dennoch hat es in der Heilig-Geist-Gemeinde zahlreiche Bemühungen gegeben, das Zentrum zu einer Begegnungsstätte für die »Vahraonen« zu machen. Der Arbeit mit Kindern und Jugendlichen wurde Vorrang eingeräumt. Im Tagesheim mit 132 Plätzen gibt es inzwischen einen großen Anteil nichtchristlicher Kinder. »Anonyme Alkoholiker« treffen sich im Zentrum ebenso wie Senioren und Frauengruppen. Bei allen diesen Aktivitäten ist man sich aber dessen bewußt, daß »Kirche nicht leben kann ohne den ständigen Bezug zur Bibel«. Dabei wird dem Prozeß für Frieden, Gerechtigkeit und Bewahrung der Schöpfung größtes Gewicht beigemessen. So erklärte sich die Gemeinde in den achtziger Jahren zur »Atomwaffenfreien Zone« und errichtete einen Friedensgedenkstein mit deutsch-türkischer Inschrift. Eine reiche Palette liturgischer Formen eröffnet immer neue Zugänge zur Frohen Botschaft. Alles in allem: eine problemorientierte

Das Kichenzentrum der Heilig-Geist-Gemeinde in der »Neuen Vahr-Nord«.

Die Darstellung des »Speisungswunders« auf den Flügeln des Kirchenportals weist auf den lebensspendenden Christus hin.

Gemeindearbeit, die »sensibel ist für die derzeitige Tagesordnung«.

Das Zentrum der Heilig-Geist-Gemeinde ist als Mehrzweckbau errichtet worden. Eine »einfache, asketische, archaische Grundform« hat ihm der Architekt Prof. Gerhard *Müller-Menckens* gegeben. Von einer Mauer mit Freitreppe eingerahmt, hebt es sich deutlich gegen seine Umgebung ab. Der freistehende Turm markiert die Begrenzung des Kirchplatzes. Die Kirche zieht durch ihren warmen Grundton an, der von dem handgefertigten Ziegelbau und den naturbelassenen Materialien herrührt. Die Eingangstür, von Prof. Gerhart *Schreiter* entworfen, stellt das Speisungswunder dar und lädt zum Eintreten ein. Die blau-grün-graue Farbskala der Bleiglasfenster (Johannes *Schreiter*) wird gegen den Altarbereich zu immer heller, »als wenn ein Vorhang allmählich und immer kraftvoller angehoben würde«. Das kleine, stark rot getönte Fenster im Chorraum sowie ein Chorfenster, das dem Altarraum indirektes Licht gibt, stammen als Künstlerentwurf von Georg *Höge*. Der Altar selbst, die Kanzel und der Taufstein aus Basalt-Lava wurden mit den Details von Klaus-Jürgen *Luckey* gestaltet. Dic Orgel ist von Alfred *Führer* hergestellt. Durch leichte Veränderungen ist das ursprünglich betont sakrale Kirchengebäude in einen mehr gemeinschaftsorientierten Gottesdienstraum verändert worden.

Das Kirchenzentrum
der Jona-Gemeinde
in der nördlichen
Gartenstadt.

Jona-Gemeinde

Als Nachkömmling, zehn Jahre nach den vier älteren Vahrer Schwestern, entstand 1966 die Jona-Gemeinde. Ihr wurde ein Teil des Domsprengels an der Kurfürstenallee, die nördliche Gartenstadt Vahr, zugewiesen. Und sie bekam in Klaus *Lubkoll*, dem früheren Landesjugendpfarrer und späteren Direktor der Ev. Akademie Bad Boll, einen kundigen Seelsorger. Wegen der nicht unerheblichen Quote von Umwohnern, die an anderen bremischen Gemeinden festhielten, aber auch auf dem Hintergrund von Spar-Überlegungen, wurde Skepsis an der Lebensfähigkeit der Neugründung laut. Doch es hat sich inzwischen gezeigt, daß dies besonders geartete Wohngebiet die Bildung einer eigenen Kirchengemeinde rechtfertigt.

Die ungewöhnliche Namenswahl ist ein Bekenntnis zur Last und zur Verheißung einer Großstadtkirche. Paul Gerhard *Küpper*, ehemaliger bremischer Studentenpfarrer und nach Lubkolls frühzeitigem Ausscheiden seit 1968 dessen Nachfolger, sah in dem alttestamentlichen Propheten den, »der

Der Wandteppich mit
der Darstellung der
Geschichte des
Propheten entstand in
gemeinschaftlicher
Arbeit.

Das Jona-Zentrum, eingehüllt in Grün, paßt gut in die Gartenstadt.

nicht vor der imponierenden Größe Ninives auf dem Bauch« liegt, »den Leuten nicht nach dem Munde redet« und aus »seiner Sünde wider die Hoffnung« von Gott befreit wird. Diese geschenkte Hoffnung gibt der Jona-Gemeinde ihre gelassene Kraft, in der pluralistischen Stadtgesellschaft den »wesenseigenen Beitrag« der Kirche zu leisten. Bibel und Glaube stehen dabei im Mittelpunkt. Die Kinder- und Jugendarbeit hat ebenso ihren Raum wie die Begegnung mit Erwachsenen. Bereitschaft zum politischen Einsatz verbindet »Jona« mit der Absage an einseitige parteipolitische Bindung und an die Anwendung von Gewalt. Freilich: den eigenen Standpunkt unbefangen zu äußern und die abweichenden Auffassungen anderer geduldig zu durchdenken – dies, so ist die Erfahrung, »wird immer schwieriger«: eine »Gratwanderung«, vor der die Gemeinde sich aber nicht drükken möchte.

Zu Höhepunkten ihres Miteinanderlebens haben sich die Familiengottesdienste entwickelt, in denen nicht selten getauft wird. Biblische Geschichten werden in diesen munteren Stunden nicht nur erzählt und ausgelegt, sondern erlebt und nachvollzogen. Wöchentlich treffen sich fünf Kindergruppen. Beliebt sind die vielen Freizeiten. Am Herzen liegt der Jona-Gemeinde schließlich von Anbeginn eine tatkräftige ökumenische Arbeit, z.B. in Nicaragua.

Für das Miteinanderleben und -feiern eignet sich das Gemeindezentrum auf geradezu ideale Weise. Sechs Jahre nach dem Start in der Barba-rossastraße 28 war es 1972, nach Plänen von William *Weiss*, fertiggestellt. Der Architekt nennt es ein »demokratisches Raumgebilde«. Das heißt: es soll sich den wechselnden Bedürfnissen seiner Benutzer geschmeidig anpassen. Auf einen besonderen Kirchraum ist verzichtet. Es gibt keine Glocken. Den Mittelpunkt des Zentrums bildet ein Mehrzwecksaal, der »Marktplatz«. Dort können die Besucher aus den verschiedenen Richtungen zwanglos zusammenkommen. Für alle denkbaren Zwekke läßt er sich verwenden: vom Gottesdienst bis zum Gemeindefest. Der Altartisch ist transportabel, eine elektronische Orgel ist in Gebrauch. Um diesen Zentralraum gruppieren sich Nebenräume zur Durchführung kleinerer Vorhaben. Selbst die Flure haben eine »kommunikative Funktion«: Sie bieten sich zu informellen Treffs an und dienen vor allem den Kindern als eine Art »Spielstraße«. Die von Bewegung freigehaltene, von oben belichtete Taufkapelle mit einer Keramik von Heide *Weichberger* (Der betende Jona im Bauch des Walfisches) dient vorwiegend als »Raum der Stille« und der Sammlung auf den tragenden Grund des Lebens. Sie ist tagsüber geöffnet. Ganz aus der Gemeinde heraus ist ein Wandteppich entstanden, der im großen Saal zu sehen ist. In einer Folge von Szenen gibt er die Geschichte des vor Gott flüchtenden und doch schließlich von ihm eingeholten Propheten Jona wieder. In monatelanger Arbeit wurden farbige Lumpen gesammelt und unter der Leitung von Ilse *Jung* zu diesem Bildwerk zusammengesetzt.

Verschollene Dörfer – Gehütetes Erbe: Kirchliches Leben im Blockland

Wo sich heute im grünen Norden Bremens zwischen Stadtwald und Wümme, Universitätssee und Lesumufer die Ausflügler tummeln, hat sich bis an die Schwelle geschichtlich faßbarer Zeit eine riesige Sumpflandschaft ausgebreitet. Die Bezeichnung »bloclande«, erstmalig 1322 nachweisbar, spricht schon vom Ringen des Menschen mit dieser unwirtlichen Einöde. Man hatte also bereits Abflußgräben gezogen; niedrig gelegenes, in »Blöcken« angeordnetes Ackerland war dem morastigen Untergrund abgewonnen. Und die heute sogenannte »Seewenje«, eine Wasserscheide, bildete die geographische und rechtlich bedeutende Grenzlinie zum ostwärts sich erstreckenden Hollerland.

Gegen Ende des 12. Jahrhunderts, wahrscheinlich im Anschluß an die Kolonisation des Hollerlandes, dürfte die Kultivierung dieses wasserreichen, von der Kleinen Wümme durchzogenen Gebietes in Angriff genommen worden sein. Zugänglich war es über die damalige Hemm- und Waller Straße. An diesen reihten sich – auf Wurten – Gehöftgruppen oder kleine Dörfer auf. Sogar eine Kapelle wird es dort in früher Zeit gegeben haben. Man unterschied vier Feldmarken: das Bavendammer Feld, Wümmensiede, Niederblockland und Wasserhorst. *Wasserhorst*, obwohl vermutlich als letzte Gegend des Blocklandes besiedelt, wurde geistliches Zentrum und Gerichtsstätte des ganzen Kirchspiels.

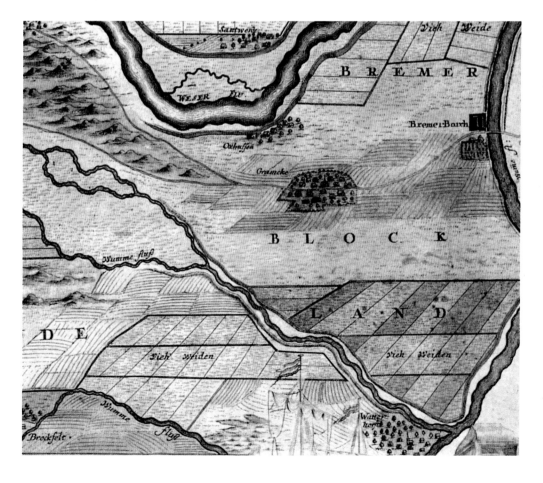

Das Blockland – schon kultiviert, aber kaum bewohnt. Im Flüssezwickel (der rechten unteren Ecke) die Gemeinde Wasserhorst. Karte um 1723.

111

Die friedliche Wümme-landschaft (oben mit der Wasserhorster Kirche um 1800) litt nicht nur unter Überschwemmungen, sondern auch unter starkem Eisgang (unten, Zeichnung von 1855).

Nur noch einzelstehende Höfe, meist in der typischen Form des niedersächsischen Bauernhauses, sind außer Wasserhorst von den Blocklanddörfern übrig geblieben. An der zunehmenden Entvölkerung wird die Härte der Auseinandersetzung mit der Umwelt ursächlich Anteil gehabt haben. Den »Beschwerden und Leiden der Blockländer« hat ein Mitbetroffener, der Lehrer Jacobsen, 1848 beredten Ausdruck verliehen. Das Problem Nummer Eins war jahrhundertelang die Wassers-

not, das Deichen. Immer aufs neue fallen die Fluten über das mühsam abgerungene Land her, reißen Häuser, Menschen, Vieh mit sich. Als ein napoleonischer Kartograph Anfang des 19. Jahrhunderts vor dieser Wasserwüste steht, zeichnet er achselzuckend »Mer inconnue« ein, »unbekanntes Meer«. Sogar in normalen Sommern stehen die Kühe oft knietief im Wasser. Die Ernte muß auf Kähnen eingebracht werden. Im Winter verbindet das Eis die sonst isolierten Wohnstätten, Schlittschuhe und Schlitten sind dann die idealen Verkehrsmittel. Wehe aber, wenn es durch Schmelzwasser und Sturm über die Deiche gedrückt wird!

Diese gefahrenreiche Vergangenheit wird man vor Augen haben müssen, um die Eigenheiten dieser Landschaft, ihrer Menschen, die Züge auch ihrer kirchlichen Geschichte verstehen zu können. Der Blick wird gelegentlich getrübt durch nostalgische Schilderungen von Entenjagden, Fischfang und idyllischen Bootsfahrten. Man muß sich klarmachen, wie mühsam allein die Kirchwege nach Wasserhorst waren. Dabei wurde die Teilnahme am Gottesdienst peinlich genau kontrolliert. 1658 sieht sich der Rat der Stadt einzuschärfen genötigt, daß sonntags nur Notdienst auf den Feldstücken zulässig sei. Es »sollen die geschworne (Kirchenälteste) Jedes Dorffes fleißig auf seine Dorffleute achtung geben, und wan einige ohne noth zum offtern auß der Kirchen bleiben, selbige zur bestraffungh aufsetzen«. Reformierte Kirchenzucht hat sich trotz der gelegentlich beklagten »sittlichen Verwilderung« in Spuren bis in unsere Zeit durchgehalten. Noch J.M. Kohlmann, der namhafte Historiker, 1818 in Wasserhorst, findet bei seinen abendlichen Gängen über den Deich so »manche Familie versammelt, wo der Hausvater das Priesteramt verwaltet und aus einer Hauspostille eine Andacht mit den Seinen hält«. Das Beharren auf alten Traditionen hat die Blocklander manchmal auch starrköpfig gemacht. Als 1767 ein neues »Psalm- und Gebetbuch« in ganz Bremen eingeführt wird, verweigern sie dessen Annahme, um es später desto hartnäckiger gegen eine Neuausgabe zu verteidigen. Mit besonders treuem Einsatz ist die Blocklander Gemeinde der Norddeutschen Mission verbunden gewesen. Sie hat deren Arbeit, wie es heißt, nicht nur »auf betenden Händen« getragen. Zwei Missionare sind von ihr nach Afrika entsandt worden. Mittlerweile ist das Blockland längst nicht mehr von der Außenwelt abgeschnitten. Man hat es an das Straßennetz angeschlossen, und die Kommunikationsmedien verbinden es mit der großen, weiten Welt.

Gemeinde Wasserhorst

Wenig ostwärts des langgestreckten Dünenrückens, der das Werderland vom Blockland trennt, befindet sich das kaum hundert Einwohner zählende Kirchdorf Wasserhorst. Hamme und Wümme begegnen sich hier im nassen Dreieck. Beidem verdankt der Platz seinen Namen: dem manchmal bedrohlich anschwellenden Wasser und dem sechs Meter hohen Hügel, der wie ein sicherer Adlersitz dagegen Schutz bietet. »Up'r Horst« ist die ältere Ortsbezeichnung, die dann und wann noch gebraucht wird.

Das kleine Gotteshaus des großen Blocklander Kirchspiels – von manchen Höfen nur per Kahn oder im Winter auf Schlittschuhen zu erreichen – wird vor 1187 gebaut worden sein. Es war den Aposteln Simon und Judas geweiht, deren Gedenktag im lutherischen Festkalender bis heute der 28. Oktober ist. Vermutlich sind damit zwei Brüder Jesu (Mt. 13,55) gemeint. Die Kirche wird zwar dem Ansgarii-Kapitel zugesprochen, taucht aber auch unter den Besitztümern des Domes auf. Trotz seiner Abgelegenheit hat »Up'r Horst« des öfteren unter Kriegsbedrängnissen zu leiden gehabt. 1627, im Dreißigjährigen Krieg, fällt plündernde Soldateska über den Ort her. Der damalige Pastor Franz *Baring* sucht mit seiner Familie und wertvollem Kircheninventar übers Wasser zu flüchten. Die Marodeure bringen den Kahn zum Kentern. Und vor den Augen seiner Frau ertrinkt Baring samt der kleinen Tochter. Dabei geht auch das gerade begonnene Kirchenbuch verloren.

Im Siebenjährigen Krieg sind die Aufzeichnungen späterer Wasserhorster Pastoren noch einmal vernichtet worden. 1757 wurde der Ort »von den königlich französischen Truppen« heimgesucht. 1901 war ein Brand im Pfarrhaus die Ursache. Dennoch ist uns manche interessante Einzelheit aus vergangenen Jahrhunderten überliefert, beispielsweise von den Schulverhältnissen. Ihnen schenkt der Rat der Stadt Bremen seit der Reformation besondere Beachtung, »sintemalen ohne erkäntnuß und übung des wahren Gottesdienstes ein jedweder Mensch zeitlich und ewig verloren sein muß« (Proclam von 1669).

Lustig ist der Schnack von der Lehrersuche der Wasserhorster: Eines Tages, so wird erzählt, hören die »Kirchgeschworenen« beim Gang über die Bremer Faulenstraße aus einem Wohnkeller eine kräftige und schöne Männerstimme. Es stellt sich heraus: der begabte Sänger ist Schuster; vielleicht der Richtige, so denken sie, um unseren Kindern etwas Vernünftiges beizubringen. Kurzum, der

Mann mit der goldenen Kehle läßt sich anheuern. Neben seinem Küsterdienst sorgt er für das Schuhwerk der Gemeinde. Man ist nicht schlecht mit ihm gefahren. Diedrich *Harbers* – wie später auch Sohn und Enkel – ist Schulmeister in Wasserhorst geblieben. Die dankbaren Zöglinge setzen ihm einen Grabstein: »Anno 1653 den 30. Dezember ist der ehr- und achtbare Diedrich Harbers seelig in Gott dem Herrn entschlafen, der Seelen Gott gnädig ist«. Knapp zweihundert Jahre später wird von einer, sage und schreibe, fünfstündigen Schulprüfung berichtet, mit Predigtworten eingeleitet, durch Choräle umrahmt und unterbrochen. Diese Nachricht hat offenbar zu der Ansicht verleitet, der re-

Die Wasserhorster Kirche – kaum verändert seit 1743.

113

Die Wasserhorster Kirche – ein Schmuckstück, das man bei einem Ausflug ins Blockland nicht links liegen lassen sollte.

formierte Gottesdienst »Up'r Horst« sei ausnehmend langatmig gewesen.

In unseren Tagen ist er normalerweise auf eine Stunde begrenzt, wenngleich viel kirchliches Brauchtum sich hier an den weiten Flächen des Blocklandes erhalten hat. Dennoch sind die Pastoren keine Einsiedlernaturen gewesen. Der alte Paul *Thyssen* (1932-35) deutete Hitlers Machtergreifung als »Auferstehung des Deutschen Volkes«. Sein Sohn und Nachfolger (1935-44), als Obersturmbannführer eine aktive Stütze der Nazi-Bewegung, wandelte sich aber bald zu deren Gegner. Pastor Jürgen *Moltmann* wurde nach seiner Wasserhorster Amtszeit (1954-58) zu einem der einflußreichsten systematischen Theologen der Gegenwart, Wilhelm *Gröttrup* (1958-82) leitete die Telefonseelsorge der Bremischen Evangelischen Kirche und setzte sich, ebenso aktiv wie seine Vorgänger, für die afrikanische Mission ein.

Vorbei an Grabsteinen, deren älteste aus dem 17. Jahrhundert stammen, tritt man vor die backsteingemauerte Saalkirche mit hohem Satteldach und sehr altem Turm. Der Hahn auf der Turmspitze ist ein Symbol der Wachsamkeit. Ihm leistet eine Henne auf dem Dachfirst, Zeichen der Geborgenheit, Gesellschaft. Das Geläut setzte noch bis zum Ende der siebziger Jahre »der Glöckner von Wasserhorst« von Hand in Bewegung. Die

Glocke ist, ebenso wie die »Maria Gloriosa« des Domes, von Gert *Klinghe* gegossen und ertönt seit 1475. »Katharina eck heete«, steht auf ihrem Mantel zu lesen. Als dies kostbare Stück Gefahr lief, zu Beginn des Ersten Weltkrieges eingeschmolzen zu werden, hat man es kurzerhand unter Denkmalschutz gestellt. Sehenswert ist die Turmuhr mit schmiedeeisernem Zifferblatt. Sie mahnt mit der Inschrift »Eine ist deine letzte«. Der Innenraum, seit der Erneuerung von 1743 kaum verändert, ist von Walter *Silber* und Hermann *Oetken* behutsam restauriert worden. Neben Kanzel und Altar an der südlichen Querwand bewundert man die viereckigen Wappenfenster von Bremer Ratsherren und anderen Honoratioren: »Spendenquittungen«, würden wir heute sagen, für deren Zuwendungen an die Gemeinde. Rustikales Rankenwerk schmückt die flache Balkendecke. Vom alten auf das neue Gestühl sind die überlieferten Hausmarken übernommen worden. Sie lassen an die stolze »Stuhlgerechtigkeit« alteingesessener Bauerngeschlechter zurückdenken. In der Mitte der Empore ist die von Alfred *Führer* überarbeite, dritte Wasserhorster Orgel zu sehen: mit ihrem blau-goldenen Prospekt ein Schmuckstück der betagten Dorfkirche, die man bei einem Ausflug ins Blockland nicht links liegen lassen sollte.

Einst eine Insel: Die Gemeinden im Werderland

Wenn wir uns mittels einer Zeitmaschine rund 1600 Jahre zurückversetzen und die Landschaft nordwestlich des jetzigen Stadtkerns zugleich aus der Vogelperspektive betrachten könnten – es böte sich vielleicht dies überraschende Bild: Zur linken Hand sähen wir die Weser; einer ihrer Nebenarme, etwa 80 bis 130 Meter breit, zweigt bald unterhalb der späteren westlichen Vorstadt nord-nordwestwärts ab und mündet schließlich in die Lesum. Deutlich sichtbar begleitet ihn ein langgezogener Dünenrücken, auf dem wir mit optischen Instrumenten menschliche Ansiedlungen und Bewegungen wahrnehmen. Wallartig hebt sich diese Landbrücke gegen das wüste Sumpfgebiet zur Rechten ab: das künftig so genannte »Blockland«. Das große Gebiet unter unserem Flugkörper wirkt also wie eine riesenhafte Insel, von Flüssen umgeben: der Weser, dem besagten Weser-Nebenarm und der Lesum.

Ein Phantasiegebilde? Wohl nicht ganz. Noch um 400 n.Chr. soll die längst versandete Kleine Weser längs der Düne offen gewesen sein. Und die Bezeichnung »Werderland«, das als »Gohgräfschaft« ursprünglich alle Landgemeinden nordwestlich Bremens umfaßte, bezeugt bis heute seine einst insulare Lage. Zuerst besiedelt war, was Ausgrabungsergebnisse belegen, der Dünenrücken. Unter steigendem Bevölkerungsdruck dürften dann auch die Marschflächen kultiviert und bewohnt worden sein, insbesondere die damals viel höher gelegenen Uferränder der Weser. Nur wenig ist von den weiten Wiesen- und Weideflächen, die oft von Überschwemmungen und Kriegszügen heimgesucht wurden, geblieben. Industrieller Fortschritt hat den Dünendörfern ein anderes Gesicht gegeben: Der mächtige Sandwall, dessen nördlichster Ausläufer der »Berg Sinai« beim Grambkermoor war, ist zum

Die Weserkarte von 1653 zeigt bereits die Moorlosenkirche, für Burg (»Tor Borch«) ist ebenso eine Kirche verzeichnet wie für Gröpelingen (»Gropelen«), hingegen fehlt die seit einem Jahrhundert bestehende Kirche zu Walle.

115

»De Borg«: Der Flecken Burg wurde samt seiner aus dem 13. Jahrhundert stammenden Kirche 1654 zerstört. Im Hintergrund die Lesumer Kirche. Aquarell aus einer Chronik des 17. Jahrhunderts.

Deich-, Eisenbahn- und Autobahnbau weitgehend abgetragen, nur in den Gärten erinnert hier und dort ein Flecken hellen Sandes an ihn.

Mit dem benachbarten Blockland, dem wir in Wasserhorst einen Besuch abgestattet haben, sind die Werder-Bewohner in vielerlei Hinsicht verbunden – vor allem durch die Nähe des oft umkämpften Lesumüberganges in Burg. Ob schon die Römer auf der Werderseite ein Kastell hatten, muß offen bleiben. Für die Erzbischöfe, die Stadt Bremen und alle politischen Mächte, die ein Auge auf das Niederweser-Niederelbe-Gebiet warfen, war dies ein strategischer Punkt von herausragender Bedeutung. »Des Königs Augapfel« nannten ihn die Schweden.

1062 fiel die »villa borch« an die bremische Kirche. Gemeinsam mit dem Rat der Stadt wurde eine Brücke über die Lesum unterhalten. Und es entstand »die Burg«: ein befestigter Platz mit Garni-

sonsgebäuden, Pfarrhaus und einer Kirche, die dem Heiligen Nikolaus geweiht war (1281). Einer der Pfarrer in vorreformatorischer Zeit ist als Rector Johannes (1300–1320) bekannt. Der erste evangelische Pastor heißt Simon Cramer (1577–91). Die 1654 erfolgte Zerstörung der Burg und die Zerstreuung ihrer Bewohner führt zur Aufwertung von *Grambke* und zur Sammlung einer Gemeinde in dem 1185 erstmalig erwähnten Dorf. Es wurde seelsorgerlich von *Mittelsbüren* aus betreut. Diese pastorale Beziehung zwischen beiden Gemeinden hat sich bis in unsere Zeit erhalten. Das Hochufer von Mittelsbüren und Osterort – jetzt größtenteils abgeräumt, einige Reste sind im Focke-Museum zu besichtigen – war möglicherweise schon um 700 n.Chr. bevorzugtes Wohngebiet. 1251 wird Büren in einer Urkunde zum ersten Mal genannt. Sehr wahrscheinlich stammt aus dem Werderort am Weserufer der bedeutende Reformationsbürgermeister Bremens, Daniel von Büren.

Geographisch und kirchengeschichtlich bilden die weiter südöstlich gelegenen Dünengemeinden Oslebshausen, Gröpelingen und Walle eine besondere Gruppe. Die älteste unter ihnen ist zweifellos *Gröpelingen*. Das nach ihm benannte Geschlecht spielt ebenfalls in der Chronik der Stadt eine Rolle. Der lange durch die AG Weser geprägte Ortsteil hat spätestens 1331 eine Kirche, dem heiligen Nikolaus geweiht. *Oslebshausen*, es wird schon im 9. Jahrhundert als Wohnplatz erwähnt, ist lange Teil des Gröpelinger Kirchspiels gewesen. Erst 1933 hat es seine Unabhängigkeit erhalten. Auch *Walle*, die erste Dünengemeinde im Landgebiet nordwestlich der Stadt und ursprünglich beim raumgreifenden Stephani-Wilhadi-Stift eingepfarrt, gehörte zeitweilig zu Gröpelingen. Seine erste Kirche wird bald nach 1535 aus Steinen der abgebrochenen Vorstadtkapelle St. Michaelis errichtet worden sein. So sehen wir aus sehr frühen Siedlungsplätzen und Kirchengründungen im Werderland ein Netz von Gemeinden entstehen, das allen politischen Wechselbädern zum Trotz ein selbstverständlicher Bestandteil der Bremischen Evangelischen Kirche geworden ist.

Gemeinde Grambke

Von allen Ortschaften im Werderland ist Grambke möglicherweise die älteste. Schon 300 n.Chr. werden hier, am Rande der Düne, germanische Chauken gesiedelt haben. Aber erst im Mittelalter tritt es ins Licht der Geschichte. Seither sind seine Bewohner, bis zum Ende des Zweiten Weltkrieges, fast unablässig in politische und militärische Auseinandersetzungen verstrickt gewesen. Nach der Zerstörung der Burger Schanzen samt Kirche und Häusern durch die Schweden sucht ein Teil der Flüchtlinge 1654 in Grambke auch kirchlich eine neue Heimat. Ein eigenes Gotteshaus konnte die kleine reformierte Gemeinde vorläufig nicht bauen. Also wurden die Gottesdienste abwechselnd auf den »Deelen« verschiedener Bauernhäuser gehalten. Das erste »Kirchenhaus« (1687), ein Fachwerkgebäude, war schon nach sechs Jahren durch Sturm und Hochwasser unbrauchbar. Und auch die zweite Fachwerk-Kirche mit Schieferdach und

kleinem Dachreiter mußte nach kurzer Zeit abgerissen werden. Beim dritten Anlauf entstand der solidere Backsteinbau von 1722. Er ist trotz der bewegten Geschichte des Werderlandes bis heute erhalten geblieben.

250 Jahre lang wurde die Grambker Gemeinde von dem Mittelsbürener Pastor mitversorgt. Didrich *Schröder* (1652–72) hat das Doppelamt als erster wahrgenommen. Leicht haben es ihm die Bauern, Viehhalter, Handwerker, Fischer und Fahrensleute nicht gemacht. Im Visitationsprotokoll von 1670 wird die »ruchlosigkeit« einer Wübbeke Köppken beklagt: sie halte sich von Predigt und Abendmahl fern. Der Pastor wird »befehligt, diese Weibs Person nochmals vorzunehmen. Dafern sie darin beharren werde, sollte ihr versterbender Corper nicht uffm kirchhoff, sondern an einem gemeinen ohrte begraben werden«. Auch die Wege zwischen den Gemeinden waren nicht gefahrlos. Martinus *Neckelmann* gingen 1734 auf dem Deichweg die Pferde durch, sein Wagen stürzte in die Weser, die Pfarrfrau und zwei Töchter ertranken vor seinen

Trat die Nachfolge der zerstörten Kirche von Burg an: die Grambker Kirche.

117

Begeisterter Werderländer: Pastor H. Hoops.

Grabstein an der Kirchenmauer, Ende 17. Jahrhundert.

Schnitzwerkdetail der Grambker Kanzel: »Alleine bi Cristo die ewige Frövde«.

Augen. Noch von Pastor J.A. *Dreier* (gest. 1893) wird berichtet, daß er bei winterlichen Überschwemmungen quer durchs Wasser reiten mußte. Bei aufgeweichtem Boden »wälzten sich die Räder furchtbar umhüllt mit Schlamm schneckenlangsam in zähem, zu beiden Seiten der Spur in hohen Wülsten aufgetriebenem Kothe dahin«. Dennoch hat die landschaftliche Eigenart des Werderlandes für Inspiration gesorgt: die Grambker Pastoren J.M. *Kohlmann* (1819-29) und besonders Heinrich *Hoops* (1893-1934) haben sich mit heimatgeschichtlichen Forschungen einen Namen gemacht. Vornehmlich durch sie ist die Erinnerung an das Leben und Treiben der Gemeinden südlich der Lesum festgehalten worden. Immer wieder ist von Deichbrüchen die Rede, von Überflutungen, von Kriegsereignissen, aber auch von allzu üppigen Schwelgereien. Gegen sie glaubte der Rat wiederholt mit seinen »Proclamen« einschreiten zu müssen, weil man dadurch »nicht allein die Obrigkeit, besondern auch Gottes schwehre Strafe, als Krieg, theure Zeiten und große Wasserfluth, wie wir leider täglich vor Augen sehen, über sich lade« (1673). Dabei war der durchschnittliche Lebensstil eher dürftig. Bis zur Industrialisierung des Bremer Westens, Ende des 19. Jahrhunderts, hielten sich die Grambker vorwiegend mit Landwirtschaft über Wasser. Mit dem Bau der Norddeutschen Hütte und der Ölraffinerie, später den Völkerwanderungen des Zweiten Weltkriegs änderten sich Bevölkerungsstruktur und Lebensgewohnheiten gründlich. Grambke ist heute keine Landgemeinde mehr, die von gestrengen Visitatoren des Bremer Rates beaufsichtigt wird. Seit 1860 wählt sie die Verantwortlichen selbst und wirkt ab 1920 im vom Staate unabhängigen Kirchentag der Bremischen Evangelischen Kirche mit.

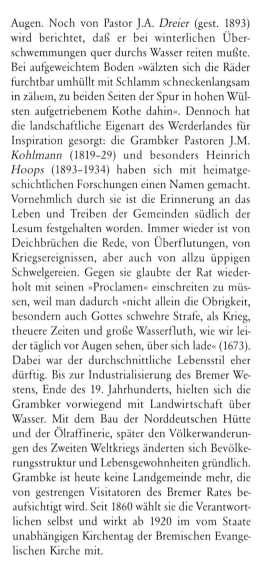

Das Gemeindeleben bleibt bei aller Aufgeschlossenheit für die Probleme der Gegenwart beim Gottesdienst in der Grambker Kirche seiner Herkunft verbunden. Der Taufstein von 1632 stammt noch aus der Burger Kirche, ebenso die Kanzel. Sie wird »als eine der schönsten im Bremer Gebiet« bezeichnet. Vermutlich ist sie um 1600 entstanden. Die Figuren vor der Rückwand, Moses und Johannes der Täufer, stellen das Alte und das Neue Testament dar. Die Frauengestalten auf der Vorderseite sind Sinnbilder christlichen Lebens. In den unteren Rand ist, gleichsam als Kernspruch der Verkündigung, eingeschnitzt: »Alleine bi Christo die ewige Frövde«. Auf dieser Kanzel hat der später so berühmte Bürgermeister Johann Smidt einmal als 18jähriger Theologiestudent bei Blitz und Donner gepredigt. Ein Grambker Bauer habe sich darüber gewundert, so schreibt Smidt, »daß ein so junger Fent über dem Gewitter seine ganze Freimütigkeit behalten habe«.

Gemeinde Mittelsbüren

Gut die Hälfte des Werderlandes hat die Industrialisierung des Bremer Westens geschluckt. Mit ihr ist der größte Teil des alten Mittelsbüren für immer verschwunden. Dennoch: die Bürener Gemeinde, obwohl nun unter den kleinsten der Bremischen Evangelischen Kirche, hat sich nicht aufgegeben. Sie feiert den Gottesdienst weiter in ihrer vielumrätselten »Moorlosen-Kirche« hinter dem Weserdeich. Es liegt nahe, den Namen mit »Moor« in Verbindung zu bringen, und diese Deutung findet neuerdings wieder Zuspruch. Andere meinen, daß die 1360 erstmalig erwähnte Kirche eine Tochter der Altenescher auf der linken Weserseite gewesen ist. Sie sei durch Veränderungen des Flußlaufes von der Mutter getrennt, auf diese Weise also »moderlos« geworden. Dafür sprechen alte Bremer Sagen: Man habe die Weserarme einmal mit einer »Gastel«, einem drei Meter langen Brett, von der »Moorlosen-Kirche« aus überqueren können.

Der Strom war jahrhundertelang beides: Lebensader und tödliche Bedrohung. Jedes Gemeindeglied war für sein Deichstück verantwortlich.

Nachlässige Pflege wurde mit »Eindeichen« bei lebendigem Leibe bestraft, und bei Ausbesserungsarbeiten durfte »nicht geflucht, liederlich geschworen und gotteslästerliche oder ärgerliche Reden geführt werden«. Die jeden Tag mögliche Wassersnot, die sich etwa in der Allerheiligenflut von 1570 zur europäischen Katastrophe zwischen Calais und Dänemark auswuchs, wurde als eine Drohung göttlichen Gerichtes empfunden. Oft standen Kirche, Pfarrhaus und Lehrerhaus hüfttief unter Wasser,

Die Moorlosen-Kirche: seit der Aufnahme von 1850 kaum verändert.

Die abenteuerlichste Einnahmequelle der Deichgemeinde zwischen 1620 und 1876 war die Walfisch- und Robbenjagd im Seegebiet um Grönland. Ein Dutzend Schiffe unter dem Befehl von Kommandeuren, mit »Speckschneidern« und Matrosen aus dem Werderland an Bord, war von Ende Februar bis Mitte August an den Grenzen des ewigen Eises unterwegs. Viele von ihnen kehrten nie zurück. Zu der strengen Ordnung auf den Planken gehörte, bei Strafe von 24 Groten, die Teilnahme am Gottesdienst.

Kirche und tägliches Leben waren damals aufs engste miteinander verflochten. Der erste evangelische Pastor, ein früherer Franziskanermönch aus Bremen, wird vor 1580 nach Mittelsbüren gekommen sein: Hinrich *Schnittker*. Ausführliche Nachrichten hat Jacobus *Apiarius*, genannt »Bienengarten« (bis 1627), hinterlassen. Sein strohgedecktes Pfarrhaus mit zwei weißgetünchten Stuben stand der Weser am nächsten. Er beklagt »die große Einsamkeit unserer verlassenen Kirche« und daß er im überschwemmten Pfarrland außendeichs »mit großer unkosten korn geseiet, aber nicht eine garben wiederumb davon gemeiet« habe. Nach der Zerstörung der Burg haben die Pastoren in Mittelsbüren gewohnt. Nur J.A. *Dreier* war 22 Jahre lang die lästige Pflicht auferlegt, abwechselnd in Grambke, der wieder besiedelten Burg und Mittelsbüren zu residieren. H. *Hoops* baute sich 1906 privat ein Haus in Grambke, das seitdem Wohnsitz der Pfarrer ist. Wie würde Hoops, der leidenschaftliche Liebhaber des Werderlandes, sich über das 1953/54 entstandene großräumige Industrie-Areal in der einst so idyllischen Landschaft äußern? Tröstlich zu wissen, daß nicht das ganze Werderland zubetoniert worden ist. Weite Flächen sind Zufluchtsgebiete seltener Tier- und Pflanzenarten geworden.

So ist zu verstehen, daß auch fortgezogene Mittelsbürener und solche, die aufs neue ein Herz für die Landschaft und das alte Gotteshaus entdecken, sich zu der etwa 130köpfigen Gemeinde halten. Die jetzige »Moorlosen-Kirche« wurde 1846 von dem Architekten *Eggers* auf traditionsreichem Boden errichtet. Der damalige Bremer Bürgermeister Johann Smidt kam eigens mit dem Schiff herbei, um sie einzuweihen. Auch in unseren Tagen ist das Gotteshaus mit dem von Maler *Oetken* farblich schön gestalteten Innenraum und den sechs Wappenfenstern, sind Niederbüren und die wenigen Reste von Mittelsbüren am Weserdeich eine Reise zu Lande und zu Wasser wert.

Die Herkunft des Namens »Moorlosen«-Kirche ist noch immer ungeklärt.

und der Schulmeister J.C. *Flügler* klagt 1775: »So geht es nun vast alle jahr«. Ein anderer Mittelsbürener Lehrer wußte Gewinn aus der Weser zu ziehen – er soll nebenher eine Fähre mit dazugehöriger Schänke betrieben haben.

Von Schiffahrt und Fischfang haben die Bürener lange gelebt. Stinte, Neunaugen und Lachse gingen reichlich in die Netze. Die Bewohner von Niederbüren waren Spezialisten im »Peeren«: So nannte man das Schleppen von Schiffen mit Pferdegespannen weseraufwärts. Und in der Franzosenzeit, den Jahren der napoleonischen Kontinentalsperre, verstanden es die mit dem Fluß vertrauten Schiffer meisterhaft, verbotene Ware zwischen den Wachbooten hindurchzuschmuggeln.

Andreas und Philippus
zu Gröpelingen

Um zwei Brennpunkte gruppiert sich heute das kirchliche Leben der vermutlich über 800 Jahre alten Gröpelinger Gemeinde, einer der größten neben der des St. Petri-Domes. Und es sind eng mit dem Auf und Ab der bremischen Wirtschaft verbundene Probleme, vor die sie sich gestellt sieht. Der Riese Hukleit, der in der Sage den Dünensand »gröpt« und damit den Weyerberg im Teufelsmoor aufschüttet, ist nicht mehr das Schreckgespenst. Das Schicksal eines anderen Riesen, der AG Weser, hatte spürbare Auswirkungen auf das tägliche Leben. Dieser Gigant, der das Ufergelände 1903/5 umkrempelte und dem Ort ein neues Gesicht prägte, gab vielen Gröpelingern jahrzehntelang Arbeit und Brot. Bevor er sich auf den breiten Wiesen niederließ, war die Gegend von wenigen hundert Ackerbauern und Fischern bevölkert. Die erste Kirche, dem Heiligen Nikolaus geweiht, hat mög-

licherweise 1113 (beurkundet: 1331) an erhöhter Stelle gestanden. In ihrem ältesten Teil wurden 1907 sehr alte, leuchtend farbige Gewölbemalereien freigelegt. Die wertvollste Partie war eine Darstellung des Weltgerichtes.

Alte Bilder von der trutzigen kleinen Backsteinkirche mit dem eckigen Turm und dem strohgedeckten Pfarrhaus unter hohen Bäumen täuschen eine dörfliche Idylle vor. In Wirklichkeit haben die Zeitläufte, besonders in Kriegen, die Gemeinden immer wieder hart herangenommen. Hinter der knappen Eintragung eines vergilbten Rechnungsbuches aus dem Dreißigjährigen Krieg steht das nackte Elend jener Jahre: »Is nix inkamen«. Aber das Geschick, mit dem Pastor Georg *Wilckens* sich im Siebenjährigen Krieg als Dolmetscher für die Gröpelinger und Waller einsetzte, ist gewiß kein Einzelfall gewesen. Ob die Einwohner des Kirchspiels unter der Peitsche eines Sergeanten an der Heerstraße Napoleons schuften mußten, im Zweiten Weltkrieg Hab und Gut verloren oder heute als entlassene Werftarbeiter vor dem Nichts stehen - immer suchte die Gröpelinger Gemeinde

Der erste Kirchenneubau in Bremen nach dem Krieg war »Andreas« in Gröpelingen.

121

mit Rat und Tat einzuspringen. Manches aus der wechselvollen Geschichte hat Pastor *Ordemann*, der »lange Elard«, in seiner Chronik aufgezeichnet.

Bald nach seiner Amtszeit (1892–1934) ist in Gröpelingen ein zweites Gotteshaus gebaut worden: die »Dankeskirche«. Zusammen mit zwei anderen Stätten dieses Namens sollte sie ein Zentrum der nationalsozialistischen »Deutschen Christen« werden. 1944 wurde sie ein Raub der Flammen. Im gleichen Jahr traf es auch die 1927 restaurierte alte Nikolai-Kirche, dieses unersetzliche Monument bremischer Kirchengeschichte. Glücklicherweise gelang es, einiges von dem kostbaren Inventar zu retten. An einen Wiederaufbau aber war nicht zu denken. In unmittelbarer Nähe des Werftgeländes wirkte sie »wie versehentlich stehengelassen«. Später wurden die Überreste abgebrochen.

Dann aber durfte die Gemeinde – es war der erste bremische Kirchbau nach dem Kriege – in eine jener Fertigteil-Kirchen einziehen, die Prof. Otto *Bartning* für die damalige Katastrophensituation entworfen hatte. Der Grundstein des vom Lutherischen Weltbund gestifteten Holzbaus wurde 1949 an der Dockstraße gelegt. Friedrich *Schumacher* sorgte für die künstlerische Ausgestaltung. Historische Grabsteine des alten Nikolaifriedhofes umgeben das später verbesserte Gotteshaus. An der Außenwand des Giebels weist ein Relief mit dem sinkenden und von Christus gehaltenen Petrus (Kurt *Lettow*) auf jene Wirklichkeit hin, »von welcher uns Hilfe kommt«. Im Kirchenraum erinnert gegenüber dem aus der alten Kirche geborgenen

»Philippus« (oben) entstand 1967. Das Gemeindehaus rechts gehört zu »Andreas«.

»Philippus« aus einer
anderen Perspektive.

Taufstein eine Gedenkplatte für Pastor Dr. Nicolaus *Tilingius* (geb. 1647) an die bewegte Vergangenheit Gröpelingens. Die Orgel ist in der Werkstatt *Brönstrup* hergestellt. Zum Gottesdienst lädt
eine alte Nicolai-Glocke gemeinsam mit dem neu-
en Geläut von dem freistehenden Turm ein. Die
Nachkriegspastoren Fritz *Mielke* und Johannes
Triebel haben sich um den Wiederaufbau besonders verdient gemacht. Sie durften auch den von
einem schweren Unfall unterbrochenen Bau des
schönen, durch F. *Schumacher* entworfenen Gemeindehauses (1955) erleben. Ein weiteres, Schwerpunkt der Jugendarbeit, entstand Mitte der sechziger Jahre in der Scharmbecker Straße.

Seit 1964 besteht die Evangelische Gemeinde
in Gröpelingen aus zwei aktiven »Kernen«: dem
älteren, der nun »Andreas« heißt, und dem um das
neue »Philippus«-Zentrum an der Seewenje-Straße.
Beide Namenspatrone stellen die Verbindung zu
den Aposteln und Diakonen der christlichen Ur-
gemeinde her. Die mittelalterliche Bezeichnung der
ersten Gröpelinger Kirche hat man der benachbarten
katholischen Schwesterkirche überlassen. 1967 nahmen die »Philippisten« ihre Arbeit in dem von F.
Schumacher und C. *Hübener* geschaffenen Kirchenzentrum auf. Es liegt in einem durchgrünten Wohngebiet jenseits der Bremerhavener Straße, deren
Bewohner den Kontakt mit der entfernten Mutterkirche nur schwer halten konnten. Mit seinem aufragenden Glockenturm und dem stumpfwinkligen
Giebel sticht das Bauwerk von seiner Umgebung
ab. Im Inneren ist der Altarbereich durch den konisch gestalteten Raum und durch ein Seitenfenster
betont, das den Philippus der Apostelgeschichte
zeigt: ein Werk H. *Lilienthals*.

Die Namensgeber beider Gröpelinger Kirchen
unterstreichen, was in diesem sozial so schwer bedrängten Stadtteil die Doppelaufabe christlicher
Gemeinden sein muß: Verkündigung des Evangeliums und helfende Zuwendung zum Mitmenschen.
Die Sanierung des Lindenhofviertels und frisches
Leben auf dem ehemaligen AG-Weser-Gelände ge-
ben dem Stadtteil neue Hoffnung. Dem Problem
der Arbeitslosigkeit begegnet die Gemeinde durch
Beteiligung an dem Projekt »Ran an die Zukunft«
(RAZ): Es soll die Ausbildungschancen junger
Menschen im Stadtteil verbessern. Ferner öffnet
man sich aktiv den vielen muslimischen Mitbür-
gern und ihrer Religion. Pastor Dr. Heinrich
Kahlert ist Islam-Beauftragter der Bremischen Ev.
Kirche. Fast schon traditionell nimmt ebenfalls ein
Gröpelinger Pfarrer, zurzeit Peter *Walther*, das Amt
des Polizeiseelsorgers wahr.

Die Struktur des von W. Görig geschaffenen Turms erinnert nicht zufällig an die »Glocke«. Die Aufnahme entstand 1976 zur Eröffnung des Gemeindezentrums.

Gemeinde Oslebshausen

Weit in die Vergangenheit reicht die Geschichte des Ortes zurück. Schon im 9. Jahrhundert wird in Oslebshausen eine »Dienstmagd Tida« erwähnt: sie soll durch die wundertätige Wirkung des Bremer Willehad-Grabes von ihrer Blindheit geheilt worden sein. Dann hört man lange Zeit nichts vom eben der kleinen Landgemeinde. Sie ist bei St. Nicolai in Gröpelingen eingepfarrt. Dort wird Gottesdienst gefeiert, geheiratet, getauft und beerdigt. Das ändert sich erst zu Anfang des 20. Jahrhunderts. Der Ausbau der Häfen, das Wachsen der Industrie im Bremer Westen treiben die Einwohnerzahlen in die Höhe. Der bis heute aktive Bürgerverein beantragt 1926 die Bereitstellung wenigstens eines eigenen Gemeindesaales, »um dem Bedürfnis der evangelischen Einwohner nach Andacht und Erbauung entgegenzukommen«. Die Gröpelinger Muttergemeinde ist von diesem Gedanken nicht sehr entzückt. Doch 1929 haben die Oslebshauser sich durchgesetzt. Der Dombaumeister Walter *Görig*, Architekt der bekannten Bremer »Glocke«, errichtet ihnen Kirche und Gemeindehaus, in denen sich Elemente der Neugotik, des Klassizismus und des Jugendstils auf reizvolle Weise vereinigen.

Und nun entfaltet sich, mitten in dem zum Industrievorort gewordenen Dorf, ein reges Gemeindeleben.

Die Unabhängigkeit ist damit freilich noch nicht erreicht. Aber man gibt nicht nach. Ein Schreiben an »Hochwohlgeboren«, den Präsidenten des damaligen Kirchenausschusses, Senator Lürmann, bringt 1930 den dringenden Wunsch nach »gütlicher Auseinandersetzung« mit den Gröpelingern zum Ausdruck. Wie heute werden Unterschriften gesammelt und eingereicht. Schließlich ist 1933 die Einigung erzielt. Oslebshausen wird abgetrennt und steht nun auf eigenen Füßen. Walter *Schmidt* ist der erste Pastor der jüngsten werdländischen Kirchengemeinde. Über vierzig Jahre hat ihr der vielseitig begabte Mann gedient. Beim Abschied von Gröpelingen hatte er sich vorgenommen, »ganz von vorne anzufangen und Menschen zu gewinnen, die der Kirche entfremdet sind«. Das schloß den Einsatz für die Arbeiterschaft ein.

Durch die Luftangriffe des Zweiten Weltkrieges wird die Kirche zwar beschädigt, aber nicht zerstört. Die Oslebshauser Gemeinde schlägt ein neues Kapitel ihrer Geschichte auf. Unter Marianne *Brunken*, Günter *Kretzschmar* und Wilhelm *Steinhoff* verdichtet sich das seit 1930 lebendige kirchenmusikalische Engagement. Von alter Musik bis zur internationalen Folklore reicht das Repertoire. Das 1976 eingeweihte, von Hermann *Brede* entworfene Zentrum wird zu einem Haus, in dem auch graphisch gearbeitet, Theater gespielt und das Werk bekannter und unbekannter Bremer Künstler ausgestellt werden kann. Mit den Pastoren Hartmut *Drewes* und Rolf *Sänger-Diestelmeier* entwikkelt sich dann die Friedensarbeit der Oslebshauser. Davon zeugt nicht nur eine Plakatwand, die Passanten auf die Dringlichkeit des Friedens und der sozialen Gerechtigkeit aufmerksam macht. Die Gemeinde arbeitet seit 1978 in der »Abrüstungsinitiative Bremer Kirchengemeinden« mit. Und ein herrenloser Grabstein vom Friedhof wird, durch den Steinmetzmeister Jürgen *Blode* zum Denkmal für die Opfer des Faschismus umgearbeitet, 1982 vor dem Bürgerhaus aufgestellt. Am Gemeindezentrum selbst erinnert seit 1994 eine Stahlplastik der Bremer Künstlerin Doris *Lenkeit* an das Leiden der vielen Zwangsarbeiter während des Nazikrieges in Oslebshausen.

Dem Inneren der Kirche, die 1961 von Wilhelm *Bülow* umgestaltet worden ist, hat der Bremer Künstler Horst *Scheffler* 1971 in rhythmisch strenger Formgebung und mit warmen Farben eine »Atmosphäre vitaler Behaglichkeit« verliehen. Die von Heinz *Lilienthal* angefertigten Glasfenster in

verschiedenen Grautönen, mit Gelb und Blau durchsetzt, geben dem Raum ein heiteres Licht. Der alte Gemeindesaal und ein origineller Arkadengang, der die Kirche mit ihr verband, hat dem Anbau des Zentrums weichen müssen. Die dadurch »erblindeten« Fenster sind von Volker *Hundhausen*, der während seiner Pfarrtätigkeit in Oslebshausen selber viel malte und andere zu künstlerischer Arbeit anregte, mit farbigen Acryl-Bildern »hinterlegt« worden. Die kleine Glocke, die zum Gottesdienst läutet, trägt die Inschrift: »Land, Land, höre des Herrn Wort«.

Zur Jahrtausendwende präsentiert sich der Turm in grünem Kleid.

Plakate künden vom Friedensengagement der Gemeinde.

Auf dem Belagerungs-
plan von Caspar
Schultze von 1666 ist
erstmals der Waller
Kirchturm verzeichnet.

Gemeinde Walle

Längst ist die ländliche Gegend am Südlauf des
Waller Fleets in der lückenlosen Bebauung des rechten Weserufers aufgegangen. Das Bauerndörfchen
auf dem Dünenrücken (Walle = Gelände auf dem
Wall) gehört 1139 zu St. Stephani und ist mit der
Stiftskirche durch den »Steffensweg« verbunden.
Seit 1179 bewohnen adelige Herren - erst Stifts-
ritter des Erzbischofs, dann Ratsherren und Vögte
- den wasserburgartigen »Hof zu Walle«. Sie sind
die »Patrone« der »Kercke sunte Michaelis tho

Walle«, die ihre Bauern aus Baumaterialien der
abgebrochenen Kapelle St. Michaelis (in der westlichen Vorstadt) errichten. 1547, während des
Schmalkaldischen Krieges, verschanzen sich in dem
Ort 4000 katholische Belagerer des evangelisch
gewordenen Bremen.

Des öfteren ist die Umgebung der Waller Kirche Schauplatz von Gewalttaten gewesen. Eines der
Opfer: Ihr »Patron« C.L. *Rasch*, weitgereist, Offi-
zier in venezianischen, Geheimer Rat in branden-
burgischen, zuletzt Diplomat in schwedischen
Diensten. Der alternde Mann läßt sich in Walle
nieder, wird dort aber gegen Ende des Dreißigjährigen Krieges von Kaiserlichen verhaftet, kehrt gebrochen aus dem Kerker zurück und stirbt 1645.
In seinem Testament ist verfügt, er wolle in einem
neben der Kirche zu erbauenden Turm bestattet
werden. Dieser letzte Wille von »Ritter Raschen«
ist dreizehn Jahre nach seinem Tode in die Tat
umgesetzt worden. Der gefällige Turm mit seiner
barocken Haube hat Zeit und Bombenkrieg überstanden. An seiner Südseite befindet sich ein großes Epitaph mit der Lebensgeschichte des denk-
würdigen Mannes.

Von 1597 bis 1889 ist Walle nach Gröpelingen
eingepfarrt. Bei ihren Amtshandlungen benutzen
die Pfarrer den teilweise noch erhaltenen »Pastoren-
weg«. 1726 ist die zweihundert Jahre alte erste Kirche durch einen größeren Saalbau nach dem Muster von St. Pauli ersetzt worden. Bis auf die »Fran-
zosentid« geht es nun im Ort ziviler zu. Die Entwicklung einer Leinwandbleicherei im alten Gut
wird Vorbote späterer Industrialisierung.

Das »Waller Fleet« ist Umschlagplatz für den
schwarzen »Backtorf«. Das billige Heizmaterial wird
auf Torfkähnen aus dem Umland, zumal dem
Teufelsmoor, herantransportiert. Während der großen Überschwemmung 1880/81 fahren die »Moor-
leute« zu Schiff bis an die Waller Ladentheken.
Sonst sind die Straßen von Verkäufern belebt:
»Backtorf, tein Stück for 'n Groschen«, »Erdtüffeln,
Appel, Beern«.

1928 nehmen die Waller ein Gemeindehaus in Gebrauch. Und noch 1930 erhält die Kirche eine neue Orgel. Zwölf Jahre später aber, im dritten Kriegsjahr, wird das Kirchenschiff völlig zerstört. Nur der von »Ritter Raschen« gestiftete Turm, das Wahrzeichen Walles, bleibt verschont. In diese unruhigen Jahre fällt die Amtszeit Pastor Ernst *Kleins*, der den Einfluß der nationalsozialistischen »Deutschen Christen« von der Gemeindearbeit fernzuhalten verstand. Auch Pastor Kurt *Rabsteins* ist zu gedenken: als Verfasser vieler seelsorgerlicher Schriften ist er in ganz Deutschland bekannt geworden.

1952 wird über den Grundmauern der zur Ruine gewordenen zweiten Kirche die jetzige errichtet. Bei den Bauarbeiten finden sich unter dem Turm tatsächlich die sterblichen Überreste des C.L. Rasch. Der Architekt Prof. *Schulte-Frohlinde* hat die äußere Erscheinung des früheren Gebäudes, so gut es ging, wiedererstehen lassen.

In der Rückwand des Chorraumes befindet sich ein Rundfenster von Prof. Willy *Menz*. Es stellt den Fischzug des Petrus dar. Der schlichte Sandsteinaltar erhebt sich über einer mächtigen Grabplatte für C.J.M. Hieronymi, einen Besitzer des walleschen Gutes. Seitlich davon sieht man die mit den Zeichen der Evangelisten geschmückte Kanzel und den Taufstein. Sehenswert sind auch die alten Bauerngrabsteine auf dem Friedhof, der die Kirche als Grünanlage umgibt. Unmittelbar hinter der Kirche liegt das 1964 eingeweihte Gemeindehaus von Hermann *Gildemeister* und Enno *Huchting*. Das »historische« von 1928 hat, in wiederauflebender Tradition, die Kindertagesstätte aufgenommen. Bis 2001 zieht in

die Kirche anstelle des mangelhaften Nachkriegsinstrumentes die fünfte, von holländischen Meistern erbaute Orgel ein. Seit 1958 besitzt die Gemeinde ein zweites Gotteshaus, die »Waller Fleetkirche«. Der schlichte, von H. *Gildemeister* entworfene Bau ist seinerzeit zum Sammelpunkt für mehr als 4000 Menschen geworden, die als Ausgebombte, Flüchtlinge und Vertriebene in der Waller Feldmark eine neue Heimat fanden. Von diesen »Kaisenbewohnern« sind inzwischen kaum noch Gemeindeglieder in dem Parzellengebiet seßhaft. Darum werden mit dem Jahr 2000 die Gottesdienste dort eingestellt.

Seit fast 350 Jahren unverändert: der Turm, das Wahrzeichen Walles. Aquarell von 1886.

Ein schlichter Bau im Parzellengebiet: die Waller Fleetkirche.

Zwischen Lesum und Osterstader Marsch:
Die Gemeinden im Bremer Norden

Das heutige
Bremen-Nord auf der
Weserkarte von 1653.
»Blomendal« und
»Leesem« haben
bereits ihre Kirchen.

Jeder, der aufmerksam vom Werder- oder Block-land aus die Lesum überquert, spürt: hier gerät man sogleich in eine andere Landschaft. Die Geest schiebt sich an beide Flüsse vor. Das Gelände ist streckenweise so wellig, daß man es die »Bremer Schweiz« nennt. Und hier und dort fällt das Ufer steil zum Wasser ab. Aber nicht nur die Bodenbe-schaffenheit des kartographisch ausgezackten nörd-lichen Stadtgebietes hebt sich von den vier alten bremischen Regionen, den »Gohen«, ab. Es sieht auch auf eine ganz besondere Historie und Kir-chengeschichte zurück. Auf verhältnismäßig engem Raum sind sich in diesem Uferstreifen zwischen Lesum und Osterstader Marsch die für Bremen wesentlichen konfessionellen Strömungen begeg-

net und haben zu einer friedlichen Koexistenz ge-funden. Von Lutheranern, Reformierten und Pro-testanten: so könnte man das folgende Kapitel auch überschreiben.

Die Gruppe der Lutherischen hat hier im Bre-mer Norden zahlenmäßig das stärkste Gewicht. Von den vierzehn Gemeinden jenseits der Lesum halten sich allein zehn zu diesem Bekenntnis. Sie stellen die Mehrheit im »Lutherischen Gemeindeverband«, dem unter dem Vorsitz eines »Seniors« gewisse Son-derrechte in der Bremischen Evangelischen Kirche eingeräumt sind. Einige Gemeindesprengel reichen über die Landesgrenze auf niedersächsisches Gebiet hinüber. Entsprechende Vereinbarungen sind mit der Evangelisch-Lutherischen Landeskirche Hanno-

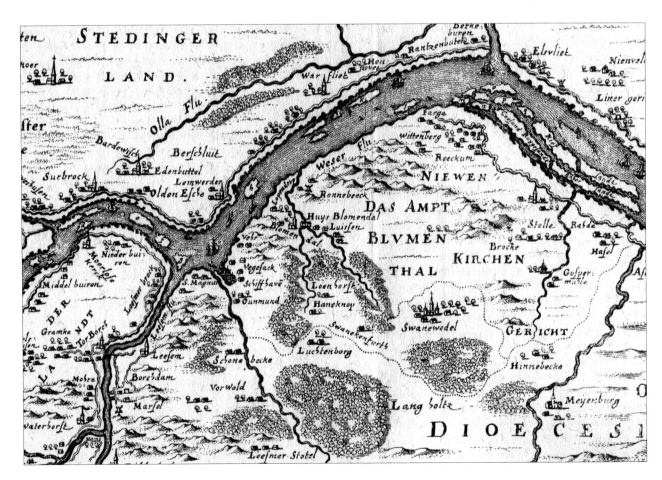

vers getroffen, zu der die Geschichte Bremen-Nords enge Beziehungen hergestellt hat.

Von herausragender Bedeutung unter diesen Gemeinden ist von alters her St. Martini in *Lesum* gewesen. Seit der fränkischen Landnahme im 8. Jahrhundert haben deutsche Kaiser und Könige hier ihre Besitzungen gehabt. Die Grundherrschaft Lesum half nicht nur dem prachtliebenden Erzbischof Adalbert (1043–72) aus seinen finanziellen Engpässen. Sie wurde zum Kernstück jenes geistlichen Fürstentums, das sich in seinen erfolgreichsten Zeiten bis an die Ufer der Elbe erstreckte. Also war St. Martini lange das Zentrum eines ausgedehnten Kirchspiels, das bis nach Ritterhude, Schwanewede und Blumenthal ausgriff. Aus allen Himmelsrichtungen rollten die Wagen der Gottesdienstbesucher heran. Oft sollen bis zu zweihundert auf dem Brink »geparkt« haben. Erst spät ist man an die Aufteilung der großen Pfarrei herangegangen. 1872 zog die seinerzeitige preußische Kirchenobrigkeit die Konsequenzen aus der eigenständigen Entwicklung in *Aumund*, das im Begriff war, den Sprung in die Industriezeit zu tun. Die dortige Gemeinde wurde samt umliegenden Ortschaften aus dem Verbund mit Lesum entlassen. Inzwischen hat sie selbst einen neuen Trieb hervorgebracht: Die »Christophorus-Gemeinde« in Aumund-Fähr (1959). 1906 löste sich die Gemeinde von St. Michael im aufstrebenden Industrieort Grohn von Lesum. Nach dem Zweiten Weltkrieg entstanden die Gemeinde der Söderblom-Kirche auf dem Marßeler Feld (1964) und St. Magni (1965) mit einigen Außendörfern.

Neben diesem Lesum-Aumunder-Zweig hat sich um den weiter westlich gelegenen zweiten Brennpunkt des Nordbremer Gebietes, *Blumenthal* nämlich, eine weitere lutherische Gemeinde gebildet. Dieser Flecken war seit der sogenannten »zweiten Reformation« die Zentrale der Reformierten jenseits der Lesum. Doch der Wunsch vor allem zuziehender Lutheraner aus den Ostprovinzen des Deutschen Reiches nach ihrem gewohnten kirchlichen Stil führte zur Entstehung der nach Martin Luther benannten Gemeinde Blumenthal (1901). In den Jahren nach dem Zweiten Weltkrieg haben dann die uralten Ortsteile dieses Amtes, lange Zeit nur Pfarrbezirke im großen Blumenthal, als moderne Wohngebiete zu einer neuen Bedeutung zurückgefunden. So wurde die »Paul-Gerhardt-Gemeinde« in der ehemaligen Fähr- und Schiffsbaugegend Rönnebeck als erste Tochter (1955) mündig. Ihr folgten Bockhorn (1960) in dem dicht besiedelten Nordzipfel Bremens und Lüssum (1977) mit dem spektakulären Schröckschen Zentrum auf historischem Boden, der bereits 832 in einer Ur-

kunde Ludwigs des Frommen für das Kloster Corvey erwähnt wird.

Blumenthal war, wie gesagt, bis zum Wiedererstarken der Lutheraner durchaus reformiert geprägt. Darin machte sich der Einfluß der durch den Konfessionswechsel gegangenen Stadt Bremen bemerkbar, die Schloß und Ortschaft seit Anfang des 15. Jahrhunderts schrittweise in ihren Besitz gebracht hatte. Jener 1604 erbaute Turm, in dem sich seit den dreißiger Jahren des 20. Jahrhunderts eine Gedenkstätte befindet, ist letztes Überbleibsel der »Olen Kark« – ein steinerner Zeuge frühen Blumenthaler Gemeindelebens. Dreihundert Jahre lang, bis zur Verdichtung auch dieses nördlichsten Bremer Raumes, ist sie sein kirchlicher Mittelpunkt geblieben. Dann setzten in Rönnebeck-Farge (1902) deutliche Bestrebungen nach Selbständigkeit ein, die schließlich zum Ziel kamen. Mit der Bildung der Reformierten Gemeinde in Aumund (1966) ist die Entwicklung auch dieser Gruppe zunächst an ein Ende gelangt. Sie stellt zwar einen konfessionellen Kontrapunkt zu der mächtigen lutherischen Stimme am Rande der Geest dar und hat sich mit den anderen reformierten Gemeinden zu einem eigenen Konvent und engerer Kooperation zusammengeschlossen. Aber die konfessionellen Nadelstiche, die man sich vorzeiten versetzte, sind längst einer brüderlichen Gemeinschaftsarbeit gewichen.

Von einer kirchlichen Sondertradition im Bremer Norden lebt bis in die Gegenwart *Vegesack*. Bis zur Anlage seines Hafens (1619–23) gehörte es kirchlich zur lutherischen Großpfarre Lesum. Nun aber bestand der Rat hartnäckig auf der Einpfarrung der Vegesacker ins reformierte Blumenthal. Nur die lutherischen Einwohner durften sich weiterhin zur Lesumer Gemeinde halten. Zu Beginn des 19. Jahrhunderts verspürte man dann in dem rasch aufsteigenden Seehafen und Schiffsbauort den liberalen Geist der Zeit. Alte Lehrunterschiede der nachreformatorischen Epoche schienen kein Gewicht mehr zu haben. 1817 erklärten sich die Protestanten Vegesacks zur »Evangelischen Christlichen Gemeinde«. Damit wurde die religiöse Partitur auf der anderen Seite der Lesum um eine kräftige dritte Stimme erweitert.

Die Lutheraner in Bremen-Nord

St. Martini zu Lesum

Kein anderer Platz in Bremen kann, was historische und kulturelle Herkunft betrifft, so ernsthaft mit der Altstadt konkurrieren wie Lesum. Kaiser, Könige und Feldherrn haben sich hier aufgehalten. Manufakturen und Industrien sind aufgeblüht. Und lang ist die Reihe von Gelehrten, Künstlern und verdienten Bürgern, deren Namen mit dem Beinahe-Bischofssitz an der Lesum bis heute verbunden sind. Gerhard *Schmolze*, früher Pastor an St. Martini und emsiger Schriftsteller, führt die ansehnliche Geschichte des jetzigen Bremer Vorortes im Grünen von den Anfängen bis in die Gegenwart mit kritischer, aber immer flüssiger Feder vor Augen.

Ihm folgend, wird man mit allzu phantasievollen Bildern aus der Vergangenheit vorsichtig umzugehen haben. Dennoch ist zu vermuten, daß es um 780 (erste urkundliche Erwähnung: 1235) in oder bei einer fränkischen Militärstation mit Gutshof zum Bau der ersten strohgedeckten Lesumer Holzkirche gekommen ist. Wahrscheinlich hat sie von Anfang an den Namen des im Franken-Reich beheimateten Heiligen gehabt. Wahrscheinlich ist auch, daß die 994 in Norddeutschland einfallenden Normannen sich schon einem Neubau, einer befestigten Wehrkirche, gegenübersahen. Teile des heutigen Turmes dürften auf diese Zeit zurückgehen. Der Kern Lesums

ist damals ein dem deutschen Kaiserhaus gehörendes Anwesen, auf das sich spätestens seit Bezelin die begehrlichen Blicke der bremischen Erzbischöfe richten. Dem genialischen Adalbert fällt schließlich 1063 das waldreiche Gebiet an der Hohen Geest zu. In seinem ehrgeizigen Plan eines Norddeutschland und ganz Skandinavien umgreifenden »Nordischen Patriarchates« ist Lesum als eines der zwölf Bischofssitze vorgesehen. Der Entwurf bleibt eine großarti-

ge Illusion. Stattdessen wird die Pfarrei 1235 dem vorher in Trupe, später in Lilienthal ansässigen Lesumer Nonnenkloster übertragen. In der streitbaren Klostergeschichte, die sogar den damaligen Papst beschäftigt, stoßen wir erstmals auch auf die Namen von Pfarrern. Um Henricus *Ballale* und Engelbert *Truper* wogen 1394, um Pfarrer *Brummersete* und Hinricus *Ammo* 1443 heftige Auseinandersetzungen.

Als erster lutherischer Prediger wird Jodocus *Müller* genannt. Spät, erst 1565, hat die Reformation in Lesum gezündet. Nur kurze Zeit bleibt der Gemeinde zu stetiger Aufbauarbeit. Die Zeit der Glaubens- und Raubkriege beginnt. Bis zur Mitte des 20. Jahrhunderts wechselt Lesum seine Obrigkeiten. Bald ist es schwedisch, bald dänisch, französisch, englisch, hannoversch, preußisch besetzt

Man nannte ihn den »Bischof von Lesmonien«: Pastor S.Chr. Lappenberg.

Hier beginnt Bremens »hoher Norden«: Lesumfähre um 1850.

und kommt erst 1939 wieder zu Bremen. Diese Wechselbäder mit ihren Begleiterscheinungen hinterlassen tiefe Spuren. 1673 wird Lesum als ein »mit lauter armuth angefüllter Ort« bezeichnet, um den herum Wölfe gejagt werden. In einem Bericht von 1715 ist es »heruntergewirtschaftet und verkommen«. Und während des Siebenjährigen Krieges macht Pastor J. *Kobbe* seinem Herzen Luft: »... bei den gegenwärtigen elenden Krieges Zeiten hat man mit der Beerdigung eilen müssen« – schon tauchten nämlich die nächsten Soldaten auf.

Wie auch immer, man weiß seine Schäflein ins Trockene zu bringen. Zwischen 1696 und 1725 trägt eine unbedenkliche Jagd auf Wale und Robben Wohlhabenheit ins Dorf. Klein- und Großbetriebe, Werften siedeln sich an. Die altehrwürdige Kirche aber befindet sich in einem traurigen Zustand. Zudem ist sie, an dem großen Kirchspiel gemessen, so eng, »daß einer oder anderer wegen der starken Ausdünstungen ohnmächtig wird«. Der Neubau von St. Martini, ein Saalbau in spätbarockem Stil, kommt erst nach intrigenreichem Hin und Her 1778/79 zustande. Zeitweilig ist auch der bekannte Moorkolonisator J.Chr. Findorff an der

Planung beteiligt. Gemeinsam mit den Kirchenvorstehern setzt sich der damalige Pastor Samuel Christian *Lappenberg* (1759–88) energisch für das Projekt ein. Der vielseitig begabte Mann ist über Lesum hinaus bekannt geworden. Zeitgenossen nennen ihn respektvoll den »Bischoff von Lesmonien«. Mit dem Zürcher Philosophen Lavater unterhält er einen regen Briefwechsel.

Wenige Jahrzehnte nach seinem Tod wird Lesum Sitz der Superintendenten für den königlich-hannoverschen Kircheninspektionsbezirk Osterholz. Einer von ihnen, G.E. *Ruperti*, bringt König Georg von England als dem Landesherrn im flaggengeschmückten Ort seine untertänigste Devotion dar, während es hier und dort schon Ärger mit den Demokraten gibt. Der in jenen Jahren von Pastor C.L. von *Hanffstengel* (1830–40) wiederaufgenommenen diakonischen Tradition Lesums, die in der Gründung der »Friedehorster Anstalten« 1947 ihren Gipfelpunkt erreichen sollte, ist zunächst kein bleibender Erfolg beschieden. Obwohl J.H. Wichern, der »Vater der Inneren Mission«, bei seinem Besuch im Jahre 1837 die Pioniere der Wohlfahrt mit den bewegten Worten lobt: »Es ist etwas

Die ältesten Teile von St. Martini stammen vielleicht schon aus dem 8. Jahrhundert.

Als sich gegen Ende des 19. Jahrhunderts die Schönheiten des grünen Ortes am Fluß in Bremen herumsprechen, geht die bäuerliche Zeit Lesums langsam, aber sicher zu Ende. Mit Vorliebe bauen sich Bremer Kaufleute auf dem hohen Ufer ihre prächtigen Villen. Lesum gilt als das »Blankenese an der Unterweser«. Marga Bercks »Sommer in Lesmona«, neu aufgelegt und gern gelesen, ruft nostalgische Erinnerungen an jene Zeit wach. Die Aufzeichnungen aus dem Gemeindeleben kehren die Schatten zwischen und neben dem zur Schau gestellten Reichtum deutlich genug hervor: Auswirkungen des Niedergangs, des Krieges, der Inflation. 1914/19 sehen wir die Pastoren mit der Weitergabe von Gefallenen-Nachrichten an die betroffenen Familien befaßt. 1930/31 wird eine »Kirchliche Winterhilfe für die Arbeitslosen« versucht.

Die leidvolle Geschichte der Gemeinde während des »Dritten Reiches« ist ein Kapitel für sich. Superintendent P. *Abert* wagt im Nachrichtenblatt offene Kritik an den Straßenumbenennungen nach nationalsozialistischer Manier. Nach Kriegsende ist der Ort ein Zentrum sozialer und karitativer Aktivität. »Friedehorst« entsteht. Das 1950 eröffnete »Auswandererlager« (Überseeheim) passieren Unzählige vor der Überfahrt in die Vereinigten Staaten, nach Kanada und Australien. Ein neuerlicher Wandel erfaßt Lesum. In alten Parks, auf der grünen Wiese entstehen vor allem Eigenheim-Siedlungen.

In der über tausendjährigen, wechselvollen Geschichte des Stadtteils ist eines relativ konstant geblieben: die christliche Botschaft. Schwedischer und später hannoverscher Einfluß haben dafür gesorgt, daß der lutherische Bekenntnisstand bis heute gewahrt ist. Unter den Aktivitäten der großen Gemeinde ragen die Aufführungen der 1971 gegründeten »Capella St. Martini« unter der Leitung des Kantors und Komponisten Günter *Koller* weit über die Lesumer Grenzen als musikalische Ereignisse Bremens heraus.

...»aus groben Brocken väterweis gefügt«: der Turm der Lesumer Kirche.

Weihnachtsfeier des Lesumer Kindergartens, 1934.

Großes um diese Gemeinschaft so vieler gläubiger Freunde, die der Herr zu so gesegneten Rüstzeugen erwählt hat« – die Einrichtung eines »Rettungshauses« für Verwahrloste und einer »Kinderbewahranstalt« erweist sich aus verschiedenen Gründen als glücklos. Die 1891 gegründete Diakonissen-Station wird 1935 sang- und klanglos in die Nationalsozialistische Volkswohlfahrt eingegliedert.

Reizvolle Mischung aus barocken, klassizistischen und biedermeierlichen Elementen: das Innere von St. Martini zu Lesum.

Eindrucksvoll für jeden Besucher ist ein Gang über den alten Friedhof mit seinen siebzig wertvollen Grabplatten rund um den 1000jährigen Turm, der »aus groben Brocken väterweis gefügt« (R.A. Schröder) ist. Eine ganz andere Ansicht bietet der mehrfach restaurierte Innenraum in seiner eigentümlichen Mischung von barocken, klassistischen und biedermeierlichen Elementen. Der Kanzelaltar wird noch, wie 1779, von einer strahlenförmigen Gloriole bekrönt; sie trägt in hebräischen Buchstaben den Gottesnamen »JHVH« und die Holzplastik einer Taube, Symbol des Heiligen Geistes. Von Ulrich *Conrad* sind Altarkreuz und Taufstein. Der Glasmaler G.K.E. *Rohde* schuf die vier farbigen Kirchenfenster. Sie zeichnen den Lebens- und Heilsweg Jesu Christi nach. Unter Kennern häufig erwähnt wird die 1992 von der Straßburger Firma Alfred *Kern & Fils* erbaute Orgel. Sie ist bereits die vierte an der gleichen Stelle.

Schon auf niedersächsischem Gebiet liegt die zu St. Martini gehörende »Kirche zum Heiligen Kreuz« in Werschenrege. Der von Hermann *Brede* entworfene Stützpunkt, 1966 eingeweiht, dient den Gemeindegliedern der Außendörfer als Gotteshaus.

Die Stützpunkt-Kirche in Werschenrege.

Lutherische
Gemeinde Aumund

Fünf Jahre nach der Selbständigwerdung der Gemeinde entstand die neugotische Kirche.

Das Gebiet von Aumund, das nach der Mündung des Flüßchens Aue benannt ist und mittlerweile drei bremische Kirchengemeinden beherbergt, hat eine bewegte Vergangenheit. In der Nähe des Orts »Aunon« wurden 1042 vom Norden her einfallende dänische Piraten vom Bremer Erzbischof geschlagen. Später freilich machten die »Herren von Aumünde« ihrerseits die Verbindungswege unsicher. Erst 1436 gelang es dem Rat der Stadt, dem Raub-

ritter-Unwesen ein Ende zu setzen. Der Ort wurde größer. Seine Bewohner fuhren überwiegend zur See oder waren Schiffszimmerleute.

Gegen 1865 regte sich unter den nach Lesum eingepfarrten Aumundern der Wunsch nach kirchlicher Unabhängigkeit. Ihm entsprach 1872 die damalige königlich-preußische Behörde: »Die Teilung des Kirchspiels Lesum und Einrichtung des Kirchspiels Aumund« mit fünf umliegenden Dörfern wurde beschlossen. Bei seiner Gründung hatte es 1800 Seelen. Aus Furcht vor finanziellen Belastungen durch Baukosten sagten sich 53 Häuser und Höfe von der Gemeinde los. Ihre ersten Aktivitäten sind aus dem Jahr 1874 überliefert. Der Frauenverein arbeitete an der Altar- und Kanzelbekleidung der künftigen Kirche. Ferner berichtet die zum hundertjährigen Jubiläum erschienene Chronik von Kindergottesdiensten, Jugendabenden, Posaunenblasen und Gemeindefahrten zu Missionsfesten. 1877 endlich wurde das lang ersehnte Gotteshaus eingeweiht und der erste Pastor, P.E. *Mestwerdt* (1877–89), in sein Amt eingeführt. Zur gleichen Zeit entstand das Pfarrhaus mit integriertem Gemeinderaum. Ihm folgte neun Jahre später (1906) das anliegende Gemeindehaus – eines der ersten dieser Art. Es ist 1992/93 durch einen helleren und größeren Neubau ersetzt worden.

Im Zuge der Industrialisierung ließen Zuwandererschübe aus Ostpreußen, Polen und Schlesien die Bevölkerungsziffer ansteigen. Werften, Ziegeleien, Fabriken breiteten sich aus. Berufsbilder und soziale Schichtung veränderten sich, und von wirtschaftlichen Krisenzeiten war die Aumunder Gemeinde mitbetroffen. Als 1928 auf der »Vulkan«-Werft gestreikt wurde und Arbeitslosigkeit um sich griff, organisierte Pastor G. *Hahn* mit Freiwilligen ein kirchliches Hilfswerk. Vor dem Gewaltregime der braunen Bewegung – ganz in der Nähe ging die Synagoge in Flammen auf – suchte man Halt an der »inneren Linie«. Eime *Otten* (1935–68), lange Senior des Lutherischen Gemeindeverbandes, schreibt im Rückblick: »Es waren Frauen und Männer da, die sich zu Christus bekannten und durch Gottes Wort stark wurden, der Versuchung des Abfalls vom Glauben zu widerstehen«.

Infolge baulicher Ausdehnung nach Norden wuchs die Gemeinde, im ersten Kriegsjahr 1939 zu bremischem Gebiet geworden, bis an die Grenzen von Leuchtenburg und Löhnhorst. Zehn Jahre später wurden die ehemals hannoverschen Kirchspiele als Lutherischer Gemeindeverband Teil der Bremischen Evangelischen Kirche. Und 1970 hatte Aumund, durch starken Zuzug in seinen Nordbezirk, eine Seelenzahl von fast 10.000 erreicht.

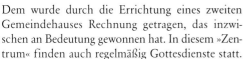

kreise und Bastelgruppen, Basare und Feste. Besonderes Gewicht hat nach wie vor die Kirchenmusik. Das Aumunder-Vokal-Ensemble und der Kinderchor unter Hans-Dieter *Renken* ist mit außergewöhnlichen Aufführungen hervorgetreten. Übergemeindliche Aktivitäten haben im Raum Aumund–Vegesack zu einer guten ökumenischen Nachbarschaft geführt. Nicht zuletzt bilden die sonntäglichen Gottesdienste, in die das Abendmahl und Taufen einbezogen sind, den »roten Faden« durch das Kirchenjahr.

Die ziegelroten Gebäude der Gemeinde beherrschen wie eh und je die frühere »Kirchenstraße«. Mit seiner hochragenden Spitze ist der Turm des Aumunder Gotteshauses ein weithin sichtbares Wahrzeichen. Sein Innenraum mit dem langgestreckten Kirchenschiff hat durch die Renovierung von 1977 sichtlich gewonnen. Die neugotisch-historisierende Stilform entspricht noch heute dem kirchlichen Bewußtsein. Besonders bewegend: die Darstellung des Christus über dem Chorbogen. Über der Empore auf der Westseite erhebt sich der Prospekt der 1972 fertiggestellten *Führer*-Orgel. Eine 1996/97 von der holländischen Firma *van der Putten/Veger* vorgenommene Renovierung hat das Instrument zu einem der beachtetsten in Bremen-Nord gemacht.

Seit 1877 das Wahrzeichen Aumunds: der hochaufragende Turm.

Kampf der Arbeitslosigkeit: Hilfswerk der lutherischen Gemeinde Aumund um 1930.

Dem wurde durch die Errichtung eines zweiten Gemeindehauses Rechnung getragen, das inzwischen an Bedeutung gewonnen hat. In diesem »Zentrum« finden auch regelmäßig Gottesdienste statt.

Eine deutliche Kontinuität prägt das Gemeindeleben seit den achtziger Jahren, wenngleich es durch die Schließung der Vulkan-Werft weit stärker noch als 1928 in Mitleidenschaft gezogen ist. Man sucht den Betroffenen nach Möglichkeit beizustehen. Entlastung und Freude bringen Frauen-

Christophorus-Gemeinde Aumund–Fähr

Das Gemeindezentrum der Christophorus-Gemeinde.

Bauern, Handwerker, Fischer haben hier seit dem Mittelalter gelebt; rund um den Schluchthafen up'n Fähr, der 1305 zum ersten Mal in einer Urkunde genannt wird. Dreihundert Jahre später geht man am Weserufer zur Herstellung von Kähnen und Schiffen über. Es siedeln sich größere Werften an, Ziegeleien, eine Reepschlägerei, Fabriken für Steingut, Fliesen, Seife und schließlich ein Koloß, der »Bremer Vulkan«. In nur sechs Jahrzehnten ist die Einwohnerzahl an der Wende zum 19. Jahrhundert um das Sechsfache gewachsen. Neben dieser Bevölkerungsexplosion nimmt sich die kirchliche Planung geradezu behäbig aus. Zwar hatte man in der lutherischen Gemeinde Aumund das rapide Wachstum von Fähr frühzeitig erkannt und 1907 eine feste Hilfspredigerstelle in diesem Bezirk eingerichtet. Aber nicht weniger als elf Pastoren sind gekommen und gegangen, bis 1929 wenigstens ein Pfarrhaus mit einem als Gottesdienstraum verwend-

baren Lehrsaal gebaut wird. In der kritischen Wirtschaftslage dieser Jahre entwickelt sich das einstökkige Gebäude bald zum sozialen Zentrum. Erwerbslose treffen sich bei Kaffee und Kuchen. Die Kapelle ist regelmäßig überfüllt.

Dann bricht das »Dritte Reich« an. Mit ihm kommen die Verhaftungen, der Brand der Aumunder Synagoge, die Zwangsarbeiter-Lager. In der Rekumer Nachbarschaft ist ein KZ-Außenlager eingerichtet. Hier und dort meldet sich ernsthafter Widerstand von Christen gegen Führerglauben und Unmenschlichkeit. In den Kriegsnächten ist die Vulkan-Werft bevorzugtes Ziel alliierter Bomber. Die Fährer Pfarrstelle kann jahrelang nicht besetzt werden. Und als der braune Wahnsinn in Blut, Tränen und Trümmern zusammenbricht, müht sich die Gemeinde – seit 1947 mit Pastor Dr. Gerhard *Beyer* – um einen neuen Anfang. Brautpaare können nur getraut werden, wenn sie Kerzen mitbringen. Für jede Glühbirne muß ein Antrag bei der Kirchenleitung gestellt werden. Aber die Kapelle kann die Menschen kaum fassen. Man zählt bis zu hundertfünfundsiebzig Kindergottesdienstbesucher. Dabei ist Fähr kirchlich ein schwieriges

Pflaster. Immer deutlicher zeigt sich, daß der 50 qm große Raum im Pfarrhaus einfach nicht ausreicht.

Also beschließt der Kirchenvorstand, sich um ein Gemeindezentrum zu bemühen. Im Sommer 1957 beginnen die Arbeiten, und ein Jahr später wird die Einweihung des von dem Bremer Architekten Hans *Budde* entworfenen Bauwerkes gefeiert. Bundespräsident Theodor Heuss schenkt der »Christophorus-Kirche« zu diesem Festtag eine Bibel mit handgeschriebener Widmung. Ihren Namen hat die 1958 von der Alt-Aumunder Mutter abgetrennte Evangelisch-Lutherische Gemeinde Aumund-Fähr der Legende vom Christophorus entnommen. Er sei, so heißt es, ein Mensch am Fluß gewesen – wie eben jedes Fährer Gemeindeglied – und habe anderen von Ufer zu Ufer hinübergeholfen. Eines Tages trägt er ein Kind durch den Strom. Es ist der Christus. Die aktuelle Deutung: Wer anderen dient, kann auf diese Weise dem Herrn auch über sein Leben begegnen.

In der »Christophorus-Kirche« werden bereits eine Woche nach der Einweihung siebzehn Kinder getauft – ein ungewöhnlich verheißungsvoller Anfang. Und lebhafte Bewegung in der Gemeinde verzeichnet die Chronik weiterhin auf den verschiedensten Gebieten. In vielen Gruppen wächst das

Gemeinschaftsgefühl, man gestaltet Gottesdienste in neuen Formen. Ein vielfältiges Echo findet die Losung »Friede, Gerechtigkeit und Bewahrung der Schöpfung«. So begegnet die Christophorus-Gemeinde seit Anfang der achtziger Jahre auf unterschiedlichste Weise der in Bremen-Nord mit der Krise von AG Weser und Bremer Vulkan hereinbrechenden Arbeitslosigkeit.

Der Ortsteil Aumund-Fähr hat mit dem Turm des inzwischen mehrfach erweiterten und nach ökologischen Gesichtspunkten versorgten Kirchenzentrums ein »Wahrzeichen von prägnanter Einfachheit« erhalten. Den sieben rosettenartig angeordneten Schallöchern aus Gußsteinröhren entsprechen sieben kreisrunde Öffnungen in der Altarwand, durch deren Kreuzform das Langschiff zusätzliches Licht erhält. Das Zusammenspiel freundlicher Holz-, Stein- und Wandfarben mit dem behaglichen Binsengestühl läßt unter dem hohen Dach wohltuende Ruhe und Besinnung aufkommen. Die drei Gußstahlglocken der Firma »Bochumer Verein« tragen, wie die in Alt-Aumund, die Namen »Glaube-Liebe-Hoffnung« (1. Kor. 13,13). Und 1962 konnte das wurmstichige Harmonium endlich durch eine *Kleuker*-Orgel abgelöst werden.

Charakteristisch: die in Kreuzform angeordneten Rundfenster in der Altarwand. Rechts neben dem Altar eine Statue des Namenspatrons Christophorus.

137

Aber noch lange kann keine Rede sein von einer eigenen Gemeinde oder gar einer Grohner Kirche. Trotz steigender Einwohnerzahlen muß man zu Gottesdienst, Taufen, Hochzeiten und Begräbnissen den Weg nach Lesum zurücklegen. Das ändert sich erst 1873. Inzwischen macht sich die rasche Industrialisierung mit ihren sozialen Problemen bemerkbar. Der Bremer Kaufmann J. *Tidemann* wird zum Förderer der künftigen Gemeinde. Mit seiner Hilfe gelingt es, eine bisherige Gaststätte zur Diakonie-Station und zum Kinderhort umzugestalten. In diesem »Johannes-Stift« finden auch Bibelstunden statt.

Nach Tidemanns Tod spenden dessen Töchter für den Bau einer Kirche. Und der erste Grohner Pastor, A. *Fehly* (1901–13), treibt ihn unermüdlich voran. 1906 genehmigt das damals zuständige hannoversche Konsistorium in Stade die Errichtung einer selbständigen evangelisch-lutherischen Gemeinde mit eigenem Gotteshaus. 1908 findet in Anwesenheit von viel Prominenz die Einweihung statt. An normalen Sonntagen hingegen scheint die Gemeinde nicht gerade begeistert in ihre Kirche geströmt zu sein. Denn Fehly klagt öffentlich über »Verhärtung der Herzen, unangemessene Ablenkung oder gar eine vom Verderber gebrachte Gleichgültigkeit«. Dennoch hat, zumal in den Jahren des Ersten Weltkrieges, ein aktiver Gemeindekern viel Not gelindert. Eine Grohnerin erzählt: »Ich weiß nicht, wie ich als Witwe mit meinen vier Kindern diese Zeiten hätte überstehen können. Die

St. Michael-Grohn

A. Fehly war der erste Pastor der Gemeinde St. Michael zu Grohn. Unter seiner Ägide entstand der wehrhafte Kirchenbau.

Ein paar Bauernhäuser wird es schon um die Reformationszeit »auf dem gron«, dem hohen Geestrand, gegeben haben. Jedenfalls registrieren die Kirchenbücher der Lesumer Muttergemeinde, es sei hier »Anno 1686 der alte Conrad Koper, ein Mann von beinahe 100 Jahren, begraben«. Auch von einer Holländer-Windmühle wird berichtet. An ihrer Stelle ist später St. Michael errichtet worden. Teile ihrer Grundmauern und zwei alte Steine in der Wand des Konfirmandensaales weisen in diese Vergangenheit zurück.

Gemeinde hat uns wahrhaftig über Wasser gehalten«.

Daß der Grohner Wind immer etwas von links kam, beleuchtet folgendes Ereignis: am Ostermorgen 1932 weht plötzlich von St. Michaels Turmspitze eine blutrote Fahne. Wer sie nächtlicherweise dort gehißt hat, bleibt unerfindlich. Bald jedoch erscheinen in Grohn die Hakenkreuze. Die Gemeinde zeigt sich von der nationalsozialistischen Propaganda beeindruckt. Und als das »Tausendjährige Reich« nach nur zwölf Jahren zusammenbricht, muß Pastor A. *Möller* (1913-45) sein Grohner Amt verlassen. Dennoch starten Sonntag für Sonntag Sonderbusse zur neuen Wirkungsstätte des beliebten Predigers und Seelsorgers.

Aus den Anfängen der Gemeinde: Gruppenfoto vor dem »Johannes-Stift«.

St. Michael, von K. *Mohrmann* im neuromanischen Stil entworfen, zeichnet sich durch reiche Wandmalereien, Glasbilder und Mosaiken aus. An Eingangssäulen und Kanzel finden sich Darstellungen der Schöpfung und der Erlösung. Das Chorfenster im Osten enthält die Symbole des heiligen Geistes und der vier Evangelisten, die Westrose eine Darstellung des Erzengels Michael – des Namensgebers der Grohner Kirche. Im Mosaik über dem Altar thront Christus als der Weltenrichter. Seit 1972 erklingt eine Orgel aus der Werkstatt Emil *Hammer* (Armun bei Hannover).

Die neuromanische Kirche inspirierte auch Künstler: Zeichnung von G. Wedepohl.

»Für Kaiser und Reich«: 1917 wird eine Glocke zu Kriegszwecken abtransportiert.

Ortschaft und Kirche sind von Kriegseinwirkungen im großen und ganzen verschont geblieben. So kann die Gemeinde, deren Anschluß an die Bremische Evangelische Kirche sich schrittweise vollzieht, ohne langwierige Aufräumungsarbeiten in die Nachkriegsjahrzehnte aufbrechen. Neben den Pastoren hat sie vor allem dem Kirchenvorsteher H. *Kroning* viel zu verdanken. »Aus schwerer Zeit zu guten Tagen« ist Hinrich *Hemmelgarn* (1946-69) mit ihr gegangen, bis er nach 23jähriger Amtszeit die Seelsorge in jüngere Hände legte. Unter der Devise »Die Kirche öffnen« wird der ökumenischen Zusammenarbeit mit der katholischen Schwesterkirche in Grohn besondere Aufmerksamkeit geschenkt.

Fast asketisch streng:
Das Gemeindezentrum
der Söderblom-Kirche.

Gemeinde der Söderblom-Kirche

In der Ostecke des Bremer Nordens, zwischen der Bremerhavener Autobahn und der Grenze zu Niedersachsen, liegt das »Marßeler Feld«. Die Straßenbezeichnungen des Ortsteils lassen an die rühmlichen und weniger rühmlichen Beziehungen Bremens zu Schweden denken: die Missionierung Skandinaviens durch Erzbischof Ansgar und die Verheerung des Umlandes in den Schwedenkriegen. Marßel selbst taucht mehrfach in der Geschichte auf. Atebranus, ein christlicher Priester, soll hier von aufständischen Sachsen erschlagen worden sein. Wahrscheinlich auf der nahegelegenen Heerstraße ist Kaiser Heinrich III. mit knapper Not einem Mordanschlag entgangen. Spätestens seit 1185 hat es ein Rittergut dieses Namens gegeben. Den »Herren von Marßel« kaufte die Stadt Bremen 1488 einen Landstreifen zwischen der Burger Brücke und dem Heerweg auf der Geest zur Anlage eines Dammes (des heutigen »Steindammes«) ab.

In den sechziger Jahren des 20. Jahrhunderts wandelte sich die weithin noch ländliche Fläche zu einem dicht bebauten Wohngebiet. Mit den ersten Einzelhandelsgeschäften begann die kirchliche Arbeit. Nach einigen Übergangslösungen sammelte Pastor Wolfgang *Hennig* aus den schätzungsweise 8000 Gemeindegliedern die ersten Kerngruppen – erst in der Schule am Marßeler Feld, dann in einem Eckhaus an der Stockholmer Straße und in der 1964 errichteten »Schwedenkirche«. Im gleichen Jahr wurde die Abtrennung von der Lesumer Mutter und die Selbständigkeit der »Evangelisch-Lutherischen Gemeinde im Marßeler Feld« beschlossen.

Seit 1968 trägt sie den Namen des weltbekannten früheren Erzbischofs der Lutherischen Kirche Schwedens: Nathan Söderblom. 1866 geboren, wurde dieser vielseitig begabte Kirchenführer zum Mitbegründer der Ökumenischen Bewegung. 1925 leitete er die Konferenz für Praktisches Christentum in Stockholm und wurde 1930 für seine Verdienste um den Frieden mit dem Nobelpreis ausgezeichnet. »Für die Dringlichkeit unseres ökumenischen Einsatzes in der weltweiten Christenheit«, heißt es in der Urkunde zur Grundsteinlegung der Kirche (1968), »soll uns Nathan Söderblom ein Vorbild sein. Wir wollen nicht untätig zusehen bei den Schwierigkeiten, die der Evangelischen Kirche in Deutschland durch ihre Lage in der Bundesrepublik und in der DDR erwachsen. Und wir wollen nicht untätig zusehen, wenn seit Jahren in Vietnam und in anderen Ländern ein unmenschlicher Krieg tobt, sondern wir wollen beten, miteinander sprechen und helfen«.

In Anwesenheit der Tochter Söderbloms feierte die Gemeinde 1969 die Einweihung ihres von Harald *Kruschewsky* erbauten Zentrums. Trotz der umliegenden, vielgeschossigen Wohnbauten setzt der dreißig Meter hohe Kirchturm einen unübersehbaren städtebaulichen Akzent. Die Gebäude gruppieren sich um einen großen Innenhof, der sich über eine breite Treppe zur Stockholmer Straße öffnet: ein idealer Platz für Serenaden und Treffen im Freien. Von hier aus betritt man die mit hohen, schlichten Glasfenstern versehene Kirche. Das rote Verblendmauerwerk verleiht ihr eine war-

Gedenktafel für
Nobelpreisträger
Erzbischof Söderblom,
von Ida Matton.

me, ansprechende Wirkung. In der Vorhalle grüßt die 1901 von der Pariser Bildhauerin Ida *Matton* geschaffene Bronzebüste Nathan Söderbloms - Geschenk seiner Tochter, der Witwe des schwedischen Erzbischofs Brilioth. Links in der Halle befindet sich der »Taufraum« mit einem von Erich *Brüggemann* (Stöckte) gearbeiteten Relief. Auf ihm verbinden sich symbolisch Kreis und Quadrat, als Hinweis auf die »kosmische Ganzheit«, die von der »Sonne Jesu Christi« erleuchtet wird. Im Langschiff richtet der Besucher sein Auge unwillkürlich auf die durch Lichtkuppeln erhellte Altarnische. Der Raum um den Tisch des Herrn ist von dem Hannoveraner Künstler Siegfried *Zimmermann* gestaltet. In der Mitte der Hintergrundswand steht beherrschend und überlebensgroß die Gestalt des Gekreuzigt-Auferstandenen. Umgeben ist sie von zwölf menschlichen Figuren, die den Betrachter zu den verschiedensten Deutungen einladen: von der Zwölfzahl der Stämme Israels und der Jünger Jesu, dem Rhythmus der Tag- und Nachtstunden bis zu den zwölf Perlen an den Toren des himmlischen Jerusalem. Eine große Empore bietet Platz für die schöne *Führer*-Orgel und viele an der Kirchenmusik Mitwirkende. »Ich bin bei Euch«, »Kommt her zu mir«, »Geht hin in alle Welt«, »Ich bin der Anfang und das Ende«; die mit diesen Herrenworten beschrifteten stählernen Glocken tragen den Heilandsruf weit hinaus über das Marßeler Feld.

Die Altarnische der
Söderblohm-Kirche.

Die Kirche St. Magni.

St. Magni

»Wenn die Bremer sich den Anblick der Gebirgs-
länder im Kleinen verschaffen wollen, wallfahrten
sie nach St. Magnus«, heißt es in einer Landschafts-
beschreibung des vergangenen Jahrhunderts. Freilich: das idyllische Dorf auf dem Geestrücken ist
lange verschwunden. Die meisten Landgüter, die
Bremer Familien sich hier im Grünen leisteten, sind
inzwischen aufgeteilt und mit freundlichen Siedlungen bebaut. Und auch die Zeit, als der aus dem
Stephani-Viertel stammende, vom Zaren wegen
seiner Verdienste um die russische Wirtschaft zum
Baron erhobene Kaufmann L. *Knoop* (1821–94)
das Dorf kurzerhand aufkaufte und auf seinem
Schloß rauschende Feste feierte, ist längst Vergangenheit. Dennoch hat der parkähnliche Ort kaum
etwas von seinem Reiz eingebüßt. Viele seiner heutigen Bewohner nehmen als Pendler die tägliche
»Reise« nach Bremen gern in Kauf.

Weit kann die Gemeinde St. Magni auf kirchliche Ortstraditionen zurückblicken. Vermutlich hat

schon zur Zeit Karls des Großen auf dem hoch
gelegenen Gelände zwischen »Knoops Park« und
dem Kapellenberg ein königliches Gut und eine
Art Hof-Kapelle gestanden, die einem Magnus geweiht war. Wer war dieser Mann? Das Rätsel ist
wohl kaum zu lösen. Mehrere Überlieferungen
haben sich offenbar in einem ehrwürdigen Namen
vereinigt. Wer dieser Heilige auch war und wofür
er Verehrung genoß – eine Kapelle »Sunte Magnus
thor Lesmene« hat im 14. Jahrhundert noch existiert. Sie wird, möglicherweise in der Reformationszeit, verfallen sein. Eine St. Magnus-Glocke,
1541 gegossen, hängt jetzt im Horner Kirchturm.
Ist sie – und auf welchem Wege – von der Lesumer
Kapelle dorthin gelangt? Auch dies bleibt vorläufig dunkel. Jedenfalls kann die heutige Gemeinde
St. Magni eine legendenreiche Vergangenheit für
sich in Anspruch nehmen.

In den frühen fünfziger Jahren wurden zunächst
noch für die Lesumer Gemeinde Grundstücke in
Löhnhorst und St. Magnus erworben. Der nächste Schritt zur Verselbständigung war 1964 der Bau
einer Montagekirche (Architekt: Hermann *Brede*)

in der Schönebecker »Schafgegend«. Inzwischen ist ein kleines Gemeindehaus am Feldberg hinzugekommen.

1965 wurde die Evangelisch-Lutherische Kirchengemeinde mit St. Magnus, Schönebeck, Löhnhorst, Leuchtendorf, Brundorf und Eggestedt von der Lesumer Mutter gelöst. Die Pastoren teilen sich die Seelsorge in dem großräumigen Gebiet, das weit in niedersächsisches Terrain hineinreicht. Zunächst war die junge Gemeinde mit der Planung ihres Kirchenzentrums befaßt. Es entstand 1967 auf dem früheren Parkgrundstück des Konsuls Hackfeld, der sich als Importeur von Ananas und Zuckerrohr, aber auch als Mentor der bremischen Kirche einen Namen gemacht hat. Überseeische Verbindungen – besonders mit der Partnerkirche in Togo, in der St. Magni-Pastor Erich *Viering* acht Jahre hindurch tätig war, gaben dem Programm der Gemeinde anfangs deutliche Akzente.

Der überdurchschnittlich hohe Bevölkerungsanteil älterer Menschen hat die Hinwendung zu ihnen zu einem Schwerpunkt der Gemeindearbeit werden lassen. Eine »Begegnungsstätte für Senioren« konnte 1999 ihr 30jähriges Bestehen feiern. Andererseits hat rege Wohnungsbautätigkeit verstärkt Arbeit in den Kindergärten von St. Magnus und Löhnhorst erforderlich gemacht. Nicht zuletzt finden wöchentlich »Taizé-Gebete« statt. Kantorei und Musikgruppen treten mit Konzerten an die Öffentlichkeit.

In Eberhard *Gildemeister* gewann die Gemeinde einen der geachtetsten Architekten Bremens für den Bau ihres Kirchenzentrums. Der obeliskartige Glockenturm, im Volksmund »Gebets-Abschuß-

rampe« genannt, beherbergt ein im Nordbremer Raum einzigartiges Glockenspiel mit dreißig Glocken. Die kleinste wiegt zwölf, die größte hundert Kilo. Es kann sowohl mittels Walzen als auch, zum konzertanten »Carillon«-Spiel, vom Organisten bedient werden. Sechsmal täglich erklingen zwei Choralstrophen. Am Haupteingang befindet sich die tiefer gelegene Taufkapelle. Der Kircheninnenraum ist mit Harzer Tannenholz eingedeckt. In die weiß getünchten Klinker-Seitenwände sind zwölf Farbfenster des Hamburger Glasmalers *Hausmann* eingelassen. Indirektes Licht, das durch Scheibenflächen in der Decke hereinfällt, gibt der Fläche um den aus persischem Travestin-Stein modellierten Altar bewußt eine besondere Bedeutung. Auf der Empore steht eine in der Berliner Werkstatt Prof. Karl *Schuke* hergestellte Orgel. Die Gemeinde St. Magni begreift ihre Kirche als Stätte der Anbetung, der Stärkung und der Sendung zum Dienst in der Welt.

Die Montagekirche in der Schönebecker »Schafgegend«.

Kaufte das ganze Dorf St. Magnus: der Bremer Kaufmann und russische Baron L. Knoop.

Martin-Luther-Gemeinde Blumenthal

Burgweg, Burgwall: diese Straßenbezeichnungen unmittelbar nördlich des Bahnhofes Blumenthal halten die Erinnerung an eine wehrhafte Vergangenheit wach. Mehrere streitbare, adelige Familien unterhielten hier spätestens Mitte des 13. Jahrhunderts das befestigte Haus »Blomendaal«. Das lange Zeit noch sehr kleine dazugehörige Dorf wird etwa zur gleichen Zeit entstanden sein. Nachdem der Rat das Terrain erst gepachtet, dann in Besitz genommen hatte, gehört es bis zum ersten Stader Vergleich (1654) zu Bremen. Danach wechselt Blumenthal häufig den Besitzer: Schweden, Dänemark, Hannover, Preußen. Dennoch behält die Stadt bis 1804 mit den Patronatsrechten immer »einen Fuß in der Tür«. 1939 wird der Ort wieder bremisch.

Die Evangelisch-Lutherische Gemeinde – sie hat sich am 300. Geburtstag Martin Luthers, 1983, den Reformator nachträglich als Namenspatron gewählt – ist eine der jüngeren Gründungen in Bremen-Nord. Sie geht zurück auf den in den sechziger Jahren des vorigen Jahrhunderts entschiedener aufkommenden Wunsch lutherischer Bürger nach einem Gottesdienst und kirchlichen Leben ihres Bekenntnisses. Dies wird noch verstärkt, als zwischen 1880 und 1900 im Zuge der Industrialisierung (»Bremer Wollkämmerei«, 1883) viele Lutheraner aus Sachsen, Schlesien und dem Posener Land zuwandern. Damals ist das Kirchspiel mit elf dazugehörigen Ortschaften fast rein reformiert. Unter nicht unerheblichen Schwierigkeiten versorgt

der lutherische Aumunder Pastor seine Konfessionsgenossen mit. Die Zahl der Lutherischen wächst. Man trifft sich in einer Turnhalle, im Arbeiterraum der Wollkämmerei, gelegentlich in der reformierten Kirche, veranstaltet demonstrativ öffentliche Versammlungen. Die Spannungen werden in der Presse hochgespielt. Der Landrat zeigt sich empört darüber, daß »die Herren lutherischen Geistlichen sich erdreisteten, in der Blumenthaler reformierten Kirche Gottesdienst abzuhalten«. Warnend wird ihm vor Augen geführt: die Lutheraner würden sich möglicherweise »dem Catholizismus und der Sozialdemokratie zuneigen, wenn sie nicht eine lutherische Kirche besuchen könnten«.

Schließlich greift das Konsistorium in Stade ein. Die Reformierten in Blumenthal werden angewiesen, den Dissenters ihre Kirche offiziell zur Verfügung zu stellen. Und 1897 bekommt ein Hilfsprediger, der erst 27 Jahre alte Martin *Peters*, den Auftrag, die Gemeindebildung auf dem konfliktreichen Boden einzuleiten. Es wird ihm eingeschärft, »einerseits dem Bekenntnisstand nichts zu vergeben, andererseits durchaus auf Wahrung des konfessionellen Friedens aus zu sein.« An diese Leitlinie hat man sich auch später im nordbremischen Bekenntnispluralismus gehalten.

Im Jahre 1901 veröffentlicht die Kirchenbehörde die Errichtungsurkunde für die neue lutherische Gemeinde in Blumenthal. Bedingung ist der Bau einer Kirche für die mittlerweile 3000 Seelen

Zur Bauzeit noch von Feldern umgeben, heute hiner Bäumen versteckt: die Lutherische Kirche zu Blumenthal.

in acht Ortschaften. Er macht zügige Fortschritte. 1903 wird in festlichem Rahmen die Einweihung gefeiert. Die Kaiserin hat eine Prachtbibel gestiftet. Nach dem Gottesdienst versammeln sich die zahlreich erschienenen Honoratioren im Hotel »Union« zu einem Bankett. Die protokollgerechte Tischordnung soll nicht die geringste Sorge gewesen sein.

Abgesehen von den allzu raschen Pastorenwechseln ist der Gemeinde zunächst eine ruhige Aufbauphase beschieden. In dem allseits hochgeschätzten Konrektor B. *Mertens* besitzt sie einen fähigen Organisten. Aber keiner von den »Hauptamtlichen« hat es bisher mit Pastor Heinrich *von Ancken* (1920–61) aufnehmen können. Sein 40jähriger Dienst fällt mit den kompliziertesten Blumenthaler Jahren zusammen. Unterstützt von seiner Familie, hat er der Zwischenkriegszeit, dem »Dritten Reich«, dem Elend des Zweiten Weltkrieges und den Jahren des Wiederanfangs das Bestmögliche abgerungen. Zwar bleibt die Kirche bei dem schweren Luftangriff von 1943 im ganzen erhalten, doch die kostbaren Bildfenster gehen zu Bruch. In den vergangenen dreißig Jahren ereignen sich Veränderungen erfreulicherer Art: die zunehmende Besiedlung Blumenthals führt zur Aufteilung des zu groß gewordenen Sprengels. Drei neue lutherische Gemeinden sind inzwischen in diesem Gebiet entstanden.

Neben dem Wasserturm in der Mühlenstraße ragt die Turmspitze der Blumenthaler Kirche in die Höhe. Das auch kunsthistorisch interessante Bauwerk, seinerzeit noch auf freiem Feld errichtet, ist von dem mit dem »Roten-Adler-Orden« ausgezeichneten Geheimen Baurat, Doktoringenieur ehrenhalber und Professor Karl *Mohrmann* entworfen. Das warme Rot der Backsteine mit dem hellen Fugennetz vermittelt den Eindruck »nobler Großzügigkeit«. Der Innenraum ist »von feierlicher

Wirkung, anheimelnd und doch erhebend«. Die niederen Seitenschiffe, das Mittelschiff und die hohe Halle der Empore richten den Betrachter unwillkürlich auf den Altar aus. Die erneuerten Glasfenster haben in der Rosette des Chorraumes ihren eigentlichen Höhepunkt. Deren Hauptfeld zeigt Jesus Christus als den Weltenrichter. In den Nebenfeldern sind die vier Evangelisten mit ihren Zeichen dargestellt. Vier weitere kleine Bildfelder sprechen den Betrachter auf seine Entscheidung zwischen Himmel und Hölle an. Neben dem Taufbecken, in der rechten Altarnische, sieht man eine Abbildung des Auferstandenen. Sie steht stilistisch der Düsseldorfer »Nazarener-Schule« (19. Jahrhundert) nahe. Die Orgel hat Paul *Ott* gebaut. Der Weg vom Eingang mit der Darstellung der Geburt Jesu bis vor die farbige Rosette über dem Altar kann dem aufmerksamen Besucher als ein Durchschreiten der Menschen- und Gottesgeschichte des Herrn bewußt werden.

Aus der Froschperspektive zeigt sich die geschickt gegliederte Masse des Baus.

Konrektor B. Mertens spielte nicht nur die Orgel, sondern war auch als Lehrer und Komponist tätig.

145

Paul-Gerhardt-Gemeinde Rönnebeck-Farge

Seit Beginn des 20. Jahrhunderts gab es neben dem Lesumer »Hauptquartier« der Lutheraner in Bremen-Nord einen zweiten lutherischen Brennpunkt in Blumenthal. Dessen Sprengel hatte beträchtliche Ausmaße. Um die Seelsorge intensiver zu gestalten, wurde 1951 zunächst eine zweite Pfarrstelle für den Raum Rönnebeck und Farge, diese beiden historischen Orte in Wesernähe, errichtet und mit Pastor Dr. Wilhelm *Müller-Debus* erstmalig besetzt. Die ersten Gottesdienste fanden in der Kapelle der Farger reformierten Gemeinde statt. Sie hat den Lutheranern, die zu 60% aus Heimatvertriebenen bestanden, bis zur Einweihung eines eigenen Gemeindezentrums auf freundlichste Weise Gastrecht gewährt – ein Zeichen dafür, wie sich das konfessionelle Klima in den fünfzig Jahren seit Entstehung der lutherischen Gemeinde Blumenthal entspannt hat. 1955 war diese Übergangszeit vorüber.

Der mit sparsamen Mitteln von Ernst *Beck-Sassenhof* entworfene Mehrzweckbau inmitten einer Kriegsbeschädigten-Siedlung wurde bezogen. Dies ist auch der Zeitpunkt, zu dem die neue Gemeinde ihre Selbständigkeit erlangte. Ihre Kirche erhielt den Namen des volkstümlichsten evangelischen Liederdichters Paul *Gerhardt* (1607-76). Seine Choräle »Befiehl Du Deine Wege« und »O Haupt voll Blut und Wunden« haben sich vielen Generationen als unvergeßliche Auslegung der Heiligen Schrift eingeprägt.

Unprätentiös
wie die Choräle
des Namensgebers:
das Kirchenzentrum
der Paul-Gerhardt-
Gemeinde.

146

Bis zum Beginn der neunziger Jahre legte die Gemeinde besonderes Gewicht auf die ehrenamtlich verantwortete musikalische Arbeit. Seither setzt man einen weiteren Schwerpunkt in der Kinder- und Jugendarbeit. Beginnend mit den Allerkleinsten werden alle Altersstufen der Heranwachsenden betreut. Ein Halbtagskindergarten trägt wesentlich dazu bei. Mit diesen Angeboten begegnet die Gemeinde den Herausforderungen eines am Ende des 20. Jahrhunderts sich »verjüngenden« Stadtteils.

Seit Mitte der neunziger Jahre ist eine ungewöhnlichere Aufgabe hinzugekommen: die Beratung und Integration deutschstämmiger Umsiedler aus Staaten der ehemaligen Sowjetunion. Aus der ursprünglich nur als Orientierungshilfe gedachten Sprechstunde ist eine Brücke in die Gemeinde geworden. Sie führt zur Teilnahme am Gottesdienst, an Kursen zur Einübung in evangelisches Elementarwissen, aber auch an Festen und Ausflügen in das gemeindeeigene Freizeitheim in der waldreichen Umgebung von Meyenburg. Die Eingliederung der Umsiedler ist – wie viele andere Dienste – vor allem der tätigen Mitwirkung von »Ehrenamtlichen« zu danken.

Das aus rotem Klinker erbaute Kirchenzentrum ermöglicht auf zwei Geschossen eine vielschichtige Arbeit. 1998 trafen sich z.B. jeden Monat sechs-

unddreißig verschiedene Gruppen. Dazu gehören ein Posaunenchor, ein Singkreis, Suchtberatungsgruppen und Kreise, die (neue) Formen geistlichen Lebens einüben, wie etwa die Meditation.

Nach wie vor sieht die Paul-Gerhardt-Gemeinde ihre wesentlichste Bestimmung in der Feier des Gottesdienstes. Zu ihr ruft das aus drei Bronzeglocken bestehende Geläut. Es stammt aus der Gießerei *Rincker* (Dillkreis). Der weite, helle Kirchenraum ist belichtet von dem großen, nach Osten gehenden Auferstehungsfenster im Altarraum, gestaltet vom Bremer Will *Torger*. Es übersetzt das Schluß- und Trostwort des Matthäus-Evangeliums »Siehe, ich bin bei euch alle Tage bis an das Ende der Welt« in eine gleichsam durchglühte Bewegung, welche die Lichterscheinung des auferstandenen Christus mit den an ihn Hingegebenen verbindet. Das biblische Motiv und seine moderne Gestaltung führen zusammen, was in der Rönnebeck-Farger Gemeinde lebendig ist: Tradition und Gegenwartsverpflichtung. Die Alfred-*Führer*-Orgel ist seit 1957 in Gebrauch.

Ebenso schlicht wie der Glockenturm präsentiert sich das Kircheninnere mit dem »Auferstehungsfenster« von W. Torger.

Der erste Pastor ist Horst *Willmann*. Das Gemeindeleben beginnt mit einer Evangelisation, mit dem Sammeln von Gruppen und gelingt so überzeugend, daß Kirchentag und Lutherischer Gemeindeverband bereits 1960 die volle Unabhängigkeit für Lüssum-Bockhorn beschließen.

Immer stärkerer Zuzug in das südlicher gelegene Lüssum macht aber bald eine weitere »Kapellengemeinde« nötig. Sie sammelt sich am Neuenkirchener Weg. Anfangs scheint es so, als könnten die beiden Gemeinden, einander ergänzend, zusammenwirken. Doch die verschiedenartige Bevölkerungsstruktur in Bockhorn und Lüssum sowie ungünstige Verkehrsverbindungen lassen eine Trennung immer wahrscheinlicher werden. Nach längeren Überlegungen wird sie 1977 tatsächlich vollzogen. Doch die gemeinsame Entstehungsgeschichte und Arbeit der beiden Gemeinden ist so tragfähig, daß eine enge Beziehung bestehen bleibt.

Mit Pastor Dr. Ernst *Uhl* (1964–96) ist die Gemeinde ihren eigenen Weg weitergegangen. Zwischen 1980 und 1989 nimmt er das Amt des Seniors der Lutherischen Gemeindeverbandes wahr. Im Jahr 1989 wird er bis 1995 Schriftführer der Bremischen Evangelischen Kirche. Die Kirche erhält den Namen Johann Hinrich Wicherns (1808–81). Dessen Einsatz für die Randgruppen, insbesondere für die bedrängte Arbeiterschaft, erscheint vorbildhaft. So sind Soziales und Politik auch Schwerpunkte in der Bockhorner Kirchengemeinde. Die Arbeitsfelder »Abrüstungsinitiative« und »Aktion Bundes-

Gemeinde Bockhorn

Daß es im Norden Blumenthals früher zwei alte Dorfkerne, Bockhorn nämlich und Lüssum, gegeben hat, wissen Alteingesessene noch zu erzählen. Hier nun bildete sich, mit Unterstützung der lutherischen Mutterkirche in Blumenthal, allmählich eine eigenständige Gemeinde. Als sich das Gebiet bald nach dem Zweiten Weltkrieg um mehr als 12.000 neue Einwohner erweitert, entsteht zunächst ein Stützpunkt am Bockhorner »Himmelskamp«. An dieser Stelle wird 1959 die Kirche eingeweiht.

Die Kirche von Bockhorn ist nach J.H. Wichern benannt.

Von außen wie von innen vermittelt die Kirche den Eindruck von Großzügigkeit.

schluß«, langjährige Themen der Gemeindegruppen, machten neuen Inhalten Platz. Geblieben jedoch ist die Lidice-Initiative, 1979 unter dem Stichwort »Versöhnung« in Gang gebracht. Auch die Kontakte zur Partnergemeinde in Stützerbach (Thüringer Wald) werden weiterhin gepflegt.

Durch den verstärkten Zuzug junger Familien sieht man sich in Bockhorn einer jungen, wachsenden Gemeinde gegenüber. Um den entsprechenden Aufgaben gerecht werden zu können, wurde 1998 ein Kindergartenanbau eröffnet. Seit einiger Zeit gibt es in der Gemeinde auch einen Eine-Welt-Laden. Ein weiterer Schwerpunkt ist die kirchenmusikalische Arbeit. Seit 1996 werden alle zwei Jahre »Nordbremer Gospeltage« ausgerichtet, ein Treffen für norddeutsche Chöre.

Das von Jan *Noltenius* gebaute Kirchenzentrum am »Himmelskamp« prägt sich dem Betrachter mit dem warmen Rot der geziegelten Mauern, den weißen Fensterrahmen und farbigen Außentüren ein. Der seitlich stehende, 23 Meter hohe Turm hat drei in Bochum gegossene Stahlglocken aufgenommen. Die größte, Geschenk einer Frauenhilfsgruppe, ist mit dem Bibelwort »Land, Land, Land, höre des Herrn Wort« (Jer. 22, 29) beschriftet. Der Kirchsaal des Mehrzweckgebäudes, dessen holzverschalte Decke mit der Farbe des mobilen Gestühls harmoniert, eignet sich für Veranstaltungen aller Art. Das Fenster über dem geosteten

Altar, eine Arbeit von Albrecht *Kröning*, läßt das Kreuz, Zeichen der Herrschaft Christi, auf dunkelblauem Grund aufleuchten. Bei einer Kehrtwendung nach Westen erblickt man die Bühne, die in der Hauptsache von der Laienspielgruppe zu Theateraufführungen genutzt wird.

Gemeinde Lüssum

Im Gegensatz zu Bockhorn, wo noch einiges an die einstmals dörfliche Vergangenheit erinnert, ist Lüssum mit seinen riesigen Wohnanlagen »anerkanntermaßen eines der stärksten Ballungsgebiete des sozialen Wohnungsbaus in Bremen«. Besonders gilt das für den Bereich um den Neuenkirchener Weg. Mitten hinein in den rasch wachsenden Stadtteil stellte die seit 1961 von der Blumenthaler Mutter unabhängige Gemeinde Lüssum-Bockhorn 1966 ein Flachdach-Zentrum, das von der Architektengruppe *Castens* und *Kathmann* aus Fertigteilen zusammengesetzt wurde. Dieses Datum bezeichnet auch den Beginn einer weitgehend selbständigen Arbeit hier in Lüssum und »oben in Bockhorn«. 1977 führte sie zwangsläufig zur Teilung in zwei Gemeinden.

Pastor Claus *Bulling* und bald nach ihm Pastor Arend *Bertzbach* sahen sich sogleich den sozialen Schattenseiten des Wohngebietes gegenüber. Von vornherein sei, wie es heißt, »für die kommu-

nikativen Bedürfnisse viel zu kurzsichtig geplant worden«. Manche Hoffnung konzentrierte sich also auf den Mehrzweckbau der Kirche. Doch er erwies sich schnell als zu klein geraten. In einem Handschreiben bestürmten Gemeindeglieder den Kirchenausschuß der Bremischen Evangelischen Kirche mit der dringenden Bitte, »uns doch bald mit einem größeren Gemeindehaus zu beglücken. Es sind hier unhaltbare Zustände«. Noch bis 1973 hat es gedauert, ehe dieser Wunsch sich abschnittsweise erfüllte und der vielleicht interessanteste Entwurf des Architekten Carsten *Schröck* Wirklichkeit wurde.

Von Lüssumer Bürgern in allen Einzelheiten mitgeplant, spiegelt die Architektur recht genau das Verständnis der Gemeinde von sich und ihrem christlichen Auftrag in der Welt unserer Tage wider. Man weiß: »Sie darf sich nicht hinter festen und hohen Kirchenmauern verschanzen, um sich vor der Zugluft des öffentlichen Lebens zu schützen. Ihre Funktion ist eine weltzugewandte. Ja, sie hat ihren Ort mitten in der Welt«. Um diesen Standort gruppiert sich das weitläufige Gemeindeleben.

Nicht auf den ersten Blick als Gemeindezentrum erkennbar: der Mehrzweckbau.

Zumal der Gottesdienst soll »in Konfrontation mit der christlichen Botschaft Menschen ermutigen, sich verantwortlich am Aufbau der Gesellschaft zu beteiligen«.

Als Treffpunkt und Schaltstelle hat sich das unkonventionelle Zentrum am Neuenkirchener Weg bewährt. Auf einen speziellen Gottesdienstraum mit Altar und Kanzel hat man bewußt verzichtet. »Schwellenängste« vor dem »Sakralen« sollen gar nicht erst aufkommen. Der überdachte »Marktplatz« als Zentralraum des in drei Ebenen angelegten Gebäudes lädt zur unverstellten Begegnung aller mit allen ein. Hier trifft man sich »ohne Pathos« ebenso zu Gottesdiensten wie zu anderen Versammlungen. Alles in allem: Dieser meisterliche Wurf Carsten *Schröcks* ist Ausdruck und Instrument einer Gemeinde, »die sich an die Gegenwart anpaßt, ohne die Sache Jesu Christi zu verleugnen«.

Dies freilich bedeutet, ständig mit neuen Herausforderungen der Lüssumer Mitwelt Schritt zu halten. Es zeigte sich, daß viele größere Kinder weiterführende Betreuung brauchen. So entstand auf dem Gemeindegrundstück 1993 zusätzlich ein Horthaus mit 60 Plätzen, Funktionsräumen für Werken, Gymnastik und mit Küchen. 1997 ist noch ein zweigeschossiges »Haus der Zukunft« hinzugekommen, in dem die schon seit zwei Jahrzehnten mitgetragene Gemeinwesenarbeit nun im Rahmen eines gemeinnützigen Vereins fortgesetzt wird. Es enthält Räumlichkeiten für Turnen, für Seminare und Bewohnergruppen. Auch bietet das »Haus der Familie« darin Kurse an: die Hauspflege der Ev. Frauenhilfe hat hier einen Standort gefunden; ein Mittagstisch und ein Café sind gern besuchte Treffpunkte der Menschen des Wohngebietes.

Die Zusammensetzung der Gemeinde hat sich seit ihrer Gründung erheblich verändert. Viele Ausländerfamilien, darunter Aussiedler aus der ehemaligen UdSSR, sind in die Mietwohnungen eingezogen: Aufgaben über Aufgaben für die »weltzugewandte« christliche Gemeinde.

Andacht in Lüssum.

Es begann mit der »Olen Kark«: Die Reformierten

Reformierte Gemeinde Blumenthal

Die Kanzel der reformierten Kirche Blumenthal.

In Bremen-Nord kann es mit Lesum an Alter und Tradition, wenigstens annähernd, nur noch die Reformierte Gemeinde Blumenthal aufnehmen. Wann es freilich zum Erstbau ihres Gotteshauses gekommen ist - darüber gibt vorläufig keine Urkunde Aufschluß. Das älteste Denkmal war bis 1809 »die hil'ge Eeke«, ein 700–1000jähriger Eichbaum, gewesen. Unter dessen Blätterdach sollen die Ur-alt-»Blomendaler« zum Gericht und zu Versammlungen zusammengetreten sein. Als sie bei heftigem Sturm umbrach, widmete ihr ein Anonymus, wahrscheinlich aber der poetisch versierte Pastor Arnold *Brüning* (1782–1813), die Verse: »Ehemalige Zierde der Gefilde Blumenthals, o heilige Eiche, die du durch deine Reize den Barden der Vorzeit als Sammelpunkt dientest«. Unweit davon, am alten Heerweg, habe schon in mittelalterlicher Zeit eine Kapelle gestanden: errichtet von zwei »Edelfräulein«, so sagt man, deren Sitz das »Haus Blomendal« gewesen sein könnte. Möglicherweise war diese Kapelle aber auch eine Lesumer Stiftung. Oder der Rat der Stadt Bremen, der Blumenthal 1436 käuflich erwarb, hat für ein Kirchlein gesorgt. Sicher ist, daß dies schon vor der Reformation pfarramtliche Rechte und danach zunächst lutherische Pastoren gehabt hat.

1910 konnte noch die »Ole Kark« neben der neuen Kirche photographiert werden.

Nicht nur die kaum 19 Haushalte in Alt-Blumenthal, sondern auch die dazugehörigen Dörfer hielten sich zu dem vielleicht 1530 umgebauten Gotteshaus: erstaunlich klein, mit spitzdachigem Anbau, in dem eine Glocke untergebracht war - die »Ole Kark«. 1604 hat man einen Turm dazugesetzt, der bis in unsere Tage erhalten geblieben ist. Nach 1568 folgte die Gemeinde der Stadt Bremen ins reformierte Bekenntnis. Seither orientierten sich die lutherisch gesinnten Blumenthaler nach Lesum. Dennoch: Daß der kleine Kirchraum die Gottesdienstbesucher bald nicht mehr fassen konnte, also ständig erweitert und umgebaut werden mußte, leuchtet bei der Betrachtung alter Bilder sofort ein. Seit der Anlage des Vegesacker Hafens vergrößerte sich die Gemeinde zusehends. Und zeitweise haben fünfzehn Ortschaften und Hofgruppen zum reformierten Kirchspiel gehört. Ob jemals tausend Menschen in der Kirche Platz gefunden haben, wie es eine Chronik behauptet - das wird man wohl mit einem Fragezeichen versehen müssen.

Eine Spende
von 200.000 Mark
ermöglichte den Bau
der 1879 eingeweihten
neuen Kirche.

1741 kam Blumenthal unter hannoversche Verwaltung. Der Bremer Rat übte jedoch noch über ein halbes Jahrhundert sein »Patronat« aus. Das heißt: er »präsentierte«, benannte also die ihm genehmen Pastoren, Lehrer und Kirchgeschworenen (Ältesten) nach seinem Gutdünken. Und falls nichts einzuwenden war, führte sie der hannoversche Amtmann in Blumenthal ein. Diese auch in anderen bremischen Gemeinden praktizierte Teilung der Kompetenzen scheint hier ohne allzu große Reibungsverluste funktioniert zu haben. Als Bremen 1804 auf seine Patronatsrechte verzichtete, war die Gemeinde für lange Zeit von ihrem reformierten Mutterland abgeschnitten.

Mit der Gründung der »Wollkämmerei« (1883), die den Ort schlagartig in die Neuzeit versetzte und massenhaft Schlesier und Westpreußen an die Weser lockte, ist der Neubau der Blumenthaler Kirche verknüpft. Das Angebot des Bremer Großkaufmanns C.H. *Wätjen*, sie und ein Pfarrhaus für 200.000 Mark auszuführen, nahm der Kirchenrat wegen der damit verbundenen Bedingungen nur zögernd an. 1879, »an einem hellen Frühlingstage«, zog Pastor *Vietor* »mit Blumen, Tannengrün und besten Vorsätzen« in das von J. *Vollmer* und B. *Lohmüller* gebaute Gotteshaus am Rande des »Blumenthaler Löh« ein. Die Ruine der »Olen Kark« wurde später abgerissen. Ihr Turm, der auf Wätjens Wunsch stehenbleiben sollte, ist 1933 als Gedenkstätte für Kriegsopfer hergerichtet und später von Jan *Noltenius* neu gestaltet worden.

Die Gemeinde ist 1959 aus dem Verband der Reformierten Kirche Nordwestdeutschlands in die bremische Kirche zurückgegliedert worden. Aufgrund ihres reformierten Bekenntnisses weiß sie sich der »Barmer Erklärung« (1934) verpflichtet. Dem entspricht, daß die Gemeinde gesellschaftspolitische Verantwortung wahrnimmt. Beispielsweise werden zusammen mit anderen Gemeinden ökologische Projekte verwirklicht. 1987 ist die »Obdachlosen-Initiative Bremen-Norder Kirchengemeinden« ins Leben gerufen worden. Nahezu in jedem Winterhalbjahr findet eine Veranstaltungsreihe mit stark theologischem Akzent statt.

Die ganz auf das Wort konzentrierten schlichten Gottesdienste, manchmal in plattdeutsch gehalten, haben ihren Ort in dem restaurierten Kirchengebäude. Nach Freilegung des Mauerwerks kommt die schöne Kombination von Rot- und Weißfarben aufs neue zur Geltung. Im Innenraum des Turmes sind auf Bronzetafeln die Namen von 420 Gefallenen oder Vermißten der Kriege eingraviert. Seit 1950 steht der Blumenthaler Reformierten Gemeinde eine Orgel zur Verfügung, die von der Wilhelmshavener Firma Alfred *Führer* hergestellt wurde. Das einfache Gemeindehaus ist ein Werk der Architektengruppe *Schulze-Herringen/ Gerding*.

Ihre Entstehung hat sie nicht zuletzt dem unermüdlichen Wirken Pastor Hermann *Blendermanns* zu verdanken. Blendermann kam 1902 als Hilfsprediger in die Reformierte Gemeinde in Blumenthal. Zu ihr zählten viele Glieder, die in den weiter westlich gelegenen Bezirken Rönnebeck und Farge zuhause waren. Schon lange war hier der Wunsch nach einer eigenen Kirche lebendig. Der junge Pastor machte sich alsbald ans »Klinkenputzen« und hatte bereits 1904 die Bausumme von 25.000 Mark zusammen. Sie stammte aus Spenden benachbarter Industrieunternehmen, Vereine und gebefreudiger Gemeindeglieder. Der Kirchenrat ermöglichte den Ankauf eines Grundstückes. 1905 feierte die Gemeinde in der neu erbauten Kirche den ersten Gottesdienst. Ein Jahr später starb Blendermann im Alter von erst 30 Jahren.

Als 1939 das Gebiet nördlich der Lesum politisch nach Bremen eingegliedert wurde, drängte die dortige »deutsch-christliche« Kirchenleitung auf Anschluß an die bremische Kirche. Das hätte unweigerlich die Überfremdung mit nationalsozialistischem Glaubens-Ersatz bedeutet. Aber die Gemeinde hielt an der Zugehörigkeit zur Reformierten Landeskirche fest. Erst 1959 löste sie sich kirchenrechtlich von der Evangelisch-Reformierten Kirche Nordwestdeutschlands und schloß sich der Bremischen Evangelischen Kirche an. Offiziell unabhängig wurde die Gemeinde 1966. Mit fünf anderen bildet sie den »Reformierten Konvent Bremen-Nord«.

Zu den Besonderheiten des reformierten Bekenntnisses gehört, daß die Pastoren nicht die herausragende Rolle von »Geistlichen« spielen. Aus der Mitte der Gemeinde können also auch befähigte sogenannte »Älteste« das Predigtamt übernehmen. Zu einem solchen Ältesten-Prediger ist

Reformierte Gemeinde Rönnebeck-Farge

Der Turm der leuchtend weißen Kapelle blickt weit hinaus ins Land.

Der Schriftsteller Manfred Hausmann, Ältesten-Prediger der reformierten Gemeinde Rönnebeck-Farge.

Unweit der Stelle, an der kurz nach 1200 das Erzbistum Bremen bei dem strategisch wichtigen Weserübergang (Farge = Fährort) die umkämpfte Zollfestung »Witteburg« erbaute, steht heute das Zentrum der Reformierten Gemeinde Rönnebeck-Farge. Die leuchtend weiße Kapelle an der Straße in die Osterstader Marsch blickt mit ihrem achteckigen, kupferbehelmten Turm hinab auf den Weserstrom und hinüber ins Oldenburger Land.

Innen wie außen ist das 1905 erbaute Kirchlein äußerst schlicht gehalten.

der weit über Deutschland hinaus bekannt gewordene Dichter Dr. Manfred *Hausmann* (1898–1986) berufen worden. Seiner klaren und kompromißlosen Auslegung der biblischen Botschaft und der Entschiedenheit, mit der er immer wieder den eigentlichen Auftrag der Kirche hervorhob, hat die Reformierte Gemeinde Rönnebeck-Farge viel zu danken.

Zu den Gottesdiensten ruft eine Glocke, die sehr viel älter ist als die von den Architekten *Abbehusen* und *Blendermann* gebaute Kapelle. Sie wurde schon 1796 in der Werkstatt von J.P. *Bartels* gegossen und hing bis 1905 im Turm der Blumenthaler Mutterkirche. Im Mittelpunkt des überaus schlichten Innenraums befindet sich, nur wenige Stufen hoch, die Kanzel. Sie weist ebenso wie Abendmahls- und Tauftisch Jugendstilelemente auf. Die Orgel – 1958 eingeweiht – stammt aus der Leerer Firma *Ahrend* und *Brunzema*. Die farbigen Fenster hat der Bremer Kunstmaler K.G. *Rohde* entworfen und ausgeführt. Die in die Mauer eingelassenen Gedenktafeln für die Toten beider Weltkriege schuf der Worpsweder Bildhauer U. *Conrad*. 1989 wurde ein Schriftsatz hinzugefügt, der an alle Opfer der Kriege erinnert. Seit 1962 ist ein Gemeindehaus nach Plänen des Architekten *Schulze-Herringen* glücklich mit der Kapelle verbunden.

Mit der katholischen und lutherischen Nachbargemeinde werden gemeinsame ökumenische

Gottesdienste und Bibelabende gehalten. Regelmäßige Andachten finden auch im Seniorenheim »Haus an der Weser« statt.

Reformierte Gemeinde Aumund

Dicht an der Nordbremer Schnellstraße, nicht weit von der Auffahrt Vegesack, erblickt man über den Hausdächern den achtzehn Meter hohen, eigenwillig geformten Glockenturm der Reformierten Gemeinde Aumund. Er ist sozusagen der I-Punkt des 1963 fertiggestellten Kirchenzentrums. Als es »stand«, kam eine über 30jährige Entwicklung an ihr Ziel. Schon 1937 nämlich hatte Pastor Carl *Herlyn*, Hilfsprediger der reformierten Gemeinde Blumenthal in Aumund, versucht, seinem Bezirk wenigstens eine »kleine, schlichte Kapelle« zu verschaffen. Daß sich die Pläne trotz eindrucksvoller Opferbereitschaft zerschlugen, lag an den damaligen politischen Verhältnissen.

In der sechseckigen Kirche feiert die Gemeinde den reformierten Gottesdienst.

Herlyns Idee ist erst wieder aufgegriffen worden, als 1959 die übergroße Gemeinde aus der Evangelisch-Reformierten Kirche Nordwestdeutschlands unter Wahrung ihres Bekenntnisstandes in die Bremische Evangelische Kirche umgegliedert war. Sie erhielt 1959 eine eigene Pfarrstelle, und Heinz Dietrich *Brünger* (gest. 1979) wurde ihr erster offizieller Pastor.

Zunächst sammelte sich die Gemeinde in angemieteten Räumen. Gleichwohl entfaltete sie ein reges Leben, das in dem Zentrum an der Pezel-Straße – nach dem wirkungsvollen Theologen der Reformationszeit benannt – bald alle skeptischen Zweifel an dem »überflüssigen Bau« zerstreute.

Mittelpunkt aller Aktivitäten war und bleibt der auf das unverfälschte Schriftwort und die Sakramente zugeschnittene Gottesdienst. Doch man weiß in Aumund, daß eine um sich selbst kreisende Kirche ihrem Auftrag nicht gerecht wird. So

wurde man schon bald für die alten Mitmenschen und für die Kinder aktiv. Arbeitsgruppen wendeten sich mit Schulaufgabenhilfen und Sprachförderung den Schülern aus Gastarbeiterfamilien zu. »In diesem kleinen Völkerbund gab es keine Verständigungsschwierigkeiten« heißt es in einem Bericht von 1973.

Im tieferen Sinne des Wortes »Verbindungen« herzustellen – das hält die Gemeinde für eine ihrer Hauptaufgaben. Das Thema »Christen und Juden« zog sich als roter Faden durch alle Programme. Hohen Stellenwert räumt man den ökumenischen Beziehungen ein. Das beginnt in der Aumunder Nachbarschaft und reicht hinüber bis nach Afrika. 1983/84 führten Kontakte mit der reformierten Gemeinde Nagykörös in Ungarn zu einer geradezu

»geschwisterlichen Verbundenheit« mit gegenseitigen Besuchen. Der so bedrängend aktuelle Auftrag »Bewahrung der Schöpfung« bleibt nicht im Theoretischen stecken. Seit 1990 besteht die »Kleine Arche«, eine Umweltgruppe, die Mitmachaktionen leistet und organisiert.

Der sechseckige, zeltförmige Gottesdienstraum des von Kurt *Schulze-Herringen* entworfenen Zentrums bringt ebenso wie die halbrundartige Anordnung der Sitzplätze zum Ausdruck: hier ist man vom Wort des Herrn um seinen Tisch zusammen-

gerufen. Mensa, Kanzel und Gestühl sind aus hellem Eschenholz, desgleichen der Prospekt der kleinen Orgel von Alfred *Führer*. Die Stirnwand des Raumes über dem Abendmahlstisch trägt, in größeren Kupferbuchstaben mit Emailauflage, das Schriftwort »Jesus Christus – gestern und heute und derselbe auch in Ewigkeit« (Hebr. 13,8). Die beiden Lichtwände sind von dem Lesumer Künstler H. *Lilienthal* gestaltet. Zum ersten Mal wurde hier eine Kombination aus Spiegelrohrglas und Betonglas angewendet.

In einem Grußwort zur Einweihung der Aumunder Kirche hat der reformierte Christ und Schriftsteller Manfred *Hausmann* das Selbstverständnis der Gemeinde so formuliert: »Auch dies so fest gegründete und so schön gefügte Haus nebst allem, was darin geschieht, ist unter das Zeichen der Vorläufigkeit gestellt. Obgleich aus Beton, Stein und Eisen, ist es vor dem Angesichte Gottes nur eine Zeltwohnung. Ein Zelt – das bedeutet Unbeständigkeit, Wanderung, Vergänglichkeit, Preisgegebenheit ... bis wir eingehen in das nicht von Händen gemachte, ewige Haus in den Himmeln ... bis aus dem Provisorium, aus dem bangen In-die-Ferne-Sehen ein seliges Schauen von Angesicht zu Angesicht geworden ist«.

Die Formensprache wird auch im Kircheninneren konsequent durchgehalten.

Das in der Bibel bezeugte Wort Gottes ist Herzstück des Gemeindelebens.

Ein Bekenntnis zum Protestantismus

Gemeinde Vegesack

Ein besonderes Erlebnis für den Bremer und seine Gäste ist der Besuch des Weserrestaurants »Strandlust«. Bei einer guten Tasse Kaffee bewundert man die im Flußbett vorüberziehenden »Pötte« und hört der Schiffsansage zu. Nur wenige wissen, daß unweit in alten Zeiten das Wirtshaus »To den Fegesack« gestanden hat. An der Lesummündung wurde geankert, und mancher Matrose »fegte« hier den Geldbeutel bis zum letzten Heller leer. So hat der zuerst unbedeutende Platz, der mit der Handels-

blüte am Ende des 16. Jahrhunderts einen Kopfsprung in die Geschichte machte, wahrscheinlich seinen Namen bekommen.

Die Bremer gehen mit ihrem Geld nüchterner um, als sie 1619/23 mit Hilfe holländischer Ingenieure – übrigens sehr zum Ärger der Lesumer – die Bucht vertiefen und in der Auemündung einen Entlastungshafen anlegen. Denn bei den »16 Alteingesessenen jener Jahre« ist es nicht geblieben. 1797 werden auf Vegesacker Werften fast ebenso viele Schiffe gebaut wie in Bremen. Bis 1804 haben sich 1400 Einwohner niedergelassen. Und ab 1894 ist Vegesack an der Weser eine Hafenstadt,

Auf hochgelegener Heide 1821 eingeweiht: die Vegesacker Kirche.

deren Herz durchaus bremisch schlägt. Immer mehr Schiffe, Steuerleute, Kapitäne siedeln sich an. Stolz heißt es: »In Vegesack beginnt erst richtig die christliche Seefahrt«. Freilich, seit der Korrektur und Vertiefung der Weser (1893) hat die Stadt viel von ihrem Glanz verloren.

Auch sonst hat sie in der Geschichte Federn lassen müssen. Schweden, Franzosen, Engländer setzen sich in ihr fest. In dieser unruhigen Zeit fädelt sich Vegesack in die Kirchenhistorie ein. Noch gehören seine Einwohner, sofern sie nicht Lutheraner sind, zur Blumenthaler reformierten Gemeinde. Dorthin müssen beträchtliche Abgaben entrichtet werden. 1805 macht sich der Müller Tjark *Brinkama* zum Sprecher vieler anderer: »Wir wünschen und bitten herzinniglich, uns zu erlauben und zu gestatten, eine Kirche zum Gottesdienst in unserem Ort erbauen zu dürfen«. Kriegswirren und Armut blockieren diese Pläne. Die Blumenthaler Verpflichtungen werden als im-

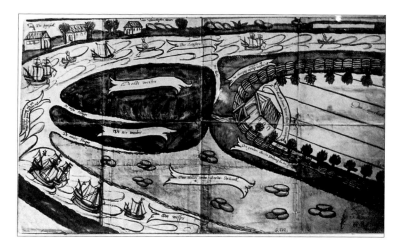

mer drückender empfunden. Bürgermeister Smidt meint dazu, das Verhältnis Blumenthals zu Vegesack sei »mehr nehmend als gebend« gewesen.

In seine konfessionspolitischen Überlegungen passen die Unabhängigkeitswünsche ausgezeichnet. Der 200jährige Konflikt zwischen Reformierten und Lutheranern hat die innenpolitische Einmütigkeit Bremens mehr als einmal auf eine harte Probe gestellt. Nun aber, Anfang des 19. Jahrhunderts, zündet hier und dort in Deutschland die Idee einer »Union«. So auch in Vegesack. Zur unverhohlenen Freude des Senates erklären sich 94 Vegesacker am 300. Gedenktag der Wittenberger Reformation, 31. Oktober 1817, zur »Evangelisch-Christlichen-Gemeinde«, »welche dem ganzen Nord-Deutschland als die erste vorleuchtet«. Keine Lehr-Zäune sollen länger das gemeinsame Be-

kenntnis zum freimachenden Evangelium verstellen. Sogleich beginnen Geldsammlungen für den Bau der Kirche auf einer hochgelegenen Heidefläche. Eine beachtliche Summe steuert die evangelische Gemeinde im russischen Archangelsk bei. Und bald fährt der Vegesacker Amtmann Dr. A.C. *Wilmanns*, der die Neugründung energisch betrieben hat, eigenhändig die erste Schubkarre Sand ab. 1819 wird der Grundstein der von *Wendt* und *Tölken* entworfenen klassizistischen Kirche gelegt. Mit Kanonenschüssen begrüßt der Vegesacker Hafen die Ankunft der Senats-Jacht, und Ansgarii-Pastor Dr. Dräseke, »einer der bedeutendsten Kanzelredner seiner Zeit«, hält die Festansprache. Nicht minder glanzvoll gestaltet sich 1821 die Einweihungsfeier. Diesmal predigt der Martini-»Star«

Eine der ältesten Karten des Weser-Lesum-Panoramas. Oben links »der Fegesack«.

Amtmann A.C. Wilmanns betrieb energisch die Gründung der Vegesacker Gemeinde.

Bereits elf Jahre nach der Gründung – hier der Ursprungszustand – war die Kirche zu klein geworden. 1832 wurde mit dem Ausbau begonnen.

gendwerk« von Heinrich *Keller* (1928–55) bis in die Gegenwart hereinwirkt. In Kellers Amtszeit fallen die schweren Jahre des sogenannten Dritten Reiches. Heinrich von *Häfen* hat mit aller Kraft versucht, »Störungen von der Gemeinde fernzuhalten«. Nach dem Zweiten Weltkrieg, in dem auch die Kirche beschädigt wurde, helfen Glieder der Jungen Gemeinde, den deutschen Soldatenfriedhof Lassigny in Frankreich herzurichten. Die Kirchenmusik, seit 1894 mit weithin beachteten Aufführungen an die Öffentlichkeit getreten, will auch heute zu Besinnung und Glaubensvertiefung verhelfen. Zu den Besonderheiten des Gemeindelebens zählen die interreligiösen »Herbstvorträge« und Gottesdienste in neuer Form, u.a. die »Vegesacker Thomas-Messe«.

Die schlichte Kirche im Empire-Stil ist nach dem Erweiterungsbau von J.E. *Polzin* im ganzen unverändert geblieben. Leichte Umgestaltungen der Inneneinrichtung sollen den gewachsenen liturgisch-meditativen Anliegen der Gemeinde dienen. Der lichte Kirchenraum ist mit Bildern Vegesacker Pastoren (1821–1927) und einem Portrait des für die Gemeinde so bedeutenden Amtmannes Dr. Wilmanns (1757–1839) geschmückt. Das Altarkreuz stammt von Harald *Göbel*. Das Altartuch, eine Webarbeit des Martinshofes, zeigt das Himmlische Jerusalem. Bei der Betrachtung des Schiffsmodells wird man der Gefahren auf dem »Meer des Lebens« bewußt und zum Gebet hingeführt. Im Stil der Jahrhundertwende sind die bleiverglasten Fenster an der Altarseite und die Fenster im Raum hinter der Kanzel gestaltet. Sie enthalten Jugendstilelemente und christliche Motive. Bleifenster von 1830–33, neben dem Haupteingang, schließen den Sakristeiraum ab. Hier befanden sich einmal die sogenannten »Ratsstühle« für Mitglieder des Senates und andere Ehrengäste. Die Gemeinde besitzt ein silbernes Taufgeschirr von 1896. Das silberne Abendmahlsgerät wurde 1821 von G.W. *Aldefeld* (Bremen) gefertigt. Die Orgel von 1967 ist bei Alfred *Führer*, Wilhelmshaven, gebaut. Sehenswert sind die klassizistischen Grabmäler rings um die Kirche, die an den alten Friedhof erinnern.

Protestantische Nüchternheit prägt den Gottesdienstraum.

Gottfried Menken. Und im »Hafenhaus«, dem ersten Gebäude Vegesacks, folgt ein festliches Essen.

Der erste Pastor der protestantischen Gemeinde ist Hermann *Hasenkamp* (1821–34). Ihm wird eine »umfassende Wirksamkeit« nachgesagt. Schon 1833 muß die zu klein geratene Kirche erweitert werden. Das Armenhaus mit neuen Wohnungen, »Zuflucht der Unglücklichsten«, wird eingerichtet. Eine uniierte Schule entsteht. Als Seelsorger, Kunstkenner und Schriftsteller macht sich Pastor Ernst *Baars* (1895–1928) einen Namen. Mit seinen Kindergottesdiensten legt er den Grund einer lebendigen Arbeit mit jungen Menschen, die über das »Ju-

Seelsorger, Kunstkenner, Schriftsteller und Pazifist: Pastor E. Baars.

Im Vieland: Die Gemeinden auf dem linken Weserufer

Von Vegesack, der letzten Station unserer Rundfahrt durch die Gemeinden nördlich der Lesum, können wir mit der Fähre über die Weser setzen. Günstiger für den Fortgang unserer »Kirchenreise« ist es, wenn wir in die Altstadt zurückfahren und den Fluß auf der Wilhelm-Kaisen-Brücke überqueren. Mit einem niederländischen Wort wird das bremische Gebiet hier, im Südwesten der Weser, bezeichnet. Es hält bis in die Gegenwart die Erinnerung an die von Holländern geleitete Kultivierung rings um die mittelalterliche Stadt Bremen wach: das »Vieland« oder »Vilant«, wie es anfänglich geschrieben wurde. Der Name löst bei Unkundigen einen naheliegenden Irrtum aus. Man denkt an sattgrüne Weideflächen, an grasendes Vieh. Damit aber hat das Wort ursprünglich nichts zu tun. »Vi(e)« heißt: niedrig gelegen, moorig. Und das ist die weite, von der Ochtum und ihren Nebenflüssen durchzogene Niederung zwischen Weser und Delmenhorster Geest bis um 1000 n.Chr. tatsächlich gewesen. Wo jetzt Siedlung an Siedlung sich reiht und schneller Verkehr fließt, dehnte sich seinerzeit eine mit Weiden und Erlen bestandene Einöde aus. Die Deiche waren noch kümmerlich, häufige Überschwemmungen die Folge.

Auch aus anderen Gründen galt diese Gegend als nicht ganz geheuer. Von »Wolfsrudeln im grausigen Wettgesang mit Eulen« berichtet der Chronist Adam von Bremen im 11. Jahrhundert. Und noch 1650 wurde ein Landmann, der dort unterwegs war, von den Raubtieren angefallen. Glücklicherweise führte der einen großen Zuber mit sich, unter dem er Schutz suchen konnte.

Drei Regionen sind links der Weser zu unterscheiden. Sie haben ihren besonderen Charakter und sind, was die kirchliche Geschichte angeht, eigene Wege gegangen: das Obervieland, die Neustadt und das Niedervieland. Die Gemeinden dieser drei Gebiete sind zunächst vom Domkapitel kontrolliert worden. Seit der ersten Hälfte des 11. Jahrhunderts gehörten sie zur Großpfarre St. Veit (Unser Lieben Frauen), 1229 mit der Aufteilung der Altstadt in drei Pfarrbezirke, ist die »Kontrolle« der Vieland-Gemeinden auf die »Kerkheren« von St. Martini übergegangen.

Allem Anschein nach hat die Kolonisation der Ochtum-Niederung vom *Obervieland* ihren Ausgang genommen. Die etwa 35 Quadratkilometer große Fläche erstreckt sich zwischen drei nicht mehr vorhandenen Befestigungswerken, dem frü-

Die Weserkarte M. Merians von 1653 zeigt die Ortschaften im Vieland und ihre Kirchen.

Partie im Vieland.

heren »Warturm« (»Warturmer Heerstraße«) im Westen, Habenhausen und Arsten im Osten und Kattenturm im Süden. Zu diesem oberen Vieland gehört, genau genommen, auch die *Neustadt*. Sie wurde unter dem Eindruck der auf die Reformation folgenden militärischen Auseinandersetzungen angelegt und sollte die Altstadt gegen Angriffe von der linken Weserseite decken. In ihrem Bastionenkranz befanden sich das Süder- oder Hohentor und das Ostertor, auch Buntentor genannt. Erst gegen Ende des 19. Jahrhunderts wurden die Festungsgräben im Süden zugeschüttet. Die Stadt wuchs in das seit 1184 kultivierte Neuenlander Feld hinaus. In diesem Raum liegt der Bremer Flugplatz. An das Neustadtgebiet grenzt, nach Nordwesten, das rund 33 Quadratkilometer große *Niedervieland*. Hier reihen sich, von Hafenanlagen durchsetzt und geschmälert, die ehemaligen Deichdörfer mit ihren Gemeinden bis auf die Höhe von Altenesch aneinander.

Ein Kriegskind und seine Nachkommen: Die St. Pauli-Familie

Eigentlich müßten wir bei der Beschreibung des kirchlichen Lebens auf dem linken Weserufer mit St. Johannes-Arsten, St. Georg-Huchting oder St. Jacobi-Seehausen beginnen. Diese Gemeinden sind an Würde des Alters allen anderen weit überlegen. Wir wenden uns jedoch mit Bedacht zuerst der Neustadt zu. Sie muß man, von der Altstadt kommend, bei einem Rundgang durchs Vieland jedenfalls passieren. Vor allem aber ragt der Stammbaum der ersten Neustadt-Gemeinde, St. Pauli, bis weit in den Süden an die bremische Staatsgrenze.

Würden wir die 1244 erstmals erwähnte »Große Weserbrücke« – jetzt nach dem Nachkriegsbürgermeister Wilhelm Kaisen benannt – vor 300 Jahren überschritten haben, so erblickten wir gleich zur linken Hand die kürzlich erbaute kleine Saalkirche *St. Pauli* (1682) mit ihrem Dachreiter. Der Verkehrsplanung der Nachkriegszeit ist sie hinter die Häuserfronten der Osterstraße ausgewichen. Freilich hat es nahezu zweihundert Jahre gedauert, bis die Geburt der ersten Tochter sich abzeichnete: *St. Jakobi* am Buntentor (1855).

Dann aber ging es mit der stärkeren Bebauung, der Ansiedlung von Brauereien, einer Reismühle und anderen Wirtschaftsbetrieben Schlag auf Schlag. Um die Gastfeldstraße 53 bildete sich in diesen Jahren ein neuer Gemeindekern, der wenig später einen eigenen Pastoren bekam und sich »*Zion*« nannte. Um 1900 setzte am westlichen Rand der Neustadt eine ähnliche Entwicklung ein, die anfänglich ganz von engagierten Nichttheologen getragen wurde. Sie führte zur Entstehung der *Hohentorsgemeinde* (1927). Dieser Name rührt von dem inzwischen verschwundenen alten »Südertor« her. Zugleich wuchs die Neustadt über den 1627 angelegten Befestigungsring südwärts ins Neuenlander Feld hinaus. Bis in die jüngste Zeit verdichtete sich schubweise die Ansiedlung, das Neustädter Industriegelände entstand, ein modernes Verkehrsnetz quer durchs Vieland, der Bremer Flughafen. Und in der Gartenstadt Süd folgte mit größerem zeitlichen Abstand 1966, als letzte Gründung im erweiterten Neustadtbereich, die *Matthias-Claudius-Gemeinde*, Enkelin von St. Pauli, Tochter von St. Jakobi und Zion. Ein anderer Zweig der St. Pauli-Familie ist die weit in den Südosten des Vielandes sich entwickelnde *St. Markus*-Gruppe. Ihr werden wir in einem späteren Kapitel nachgehen.

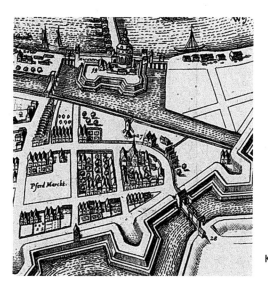

Die Bildlegende zur Vogelschau M. Merians von 1641 weist eine »Neue Kirch« bei Nr. 27 aus (Bildmitte). Zu diesem Zeitpunkt existierte zwar eine Gemeinde in der Neustadt, aber die eigentliche St. Pauli-Kirche wurde erst vierzig Jahre später gebaut.

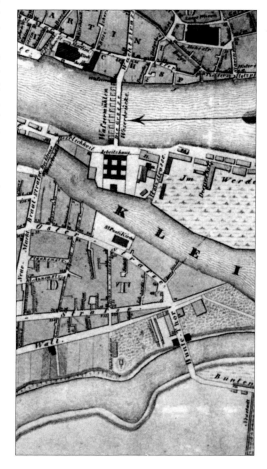

Die lithographierte Karte von G. Hunckel, 1837, zeigt St. Pauli noch immer als einzige Kirche der Neustadt.

163

St. Pauli

So seltsam es klingt – die Bremer Neustadt und damit die St. Pauli-Gemeinde verdanken ihre Existenz einem Krieg: dem »Dreißigjährigen« nämlich. Um die verwundbare Weserseite der Stadt auch gegen Artillerie-Angriffe möglicher Gegner zu schützen, ließ der Rat ab 1623 nach Plänen des niederländischen Ingenieurs Johan van Valckenburgh um das Süderufer einen Befestigungsgürtel legen. Die umbaute Fläche, etwa ebenso groß wie die Altstadt, sollte mit wehrfähigen Einwohnern besiedelt werden. Der »Süder Ort« war 1627 bezugsfertig – gerade rechtzeitig, um näherrückende Truppen abzuschrecken.

Bislang war das bremische Gebiet links der Weser bei St. Martini eingepfarrt. Doch mit der wachsenden Zahl der Neustädter mehrten sich die Klagen über den oft beschwerlichen Weg in die Altstadt. So regte sich der Wunsch, im »Süder Ort« eine eigene Gemeinde zu bilden. Gegen erhebliche Widerstände entschied der »ehrenveste, grossachtbare, hochweise, ehrbare, hoch- und wohlgelahrte, grossgünstig gebietende, liebe« Rat der Stadt 1639, ein neustädtisches Kirchspiel einzurichten. Er verordnete ihm auch sogleich den »wohl-

ehrwürdigen Conradius *Laelius* zum rechtmässigen Prediger und Seelenhirten der wahren und allein reformierten Religion«. So zu lesen in der Geburtsurkunde der St. Pauli-Gemeinde. Nun hatte sie einen Pastoren, »Baumeister«, Diakone, Organisten, Küster, Bälgetreter und »Leichenbestäter«, mußte sich aber noch lange mit einem zum Versammlungsraum umfunktionierten Wohnhaus an der Osterstraße behelfen. Diese »ole Kark« bekam den Namen des Völkerapostels Paulus, wie ihre beiden Nachfolgerinnen.

Trotzdem kam man schon damals gern von der anderen Weserseite herüber, um die eindrucksvollen Predigten des Pastors H.B. *Meyer* zu hören. Er hat die Fertigstellung der »richtigen« St. Pauli-Kirche, 1682, nicht mehr erleben dürfen. Dieser schlichte, mit einem Dachreiter gekrönte Saalbau ist zum Muster für viele spätere bremische Kirchen geworden. Seine Lage auf einem ehemaligen Mühlenberg, Schenkung aus dem Erbe der Ratsherrenwitwe Christine *Grevaeus*, schützte sie zwar gegen Hochwasser. Die Gemeinde selbst war jedoch stets aufs neue von Überflutungen betroffen. Dann mußte sie mit Booten von der Altstadtseite her versorgt werden. Außerdem hatten sich die Neustädter noch über hundert Jahre mit minderen Rechten zu begnügen, und viel später als

Aus ihrem Erbe kam das Grundstück: Christine Grevaeus.

Die in holländischem Stil erbaute Saalkirche mit dem Dachreiter war Modell für mehrere andere Kirchen in Bremen. Aufnahme von 1910.

»drüben« gab es hier gepflasterte und beleuchtete Straßen. Besser waren da die wohlhabenden Altstadt-Bürger dran, die in der westlichen Neustadt nur ihre zum Teil raffiniert ausgestalteten Gärten und Wochenendhäuser hatten.

Einige der St. Pauli-Pastoren sind über die Kirchspielgrenzen hinaus bekannt geworden. L.G. *Treviranus* (1676–1757) führte die Konfirmation mit Prüfung und Gelöbnis ein. Gottfried *Menken*, 1802 durch Vermittlung des Bürgermeisters von Post gewählt, zog mit seinen hinreißenden Bibelauslegungen wahre Besucherströme in die Neustadt-Kirche. In C. *Iken* (1769–1830) gewann St. Pauli zur rechten Zeit einen auch organisatorisch sehr befähigten Pastor. Kritischen Blickes durchschaute er die sozialen und geistigen Veränderungen, die das Industriezeitalter mit dem massenhaften Zuzug von Arbeitern in die Gemeinde hereintrug: manchem

Neustädter »sind Kirche und Christentum fremd geworden«. Vor der Kirche habe ein Zigarrenmacher geäußert, er begriffe nicht, wie man in unseren aufgeklärten Tagen noch solche »Volksverdummungsmaschinen« bauen könne.

Die nüchterne Diagnose der Lage und der ständige Anstieg der Bevölkerungsziffer im »Süder Ort« (1880: 11.000 Einwohner) löste im Verein mit der Bremer »Inneren Mission« eine noch heute bewunderungswürdige Aktivität aus. St. Pauli wurde kirchlich-soziales Hauptquartier der Stadt-Mission. In vier Distrikten, zwei Gemeindehäusern, sechs Sonntagsschulen, drei »Kinderbewahranstalten«, zwei Volksbibliotheken und mit Hilfe einer Diakonisse ging man den Menschen nach. In drei Gebieten mit besonders hoher Wohndichte bildeten sich neue Schwerpunkte, aus denen bald die Tochtergemeinden Jakobi, Zion und Hohentor wurden. Namentlich

dem Kindergottesdienst widmete sich (ab 1905) der Pastor und Ehrendoktor der Theologie J. *Piersig*, der sich später entschieden gegen die nationalsozialistische Heilslehre stellte. In einem vielgelesenen Büchlein über die Gebetserziehung der Kinder schrieb er: »Ein kleiner Bub betet: ›Ich bin klein, Herze rein, niemand drin wohnen, Jesulein‹. Es ist mir ganz gewiß, daß der Vater im Himmel auch an solch einem verstümmelten Kindergebet sein Wohl-

Links von der Kirche befand sich das 1860 erbaute weiße Pastorenhaus. Aufnahme von 1910.

Auch Bürgermeister Duckwitz war lange Jahre aktives Mitglied der Neustädter Gemeinde.

Auf Initiative der St. Pauli-Gemeinde entstand 1844 die erste Kinderbewahranstalt am Buntentorsteinweg. Aufnahme um 1910.

Reichshandelsminister A. *Duckwitz* (gest. 1881). Mehrere Jahre war er, als Neustädter Bürger, Diakon und Bauherr der Gemeinde.

Den schwersten Verlust erlitt sie 1944, als die zweite St. Pauli-Kirche bei einem Luftangriff völlig zerstört wurde. Erst nach einem zehnjährigen Provisorium konnte die Bremische Evangelische Kirche ein Grundstück am Neuen Markt erwerben, auf dem man zunächst (1956) das Gemeindehaus mit Nebengebäuden errichtete. 1967 folgte die Einweihung der dritten St. Pauli-Kirche. Architekt war Jan Noltenius. Einer der Nachkriegspastoren, Hans Georg *Binder*, war Schriftführer der Bremischen Evangelischen Kirche und später Militärbischof.

Nach mehreren kleineren Schäden im Krieg (oben) wurde die alte St. Pauli-Kirche 1944 völlig zerstört (unten). An ihrer Stelle wurde 53 Jahre später das neue St. Pauli-Stift errichtet (rechts).

gefallen hat«. Ein aufrechter Zeuge des Evangeliums ist A. *Mallow* (1917–39) der St. Pauli-Gemeinde gewesen. Der Nazi-Bischof Weidemann suchte ihn zwangsweise zu pensionieren. Aus seinen Aufzeichnungen geht hervor, wie tatkräftig Bauherren und Diakone den Seelsorger auch in schweren Zeiten für seine eigentlichen Aufgaben freistellten. Von den vielen ehrenamtlichen Mitarbeitern sei stellvertretend nur einer genannt: der Bürgermeister und

Die St. Pauli-Gemeinde versteht sich als Begleiterin von Familien in ihren verschiedenen Lebensphasen. Die Arbeit mit Kindern hat dabei einen besonderen Stellenwert. Kindertagesheim und Hort nehmen einen wichtigen Platz ein: sie gehören zu den größten innerhalb unserer Landeskirche. Große Bedeutung hat auch die Zuwendung zu alten Menschen. So ließ die Gemeinde 1997 durch das Architektenbüro Prof. *Schomers* und *Schürmann* an der Stelle der 53 Jahre zuvor zerstörten zweiten St. Pauli-Kirche das St. Pauli-Stift errichten. Dort befinden sich 35 betreute Seniorenwohnungen mit Service-Einrichtungen. Der dem Stift angeschlossene Pflegeverband führt die Arbeit der ehemaligen Gemeindeschwestern fort.

Auch die Diakonie wirkt im 4. Jahrhundert ihres Bestehens weiter. Wichtig ist ferner die Auseinandersetzung mit dem Judentum und dem Staat Israel. Weit über die Sprengelgrenzen hinaus ist schließlich die Kirchenmusik bekannt geworden. Besonders die St. Pauli-Kantorei und der Kammerchor unter der Leitung von Sigrid *Bruch* haben sich durch hochrangige musikalische Darbietungen ausgezeichnet.

Ebenso wie der benachbarte »Kleine Roland« grüßt der schlanke Glockenturm der neuen St. Pauli-Kirche die Altstadt über die Weser hinweg. Die Betonglasfenster des achteckigen Gottesdienstraumes, ein Werk von A. *Kröning*, versinnbildlichen das gefährdete, aber durch die Liebe Gottes ermutigte Leben des Christen in der Welt. Auf die erneuernde Kraft des Heiligen Geistes weisen die Taubenfiguren hin, die das Taufbecken tragen. Von W. *Wadephul*, der auch die Metallarbeiten ausführte, sind die Prophetenköpfe hinter dem Taufstein geschnitzt. Die *Kleuker*-Orgel läßt die Darbietung auch anspruchsvoller Kirchenmusiken zu. Der kunstvolle untere Teil des Orgelprospektes in der Seitenkapelle ist ebenso wie die barocken Abendmahlsgeräte und eine über der Sakristeitür angebrachte Portalkrönung mit Bürgermeister-Wappen aus der zerstörten Kirche gerettet worden. Ein Grabstein neben der Außentür der Sakristei erinnert an den

letzten Leiter der St. Pauli-Gemeindeschule, die von den Anfängen bis 1909 bestand. Den Haupteingang der Kirche ziert eine wellenumspülte Kogge: Symbol für die immer bedrohte und doch in der Gegenwart des Herrn geborgene Kirche. Auf ihn verweisen die bronzenen Figuren der Türgriffe: der Fisch ist ein altes Christus-Symbol aus der Katakombenzeit der frühen Kirche, von deren Zeugnis auch St. Pauli in unseren Tagen lebt.

Die heutige St. Pauli-Kirche und ihr einfacher Altartisch.

reisenden. Deshalb ist der »Juxmajor«, wie man sich den lateinischen Namen Jacobus major auf volkstümliche Weise verständlich macht, eine echt bremische Gestalt: der Schutzpatron derer, »die auf dem Wege sind«.

Auf dem Wege zur Selbständigkeit bleibt die Gemeinde selber noch eine ganze Weile. Der erste Prediger, G.D. *Fraedrich* (1876-79), darf nur als Hilfsprediger amtieren. Erst zur Zeit G. *Volkmanns* (1879-1913) gelingt es durch eine Unterschriftensammlung, den Senat von der Existenz einer eigenständigen Gemeindegruppe zu überzeugen. 1884 wird Jakobi von St. Pauli gelöst und ist fortan auch rechtlich eine besondere kirchliche Einheit. Johann Hinrich Wichern, der Initiator mo-

Während des Baus (1875/76, unten) im Gerüst, heute wegen der Bäume auch nur teilweise sichtbar: der Turm von St. Jakobi.

St. Jakobi

Unter Pastor G. Volkmann wurde die Gemeinde selbständig.

Wie die Leute im Buntentorviertel zu ihrem Spitznamen »Gelbeene« gekommen sind, ist nicht genau zu sagen. Von den Tabakblättern, die sie sich beim Schmuggeln um die Beine wickelten? Von der lehmigen Erde? Oder gar von jener Brühe, die dem »Schiet-Alfes« unterwegs von seinem Wagen schwappte? Jedenfalls riecht man bei den Berichten über die lange Vorgeschichte St. Jakobis förmlich den ländlichen Duft, der über den Gehöften beiderseits des Buntentorsteinwegs, ehemals Ausfallstraße nach Hannover und Westfalen, gehangen hat. Erst 1870/71 setzt hier eine städtisch zu nennende Bauentwicklung ein. Doch schon 1855 nimmt sich die rührige »Innere Mission« zusammen mit St. Pauli dieses Außenbezirks der Gemeinde an. Stadtmissionare halten Sonntagsschule für die Kinder. »Dürftigkeitsverein«, »Nähverein« und »Arbeitsschule« sind Vorläufer einer modernen Sozialfürsorge. Als die Bevölkerungsziffer des Buntentorviertels überraschend schnell die 5000 überklettert, wird gegen langjährige Widerstände 1876 die ersehnte eigene Kirche, nach Plänen von J. *Rippe*, gebaut und eingeweiht. Namenspatron ist der Jesusjünger Jacobus, dessen vermutliches Grab im spanischen Santiago de Compostela seit dem 11. Jahrhundert zur Wallfahrtsstätte geworden ist. Bremen dient lange als Zwischenstation für die Durch-

derner Diakonie, besucht wenige Jahre vorher das Buntentorviertel.

Er findet »die Gänge hell und voll frischer Luft«. Dennoch ist, an altstädtischen Normen gemessen, der Lebensstandard zu niedrig. Es wimmelt von Zigarrenmachern, Handwerkern, Arbeitern, die sich mehr schlecht als recht über Wasser halten. Viele Frauen müssen berufstätig sein. Darum ist die Anstellung einer Diakonisse dringend erforderlich. Ein Kirchensteuer-System wie heute gibt es noch nicht. Also müssen die Gelder für alle Projekte, auch für das Gemeindehaus (1893), »irgendwie« zusammengebracht werden. Oft greifen die Kirchenvorsteher in die eigene Tasche.

Es sind besondere Menschen, die sich zum Evangeliumsdienst auf diesem Missionsfeld bereitfinden. Unverloren ist die Erinnerung an »Onkel Emma«, die Pastorentochter. Tatkräftig ist sie wie ein Mann, und hinter vorgehaltener Hand heißt es, sie rauche heimlich Zigarren. Der dritte Jakobi-Seelsorger C. *Lange* (1913-43) ist als »Arbeitspastor« im Gedächtnis. Als es einmal irgendwo brennt, sieht man ihn eigenhändig beim Feuerlöschen. Der begnadete Organisator ist zugleich ein frommer

Mann. Der nationalsozialistischen Kirchenregierung leistet er so rabiaten Widerstand, daß man den »Fall Jakobi« per Gesetz erst nach dem »siegreichen Kriegsende bereinigen« will. Die Kirche übersteht den Bombenkrieg unbeschädigt. In ihr feiern die 1945 einrückenden Alliierten das Ende der Kampfhandlungen gemeinsam mit der Gemeinde. Es ist der erste bremische Gottesdienst nach der Katastrophe.

Mit einer durch den Nazi-Terror unveränderten kirchlichen und geistigen Verfassung kann man in die Nachkriegszeit aufbrechen. Einen breiten Raum nimmt die Jugendarbeit ein. Der Jakobi-Kantor Georg *Reuter* erweist sich als fähiger Komponist.

in Gebrauch genommen werden. Ein aus Spenden angeschaffter Kleinbus befördert Kinder, ältere und behinderte Leute. 1995 wird einem Mitglied der Gemeinde-Diakonie, Helga *Behrens*, vom Diakonischen Werk das »Kronen-Kreuz in Gold« verliehen.

Ihre geistlichen Impulse empfängt die Jakobi-Gemeinde vor allem in dem Gottesdienstraum. Hier hat der Maler H. *Oetken* aufs neue seine Kunst erwiesen. Von A. *Kröning* stammen die farbigen Glasfenster. Das zentrale im Altarraum will in die Pfingstgeschichte versetzen. Der neue Taufstein ist eine Gemeinschaftsarbeit von J. *Noltenius* und K. *Claussen-Finks*. Drei Glocken rufen die Jakobi-Gemeinde seit 1953 zum Gottesdienst.

> Ihre geistlichen Impulse empfängt die Jakobi-Gemeinde vor allem im Gottesdienstraum.

> Drei Glocken rufen die Gemeinde – und sie kommt zahlreich herbei.

Seine »Meditation über den 125. Psalm« wird in der Kirche uraufgeführt. Es ist der Anfang kontinuierlicher Konzertveranstaltungen. Und über Bremens Grenzen hinaus greift der Name der Gemeinde, seit das Motorschiff »Jakobi-Turm« 1972 in Lauenburg vom Stapel gelaufen ist.

Auch in den folgenden Jahrzehnten häufen sich die Ereignisse: 1991 kehren katholische und Bundeswehrsoldaten auf ihrer Jakobus-Wallfahrt zu einem ökumenischen Gottesdienst ein. 1992 wird der Kindergarten »Arche« am Buntentor wiedereröffnet. 1993 kann das rundum erneuerte alte Gemeindehaus mit einer Unterkunft für Obdachlose

erste Zionskirche, nach Plänen des Architekten *Weyhe* im Basilikastil erbaut, wurde 1894 eingeweiht. Sie ist 1942 den Bomben zum Opfer gefallen und vollständig ausgebrannt.

Lange zuvor hatte sich, im Randgebiet des Buntentorviertels, eine eigenständige Gemeinde gebildet. Zumeist waren es Arbeiter, die sich hier ansiedelten. In den siebziger Jahren des 19. Jahrhunderts wuchs die Bevölkerung des Stadtteils sprunghaft: von 5000 auf 11.000 Einwohner. Außer St. Jakobi wurde ein weiteres kirchliches Zentrum notwendig. Das war zunächst die Gastfeldstraße 53. Man nannte das Haus »Spielschule« oder »Kinderbewahranstalt«. Aber nicht nur soziale Dienste wurden, den Anregungen J.H. Wicherns folgend, angeboten. Auch Bibelstunden und Gottesdienste fanden unter diesem Dach statt. Die Initiative ging von St. Pauli aus, der »Muttergemeinde« der gesamten Bremer Neustadt. Missionare sprangen in die Bresche, bis der erste Zions-Pastor Gustav *Müller* (gest. 1914) an die Arbeit gehen konnte. Ihm lag daran, einen »Stamm von Bekennern« zu sammeln, besonders unter der Jugend. Nach einem Probejahr wurden Konfirmierte in den sogenannten »Bund« aufgenommen und feierlich verpflichtet. Bald betrieb die keineswegs betuchte Kerngemeinde mit Kleinstspenden im Pfennigmaßstab den Bau einer eigenen Kirche. Mit zusätzlicher Hilfe aus der Altstadt kam er 1894 zustande.

Volkstümlich ist die Verkündigung der Zions-Gemeinde seit ihren Anfängen gewesen. Sonst hätte man die Bevölkerung des Viertels schwerlich erreicht. So die vielen Parzellisten, die allsonntäglich in ihre Gärten (»Min Land«) zogen. Ihnen wurden zur Sommerzeit auf dem Gelände des »Kuhhirten« Gottesdienste gehalten. Das sprach auch die Schausteller des Freimarkts an. Haberjahns Hippodrom verwandelte sich zeitweilig zum Kirchraum, und die Liliputaner ließen sich gern in das Gemeindehaus an der Gastfeldstraße einladen. In den Jahren des Kirchenkampfes zählte Aaeilt *Kramer* (1921-46) zu jenen Pfarrern, die in der Neustadt eine Bekenntnisgruppe bildeten.

Erst 1948, in der vierten Pastorengeneration, hat die Zionsgemeinde ihre Unabhängigkeit von St. Pauli erhalten. In den folgenden Jahren ist sie vor allem durch ihre Theatergruppe unter der Leitung von Pastor Friedrich *Gerlach* (gest. 1984) über Bremen hinaus bekannt geworden. Gerlach gehörte mit den Stephani-Pfarrern *Greiffenhagen* und *Garlipp* zu den vielgenannten »drei Gs«, die gemeinsam gegen einen restaurativen Kurs in Kirche und Politik auftraten. In seine Amtszeit fällt auch der maßgeschneiderte Bau der zweiten Zionskirche

Zionsgemeinde

Wer die Weser auf der Wilhelm-Kaisen-Brücke in Richtung Neustadt überquert hat, dem zeigt sie schon auf der Höhe des Leibniz-Platzes ihre Turmspitze: die Zionskirche. Ziemlich genau im Süden erkennt man über den Dächern das Kreuz auf der stilisierten Weltkugel. Das Zion in der Kornstraße trägt bereits als zweites Bauwerk diesen biblischen Namen. Er soll an den Jerusalemer Tempelberg erinnern, den verheißenen Ort der Rettung und Sammlung, die »Wohnung Gottes« (Ps. 74,2). Die

Schon von weitem grüßt die Weltkugel auf der Turmspitze.

nach Entwürfen des Architekten Carsten *Schröck* (1923–73). Die Grundsteinlegung erfolgte 1955. Von vornherein war daran gedacht, den gottesdienstlichen Raum in ein Gemeindezentrum einzubeziehen. Und natürlich mußte es eine Bühne haben. Geistliches und Weltliches sollten eine Einheit bilden. So fügt sich die Gesamtanlage denn auch nahtlos in das Profil der Kornstraße ein.

Der helle Kirchenraum beeindruckt durch seine Schlichtheit. Er ist frontal auf den tischartigen Altar vor der unverputzten Backsteinwand ausgerichtet, flankiert von Kanzel und Taufschale. Wortverkündigung und beide Sakramente sollen die Schwerpunkte gottesdienstlichen Geschehens sein. Dem korrespondiert, wie eine Antwort der Gemeinde, der vielwinklig in den Raum vorschwingende Prospekt der Orgel aus der Wilhelmshavener Werkstatt Alfred *Führer* (1958). Besonders bei Sonneneinstrahlung leuchten die Farben des Glasfensters seitlich neben dem Altar lebhaft auf. Es ist nach einem Entwurf des Fischerhuder Künstlers Erhart *Mitzlaff* (geb. 1916) angefertigt und stellt in großflächiger Zusammenschau den Palmsonntagsritt Jesu nach Jerusalem dar.

Der feingegliederten Strenge der Architektur entspricht die Verkündigung: Gemeinde ist gehalten, die Gnade Gottes auf alle Bereiche des Lebens zu beziehen – daher die Mitarbeit in der Solidaritäts- und Friedensbewegung, der Einsatz für Versöhnung mit den Völkern Osteuropas und für die Rechte ehemaliger Zwangsarbeiter.

Der einzige »Schmuck« im Gemeindehaus ist eine handgeschnitzte Abendmahlsszene: das Geschenk des Großonkels eines polnischen Zwangsarbeiter-Jungen, der 1942 mit dem Fallbeil hingerichtet wurde.

Jesu Einzug nach Jerusalem. Palmsonntagsfenster von Erhart Mitzlaff.

Nur noch Erinnerung: die 1942 ausgebrannte alte Zionskirche.

171

Hohentors-Gemeinde

An einen Durchlaß im Westabschnitt der einstigen Neustadtbefestigung erinnert der Name der Gemeinde. Außer einer Figur ist nichts von diesem Tor erhalten. Die Stadtentwicklung hat auch die letzten Reste weggefegt. Freilich ergriff sie das Hohentorsviertel zwei Jahrzehnte später als die östliche Neustadt. Vorwiegend Ostpreußen und Hannoveraner siedelten sich hier im letzten Viertel des 19. Jahrhunderts an. Das Werden der Gemeinde liest sich wie ein Report aus der Frühgeschichte der Kirche. Vor allem wagemutige Nichttheologen sind es, die das Evangelium, unterstützt von St. Pauli, in die Bevölkerung hineintragen. Emmy *Kulenkampff*, eine wohlhabende Dame aus der Altstadt, ist zu nennen und besonders Konrad Freiherr von *Uexküll* mit seiner »Frau Baronin«. Ohne theologische Vorbildung, nur von der Kraft des Glaubens bewegt, beginnen sie mit ihren Hausbesuchen kreuz und quer durch das Viertel. Einen räumlichen Mittelpunkt schaffen sie erst später, als die Sammlung vieler Familien danach drängt: das »Johann-Heinrich-Stift«, Hohentorsheerstraße 59. Eine Sonntagsschule für Kinder wird ins Leben gerufen, ein Männerchor, der »Mädchenverein«, Flick-, Näh und Singstunden fördern die

Gemeinsamkeit. Als die Uexkülls 1907 in ihre estnische Heimat zurückkehren, kann man gut neutestamentlich sagen, die junge Gemeinde ist aus »lebendigen Steinen« zusammengesetzt worden.

Mit Pastor Ernst *Bochc* (1907–34) tritt, mehr als anderthalb Jahrzehnte nach diesem erwecklichen Frühling, der erste »richtige Pastor« in die verheißungsvolle Arbeit ein. Sein Wahlspruch: »Man steckt sich eine Bibel in die Tasche und läßt sich die Stiefel besohlen«. »Pedal-Theologie«, Hausbesuche – sie sind die Hauptursache seines Erfolges. Bald zählt man 104 Kindergottesdienstkinder. Boche tauft gern in den »guten Stuben« der Gemeinde. Eine gemütliche Kaffeetafel schließt sich an. Manchmal finden drei Trauungen hintereinander statt. Und das noch im »Stift«, dessen Gemeindesaal aus zwei miteinander verbundenen ehemaligen Wohnzimmern besteht. Nach dem Stadtmissionar *Palm* findet sich die Diakonisse Gesine *Lewerenz* zu zwanzigjährigem Dienst am Hohentor bereit. Ein Diakon, ein Organist sind die weiteren hauptamtlichen Mitarbeiter. Und 1927 ist es so weit, daß die Gemeinde mit eigener Verfassung eine beschränkte Unabhängigkeit von der Mutter, St. Pauli, erhält.

Natürlich sind schon längere Zeit hindurch Überlegungen zu einem Kirchbau im Gange. 15.000 Gemeindeglieder – und kein Gotteshaus! Der »Kirchbauverein« wird gegründet. Man ist fleißig beim

Die zweite Hohentorskirche.

Herrschaft werden durch die Wiederherstellung der alten Verfassung getilgt.

Zwanzig Jahre später erst, 1966, wird die zweite Hohentorskirche eingeweiht. Dem Geist der neuen Zeit sind Friedrich Schumacher und Claus *Hübener* gerecht geworden. Von der Hohentorsheerstraße aus betritt der Besucher durch einen schlichten Kreuzgang – »Lärmschleuse« und Zone der Sammlung – und eine schöne Glastür den hellen Langbau. Vier Fensterpaare aus blauem Glas (Hermann *Oetken*) wandeln das biblische Symbol des Wassers ab. Es wird aufgenommen von dem Taufstein, den Walter *Wadephul* aus belgischem Granit geschaffen hat. Durch die abstrakten Formenfelder des farbigen Nordfensters (Albrecht *Kröning*) über der Empore fällt gefiltertes Licht. Der Blick wird auf einen schlichten Altar aus dunklem Quarzgranit gelenkt. Das Holzkreuz trägt die Inschrift »Ich bin der Erste, der Letzte und der Lebendige«. Die Orgel ist in der Hamburger Werkstatt von *Beckerath* hergestellt worden. Von dem 26 Meter hohen Turm laden die drei Glocken der Gießerei *Otto*, Hemelingen, zum Gottesdienst der Hohentors-Gemeinde ein, die heute dem »evangelikalen« Flügel der bremischen Kirche zuzurechnen ist.

Ins Licht gesetzt: Altarkreuz mit der Zusage Christi »Ich bin der Erste, der Letzte und der Lebendige«.

Während die erste Hohentorskirche im Zweiten Weltkrieg zerstört wurde, ist das Gemeindehaus erhalten geblieben.

»Klinkenputzen«. Aber die Inflation frißt alles Gesammelte weg, 1929 beginnt die Gemeinde finanziell wieder am Nullpunkt. Die zündende Idee stellt sich ein: eine Lotterie. Zu gewinnen sind ein Haus, eine Madeira-Reise, silbernes Besteck. Und den ersten Preis, es erscheint wie eine Fügung, gewinnt ein bedürftiges Ehepaar. Mit den »Tipp-Geldern« und einem Zuschuß aus dem Budget der Bremischen Evangelischen Kirche kann endlich – über vierzig Jahre nach den Anfangsschritten – die erste Hohentorskirche gebaut und 1932 eingeweiht werden. Architekt ist der Bremer Rudolf *Jacobs*. Er verwirklicht einen Klinkersaalbau mit hohem Dach, Staffelgiebeln und eigenwillig an das Gebäude angelehntem Turm. Erst 1948 wird die Gemeinde, die während des »Dritten Reiches« in die Opposition gegen die »Deutschen Christen« gegangen ist, selbständig.

Nur zwölf Jahre lang ist ihr die schöne, maßvoll moderne Kirche vergönnt geblieben. Ein Luftangriff, 1944, löscht 75 % des Hohentorsviertels aus. Die Kirche brennt aus, die Mauern stürzen später zusammen. Aber das Gemeindehaus ist erhalten geblieben. Pfingsten 1945 findet der erste Nachkriegsgottesdienst statt. Die Spuren der Nazi-

Matthias-Claudius-Gemeinde

Gartenstadt-Süd heißt es nun auf dem Stadtplan, das den Bulldozern zum Opfer gefallene Kleingartengelände zwischen Gastfeld- und Neuenlander-, Meyerstraße und Kirchweg. Wieviel Schmerzen der Abschied von den liebevoll gepflegten Grundstücken auch immer gekostet hat: Neues Grün hat zwischen den Straßen und Häusern der Wohnstadt seinen Einzug gehalten, die seit Mitte der fünfziger Jahre die frühere Laubenwelt verdrängte.

1957 waren die ersten Wohneinheiten bezugsfertig – in diesem Gebiet, das kirchlich St. Jakobi und Zion zugehörte. Doch sehr bald zeichnete sich ab: das Neubaugebiet würde einen anderen Charakter haben als das alte Viertel nördlich der Gastfeldstraße. Und aus den 1958 begonnenen Überle-

gungen wuchs der Plan eines Gemeindezentrums als »Dependance« von St. Jakobi. Zug um Zug wurde das Konzept seit 1963 verwirklicht, während Pastor Max-Georg *Gutknecht-Stöhr* (1962–64) bereits als erster Seelsorger im Wohnquartier tätig war. In seinen Spuren setzte das Pastoren-Ehepaar Ernst *Nasner* (ab 1964) den Aufbau der Jakobi-Filiale fort. Dabei gewann sie immer spürbarer an Eigenständigkeit. So war es folgerichtig, daß der bremische Kirchentag die Gemeinde 1966 von der Mutter abnabelte und sie förmlich in die Unabhängigkeit entließ.

Matthias Claudius (1740–1815) ist seitdem ihr Namenspatron und »guter Geist«. Wer denkt dabei nicht an den »Wandsbecker Boten«? Sein unsterbliches Lied »Der Mond ist aufgegangen«, das in eine Bitte für »den kranken Bruder«, den geplagten Mitmenschen ausklingt? Ein Romantiker, wie viele meinen, ist er nicht gewesen. Einfache Frömmigkeit paarte sich in diesem überzeugten

Der Namenspatron und das Gemeindezentrum: Matthias-Claudius-Gemeinde.

evangelischen Christen mit realistischem Weltwissen – Eigenschaften, die man der Kirche, die man dieser nach ihm benannten Gemeinde im Blick auf die Gegenwart mit ihren vielen Problemen nur wünschen kann.

So glücklich sich das von Jan *Noltenius* entworfene Zentrum (1966) in die Flucht der benachbarten Reihenhäuser einfügt – ganz ohne »Stürme« verliefen die Start-Jahre der Matthias-Claudius-Gemeinde nicht. Heftige Proteste löste der »Lärm« aus, den die vier Glocken im freistehenden Turm erzeugten – sie alle, wie die meisten bremischen, bei *Otto* in Hemelingen gegossen. Inzwischen dämpfen Lamellen in den Schallöchern das Geläut. Aber viele Menschen ließen sich rufen. Vom ersten Augenblick an war eine aktive Beteiligung der jungen Wohngemeinde am reich gefächerten kirchlichen Leben zu verzeichnen. Der Gottesdienst steht im Mittelpunkt. Bei aller »Solidität in der Grundordnung« ist er offen für Variationen. Beispielsweise gibt es spezielle Gottesdienste für Familien, für Jugendliche. Die Gemeinde hört nicht nur zu, sie wirkt an der Gestaltung mit. Seit 1997 besteht übrigens eine enge Kooperation auf musikalischem Gebiet mit der St. Markus-Gemeinde.

Neben den laufenden Zusammenkünften mehrerer Kreise und Gruppen wird das gesellige Leben in vielfältiger Weise gepflegt. Freizeiten, Ausflüge, Feste, der Adventsbasar und, seit 1998, ein beliebter Kinderspielplatz sind Anlässe, fröhlich Tuchfühlung miteinander aufzunehmen. Ein Gemeindebrief, der »Claudius-Bote«, stärkt den Zusammenhalt. Zu einem ausgesprochenen Schwerpunkt ent-

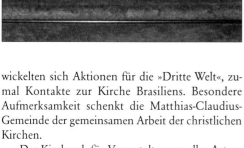

Schieferboden der hellgraue Muschelkalkblock des Altars. Über ihm: das gedrungene, mit farbigem Email versehene Bronzekreuz. Es ist ebenso wie die Leuchter und die bronzene Taufschale von dem Bildhauer *Wadephul* gestaltet. Links neben dem Altar erhebt sich der Taufstein aus Muschelkalk. Die schlichte Kanzel zur Rechten ist aus mittelbraunem Holz gearbeitet. Auf der Empore: der Prospekt der *Führer*-Orgel, der sich mit seiner klaren Linienführung in den Stil des Hauses einpaßt.

In jeder Weise einladend: der Eingang ebenso wie die Fensterfront des Kirchsaals. Der Altar besteht aus einem Muschelkalkblock.

wickelten sich Aktionen für die »Dritte Welt«, zumal Kontakte zur Kirche Brasiliens. Besondere Aufmerksamkeit schenkt die Matthias-Claudius-Gemeinde der gemeinsamen Arbeit der christlichen Kirchen.

Der Kirchsaal, für Veranstaltungen aller Art zu nutzen, ist von der durchgehenden Fensterfront an der Westseite her belichtet. Albrecht *Kröning* hat in dem Farbenspiel der Glasflächen dem ersten Schöpfungswort »Es werde Licht« bildlich Ausdruck verliehen. Vor der lebhaft strukturierten Südwand steht leicht erhöht auf anthrazitfarbenem

St. Pauli wird Urgroßmutter: Die Markus-Familie

Von der Bedeutung der St. Pauli-Gemeinde für die kirchliche Entwicklung auf dem linken Weserufer bekommt man erst eine deutliche Vorstellung, wenn man ihren Stammbaum über die Grenzen der früheren Neustadt in das obere Vieland hinein verfolgt. Hier entsteht nach dem Zweiten Weltkrieg eine neue Zweiggruppe, die wir nach dem Erstling die St. Markus-Familie nennen können.

Über St. Jakobi im Buntentorviertel ist diese Markus-Familie abstammungsmäßig mit St. Pauli verbunden. In kluger Voraussicht hatte der Jakobi-Vorstand schon früh mit einer selbständigen Entwicklung seines Südbezirkes gerechnet und am Arsterdamm eine Filiale in Aussicht genommen. Die Zeit dafür ist reif, als sich die weithin noch leeren Flächen bis hinunter nach Kattenturm seit den vierziger Jahren mit atemberaubender Geschwindigkeit zu füllen beginnen. 1955 steht *St. Markus*, vorher zweiter Pfarrbezirk von St. Jakobi, auf eigenen Füßen. Doch schon wenige Jahre später kann auch diese Enkelin von St. Pauli angesichts des rasanten städtebaulichen Fortschritts in ihrem Bereich bis zur Ochtum längst nicht mehr alle »Markianer« erreichen. Also wird es dankbar begrüßt, daß die Familie Meybohm ihr Haus an der Kattenturmer Heerstraße 350 für Gottesdienste öffnet, bis sich aus bescheidenen Anfängen in Kattenesch die erste Markus-Tochter, *Thomas*, bildet. Sie, die erste Urgroßtochter St. Paulis, erhält 1962 ihre Unabhängigkeit. Der Zweig des Markus-Stammbaumes ist schließlich komplett, als das »Arster Feld« im Südosten des Vielandes bebaut und bezogen wird. Als zweite Markus-Tochter, Urenkelin von St. Pauli und vorläufig letzte Gemeindegründung der Bremischen Evangelischen Kirche, erblickt 1974 die *Abraham-Gemeinde* das Licht der Welt.

Wo alles begann: Das bereits 1928 von der Jakobi-Gemeinde erworbene ehemalige Poppesche Landhaus am Arster Damm wurde zum Gemeindehaus der späteren St. Markus-Gemeinde.

St. Markus

In den fünfziger Jahren erlebte Bremen den Beginn einer bis dahin beispiellosen Bautätigkeit. Über die Behebung der Kriegsschäden ging sie weit hinaus. »Auf der grünen Wiese« entstanden neue Stadtteile. Und die Bremische Evangelische Kirche, wollte sie vor Ort präsent sein, mußte sich die Devise aus dem Märchen vom Hasen und Swinegel zu eigen machen: »Ick bün all hier«. Zu den ersten Kirchengemeinden, die nach dem Zweiten Weltkrieg neu errichtet wurden, zählt St. Markus. Ihr riesiges Seelsorgegebiet von »Huckelriede« (hübsche plattdeutsche Bezeichnung für eine mit Kopfsteinen gepflasterte Fahrstraße) bis Kattenturm (früher eine vorgeschobene bremische Befestigungsanlage) ist ursprünglich der südliche Pfarrbezirk von St. Jakobi gewesen.

Dort war man dem späten Wachstum der Stadt um Jahrzehnte vorausgeeilt. Schon 1928 hatte die Jakobi-Gemeinde das »Poppesche Landgut« am Arsterdamm erworben – in der Absicht, hier einmal eine Filiale aufzumachen. Als die Ländereien immer dichterer Bebauung wichen, erwies sich dieser Kauf als ein glücklicher Griff. Seit 1949 diente das Anwesen der Gemeinde und einem ihrer Pastoren, Heinz *Paulo,* als Pfarrhaus, Bezirkszentrum und Kindergarten. Allerdings reichte es für die wachsenden Aufgaben der Nachkriegszeit bald nicht mehr aus. Allein 225 Jugendliche nahmen 1953 am Konfirmandenunterricht teil. So ging man gemeinsam mit dem bremischen Architekten Fritz *Brandt* an die Planung eines neuen Gemeindezentrums, das 1955 eingeweiht wurde. Da es genau in der Einflugschneise des Flughafens liegt, mußte entsprechend niedrig gebaut werden. Im gleichen Jahr wurde der Pfarrbezirk Jakobi-Süd als »St. Markus-Gemeinde« selbständig. 1969 wurde für den Kindergarten ein eigenes Gebäude eingeweiht, in dem seit 1985 behinderte und nichtbehinderte Kinder gemeinsam betreut werden.

Wie fast jede Chronik der folgenden Jahre verzeichnet auch die ihre mancherlei Auseinandersetzungen mit dem sich wandelnden Zeitgeist. Doch ohne allzu dramatische Konflikte hat sich St. Mar-

Tochter von St. Jakobi und selbst Mutter zweier Gemeinden: St. Markus.

177

Der schöne Prospekt
der Führer-Orgel.

kus mit seinen einfallsreichen Aktivitäten in die
»Habenseite« der bremischen Kirche eingetragen.
Die Gemeinde wurde bekannt durch den Einsatz
für alte Menschen, entwickelte eine lebendige Frau-
en- und Männerarbeit, bot zahlreichen Jugendgruppen Raum. Theateraufführungen und Konzerte
fanden statt, und besonders beliebt waren häufige
Reisen für Jung und Alt, weil sie dem Bedürfnis
nach erlebter Gemeinschaft entgegenkamen. Ab
Mitte der 80er Jahre entstanden immer wieder neue
Hausbibelkreise. Der Gottesdienst ist das Zentrum
des Gemeindelebens, in dem sich die verschiedenen Kreise und Gemeindeglieder aller Altersgruppen versammeln. St. Markus arbeitet in der Evangelischen Allianz und in der Arbeitsgemeinschaft
Missionarische Kirche mit.

Große Anerkennung wurde dem ersten Mar-
kus-Pastor Paulo 1981 bei seinem Abschied zuteil.

Der Glockenturm
ist charakteristisch
für St. Markus.

In vierzig Amtsjahren sei er, so heißt es, »zu einer
Institution im Ortsteil« geworden. Das Gemeindezentrum, das von ihm in der Bauphase entscheidend mitgeprägt wurde, trägt den Namen des Evangelisten Markus, des wahrscheinlich frühesten neutestamentlichen Berichterstatters. Der geflügelte
Löwe, sein Sinnbild, krönt in einer Ausführung
von H. *Wellmann* den gedrungenen Turm. Die
hohen, unterbrochenen Fensterwände geben dem
Innenraum der Halbbasilika mit ihrem Hochschiff
und dem linken Seitenschiff eine anmutige Atmosphäre. Über dem Haupteingang ist ein Relief des
Bremer Bildhauers Ernst *Kubica* angebracht. Unter dem Antlitz des Schmerzensmannes erkennt
man vier Evangelisten-Figuren, die mit ihren Attri-
buten auf die Gaben und Aufgaben des Glaubens
hinweisen. Der Altar aus massivem Muschelkalk-
stein trägt ein Kreuz von schwarzem Eichenholz
mit dem Corpus aus hellem Zinn. Die Orgel
stammt aus der Werkstatt Alfred *Führer*, Wilhelmshaven.

Thomas-Gemeinde

Die verhältnismäßig junge Gemeinde in Kattenesch kann, wie andere in Bremen, auf eine ziemlich weit zurückreichende örtliche Geschichte blicken. In der Bezeichnung des Ortsteils hält sich die Erinnerung an den 1309 errichteten, 1803 abgetragenen »Kattenturm«, ein mehrstöckiges Befestigungwerk, das mit »Katzen«, also kleinen Geschützen, bestückt war. Es sicherte den Zugang über die Ochtum. Die heutige Gartenstadt Kattenesch ist nach einem Gut gleichen Namens benannt, das einmal zum Besitz der Hoyaer Grafen gehörte. Kattenesch heißt so viel wie »ein erhöht liegendes Ackerland, das sich in der Nähe des ›Katzenturms‹ befindet«.

Das große Gebiet von der Buntentorsvorstadt bis zur niedersächsischen Grenze wurde bis 1955 ausschließlich von der Jakobi-Gemeinde mitversorgt. Je mehr »Zuwanderer« aber nach dem Zweiten Weltkrieg in diesen Raum einströmten, desto unmöglicher wurde eine wirklich zureichende Seelsorge. Deshalb stellte in jenen Jahren der Bauherr Gerhard *Meybohm* Räume seines Hauses an der Kattenturmer Heerstraße 350 für Abendgottesdienste und Versammlungen zur Verfügung. Dort bildete sich ein neuer Gemeindekern. Seit der Entstehung der Jakobi-Tochter St. Markus-Arsterdamm gehörte Kattenesch zwar als Südbezirk zu dessen Sprengel. Aber die Sonderentwicklung ging in den wachsenden Neubaugebieten weiter. Und 1962 beschloß der bremische Kirchentag auf energisches Betreiben des Markus-Kirchenvorstandes die Bildung einer eigenständigen Gemeinde. Ihr erster Pastor wurde Siegfried *Birschel* (1962–72).

Einfühlsam und verständnisvoll wendete er sich den alteingesessenen Katteneschern und vor allem den Heimatvertriebenen unter den Neusiedlern zu. Ihnen in dem frischgebackenen Stadtteil auch eine geistliche Heimat zu geben – dies war einer der vordringlichsten Programmpunkte der Gemeinde. Daß auch die an der Botschaft Jesu irre Gewordenen und vielleicht gerade sie von ihm gemeint waren und noch sind, hebt die Wahl des Namenspatrons hervor. Vom »ungläubigen Thomas«, einem der zwölf Jünger, und der Überwindung seines Zweifels berichtet das Johannes-Evangelium auffallend ausführlich. Nach alter Überlieferung soll gerade er, der einst von Zweifeln Umgetriebene, später unter den Parthern missioniert haben und in Odessa begraben sein.

Den Aufbau der Gemeinde begleiten Pläne für ein eigenes Zentrum. Es wurde nach Entwürfen des bremischen Kirchenbaumeisters Fritz *Brandt* gebaut. Unvergessen: der Gottesdienst am Heiligen Abend in der noch unfertigen, dachlosen Kirche. Einige hundert Menschen saßen und standen dicht beieinander. Im Namen der Heiligen Dreifaltigkeit feierten sie die Geburt des Heilandes und den Neubeginn ihrer Thomas-Gemeinde. 1964 folgte die Einweihung.

Seit dem Abschied Birschels von Kattenesch hat sich die Struktur der Gemeinde merklich verändert. Ganze Straßenzüge mit neuen Bewohnern, anderen Einstellungen und Erwartungen kamen hinzu. Es gelang, viele junge Familien mit Kindern am kirchlichen Leben zu beteiligen. Musika-

Nüchtern und streng präsentiert sich der Thomas-Kirchturm.

lischer Ideenreichtum des Thomas-Organisten, Peter *Osolnik*, hat zumal den Jüngsten Anregung und Freude gebracht. Die einfallsreichen Gemeinde-Mitteilungen, sie lesen sich wie eine »Miniatur-Chronik«, lassen die Vielfalt – und die Probleme der Vorstöße ahnen.

Das ist auch Jahrzehnte nach der Gründung der Thomas-Gemeinde nicht anders geworden. Bewährtes wird tradiert, Neues entsteht und verändert sich: so die Formen der Gottesdienste, der besondere Konfirmandenunterricht, der »kunterbunte-Kinder-Kirchen-Morgen«, die Arbeit mit Randgruppen. Haupt- und Ehrenamtliche nehmen einsatzfreudig an den Aktivitäten teil. Gemeinsam mit dem Pastor hat der Kirchenvorstand das Leben der Gemeinde nachhaltig geprägt. Insbesondere gilt das für die vorsitzenden »Baufrauen«, von denen eine annähernd 20 Jahre hindurch tätig gewesen ist. »Wie der Jünger Thomas damals heute zu einem Jünger Jesu werden« – auf diese Kurzformel bringen die »Thomaner« ihr Bemühen, den

Weg der Nachfolge durch die Gegenwart zu gehen.

Ihre Kirche ist ein quadratischer Bau aus unterschiedlich gefärbten holländischen Klinkern. Wir betreten ihn durch ein großes, weißes Portal. Das Gestühl ist im Halbrund um den Altarraum angeordnet, der in eine kleine Apsis ausläuft. Besonders aussagekräftig sind die vielfarbigen Glasfenster von Prof. Georg *Meistermann* (Karlsruhe). Sie wollen die »Gnadenströme« ins Bild setzen, die von der frohen Botschaft ausgehen und der Thomas-Gemeinde auf ihrem Gang durch die Zeit immer neue Anstöße vermitteln.

Der Innenraum der St. Thomas-Kirche.

Wie eine »feste Burg«
wirkt das Gotteshaus der
Abraham-Gemeinde.

Abraham-Gemeinde

»Jede Menge Probleme« hätten sie in dem Neubaugebiet am Arster Feld vorgefunden, meinten die beiden Erst-Pastoren bald nach dem Beginn der kirchlichen Arbeit. Statistisch war dieser ursprünglich zu St. Markus gehörende Wohnbereich der kinderreichste nicht nur Bremens, sondern der gesamten Bundesrepublik. Die Muttergemeinde hatte ihn wegen der weiten Verkehrswege und der Bevölkerungsdichte schon lange nicht mehr auskömmlich versorgen können. In einer kleinen Holzkirche, die schon die Anfänge in Blockdiek ermöglichte, und in zwei Wohnungen starteten die Pastoren Reinhard *Schubert* und Reinhard *Sturm* 1974 ihr schwieriges Unternehmen unter den ca. 15.000 Einwohnern. Im Jahr davor war schon eine dringend erforderliche Tagesstätte für hundert Kinder eröffnet worden. Man steckte also bereits über beide Ohren in der Arbeit, als der Kirchentag die jüngste bremische Gemeinde in die Unabhängigkeit entließ.

Damals trug sie noch die amtliche Bezeichnung »Kattenturm-Ost«. Nicht alle Neusiedler empfanden die nüchterne Ansammlung von Wohnblocks als anheimelnd. Ein Mädchen äußerte im Konfirmandenunterricht: »Was soll man in Kattenturm schon machen, als Fenster zählen?« Diese herausfordernde Situation ließ die Ideen explodieren. Man spielte mit dem Gedanken, das im Bau befindliche Gemeindezentrum »Regenbogen-Kirche« zu nennen und dachte dabei an jenes Bundes- und Friedenszeichen, das der Schöpfer nach der Sintflut über der Erde aufgerichtet hat. Der Kirchenvorstand sollte hinfort »Evangeliums-Kabinett«, die Gemeindeversammlung »Offene Kirche« heißen. Flugblätter und Plakate warben um Mitwirkung. Diskussionen für jung und alt nach dem Gottesdienst zielten darauf ab, dem, wie es heißt, »Generationen-Rassismus« zu wehren. In ausdrücklicher Frontstellung gegen »politisierende« Gemeinden in der Nachbarschaft wurde der Slogan verwendet: »Kirchenchristen gehen auf die Straße – Straßenchristen gehen in die Kirche«. Vielleicht schlug das Pendel etwas zu heftig nach der anderen Seite aus. Jedenfalls mußten in größerem Umfang Übertritte registriert werden. In einem Halbjahr 1976 waren es allein 225 Personen, die sich zur Muttergemeinde St. Markus zurückorientierten.

Unerfreulich war zudem die Wüstenei, die zwischen den 1975 nach Plänen des Architekten Carsten *Schröck* gebauten Gemeindehaus-Trakten entstand. Dennoch ließ man sich in Kattenturm-Ost nicht irre machen. Die Arbeit mit drei Sozialarbeitern als Honorarkräften wurde tapfer fortgesetzt.

Es fehlte in jener Zeit nicht an bewegten Klagen, die Kattenturmer Gemeinde sei von der bremi

Ungewöhnliches
architektonisches
Konzept:
die Abrahamkirche.

Der kreuzförmige
Innenraum der
Abraham-Kirche. Die
Altarnische wird durch
einen Glasgiebel
beleuchtet.

schen Kirche vernachlässigt, sei »wie ein armes Sünderlein ganz auf sich selbst gestellt«. Gleichzeitig aber ruft die Gemeinde zu einer »Aktion Grüne Lunge« auf. Sie will für einen kleinen »Bürgerpark« ringt um das Zentrum sorgen. Baumspenden werden erbeten. Der Senator für den Umweltschutz verspricht die Lieferung von vierzig Tannen. Schließlich hat man höheren Orts ein Einsehen. Trotz der kirchlichen Finanzmisere wird der Gemeinde ein »Sakralbau« inmitten des Zentrums bewilligt. Es ist bis 1995 das letzte evangelische Kirchenprojekt in Bremen. Die seit 1981 existierenden Pläne können von der Architektengruppe *Rosengart*, *Busse* und Partner aus der Schublade geholt werden. 1983 wird die nur 206m² deckende, kreuzförmige Kapelle eingeweiht. Sie ruft bei der Außenansicht den Eindruck einer kleinen Wehrkirche hervor, wie man sie im Mittelalter baute. Das schmucklose Innere, belichtet durch verglaste Giebel und Oberlichtfenster, wirkt hell und freundlich.

1977 hat sich Kattenturm-Ost den Namen »Evangelisch-Lutherische Abraham-Gemeinde« gegeben. Dies ist ein bewußter Rückgriff auf die Verheißungsgeschichte. Der Jude Abraham glaubte dem Herrn, es wurde ihm dies »als Gerechtigkeit zugerechnet« (1. Mos. 15,6). Und Martin Luther bezog sich in seinem Reformwerk auf eben diesen Glauben. So erscheint es nur folgerichtig, daß man den Gottesdienst in der Abraham-Kirche, begleitet von den Klängen einer *Führer*-Orgel, in Form der lutherischen »Deutschen Messe« feiert.

Abseits auf der Düne: Arsten-Habenhausen

Verglichen mit St. Pauli und ihren nicht weniger als sieben Nachkömmlingen fällt die Kirchengemeinde in Arsten-Habenhausen durch ihre Selbstgenügsamkeit auf. Keine andere Gemeinde verdankt St. Johannes auf dem wesernahen Hügel ihre Entstehung. Stolz und etwas einsam hat sie in Jahrhunderten ihr Eigenleben gewahrt. Zweifellos hängt dies mit der geographischen Randlage zusammen. *Arsten* (ara = Wasser) ist der Aufenthaltsort »der am Wasser Hausenden«. Seine Feldmark indessen blieb wegen der erhöhten Lage fast immer flutfrei. Nahezu ungestört konnten die Böden bestellt werden. Einige verbliebene Bauernhäuser und schmucke Eigenheime prägen noch heute den alten Kern des vielleicht ältesten Dorfes im ganzen Obervieland. Das Gotteshaus, 1325 zum ersten Mal in einer Urkunde erwähnt, ist sicher vor dieser Zeit erbaut worden.

Hier wie im etwas weiter nördlich gelegenen *Habenhausen*, 1197 »Habenhusen« genannt, hat die Geschichte das ursprüngliche Ortsbild natürlich umgeformt. Die Arster und Habenhauser »Straßenmacher«, die vor nicht langer Zeit einen hohen Bevölkerungssatz der zu St. Johannes gehörenden beiden Ortsteile ausmachten, wurden durch andere Berufsbilder verdrängt. Der ehemals ländliche Charakter der Gegend hat sich abseits der großen Verkehrsadern zwar verhältnismäßig lange erhalten können – auch als sie 1945 in das Stadtgebiet eingemeindet wurde. Um so schneller entstan-

den ab etwa 1970 neue Wohnbereiche und einige Industrie- und Gewerbeviertel. Viele neue Gemeindeglieder zogen zu. Schon lange vorher hatte Habenhausen einmal den Sprung in die Historie gemacht. 1666 ist hier der »Habenhauser Friede« zwischen Bremen und der schwedischen Krone geschlossen worden. Er beendete die Feindseligkeiten, die weit über den Dreißigjährigen Krieg hinaus das bremische Umland verwüsteten. Die »Schwedenscheune« stand bis 1938. Eine »Schwedenstraße« in Habenhausen erinnert noch heute daran.

Die 1938 abgebrochene »Schwedenscheune« in Habenhausen.

Partie am Habenhauser Deich.

St. Johannes
Arsten-Habenhausen

Hier ist trotz der fortschreitenden Besiedlung die Kirche im Dorf geblieben: St. Johannes Arsten-Habenhausen.

In der Straßenschere zwischen Osnabrücker Autobahn und Hafenzubringer liegt heute der alte Ortskern von Arsten. Wie eine Nachricht aus längst vergangenen Tagen wirkt die gedrungene Backsteinkirche mit den meterdicken Mauern. St. Johannes, vermutlich nach dem Täufer benannt, ist zwar urkundlich erst 1325 erwähnt, wird aber wohl bald nach der Fertigstellung der großen Altstadtkirchen erbaut worden sein – möglicherweise noch vor 1250. Gesiedelt hat man hier sehr wahrscheinlich schon lange vor der christlichen Mission. Nicht ganz ohne Grund behaupten die Arster, sie seien »die ersten im Vielande« gewesen.

Manche alte Straßen- und Flurbezeichnung weist in weit zurückliegende Zeiten der St. Johannes-Gemeinde zurück. Walter *Pfannschmidt*, Pastor in Arsten von 1946 bis 1980, hat ihre Bedeutung in einer Aufsatzsammlung für künftige Generationen festgehalten. So erinnert das »Arster Hemm« an das hochgelegene, befestigte Gutshaus der Ritterfamilie *Hermeling*: Ein Grabstein, jetzt an der Kirchenmauer, zeigt die Gestalten des geharnischten Arp Hermeling und seiner Frau Anne im Festgewand. Sonst waren es eher Bauern, Hafenarbeiter, Schiffs- und Straßenbauer, die in der alten Kirche ein- und ausgingen. Ländlich-friedlich allerdings ist es in Arsten nicht immer zugegangen. Am »Korbhaus« (abgebrannt 1981) und am »Torndiek« befanden sich bremische Befestigungsanlagen. Wer vor die nachdenklich stimmenden Grabsteine rings um die Kirche tritt, wird dort den Namen eines der ersten urkundlich erwähnten evangelischen

Pastoren von Arsten finden. Er hieß Henricus *Müller* und ist um 1568 tätig gewesen.

An die Grausamkeiten der Vergangenheit erinnert der Platz vor dem Kirchturm. Er war lange Zeit die Stätte des »Blutgerichtes«. Noch 1569 hat hier eine Hinrichtung stattgefunden. Ein eiserner Ring an der Südseite des Turms ist ein Rest des Prangers, an dem Schuldige zur Schau gestellt wurden.

Die rege Bebauung von Arsten-Habenhausen machte es erforderlich, daß die St. Johannes-Gemeinde ihre räumliche Ausstattung steigender Mitgliederzahlen wegen erheblich erweitern mußte. Der Reihe nach entstehen in Habenhausen 1980 ein

tigen Arbeit, zu der auch musikalische Verkündigung, der Einsatz für Asylsuchende sowie die Partnerschaft mit der St. Marienkirche in Rostock und mit drei evangelischen Gemeinden in Polen gehören. 1995 schließlich geht der immer dringlicher werdende Wunsch nach einem eigenen Kirchenzentrum für Habenhausen in Erfüllung: die Simon-Petrus-Kirche (Architekt: Prof. Will *Baltzer*, Wuppertal) in Habenhausen wird eingeweiht.

Die St. Johannes-Kirche ist in den Kriegsjahren bis 1945 schwer beschädigt worden. Gottesdienste wurden zum Teil in Gaststätten und auf der Diele eines Bauernhauses gefeiert. Erst 1950 konnte der Dachstuhl neu aufgebaut und später der Innenraum restauriert werden. Hinter der Kirche entstand 1953 ein Mahnmal für die Kriegsopfer. Es enthält eine

Freskenreste eines Apostelzuges aus der Frühzeit der Kirche.

Der Grabstein für Arp Hermeling und seine Frau.

Das Kircheninnere. Die ursprüngliche Baugestalt ist im Ganzen erhalten geblieben.

Gemeindehaus, das bald auch als Kindergarten und gelegentlich als Treffpunkt für Gottesdienste genutzt wird. Dann folgt 1993 in Arsten ein überregional bekannt gewordenes Kindertagesheim (Architekturbüro: Hans *Budde* und Wolfgang *Hübschen*) für zwei Integrations- und zwei Regelgruppen: mit Kirche, Kirchhof, Gemeindehaus, Kinder- und Jugendhaus (im alten Pastorat) ein schön anzusehendes bauliches Ensemble.

1998 wird sogar eine fünfte Gruppe eingerichtet. Der bewußt kirchlich ausgerichtete Umgang mit den Kindern steht im Vordergrund der vielfäl-

Inschrift des Dichters und Ehrenbürgers Bremens, Rudolf Alexander Schröder.

St. Johannes ist trotz der vielen Kriegswirren und Wechselfälle der Geschichte das einzige Gotteshaus im früheren bremischen Landgebiet, dessen ursprüngliche Baugestalt im Ganzen erhalten geblieben ist. Von den Fresken aus alter Zeit sind an der Südwand des Innenraumes drei kerzentragende Apostelgestalten übrig geblieben. Sicher sind es, zu beiden Seiten, einmal zwölf gewesen: der gesamte Jüngerkreis also begleitete die Gemeinde durch ihre Gottesdienste. Die Fenster im Chorraum hinter dem Altar stammen von Hermann *Oetken* (1951). Das mittlere zeigt den Gekreuzigten mit der Krone des ewigen Lebens. In den Seitenfenstern sind zur Linken Johannes der Täufer, zur Rechten der Evangelist Johannes dargestellt. Die Verglasung des Langhauses enthält die Handwerkszeichen der in Arsten und Habenhausen verbreiteten Berufe. Altar und Taufstein gehen auf die Entwürfe von Friedrich *Schumacher* zurück. Die Orgel mit einem Prospekt von Kurt *Lettow* ist in der Werkstatt Alfred *Führer* (1959/60) hergestellt. Die ältere der beiden Glocken trägt die Inschrift: »Wenn meine Stimme tönt, ergeht sie an Euch alle. Bei Freud und Leid seid achtsam meinem Schalle«.

Das Simon-Petrus-Kirchenzentrum in Habenhausen.

Das Simon-Petrus-Kirchenzentrum in Habenhausen ist ein geräumiges Gemeindehaus, das mit einem Kirchenraum verbunden ist. Benannt ist der gesamte Baukomplex nach dem ersten Jünger Jesu, dessen Bekenntnis »Du bist Christus, der Sohn des lebendigen Gottes« (Mt. 16, 16) das Himmelreich öffnet. Das jüngste bremische Kirchengebäude birgt einen alten Schatz: die über 700 Jahre alte Altarplatte mit fünf Weihekreuzen. Kanzel und Kreuz sind eine Arbeit des Bildhauers Thomas *Duttenhoefer* (Darmstadt). Ein Bild des Berliners Winfried *Muthesius* und Skulpturen von Jakob *Roepke* vervollständigen die Kunst in der Kirche. Die Orgel stammt aus der Firma *Metzler* (Schweiz). 1998 ist der Turm fertiggestellt worden. Gekrönt ist er von einem kräftig rufenden Hahn.

Kämpfe mit dem Drachen: der Huchtinger St. Georgs-Zweig

Neben der aus St. Pauli hervorgegangenen Markus-Familie gibt es einen anderen eigenständigen
Zweig der Bremischen Evangelischen Kirche im
oberen Vieland: die St. Georgs-Gemeindegruppe
im Ortsteil Huchting. Daß die Kirche zum Kampf
mit dem »Drachen«, den Nöten und Versuchun-
gen der Welt, angetreten sei, läßt sich zwar auf alle
Gemeinden und auf jeden einzelnen Christen beziehen. St. Georg aber, die Huchtinger Mutterkirche, ist dem ritterlichen Drachentöter namentlich gewidmet.

Die Geschichte St. Georgs im alten »Kerchhoytiggen« läßt sich bis 1288 zurückverfolgen. In
den späteren Jahrhunderten hatte der Platz am
Rande der Ochtum-Niederung mit zahllosen Wid-
rigkeiten zu kämpfen: den feuchten Böden, die ein
»Unternehmer« names Bovo im Auftrag des bremischen Erzbistums urbar zu machen begann, mit
Sturmfluten, Epidemien und Kriegsnöten. Erst
Anfang des 20. Jahrhunderts, mit dem Bau der
neuen »Oldenburgischen Straße« erwachte Huchting aus seinem Dornröschenschlaf. Seitdem ist es
in mehreren Besiedlungsschüben bis in die Gegenwart zu einem freundlichen Stadtteil mit geschickt
gemischten Haus-Typen geworden.

Nach über siebenhundertjähriger Verbundenheit mit St. Georg löste sich bald nach dem Zweiten Weltkrieg die Grollander Gemeinde *St. Lukas*
1954 von der Huchtinger Mutterkirche. Ihr Zentrum ist Ausdruck eines neuen kirchlichen Bau-
willens. Im seinerzeit brandneuen »Hermannsbur-
ger« Gebiet, dessen Name an einen Kolonisator
des Mittelalters erinnert, entstand als zweite St.
Georg-Tochter 1960 die Gemeinde *St. Matthäus.*
Sie hat sich zum weit ausstrahlenden, aktiven Mittelpunkt evangelikaler Verkündigung und Mission
entwickelt. Das Sodenmatt, ein anmooriges Gelände, wurde in den sechziger Jahren erschlossen.
1964 begann hier die *St. Johannes-Gemeinde.* Diese dritte Tochter von Alt-Huchting hebt sich mit
einem markanten lutherischen Selbstverständnis
von anderen ab. Ihr benachbart, an der Vareler
Bäke, fand schließlich 1964 als vierter Nachkömmling der uralten Mutterkirche die *Dietrich-Bonhoeffer-Gemeinde* ihre Bleibe.

»Daß wir hier
ritterlich ringen«:
St. Georgs-Fenster
aus der Huchtinger
Mutterkirche.

St. Georg

»In us old Huchten wär't beter« sagte mancher altgewordene Huchtinger. Ernstlich zurückwünschen möchte sich die dörfliche »Idylle« um 1800 mit ihren rund 400 Seelen im Überschwemmungsgebiet gleichwohl niemand. Und doch sind die höher gelegenen Flächen am Rande der Ochtumniederung uraltes Kulturland. Schon zwischen 8000 und 3500 v.Chr. haben hier »Ur-Huchtinger« gesiedelt. Ob sich auf dem Kirchhügel unter den Eichen eine altgermanische Gerichtsstätte, ein »Hoch-Thing«, befunden hat, ist strittig. Wahrscheinlich wird dort aber 1201 eine Kapelle gestanden ha-

ben. Ringsum dehnte sich Ödland. Der Erzbischof in Bremen überließ es seinem Kolonisator »Hermann« zur Urbarmachung. An ihn erinnert uns Heutige die »Hermannsburg«-Straße. 1288 wird dann, im alten »Kerchhoytiggen« eine Kirche erwähnt, die dem Heiligen Georg geweiht war. Den Drachentöter und ritterlichen Kämpfer gegen widergöttliche Mächte hat sich die Gemeinde 1951 aufs neue als Namenspatron gewählt.

Kirchhuchting, inzwischen Mutter von vier Tochtergemeinden, ist um 1560 protestantisch geworden. Als erster evangelischer Pfarrer wird 1566 ein Johannes *Krolle* genannt. Einer seiner Nachfolger, Andreas *Rauhkamp* (1684-1710), muß seinem Namen nichts schuldig geblieben sein. Wegen seiner übermäßig strengen calvinistischen Kirchenzucht galt er weit und breit als der bestgehaßte Mann. Eigenwillig waren die Einwohner dieses immer wieder von Hochwassern, Epidemien und Kriegswirren betroffenen Landstrichs freilich wohl immer. Als die oft reparierte und erweiterte Kirche um 1850 eine Turmuhr bekommen sollte, verweigerten die Mittelhuchtinger den ihnen zugedachten Beitrag. Man könne sie nur von Kirchhuchting aus sehen.

Wenig später wurde es immer deutlicher, daß das alte Kirchengebäude nicht mehr zu retten war. Bei Überschwemmungen stand das Wasser im Innenraum vier Fuß hoch, die Mauern waren brüchig, das Holz durchgefault. Nach langwierigen Verhandlungen wurde alles bis auf die Grundmauern abgetragen und 1877-79 von den bremischen Architekten *Gildemeister* und *Deetjen* die jetzige St. Georgs-Kirche errichtet: ein neugotischer Backsteinbau mit schlank emporstrebendem, 46 Meter hohem Turm. Von den 45.000 Goldmark Baukosten brachten die Huchtinger 30.000 selber auf - keine kleine Summe für eine Gemeinde, die damals »zu den geringsten des bremischen Staatsgebietes« gezählt wurde. Sie hat auch die Hauptlast bei der Wiederherstellung der Kirche nach Ende des Zweiten Weltkrieges getragen. Sie war durch Beschuß arg zugerichtet - in ihrem Turm hatte sich ein Artillerie-Beobachtungsposten eingenistet. Unter der tatkräftigen Regie von Pastor Hans *Baessler* (1947-74) wurde das Gebäude instandgesetzt und der Innenraum ab 1963 mit Unterstützung von Dipl.-Ing. Carsten *Schröck* überholt. Nach maßgeblichen Vorarbeiten des Architekten Manfred *Beier* stellte eine weitere Renovierung (1991/92) vor allem den neugotischen Charakter der Kirche wieder her.

Natürlich hat sich wie die äußere so auch die innere Gestalt der Gemeinde gewandelt: Im Gottesdienst, in der musikalischen Arbeit, im Besuchs-

1877–79 erbaut:
St. Georg in Huchting.

dienst und anderen Bereichen verantworten immer mehr Ehrenamtliche das Gemeindeleben. Sie möchten ermutigen, im gemeinsamen Hören und Lernen von Christus einander zugewandt zu sein. Ein gezielter Schritt in dieser Richtung wurde 1983 mit dem Kindertagesheim getan. Hier kommen seither behinderte und nichtbehinderte Kinder zusammen. Diesem »Schwellen-Abbau« dient auch – ein mehrjähriges Projekt – die rollstuhlgerechte Einrichtung aller Gebäude.

Beim Besuch der Huchtinger Mutterkirche zieht die Ostseite des Langschiffes sogleich die Aufmerksamkeit auf sich. Unter dem ausdrucksstarken Glasfenster mit dem Bild des Gekreuzig-

Über dem Eingang
thront die Orgel.

ten, das ebenso wie die anderen sechs Fenster von Will *Torger* entworfen ist, steht der schlichte Altartisch mit einem Bronzekreuz von Prof. Gerhart *Schreiter*. Es ist auf beiden Seiten flankiert durch Messingleuchter nach Entwürfen Hermann *Oetkens*, in deren Schaft die Symbole der vier Evangelisten eingelassen sind. Für den Marmor-Taufstein schmiedete Schreiter eine Messingschale. Sie trägt die Inschrift: »Ein Leib – ein Herr – ein Glaube – eine Taufe.« Ebenfalls von Schreiter stammt das Bronzeband, das quer über die einladende Tür am Eingang läuft. Die beiden Zeichen A und O, erster und letzter Buchstabe des griechischen Alphabets, sollen auf den verweisen, der sich selbst als »Anfang und Ende« (Offbg. 1,8) bezeichnet hat. Oberhalb des Eingangs schimmert der Prospekt der 1958 eingeweihten Orgel aus der Werkstatt *Führer*. Sie und die verschiedenen Chöre und Musikgruppen tragen nicht unwesentlich dazu bei, daß das Lob Gottes in St. Georg immer wieder vielstimmig erklingt.

Die Glasfenster
wurden von Will Torger
entworfen.

189

St. Lukas

»Die da in Grolland innen Matsch«, meinten die Stadtbremer früher ein wenig verächtlich. In der Tat ist das feuchte Gebiet längs der Ochtum erst Anfang des 20. Jahrhunderts stärker besiedelt worden. Dies schließt nicht aus, daß St. Lukas sich auf historischem Boden befindet. Bereits 1189 wird »Gronland« (wahrscheinlich von Groden = angeschwemmtes Land vor Deichen) erwähnt. Es gehörte damals zur Stuhrer Pfarrei. Später gab es dort einige Höfe, von denen ein adeliges Gut zeitweise Unterschlupf des Grafen von Artois war. Im Jahre 1824 wurde dieser Emigrant, der nach 1789 in der Umgebung von Bremen mit Gegnern der Französischen Revolution militärische Übungen veranstaltete, als Karl X. König von Frankreich. In unmittelbarer Nähe der jetzigen Kirche ließ der »Petroleum-König« Franz Schütte vor 1909 Häuser mit Kanalisation und stadtmäßig gepflasterten Straßen anlegen. Damit griff er den zwischen 1935 und 1939 folgenden »Reichsheimstätten« vor. Diese waren zwar eingedeicht, besaßen aber nur Sandwege - und »Plumpsklos«. Bis 1968 hat sich in Grolland ein in sich geschlossener Stadtteil Bremens mit durchaus noch ländlichen Zügen entwickelt.

Die Anfänge von St. Lukas gehen zurück bis auf die Jahre nach dem Zweiten Weltkrieg. Die übergemeindlich tätige »Innere Mission« entsandte den emsigen Stadtmissionar Bernhard *Schmit* in das kirchlich unterversorgte Grolland. Eine Schulbaracke diente als Versammlungsraum, bis 1952 das schlichte Gemeindehaus An der Wurth

bezogen wurde. Schmits Rührigkeit war beachtlich. Die Zahl der Gottesdienstbesucher stieg zwischen 1950 und 1953 von 1119 auf 2827 an. Nun respektierte man auch in der Huchtinger Muttergemeinde St. Georg die Tatsache, daß in Grolland eine Tochter zur Mündigkeit drängte, und 1954 war die Selbständigkeit von St. Lukas beschlossene Sache. Der Name des Evangelisten, Verfassers der Apostelgeschichte, Arztes und Malers, sollte sie fest an die frohe Botschaft binden.

Die Amtszeit des ersten Lukas-Pfarrers, Dr. Armin *Fligge*, wird mit der Neuordnung der Gemeinde und mit der Planung einer der kühnsten Kirchbauten nach dem Zweiten Weltkrieg verbunden bleiben. Die Gemeinde legte ihn in die Hände von Carsten *Schröck*. Schon der Entwurf erregte beträchtliches Aufsehen: Das konstruktive Gefüge sollte, über einem elliptischen Grundriß, aus zwei parabelförmigen Druckbögen und zwei Seilnetzen bestehen, die vorgespannt und dann eingehängt werden. Dieser erste Seilnetzbau mit Holzabdeckung in Deutschland wurde öffentlich zur Diskussion gestellt. Man verglich ihn irrtümlich mit der ganz anders konstruierten, später eingestürzten Berliner Kongreßhalle und nannte ihn deshalb »Auster« oder »Achterbahn«. Aber die Anfangsbedenken wichen bald einer begeisterten Zustimmung. Es leuchtete ein, daß der sumpfige Untergrund einen schwereren Bau kaum hätte tragen können und daß die zeltartige Kirche mit ihrem Raumkonzept den geistlichen Vorstellungen der Gemeinde aufs Vollkommenste entsprach. So konnte der Entwurf, dessen Ausführung ganz ungewöhnliche technische Anforderungen stellte, verwirklicht und 1964 - weithin als architektonisches Meisterstück beachtet - eingeweiht werden. Mit Recht steht das Bauwerk seit 1994 unter Denkmalschutz.

Wer in dem eiförmigen Kirchenraum zur Ruhe kommt, hat ein anderes »Gottesdienstgefühl« als in den rechteckigen Langbauten aus früherer Zeit.

Damals umstritten, heute unter Denkmalschutz: St. Lukas. Oben eine Aufnahme aus den achtziger Jahren, rechts während des Baus.

Das Gotteshaus
versteckt sich ein
wenig hinter den
Bäumen.

Man sitzt im weiten Kreis »wie an einem runden Tisch« und meint nicht einem entfernten Geschehen beizuwohnen, sondern aus der Nähe mitwirken zu können. Der Raum entspricht einem Verständnis von christlicher Gemeinde, das über Jahrtausende auf neutestamentliches Miteinander unter dem Wort Gottes zurückgreift. Die Orgel der Wilhelmshavener Firma *Führer* verstärkt es mit ihrem klingenden Lob. Und auch die bleiverglasten Fenster Erhart *Mitzlaffs* halten, wenn man so will, eine Predigt in Form und Farbe über Motive aus dem Lukas-Evangelium. Die Weihnachtsgeschichte deutet sich an, Pfingsten wird gegenwärtig, die Begegnung der Emmaus-Jünger mit dem auferstanden Herrn und der verlorene Sohn, der den Weg zum Vaterhaus findet.

Die Krümmungen
der Außenschale
bestimmen auch
den Innenraum.

Straße, deren Name in mittelalterliche Vorzeit zurückweist.

Manche Nachkriegsgemeinde mag sich gelegentlich fragen, ob beim Entwurf ihres Gotteshauses der Appetit nicht eben doch größer war als der Magen. Auf das Matthäus-Zentrum trifft dies gewiß nicht zu. Der Raum für die Gottesdienste hat sich eher als zu eng erwiesen. Wegen Platzmangels mußte 1992 sogar angebaut werden. Das Geheimnis dieses ungewöhnlichen Zulaufes ist offenbar in der entschiedenen Auslegung der Heiligen Schrift, in der »radikalen« Zuwendung zu Jesus Christus, in dem ernst genommenen Missionsauftrag zu suchen. Dies nämlich macht das Herzstück der unvergleichlich lebendigen Gemeinde aus.

Sie legt in einem bewegenden Kurzprotokoll über ihre »Geschichte Gottes mit uns« davon Zeugnis ab, wobei sie die sichtbaren Erfolge dankbar als »seine großen Dinge« versteht. In Evangelisationen, für die sogar der »Große Glockensaal« und die Stadthalle gemietet wurden, kam es gelegentlich zu Zusammenstößen mit jugendlichen Gegnern. Farbbeutel und andere Wurfgeschosse dienten ihnen als Munition. Derlei Bewährungsproben haben die Gemeinde freilich in jeder Beziehung eher wachsen lassen. Immer mehr Hauskreise, zur Zeit sind es nicht weniger als fünfundvierzig, sammeln sich zum Bibelstudium und zu »Glaubens-Seminaren«. Deren Leiter und die große Zahl freiwilliger Mitarbeiterinnen und Mitarbeiter (ehrenamtliche Diakone) sind weitgehend selbständig tätig. In lebendiger Kleingruppenarbeit wird besonderer Wert auf die Einbeziehung der Kinder und Jugendlichen gelegt.

»Mission ist Auftrag Gottes« – diese Erkenntnis ermutigt zu ansehnlichen Unternehmungen, beispielsweise zur Beteiligung an der Missionsarbeit der »Operation Mobilisation«: die »Doulos«, ein ehemaliger Passagierdampfer, ist als evangelisches Bücherschiff an den Küsten unterwegs. Im Rahmen einer sozial-christlichen Aktion werden

St. Matthäus

Das Zentrum
St. Matthäus gehört
zu den architektonisch
hervorragenden
Kirchenbauten Bremens.

Das Missionsschiff
»Doulos«.

Nicht ohne Schmerz und Ärger hat die Huchtinger Mutter ihre Tochter, die nach dem Evangelisten Matthäus benannte Gemeinde in der Südostecke des Landesgebietes, selbständig werden sehen. Erst nach vierjährigem Hin und Her hat sie sie losgelassen. 1960 ist das offizielle Geburtsdatum. 1962 wurde Jochen *Müller* als erster Matthäus-Pfarrer in sein Amt eingeführt. Und seit 1966 glänzt das Strahlenkreuz auf dem Turm des massiven von Hans *Budde* und Carsten *Schröck* errichteten Rotstein-Kirchbaus in die Runde; ragt ein mächtiger, grauer Sichtbeton-Balken in die »Hermannsburg«-

Hilfsgüter nach Osteuropa befördert. Mittels modernster Medien und Techniken ist die Gemeinde mit missionarischen Stützpunkten überall auf der Welt verbunden. Schließlich ergriff sie 1978 gemeinsam mit der Hohentorsgemeinde die Initiative, als es galt, die Sendung Gottes an die Kinder auf neue Weise zu verantworten. Es kam zur Gründung der »Freien Evangelischen Bekenntnisschule Bremen« in Habenhausen.

Immer jedoch hat, so erfährt es die Gemeinde, die Sendung der Christen in die Welt die Sammlung zur Voraussetzung – die Bereitschaft, »sich selber missionieren zu lassen«. Der Platz dafür ist vor allem die Kirche, »eine der architektonisch interessantesten« in der bremischen Baugeschichte . Durch den Haupteingang und einen Windfang betritt man einen mit hellen Fenstern versehenen Kreuzgang. Von ihm aus ist der Kirchraum zu erreichen. Rechtwinklige Sitzgruppen sind dem Altar zugeordnet, so daß die Gemeinde gewissermaßen im Rund um die Predigt und das Abendmahlsgeschehen versammelt ist. Die mächtigen Rotsteinwände sind unterbrochen von kleinen Farbglasfenstern, die im einfallenden Sonnenlicht kraftvoll aufstrahlen. Sie sind nach Entwürfen des Fischerhuder Malers Erhart *Mitzlaff* hergestellt und spielen auf Motive aus dem Alten Testament und dem Matthäus-Evangelium an. Zwei helle »Lichtbänder« in der steil aufstrebenden Holzdecke ge-

Von vorne grüßt das Kreuz auf dem mächtigen Turmvorbau.

ben dem sonst eher halbdunklen, zur Besinnung einladenden Kirchenraum das notwendige Tageslicht. Zum Gottesdienst rufen von dem aus Flugsicherheitsgründen niedrig gehaltenen Turm drei Glocken aus der Hemelinger Gießerei *Otto*.

Rotsteinwände und kleine farbige Glasfenster – St. Matthäus empfängt seine zahlreichen Besucher mit Wärme.

St. Johannes-Sodenmatt

Eine der vier Töchter von St. Georg, der Huchtinger Altgemeinde, ist St. Johannes-Sodenmatt. In
einer durchgrünten Neubau-Siedlung am Soden-
mattsee gelegen, trägt sie wie mehrere andere bremische Gemeinden den beliebten neutestamentlichen Namen. In diesem Falle ist er eindeutig auf
den vierten Evangelisten zu beziehen. Unter seinem Symboltier, dem Adler, zeigt das Kirchensiegel
einen Abendmahlskelch. Dies ist für die St. Johannes-Gemeinde keine heraldische Dekoration. Im
Rahmen der gottesdienstlichen Liturgie, die für die
Sodenmatter die Mitte des Glaubenslebens ist, steht
– wie noch in der Reformationszeit – gleichrangig
neben der Predigt der Empfang des Altarsakramen-

Von welcher Seite auch
immer: St. Johannes-
Sodenmatt zeigt sich
von Grün umgeben.

tes. Abendmahlsgottesdienste finden nicht nur allsonntäglich, sondern oft auch während der Woche statt – getreu der Anweisung Martin Luthers,
der von »der täglichen Weide und Fütterung« der
Christen gesprochen hat. Zum Zeichen der Vor-
freude auf das ewige Leben trägt der Pastor ein
farbenfrohes Meßgewand, und Teile der Liturgie
werden von ihm gesungen. Gegen die »Verwaschen-
heit« des durchschnittlichen evangelischen Lebens-
stils grenzt sich die bewußt lutherische Gemeinde
energisch und zuweilen polemisch ab. Sie versteht,
an den Reformator anknüpfend, die Zugehörigkeit zur Kirche als ein Bekenntnis der Anbetung
und der Tat.

1964 ist St. Johannes-Sodenmatt als Neubau-
Gemeinde in der Lärmzone des Flugplatzes errich-
tet worden. Der erste Pastor war Reinhold *Thyssen*.
Nach dessen viel zu kurzer Amtszeit trat Karsten
Bürgener in die begonnene Arbeit ein. Ein Privat-
haus diente zunächst als Treff- und Sammelpunkt.
Dem folgte 1966 die provisorische Kirche, eine

Baracke. Mit dem Zusammenrücken der Gemeinde ging die Vorarbeit für das geräumigere Zentrum
einher, das von den Architekten Friedrich *Schumacher* und Claus *Hübener* erbaut worden ist.

Die 1972 eingeweihte »schöne, liturgische Kir-
che« bietet viele Möglichkeiten, gottesdienstliches
Leben in vielfältiger Weise zu verwirklichen. Das
Eingangsrelief und die Fenster über dem Altar stam-
men von Albrecht *Kröning*. Die Seitenfenster des
Kirchraumes sowie die Fenster der Kapelle sind
Arbeiten des Delmenhorster Meisters Hermann
Oetken. Auf dem ebenfalls von ihm geschaffenen
Klappaltar der Kapelle sieht man das einzige Bild
des Hl. Gerwal in einem unserer Gotteshäuser. Mit
dem Martyrium dieses Mitarbeiters Willehads beginnt bekanntlich die bremische Kirchengeschich-
te. Auf diese Weise stellt sich die Sodenmatter
Gemeinde bewußt in deren zeitübergreifenden
Zusammenhang. 1974 erhielt sie anstelle der bisher gebrauchten »Mini-Orgel« ein Instrument aus
der Werkstatt Alfred *Führer*.

Dietrich-Bonhoeffer-Gemeinde

Die Wahl des Namens war ein Programm: Dietrich Bonhoeffer. Als an der Vareler Bäke 1964 grünes Licht für eine weitere Huchtinger Siedlungs-Gemeinde gegeben, eine spitzgieblige Kirche aus Fertigteilen montiert und der erste Pastor eingeführt wurde, fiel die theologische Aussaat des im letzten Kriegsjahr hingerichteten Widerstandspfarrers erneut auf fruchtbaren Boden.

»Nichtreligiöse Interpretation des Evangeliums« oder was immer man unter dieser Devise verstand – das schien nun mit einiger zeitlicher Verspätung eine neue Epoche des Christenglaubens und der evangelischen Gemeinde eingeläutet zu haben. Zwanzig Jahre nach Bonhoeffers fragmentarischen, aber kühnen Ideen sei es, so meinte man, hoch an der Zeit, seine Botschaft zu hören.

Pastor Wolfgang *Schiesches*, Jahre hindurch der meistgenannte Mann der Bremischen Evangelischen Kirche, verstand sich durchaus in der Nachfolge Dietrich Bonhoeffers. Bald nach seinem Amtsantritt wurde deutlich, daß er damit einen radikal neuen Anfang im Gemeindeleben anstrebte. Der Gottesdienst sollte zur »Selbstbefreiung«, zur »Aktionsgemeinschaft« verhelfen. Selbstverständlich schien die rege Teilnahme an den politischen Demonstrationen der 68er Jahre. Bald war freilich nicht mehr zu übersehen, daß Schiesches in jeder Hinsicht den Bogen überspannte. Mit seinen Vorstellungen konnte er sich weder bei der Gemeinde noch bei der Gesamtkirche durchsetzen. So mußte er aus dem Amt scheiden. Dennoch wirkte die »Patenschaft« Bonhoeffers, sein Verständnis der Bibel und der Kirche weiter. Es entwickelte sich eine Gemeinde mit Zeitgefühl, mit Menschlichkeit.

Ein Beispiel hierfür ist die treue »Anwaltstätigkeit« für die Kleinen, für Übersehene und

Kühne Konstruktion voller Eleganz: Dietrich-Bonhoeffer-Zentrum.

Sprachlose. Die Integration der Behinderten, und zwar ohne Ausnahme irgendeiner Behinderung, ist im Dietrich-Bonhoeffer-Kindertagesheim für die ganze Bremische Evangelische Kirche begonnen worden. Aus dem Modell wurde die Regel: Ein flächendeckendes Angebot durch viele Gemeinden ist nun in Bremen vorhanden. Daß dabei Mitarbeiterinnen, Eltern oder Großeltern mitbestimmen, gehört zur Tagesordnung. Man erkennt die Gefahr, die im Umbau des Sozialstaates liegt, und sieht sich veranlaßt, weiterhin Anwalt der Benachteiligten zu sein.

Bemerkenswert ist auch der rege Zulauf von Konfirmandinnen und Konfirmanden. Und sehr viel Kinderarbeit in fast allen Räumen, an fast allen Werktagen, mit und ohne Mütter, zeigt die Hingabe der Gemeinde an diese Menschengruppe, die heute oft als lästiger Kostenfaktor angesehen wird. Über die Jugendarbeit ist »Bonhoeffer« stark in den Stadtteil integriert. Die Zusammenarbeit mit »weltlichen« Gruppen, mit Parteien und Trägern, bringt Nähe zu den Menschen im Wohngebiet.

Die Gemeinde lebt nicht nur für sich. Mit Partnergemeinden steht sie im Austausch, mit den katholischen Nachbarn lebt sie Ökumene. Selbstverständlich sind gemeinsame Aktionen zur Bibelwoche, zum Weltgebetstag. Eine weltweite Beziehung besteht zu Südafrika: der seit 1975 amtierende Pastor Wulf-Traugott *Kruse* hat sich dort in der

Zulu-Kirche seine Sporen verdient. Das Wort der Liebe Gottes, der Gnade und der Vergebung inmitten aller Aktivitäten zu hören und mit wachem Auge die politische Umgebung zu beobachten – so wird man der Botschaft des »Paten« wohl am meisten gerecht: »Gott ist mit uns am Abend und am Morgen und ganz gewiß an jedem neuen Tag.«

Eindrucksvolles Zeugnis des geplanten Aufbruchs in kirchliches Neuland bleibt das 1971 eingeweihte Zentrum des bedeutenden bremischen Architekten Carsten *Schröck*. Die Vorstellungen der Gemeinde realisierte er mit einer Stahlseilnetz-Konstruktion, die damals als »die modernste im Lande Bremen« gefeiert wurde. Gegen die Wohnblöcke in seiner Umgebung hebt sich das aus Betonpfeilern und einem freihängenden Dach gebildete Fünfeck als provozierender Gegensatz ab. Alle Raumgruppen des Zentrums laufen auf einen Mittelpunkt zu: die Kanzel und den Altar.

Die Gemeinde fühlt sich in jeder Hinsicht dem namensgebenden Pastor und Widerstandskämpfer verpflichtet.

Gleich hinterm Deich:
Die Gemeinden im Niedervieland

Eine kleine Erinnerung: das bremische Gebiet nordwestlich des früheren »Warturmes« wird von alters her als »Niedervieland« bezeichnet. Bis zum Bau der großen Hafenanlagen links der Weser war es eine weite Wiesenfläche ohne Busch und Baum. Die Weiden wurden von den Deichdörfern aus bewirtschaftet.

Der eigentliche bremische Verkehr streifte dieses Gebiet ohnehin nur im Südosten. Die Fernroute in Richtung Westen verlief zu frühmittelalterlicher Zeit auf dem linken Weserufer eine Strecke flußabwärts, durchquerte das Niedervieland, überschritt die Ochtum und erreichte, an der Delme bachaufwärts, die trockene Geest. Erst 1309 bauten der Bremer Rat und der Graf von Oldenburg gemeinsam den festen »Wardamm«. Er sicherte den Verkehr wenigstens einigermaßen gegen Überschwemmungen und kürzte die Route erheblich ab.

Weit abseits von diesen frühen Verkehrsadern, die freilich mit heutigen Straßen nicht entfernt verglichen werden dürfen, lag als ältestes Kirchspiel des Niedervielandes, hart an der Weser, *St. Jacobi-Seehausen* mit seiner alten Feldsteinkirche. Viele Jahrzehnte lang versammelte sich in ihr die einzige lutherische Gemeinde Bremens. Die besonderen kirchlichen Verhältnisse in Seehausen machen die Chronik von St. Jacobi zu einem filmreifen Stoff. Einige Kilometer flußaufwärts, von Seehausen heute durch die tief in ehemalige Feldmarken eingekerbten Becken des Neustädter Hafens getrennt, finden wir *Rablinghausen*. Es ist ebenso wie das verschwundene Lankenau schon im Mittelalter nachweisbar. Die Rablinghauser Gemeinde, die durch Jahrhunderte zu St. Martini gehörte, hat erst 1750 ihr eigenes Gotteshaus bauen können. Auch die stadtnächste Gemeinde der *Christus-Kirche-Woltmershausen* war, zusammen mit Rablinghausen, bis 1748 Teil des großen Martinikirchspiels im Vieland. Erst 1902 wurde sie unabhängig.

Das Niedervieland und seine Gemeinden auf einer Karte um 1723.

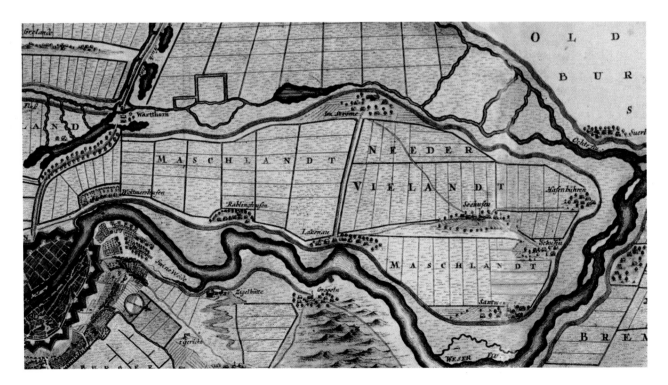

Eine der ältesten noch erhaltenen Kirchen im Land Bremen: St. Jacobi-Seehausen.

St. Jacobi-Seehausen

»Seehausen muß sterben« – so posaunte eine Tageszeitung Ende der sechziger Jahre des 20. Jahrhunderts den Tod des nördlichsten bremischen Kirchdorfes auf der linken Weserseite aus. Voreilig, wie es scheint. Es besteht die Hoffnung, daß dieser alte und von seltsamen Geschichten umwobene Platz doch nicht völlig vor dem Angriff der Industrie aufs Niedervieland kapitulieren muß. 1200 wird der Ort zum ersten Mal urkundlich erwähnt. Ein »Ritter Bernhard von Seehausen«, der hier vermutlich auf einem befestigten Hof sitzt, nimmt an einer Missionsreise nach Livland teil. In den Stedingerkriegen wird die kleine Veste zerstört und an ihrer Stelle wohl bald nach der Schlacht bei Altenesch (1234) die St. Jacobi-Kirche errichtet. Ihre Stifter und ersten Patrone könnten Grafen von Bruchhausen gewesen sein. Später ging das Patronat an die Grafen von Hoya, die Herzöge von Lüneburg-Braunschweig und schließlich, bis 1803, an die Kurfürsten von Hannover über, die zugleich Könige von England waren. Daraus folgt eine merkwürdige Rechtslage. Sie hat dem von Bauern, Fischern, Handwerkern und Seeleuten bevölkerten Dorf zweihundert Jahre lang nicht abreißende Unzuträglichkeiten beschert. Den lutherischen »Patronen« nämlich steht es zu, den Pfarrer von Seehausen vorzuschlagen. Dem reformierten Bremer Rat als Landesherrn im Niedervieland ist es andererseits vorbehalten, den Pastor einzuführen und seine Lehrtätigkeit zu beaufsichtigen.

Natürlich führt diese heikle Regelung schon 1569 zu Auseinandersetzungen. Pastor Nicolaus *Brinckmann* zieht sich wegen seines allzu freundlichen Verhältnisses mit Bremer Amtskollegen einen Rüffel der hannoverschen Kirchenobrigkeit zu. Henrich *Witte* (seit 1599) wird sogleich eingeschärft, daß »er den Bremer Sakramentierern vor der Thür sitzet«. Offenbar ist also der Seehausener Pfarrer dazu auserkoren, fleißig an der Politik der Nadelstiche gegen den Rat der Stadt mitzuwirken. Mit schöner Regelmäßigkeit kommt es denn bei den Amtseinführungen zu protokollarischen Zwistigkeiten. Um die Form der Präsentation geht es; um die Frage, ob die Delegation des Rates oder der Auswärtigen den Pastor zur Kanzel führen soll; um Sitzordnungen beim Festessen, ja sogar um die Qualität der Stühle. Manchmal wird das Stadtmilitär in Bereitschaft gehalten. Oder eine der strittigen Parteien hat kurzerhand die Kirchentür verriegeln lassen. Kaum einer der Geistlichen hält es mehr als ein paar Jahre in Seehausen aus. Es ist im ganzen Land als »die Buß-Pfarre« bekannt.

Wenn auch die Stadt immer näher rückt, St. Jacobi hat den Charakter des Dorfkirchleins bewahrt.

Nur einer scheint die ungemütliche Lage genossen zu haben: der streitbare J.F. *Milde* (1680–89), ein ehemaliger Feldprediger. Rundweg verweigert er den bremischen »Visitatoren« den Gehorsam. Daraufhin habe der Rat, so schreibt er, »gleich drei tapfere Bremer Soldaten kommandiert, um auf die Seehausener Festung loszugehen und tapfer mit des Pastoren Schinken und Mettwürsten zu scharmuzieren«. Falls dergleichen wieder vorkomme, »möchte ihn der Teufel holen, wenn er selbige nicht vor den Kopf schießen wolle«. Der Umgang mit dem Schießprügel muß dem gar nicht so milden Pfarrherrn überhaupt mehr gelegen haben als die Seelsorge.

Auch vor den Häusern seiner Gemeindeglieder erscheint er mit geladener Büchse. Der Stadt wird dieses Treiben schließlich zu bunt. Milde muß zwölf Tage Haft auf dem Rathaus verbüßen. Seine Hintermänner lassen ihn fallen. Doch auch nach seinem Abgang gehen die Querelen weiter. Erst nach 1763 gestaltet sich das Verhältnis der beiden Obrigkeiten freundlicher. Nur einmal noch weigert sich Pastor *Bansen*, eine Landesverordnung von der Kanzel zu verlesen. Sie betrifft – »das Festbinden von Hunden«. Ab 1919, nach der Trennung von Staat und Kirche, werden die Seehausener Pastoren gemäß der bremischen Kirchenordnung eingesetzt.

Nicht nur politische und diplomatische Konflikte haben ihnen das Leben schwer gemacht. Die »Upkumft«, der Ertrag des Pfarrlandes, ist mäßig. So betreibt Pastor *Meine* (ab 1658) nebenher eine Gastwirtschaft. Der Ausschank von geistigen Getränken vor der Kirchzeit wirkt sich nicht gerade förderlich auf die gottesdienstliche Versammlung aus. Ein anderes Mal muß sich der Pfarrer »mit den Seinen auf den Dachboden retirieren, da Wasser und Eis durchs Pfarrhaus gestrichen«.

Noch nach dem Ersten Weltkrieg hat Seehausen ein ganz ländliches Gepräge gehabt. Mehr als fünfzig Sagen und Gespenstergeschichten sind mit dem Ort verbunden. Dann erfolgt 1928/29 die Weserverbreiterung. Großindustrie und der Bau des Neustädter Hafens verschlingen weite Teile der Seehausener Feldmark. Seit dem Zweiten Weltkrieg wird die Untertunnelung der Weser diskutiert, eine »Verschiebung« des ganzen Ortes nach Nordwesten. Das Gesicht Seehausens und seine Bevölkerungsstruktur ändern sich rapide. In diesem Zusammenhang wurde 1990 neben der Kirche ein Gemeindezentrum errichtet, das auch von Gästen gern in Anspruch genommen wird.

Aber noch ist einiges aus der langen Geschichte des Dorfes erhalten. Dazu gehört die dem Apostel Jacobus geweihte Kirche. Ihre ältesten Teile: der wehrhafte, mit Schießscharten versehene Turm und die Umfassungsmauern von Schiff und Chor. Der schlichte Gottesdienstraum ist durch farbige Glasfenster belichtet. Die Kanzel (um 1800) ist ein Geschenk des Bremer Senates. Besonders stolz kann die Seehausener Gemeinde auf den dreiteiligen Flügelaltar eines niederländischen Meisters aus dem 16. Jahrhundert sein. Aufgeklappt zeigt er in der Mitte das Abendmahl, links die Ankündigung und Geburt Christi, rechts seine Kreuzigung und Auferstehung. Auf der Außenseite sind die Apostel Paulus und Petrus abgebildet. Die Kirchenglocke stammt aus dem Jahre 1406. Im Besitz der Gemeinde befindet sich eine niederdeutsche Bibel, 1579 gedruckt bei dem von vielen Schriften Luthers bekannten Hans Lufft.

Gemeinde Rablinghausen

»Use Kark an' Diek« – man meint aus dem liebevoll plattdeutschen Titel des Gemeindeblattes die persönliche Einladung der kleinen Deichkirche selbst herauszuhören. Ihr zierlicher Dachreiter blickt auf ein gründlich verändertes Rablinghausen. Die Anlage des Neustädter Hafens mit seinem riesigen Container-Areal hat das mindestens 700 Jahre alte Dorf »Ratteringhusen« im Norden und Westen um seine Feldmark gebracht. Und dort, wo im Mittelalter die Tauf- und Hochzeitsgesellschaften zum festlichen Gottesdienst in St. Martini oder Gröpelingen auf der gegenüberliegenden Weserseite landeten, dehnen sich jetzt ebenfalls kilometerweit die Hafenbecken. Ein wenig verträumt, aber auch ein wenig verloren – dieser uralte Kirchplatz: in einer Eingabe an den Kirchenausschuß fühlte sich Rablinghausen 1961 »als Aschenputtel unter den Kirchengemeinden Bremens«.

Um 1230 wird hier der Landbesitz eines gewissen »Roderich« erwähnt. Möglich, daß dieser Personenname in der jetzigen Ortsbezeichnung steckt.

Mit vielen anderen Plätzen im Bremer Umland ist die Deichgemeinde immer wieder durch das Auf und Ab der Stadtgeschichte gerissen worden. 1666 wurden die Behausungen von den Schweden großenteils niedergebrannt. Und noch lange mußten die Bewohner von Rablinghausen, Lankenau, Woltmershausen und Strom weite Wege über den Fluß oder zu Lande nach St. Martini machen – ein eigenes Gotteshaus besaßen sie nicht.

Erst 1746 wurde der Sprengel gegründet, und 1750 war das nach Entwürfen von Stadtbaumeister *Grütter* und Ratszimmermeister *Ficke* erbaute reformierte Predigtkirchlein fertig. Mehrere tausend Fuder Sand haben damals die Rablinghauser Bauern angefahren, um ihm in dem sumpfigen Gelände ein haltbares Fundament zu schaffen. Von den seinerzeit um sie her gepflanzten dreizehn Linden stehen noch sieben. Die kostbare Erstausstattung ist verlorengegangen: die Kanzel mit ihrer eleganten Rokoko-Rückwand, der Ratsstuhl, das Altargerät aus Silber und Zinn, die 1749 gegossene Glokke mit den Namen der zuständigen »Visitatoren«.

In den Jahren des »Dritten Reiches« hat Karl *Refer* (1911–34) von sich reden gemacht. Der spä-

»Use Kark an' Diek«: Die Rablinghauser Kirche.

Der Innenraum der Saalkirche mit Blick auf den Altar.

am Ende der Stadt auf der linken Weserseite, in Sichtweite der Kräne des Neustädter Hafens, sicherlich eine Überraschung.

Aber der architektonische Mittelpunkt der Gemeinde ist und bleibt die Kirche. Der Wiederaufbau hat ihre ursprüngliche Gestalt zu neuem Leben erweckt. Zurück in die Vergangenheit der Gemeinde weisen die an der Friedhofsseite angebrachten Sandsteinwappen mit üppigem Zierrat, die Werner *Schriever* 1749 gemeißelt hat. Das älteste Stück in der Saalkirche ist der romanische Taufstein, Teil einer Säule aus dem St. Petri-Dom, vermutlich um 1100 gearbeitet. Die bronzene Taufschale wurde ebenso wie der von einem emaillierten Kreuz gekrönte Deckel in Lippstadt gegossen. Das Schnitzwerk an Altar, Kanzel und Emporenbrüstung entstammt einer Bremer Diele um das Jahr 1750. Es harmoniert mit dem Orgelprospekt, der mit seinen zarten Formen und echter Blattvergoldung Vorlagen aus dem 18. Jahrhundert entspricht. Die beiden schönen Messingkronleuchter sind Abgüsse zeitgenössischer Originale aus dem Haarlemer Frans-Hals-Museum. Sie erglänzen über sechs »Hochzeitsstühlen«, deren Modell ein Barockstuhl des Rijksmuseums Amsterdam ist. Trotz der vielen Winke aus der Geschichte fühlt sich der Gottesdienstbesucher zwischen den warmen Farbtönen des Kirchenraumes ausgesprochen heimisch.

tere Martini-Pastor brachte es bis zum Stellvertreter des nationalsozialistischen Landesbischofs Weidemann. Die Kirche ist im vorletzten Kriegsjahr durch Brandbomben weitgehend zerstört worden. Der einzige Raum, der den Rablinghausern für ihre Zusammenkünfte blieb, war eine »Plättkammer«. Bevor man sie benutzen konnte, mußten oft die Holzschuhe abgestreift und das über dem Fußboden stehende Wasser damit hinausgeschöpft werden. Erst 1951 war es so weit, daß die Gottesdienste wieder in der behutsam restaurierten »Kark« stattfinden konnten, die einmal als »eine der schönsten ganz Norddeutschlands« gerühmt wurde. Pastor Paul *Meyer* und der Kirchenvorstand haben sich für die gelungene Restauration des seit 1972 unter Denkmalschutz stehenden Gebäudes ebenso eingesetzt wie der Architekt *Schott*.

Rablinghausen, das zeigt sich in den Gemeindeberichten, schäumt nicht gerade über vor kirchlicher Begeisterung, wenn auch die Aus- und Eintritte sich ungefähr die Waage halten. Diese relative Stabilität erklärt sich nicht zuletzt aus der dörflichen Struktur des Stadtteils - und das nur vier Kilometer von der City entfernt. Neben der Kirche besticht den Besucher der 1988 von Grund auf renovierte Gemeindesaal. Er gehört mit seinen »Tanzturniermaßen« zu den größten Bremens - fast

Der Taufstein entstand aus einer Säule des St. Petri-Doms.

Die Christus-Kirche ist das Wahrzeichen Woltmershausens.

Christus-Kirche Woltmershausen

»Woltmershusen«, 1244 erstmalig in einer Urkunde erwähnt und bis 1748 mit Rablinghausen ein Teil des Kirchspiels von St. Martini, war bis in die zweite Hälfte des 19. Jahrhunderts eine bäuerliche Landgemeinde. Dann wandelte sich das Dorf sprunghaft zur bremischen Arbeiter- und Handwerkervorstadt. Viele Woltmershauser waren nun in Werften, Holzfabriken, im Gaswerk oder einer Tabakfabrik tätig – Betrieben, die sich um den alten Ortskern ansiedelten. Andere arbeiteten auf der rechten Weserseite. Sie war seit 1903 mit einer Dampffähre leichter zu erreichen. Die Kirchengemeinde Rablinghausen, zu der außer Woltmershausen noch Lankenau und Strom gehörten, wuchs schnell auf 6000 Seelen. Dieser Umstand veranlaßte ihren Pastor H.G. *Duntze* zur Bildung einer »Kommission für die kirchliche Gemeindebildung«. Eine Haussammlung wurde veranstaltet. Das Ergebnis, zu dem – wie immer bei solchen Anlässen

– die übrigen Bremer Kirchengemeinden beitrugen, erlaubte zunächst den Kauf eines Grundstücks mit Pfarrsaal. Hier amtierte seit 1895 der erste Woltmershauser Pastor Richard Theodor *Pröhl*.

1902 wurde die Gemeinde selbständig. Der Wunsch »nach einem würdigen und anheimelnden Kirchlein, an welchem die Gemeinde wirkliche Freude haben könne«, wurde nach weiteren Anstrengungen verwirklicht. 1906 konnte der Ziegelrohbau, ausgeführt nach Plänen der Architekten *Abbehusen* und *Blendermann,* eingeweiht werden. Der Altarraum war schon damals mit drei leuchtenden Fenstern in kostbarer Glasmalerei versehen. Und der inzwischen weltberühmte Worpsweder Maler Hans *am Ende* steuerte eine Darstellung des Barmherzigen Samariters als Altarbild bei. Das biblische Gleichnis sei hier »eingetaucht in die Poesie des deutschen Märchens und Waldes«, heißt es in einer zeitgenössischen Beschreibung. Bereits ein Jahr später wanderte das Gemälde in die Kapelle des Diakonissenhauses. An seine Stelle trat ein neues Werk des Künstlers: »Der Verlorene Sohn«. Die Begegnung der beiden Gestalten ist deutlich in die niedersächsische Landschaft ver-

Erster Pastor: R.T. Pröhl.

203

Kirche der evangelischen Gemeinde Woltmershausen in Bremen.

Schon kurz nach der Einweihung der Kirche entstand diese Postkarte.

setzt. Zum ersten Mal erklang die Orgel aus der Werkstatt *Gehlhar*. Und wenn auch die Kanzelsprache heute etwas anders lautet – die Worte aus der Einweihungspredigt Pastor Pröhls stimmen auch in unseren Tagen noch nachdenklich: »Du, der du die ganze Woche in Feld, Wirtschaft und Werkstatt seufzest, bedarfst du nicht einer Stätte, wo du dich ganz herausgehoben fühlst aus dem engen Dunstkreis der gewohnten Sorgen und Geschäfte; wo es einmal stille, ganz stille um dich und in dir wird?«

Deutlich spiegeln sich in den Konventsprotokollen die Schrecken des Ersten Weltkrieges. Und die wirtschaftliche Depression der späten zwanziger Jahre hat gerade die Woltmershauser Gemeindeglieder und ihre Familien besonders schwer getroffen. Zum 25. Jubiläum der Kirche (1931) wurde zwar die überholte Orgel eingeweiht. Die neue in Hemelingen gegossene Glocke mit der Aufschrift »Pax vobiscum« (Friede sei mit Euch!) ertönte zum ersten Mal. Aber der Unfriede der nationalsozialistischen Jahre wurde auch in die Woltmershauser Gemeinde hineingetragen. Dies zeigt ein drohendes Berufungsschreiben, welches der Nachfolger Pröhls, Pastor F.W. *Meyer*, von dem Nazi-Präsidenten der bremischen Kirche erhielt: »Ich sehe es als selbstverständlich an, daß Sie »insbesondere bei der Vorbereitung der neuen Verfassung (Führerprinzip!) keinerlei Schwierigkeiten machen«.

Die Nähe der Häfen hat Woltmershausens Gemeinde während der Bombenangriffe des Zweiten Weltkrieges schwer in Mitleidenschaft gezogen. Die Christus-Kirche wurde beschädigt. 1949 konnte wieder Gottesdienst in ihr gefeiert werden. Drei neue Farbfenster, ein Auftrag an die Bremer Kunstmalerin Elisabeth *Steineke*, schmücken seit 1961 sinnvoll den Altarraum. Sie sind ein bildliches Glaubensbekenntnis zur Heiligen Dreieinigkeit. Auf dem mittleren Fenster geht von dem Auge des Schöpfers ein Strom des Lebens aus. Das linke zeigt den Weg Jesu Christi zu den Menschen. Rechts empfängt die Gemeinde die Ausstrahlung des Heiligen Geistes. Die Metallarbeiten sind von dem Bremer Goldschmied Franz *Bolze* angefertigt. Im Vorraum der Christus-Kirche ist jetzt das frühere Altarbild von Hans am Ende angebracht. Es läßt an die Anfänge der Woltmershauser Gemeinde denken und den Besucher in der Gestalt des Vaters die Barmherzigkeit Gottes ahnen.

»Der verlorene Sohn« von Hans am Ende war ursprünglich Altarbild und schmückt heute den Vorraum.

Im Nordseewind: Bremerhaven und seine bremische Gemeinde

Wer nach der Rundfahrt durch die Gemeinden auf dem linken Weserufer seine Tuchfühlung mit der Bremischen Evangelischen Kirche komplettieren möchte, darf eine kleine Reise an die Weser-Mündung nicht scheuen. 66 Kilometer nördlich des Roland liegt Bremerhaven. Hier erst weht wirklich Seeluft, und immer riecht es ein bißchen nach Fisch. Wie kommt es, daß die »Seestadt Bremerhaven« trotz dieser Entfernung als selbständige politische Einheit eine Exklave des Staatsverbandes Bremen auf niedersächsischem Gebiet werden konnte? Und wie ist die Existenz nur einer einzigen – wenn auch besonders gearteten – bremischen Gemeinde in dieser kirchenreichen Stadt zu erklären? Das hängt mit der eigenartigen Geschichte des jetzigen Bremerhaven zusammen.

Schon um 1100 hat es kirchliches Leben in ihrem heutigen Gebiet gegeben. Die Gotteshäuser tragen die Namen des Heiligen Dionysius und der Gottesmutter Maria. Und 1290 wird der Ort Lehe erstmals urkundlich erwähnt. In den folgenden Jahrhunderten gerät er zwischen die Fronten: der bremische Erzbischof, die Stadt Bremen und andere Interessenten streiten sich um den Besitz der Wesermündung. Der erste evangelische Pfarrer, Mitte des 16. Jahrhunderts, heißt Johann *Bohlsen*; und als Lehe mit Bremen zum reformierten Bekenntnis wechselt, ist Rudolph *Willers* (1608–24) Ortspastor. Im dreißigjährigen Krieg legen kaiserliche Truppen am Einfluß der Geeste in die Weser Schanzen an. Erzbischof Friedrich II., dänischer Prinz, plant den Bau einer Hafenstadt. Der gleiche Gedanke beschäftigt 1653 die schwedische Königin Christine: ihren »Leher Schanzen« folgt 1672 die Grundsteinlegung zur »Carlsburg«. 1700 jedoch werden die letzten schwedischen Geschütze demontiert, die Militärkolonie zerfällt, der erste Entwurf einer Hafensiedlung an der Wesermündung ist vorerst gescheitert.

Knapp hundert Jahre später taucht die Idee in den Büros der nun zuständigen hannoverschen Regierung erneut auf, verschwindet aber wegen Finanzierungsschwierigkeiten in den Schubladen. Erst 1825, in der Regierungszeit des weitsichtigen Bremer Bürgermeisters Johann Smidt beginnt die eigentliche Geschichte des heutigen Bremerhaven: Die weit landeinwärts gelegene Hansestadt sieht

eine drohende Katastrophe auf sich zukommen. Zunehmend versandet die Weser; größere Schiffe laufen das oldenburgische Brake an. Die bremischen Häfen sind in Gefahr, bedeutungslos zu werden. Ein »Aus« für den weltweiten Handel ist

Das Denkmal der Bremerhavener für ihren Stadtgründer.

in Sicht. Da gelingt es Smidt nach zweijährigen Verhandlungen, den Hannoveranern Grund und Boden für ein Hafengelände abzukaufen. Neunzehn Teilnehmer an der Übergabe-Zeremonie (1827) gelten als die ersten Einwohner Bremerhavens. Stadt und Hafen werden nach dem Konzept des gebürtigen Holländers van Ronzelen angelegt. 1830 segelt das erste Schiff, die amerikanische »Draper«, ein.

Die nächsten Jahre sind erfüllt von Rivalität zwischen den Anliegerstaaten. Das große Seegeschäft lockt. König Ernst August von Hannover läßt 1845 gegenüber den bremischen Anlagen den Schiffslöschplatz Geestemünde bauen. Doch der Aufstieg der Smidtschen Gründung ist nicht mehr zu stoppen. Der Überseeverkehr spielt sich deutlich auf Bremerhaven ein. Und als vorläufige Krönung erhält die Stadt 1855 in der »Großen Kirche«, an deren Grundsteinlegung der 82jährige Bürgermeister persönlich teilnimmt, einen weithin sichtbaren Akzent. Als Pioniertat großen Stils wird sein Unternehmen europaweit gefeiert. In der Land-

gewinnungsszene des zweiten »Faust«-Teils hat Goethe ihm ein literarisches Denkmal gesetzt.

Aus ihrer komplizierten Vergangenheit ist die eigentümliche Mischung von Bremerhavener, stadtbremischen und landbremischen Zuständigkeiten zu verstehen, die sich in der Seestadt findet. Und der nachwirkende Einfluß der Lutherischen Landeskirche Hannovers erklärt den bemerkenswerten Umstand, daß von ihren 22 Gemeinden nur eine einzige der Bremischen Evangelischen Kirche angeschlossen ist: die »Vereinigte Protestantische Gemeinde zur Bürgermeister-Smidt-Gedächtniskirche« im altbremerhavener Stadtkern.

Bremerhaven nach dem Zollanschluß 1888 (Ausschnitt). Im Stadtzentrum die Große Kirche.

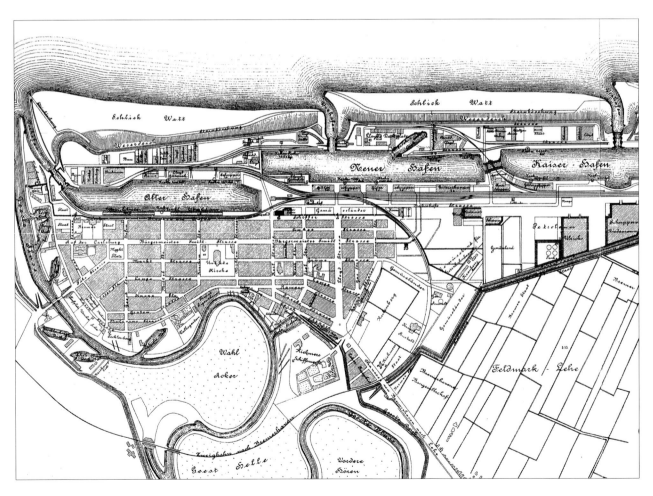

Bürgermeister-Smidt-Gedächtniskirchen-gemeinde

Etwas zu forsch wird heutzutage an der Namensgebung so mancher Gedächtniskirche Kritik ge-
übt: verrät sich darin nicht eine gerade für evangelische Christen unzulässige Verehrung von Menschen? Die einzige heute zur Bremischen Evangelischen Kirche gehörende Gemeinde Bremerhavens
wird 1927, als sie sich den Namen des genialen
Staatsmannes gab, darüber nachgedacht haben.
Aber sie verneigte sich nicht nur vor dem Erbauer
von Hafen und Stadt. Sie wußte sich seit ihrer
Gründung durch ihn auch der religiösen Haltung
des Theologen und Beinahe-Pastoren Johann Smidt
verbunden. Früh schon hatte Smidt über die Zu-

sammenführung der getrennten evangelischen Konfessionen nachgedacht, und nach Vegesack und
Horn sollte dies (ab 1842) die dritte uniierte Gemeinde im bremischen Staatsgebiet werden – mit
einem »unbedingt freien protestantischen Glaubens-
leben«, das »auch allen Sekten, die in der Aus-
wandererstadt zusammengeschwemmt werden«,
Raum bieten könne. Diese Großzügigkeit, den
entschiedenen Lutheranern ein Ärgernis, macht bis
zum heutigen Tage den besonderen Charakter der
Gemeinde aus. Liberales religiöses Denken, für das
beispielhaft der wissenschaftlich hochgebildete und
auch in der Zeit der nationalsozialistischen Herrschaft unbeugsam kämpferische Theologe Hermann *Raschke* (1917–57) eintrat, bleibt ein Anliegen der derzeit amtierenden Pastoren und des Kirchenvorstandes. Jeder dafür ansprechbare Bürger
Bremerhavens, wo immer er seinen Wohnsitz hat,
kann zur Bürgermeister-Smidt-Gedächtniskirchengemeinde gehören. Unter den später tätigen Pasto-

Ein segnender Christus
behütet das Portal der
Kirche, die unter Pastor
H. Raschke 1927 nach
dem Stadtgründer
benannt wurde.

207

1850 hatte das »Kleinst-Bremerhaven«, am Schreibtisch geplant, nur 4033 Einwohner. Sie gingen entweder in Lehe zur Kirche oder versammelten sich in der Kapelle des damals hochmodernen Auswandererhauses. Der Plan einer eigenen Kirche ließ nicht lange auf sich warten. Die Bauarbeiten auf dem vom Bremer Senat zur Verfügung gestellten Areal standen jedoch unter einem unglücklichen Stern. Man hatte sich trotz aller Warnungen in der Bodenbeschaffenheit getäuscht. In den bereits hochgezogenen Mauern zeigten sich Risse, und viele Jahre lang blieb die Kirche eine traurige Ruine. Erst beim zweiten Anlauf gelang es Simon *Loschen* durch eine Rostpfahl-Konstrukti-

ren ist Dr. Dr. Peter *Gerlitz* (1962–1991) als Religionswissenschaftler und Professor an der Universität Bremen hervorgetreten. Manfred *Schulken* (1974–1984) übernahm nach seiner Tätigkeit als Gemeindepastor die Leitung des Diakonischen Werkes Bremen.

Neunzig Jahre nach der feierlichen Einweihung, an der auch der 82jährige Stadtgründer Smidt teilnahm (rechts ein Altersbildnis), lag die »Große Kirche« in Schutt und Asche.

on, dem neugotischen Gebäude mit dem an das Freiburger Münster und den Kölner Dom erinnernden durchbrochenen Turmhelm ein solides Fundament zu geben. 1855 wurde die »Große Kirche«, so heißt sie im Volksmund, feierlich eingeweiht. Aus dem Besitz des Bürgermeisters stammt ein Ehrenpokal, der – ein Geschenk der Nachkommen Smidts an die Gemeinde – im Morgenstern-Museum Bremerhaven ausgestellt ist. Der 82 Meter hohe Turm war lange Zeit wichtigste Ansegelungsmarke für die Schiffahrt.

In der Reihe der gern als »johanneische Naturen« bezeichneten Pastoren war Heinrich *Wolf* (1855–80) an der Seite des Reeders *Garrels* als Verwaltendem Bauherrn, der erste: »ein Vertreter des Rationalismus in seiner edelsten Erscheinung«. Ihm folgte die Unternehmerpersönlichkeit Eberhard *Cronemeyers* (1877–95). Als »Bodelschwingh Bremerhavens« ist er bezeichnet worden. Im persönlichen Gespräch mit dem nachmaligen Kaiser Friedrich III. gelang es ihm, dessen Interesse für eine Moorkolonie bei Loxstedt zu wecken. Er realisierte den Plan und brachte dort nichtseßhafte Familien unter.

Weithin bekannt war die Jugendarbeit der Bürgermeister-Smidt-Gedächtniskirchengemeinde von 1928 bis ins letzte Jahr des Zweiten Weltkrieges. Der »Martin-Luther-Ring« der »Unterweser-Jugend« hatte zeitweise bis zu 650 Mitglieder, die sich dem Gedanken der Vereinigung der Kirchen und Religionen aufschlossen. 1939, mit der Angliederung Bremerhavens an Preußen, wurde die Gemeinde vorübergehend der hannoverschen Kirche unterstellt, nach der Neuordnung 1946 aber wieder in die bremische Kirche zurückgeführt. 1944, als Tausende von Brandbomben die Stadt in ein Feuermeer tauchten, blieben von dem Gotteshaus nur die Außenmauern und der Turm erhalten. In der Turmkapelle fanden ab 1945 die Gottesdienste statt, bis acht Jahre später, in Anwesenheit von Bürgermeister Wilhelm Kaisen, ein Gemeindehaus seiner Bestimmung übergeben wurde.

Beim Neubau der »Großen Kirche« ging man davon aus, daß der nur wenig beschädigte Turm und die Außenmauern erhalten bleiben sollten. Karl *Franzius* hat diese heikle Aufgabe trefflich gelöst.

Über dem Innenraum spannt sich eine Falthängedecke, die sich dem gotischen Charakter des alten Gebäudes anpaßt. Kanzel und Sockel des Taufbeckens sind aus Obernkirchener Sandstein. Über dem Taufbecken hängt das Modell des Auswandererschiffes »Theone«. Auf dem breiten Altar befindet sich ein aufrecht stehendes Kreuz (von der *Dovenmühle*). Die Orgel hat auf einer balkonartig vorspringenden Empore Aufstellung gefunden. Eindrucksvoll sind die starkfarbigen Fenster Gottfried *von Stockhausens*. Auf dem mittleren zeigt sich der Weltenrichter, darunter: Michaels Kampf mit dem Drachen. Links sieht man die Verkündigung des Engels an Maria und die Geburt Jesu, zur rechten Hand den Kruzifixus und die Frauen am Grabe.

Trotz der schweren Schäden im Krieg konnten Turm und Außenhaut der Kirche erhalten werden. Links das neugestaltete Kircheninnere.

209

DIE DIENSTE DER BREMISCHEN
EVANGELISCHEN KIRCHE

Die gesamtkirchlichen Dienste

Weite Wege haben wir im ersten Teil dieses Buches gemacht: rund um den Roland, vom »Bremer Kreuz« der Autobahn bis zur Lesum, zwischen Lesum und Osterstader Marsch und schließlich bis in unseren hohen Norden, an die Wesermündung. Allen 69 Ortsgemeinden der Bremischen Evangelischen Kirche wollten wir mindestens eine Stippvisite machen. Jahrhundertelang sind viele von ihnen die geistliche und sogar weltliche Heimat der Protestanten unter der rotweißen »Speckfahne« gewesen. Hier, rund um ihren Kirchturm, haben sie grundlegende Glaubensimpulse empfangen. Hier in ihrer Heimatgemeinde wurden ihnen, buchstäblich von der Wiege bis zur Bahre, Ratschläge und praktische Hilfen für das tägliche Leben zuteil.

Für einen gar nicht so kleinen Prozentsatz evangelischer Christen hat sich daran wenig geändert. Ja, die Unübersichtlichkeit gegenwärtiger Weltverhältnisse läßt manchen nun erst recht festhalten an »seiner« als ein Stück Heimat empfundenen Kirche, an dem von Kind auf vertrauten Gottesdienst, an den bekannten Gleichgesinnten »umzu«. Gleichwohl erwarten wir von unserer Bremischen Evangelischen Kirche zu Recht, daß man sie nicht nur vor Ort, in der eigenen Wohngegend antrifft. Auch im Krankenhaus beispielsweise, draußen in der Arbeitswelt, in den allgegenwärtigen Medien soll sie präsent sein. Das kann kaum mit

der linken Hand realisiert werden. Für eine ganze Reihe von Aufgaben dieser Art muß es spezielle Einrichtungen und Aufträge geben - also Kirche stadtnah und sogar weltweit.

Spätestens in der zweiten Hälfte des 19. Jahrhunderts hat man das immer deutlicher erkannt. Seitdem ist, bis hart an die Schwelle des 3. Jahrtausends, nach und nach eine beachtliche Reihe solcher besonderen Dienste neben die Ortsgemeinden getreten. Manche sind aus letzteren hervorgegangen, andere haben umgekehrt zu neuen Gemeindegründungen geführt, einige werden wiederum von bestimmten Gemeinden oder Gemeindegruppen getragen. Wie auch immer, auf ein reibungsloses Zusammenspiel mit der »klassischen« Parochie wird gerade in Bremen aus gutem biblischem Grund Wert gelegt. Kaum anderswo in deutschen Landen kommt ja der einzelnen um Wort und Sakrament versammelten und im Glauben tätigen Menschengemeinschaft seit der Reformation eine so außerordentliche Bedeutung zu. Verständlich, daß die rapide Aufstockung oft mißverständlich so genannter »übergemeindlicher« Stellen nicht allenthalben Begeisterung auslöste. Man befürchtete die Gefährdung des eigentlichen Auftrages.

Dennoch wird keine Landeskirche, auch die kleine bremische nicht, in den tiefgreifenden gesellschaftlichen Veränderungen unserer Zeit ohne eine angemessene Quote solcher Sonder-Institu-

Ein weiterer Weg ist gegangen worden – auch optisch: Altes und neues Signet der Bremischen Evangelischen Kirche.

tionen auskommen. Viel komplexer als im überschaubaren Kirchspiel der vorindustriellen Epoche sind die Situationen zahlloser Menschen, viel verwickelter ihre Glaubens- und Lebensprobleme in den riesigen Ballungsräumen heutiger, immerfort sich noch wandelnder Großstädte. Ihnen in der Anonymität der Apparatewelt kraft der befreienden Botschaft Jesu Christi über die Grenzen der Pfarrgemeinde hinaus entgegenzukommen und nachzugehen – dazu bedarf es unbestreitbar spezifischer Instrumentarien, Räume, professioneller Mitarbeiter, zielgruppenbezogener Arbeitsmethoden. Optimal: wenn die gesamtkirchlich tätigen Teams in enger Verbindung mit den Gemeinden vor Ort stellvertretend, ergänzend, anregend und beratend unter dem einen, allen gemeinsamen Auftrag der Sammlung und Sendung stehen. Um die Vernetzung aller Aktivitäten zu fördern und eine Stätte der Begegnung mit der Öffentlichkeit in City-Nähe zu schaffen, wurde 1992 das »Forum Kirche«, Hollerallee 75, zugleich ein »Haus der kirchlichen Dienste«, erworben.

Auf den folgenden Seiten werden wir dem Leser einen gerafften Überblick über die vielfältigen Arbeitsfelder der Aufträge, Dienste, Verbände und Werke zu geben versuchen. Ebenso wie bei den Parochialgemeinden existieren natürlich auch unter ihnen gewisse Abstammungs- und Verwandt-

schaftsverhältnisse. Doch geht es hier nicht um Wachstumsprozesse und spätere Verzweigung. In der Regel ist eine gesamtkirchliche Institution nach reiflicher Überlegung im Kirchentag, dem Parlament der Bremischen Evangelischen Kirche, ins Leben gerufen worden, wenn unausweichliche binnenkirchliche oder gesellschaftliche Herausforderungen ein besonderes Handeln notwendig zu machen schienen. Dementsprechend sollen die gesamtkirchlichen Einrichtungen jetzt in alphabetischer Reihenfolge vorgestellt werden: gegliedert in drei große Arbeitsfelder mit ähnlichen Tätigkeitsmerkmalen. Diese drei Felder kann man – gewissermaßen von »innen« nach »außen«, also vom Binnenbedarf unserer Landeskirche zu ihrem Weltdienst übergehend – etwa so benennen:
- Innere Dienste
- Seelsorge und Beratung
- Kirche in der Gesellschaft

Den Leser bitten wir ein zweites Mal um sein Verständnis, daß wir die Tätigkeit zumal der großen Werke und Verbände nicht bis in jedes Detail ausleuchten können. Die überwältigende Fülle des Geleisteten sowie der begrenzende Raum dieser Buchseiten erlauben ebenso wie im ersten Teil des Buches nur andeutende Skizzen.

Das »Forum Kirche« in der Hollerallee – ein »Haus der Kirchlichen Dienste«.

Innere Dienste

Ausbildungsreferat

»Parcours der Jahre« heißt eine Jubiläumsschrift, die 1998 zum 25jährigen Bestehen des Ausbildungsreferates erschienen ist. In der Tat, diese wichtige Einrichtung mit der hanseatisch untertreibenden Bezeichnung hat von Anfang an die verschiedensten Hürden nehmen müssen. Nicht weniger als die theologische Aus- und Weiterbildung innerhalb der Bremischen Ev. Kirche gehört zu ihren zentralen Aufgaben. Und in der eigenwilligen Weser-Kirche befürchtete mancher zunächst die Entstehung einer ideologischen Schaltstelle. Solange nach dem Zweiten Weltkrieg der Schriftführer und Unser-Lieben-Frauen-Pastor D. Günter *Besch* die in bremischen Gemeinden »lernenden« Vikarinnen und Vikare betreute und ab 1969 der Ausbildungsreferent Dr. Hartmut *Löwe* im St. Martini-Pfarrhaus sich um sie kümmerte, hielt man sich zurück. Aber es kam im Kirchentag prompt zur »Schlacht« (Binder), als der Kirchenausschuß eine besondere Pfarrstelle für die Vikarsausbildung beantragte. Er setzte sich durch, und im Januar 1973 begann Dr. Klaus *Dirschauer* im holzgetäfelten Dachgeschoß des »Hauses der Kirche« am Franziuseck seine vielschichtige Tätigkeit als Ausbildungsreferent, Prediger und Seelsorger.

Inzwischen hat sich das seinerzeit so umstrittene Amt im Vergleich mit ähnlichen Abteilungen größerer Landeskirchen längst als Glücksfall erwiesen. Die geringen Entfernungen erlauben jederzeit persönliche Begegnungen zwischen Ausbildern und Auszubildenden, eine sonst kaum mögliche Dichte der Termine und Studieninhalte, nicht zuletzt die rasche Erreichbarkeit der Treffpunkte. Das Programm für die in bremischen Gemeinden hospitierenden Vikarinnen und Vikare reicht von regelmäßigen Studientagen über Studienwochen, Studienkreise, Studienfahrten – von 1973 bis 1989 mit gutem Grund in die Greifswalder Landeskirche (früher DDR) – bis zum Unterrichts- und Seelsorgetraining unter sachkundiger Anleitung sowie schließlich zum Volontariat in einem der gesamtkirchlichen Ämter. Besonderes Gewicht hat natürlich die Einübung in das tiefere Verständnis und die Praxis des Gottesdienstes, insbesondere der Predigt und der Amtshandlungen. Einen »Parcours der Jahre« durchläuft das Ausbildungsreferat auch insofern, als die Zurüstung auf das Pfarramt gerade in der geistig so offenen Bremischen Evangelischen Kirche immerfort auf die sich wandelnden Herausforderungen der Zeit bezogen ist. Daß man dabei keiner der eben gängigen Denkmoden auf den Leim geht – dafür sorgt die kritische Auseinandersetzung in der sich immer stärker als geistliche Gemeinschaft verstehenden Gruppe.

Außer der eben skizzierten Vikariatausbildung als seiner »klassischen« Aufgabe bietet das Referat den Pastoren im Gemeindeamt die im Kirchentagsbeschluß von 1972 festgeschriebene Fortbildung der Mitarbeiter an. Ein verhältnismäßig großer Kreis von Interessierten, die im Berufsalltag nicht »betriebsblind« werden möchten, nimmt aktiv an Arbeitskreisen über Predigt, Amtshandlungen, Gemeindeaufbau und theologische Neuerscheinungen auf dem Büchermarkt teil. Zu den Pastoren kommen als weiterer Personenkreis die Prädikantinnen und Prädikanten sowie die Lektorinnen und Lektoren. Sie erschließen sich in einer zweieinhalbjährigen berufsbegleitenden Ausbildung eine ganz eigene Verbindung von Bibelkenntnis und persönlicher Frömmigkeit. Auch Einbrüche sind schließlich in dem »Parcours des Jahres« zu beklagen: Nach über 25jähriger Weiterbildung der eben hierzu hochmotivierten Gemeinde-Krankenschwestern und -pfleger, in der besonderer Wert auf Glaubenskunde und Seelsorge gelegt wurde, scheint sich die bremische Kirche von dem segensreichen Wirken dieses Berufsstandes zu verabschieden.

Der erste Leiter des Ausbildungsreferats: Pastor D. Günter Besch, 1998.

Ausbildungsreferat 1972. Zweiter von links: P. Dr. K. Dirschauer.

Bremische Evangelische Bibelgesellschaft

Von Napoleon ist die Bemerkung überliefert, die Bibel sei kein Buch, sondern ein lebendes Wesen: überraschende Äußerung eines Großen, der gewiß kein Frömmler war und sich doch von der Ausstrahlung der Heiligen Schrift berührt wußte. Etwa zur gleichen Zeit wie dieser Ausspruch, 1815, taten sich im Hause des Bremer Senators *Vollmers* einige Männer zusammen, die von einem sehr ähnlichen, wenn auch anders benannten Eindruck bewegt waren. Sie trauten dem puren Text Alten und Neuen Testaments, lesbar gedruckt und gut eingebunden, lebensschaffende Wirkung zu. So gründeten sie die Bremische Evangelische Bibelgesellschaft. Man wollte dafür sorgen, daß das Buch der Bücher in wohlfeilen Ausgaben in jede Hand käme – entweder durch Verkauf oder, wo es angebracht schien, auch unentgeltlich.

Entsprechend groß war der Kreis der ins Auge gefaßten Bezieher: Hotels, Stiftungen, Schulen, Brautpaare, Soldaten, Wanderarbeiter. Für katholische Kunden gab es besondere, bischöflich approbierte Übersetzungen. Um alle denkbaren Interessenten zu erreichen, ging man planmäßig vor: Ein zentrales »Bibel-Lager« wurde angelegt, und Kolporteure boten die besondere Ware in 15 Stadtdistrikten an. Der Zuspruch war groß. Öffentliche »Bibelfeste« fanden statt. St. Ansgarii sah 1865 die 50jährige »Jubelfeier«. Damals waren bereits 48.311 Vollbibeln »abgesetzt«! In der Generalversammlung zählte man 296 feste Mitglieder, und ansehnliche Spenden und Vermächtnisse kamen dem Werk zugute.

Einmal auf Erfolgskurs, wagte sich die Gesellschaft mit ihren Angeboten über Bremens Grenzen hinaus, in die umliegenden deutschen Länder, nach Österreich. Sogar in Algier stationierte Fremdenlegionäre wurden versorgt. Bibeln gelangten auf die Schiffe der ersten deutschen Kriegsflotte unter Admiral Brommy ebenso wie auf die des Norddeutschen Lloyd. Eine spezielle Niederlassung machte in Bremerhaven auf, um den in die Neue Welt Auswandernden das kostbare Gepäckstück mitzugeben. So wundert es nicht, daß die Bibelgesellschaft 1890, im 75. Jahr ihres Bestehens, auch mit einem Pavillon auf der »Gewerbe- und Industrie-Ausstellung Bremen« vertreten war, daß sie Bibelblätter als Beilagen in den Lokalzeitungen erscheinen ließ und ihre Buchausgaben selbst in Freimarktbuden feilhielt.

Zweimal ist die Bremische Bibelgesellschaft gleichsam über sich hinausgewachsen. Unvergessen ist erstens die bedeutende Hilfe, die sie der noch jungen Norddeutschen Mission zuteil werden ließ. Auf ihre Kosten nämlich wurden die für die Pionierarbeit in Westafrika so notwendigen Bibelübersetzungen in die Ewe-Sprache hergestellt. Für die deutsche Heimat aufsehenerregender war die Herausgabe einer bis dahin so noch nicht vorhandenen »Schul-Bibel«. Die Redaktion des bis 1894 erschienenen Werkes lag bei den weithin bekannten Bremer Pastoren Paul *Zauleck* und Friedrich *Mallet*, die sich der breiten Mitarbeit deutscher Autoren versichern konnten.

Bis in die Gegenwart hat sich an der Zielsetzung nichts geändert. Die Gesellschaft informiert über bisher erschienene Bibeln und Neuerscheinungen. Auch bietet sie Material für die Gemeindearbeit an und vermittelt günstige Bezugsmöglichkeiten. Seit 1992 betreibt die Bremische Evangelische Bibelgesellschaft einen ökumenischen »Bibelstand« auf der »hafa«-Messe und geht mit Ausstellungen an die Öffentlichkeit.

Der Stand der Bremer Evangelischen Bibelgesellschaft auf der »hafa« in den 90er Jahren. Zweite von rechts: Edith Rohrmann.

Bremer Studienhaus

Eine interessante Chronik ließe sich von ihr schreiben – dieser vom Roland ziemlich genau 231 km entfernten bremischen »Enklave« auf niedersächsischem Boden: dem Studienhaus unter rotweißer Speckflagge am Nikolausberger Weg 21a in Göttingen. Sein Gründer war, 1938, der einzige Landesbischof der Bremischen Ev. Kirche, der »deutsche Christ« Dr. Heinz *Weidemann*. Die alte weinlaubumrankte Villa schräg gegenüber dem Auditorium Maximum war als braune Kaderschmiede für »gute nationalsozialistische Theologiestudenten« gedacht. Daraus wurde nicht viel. 1945 erwartete der Nachkriegs-Kirchenausschuß von den 20 unter Lebensmittel- und Papierknappheit leidenden Hausbewohnern »die Wahrung christlicher Kultur«. Bedeutende Theologen standen ihnen im Laufe der Jahre als Ephori und Studieninspektoren vor, so der namhafte Systematiker Prof. Dr. *Iwand* und der spätere Oldenburgische Bischof Dr. *Harms*. Die preiswerte Bleibe für Studierende der Theologie und anderer Fakultäten sollte eine materielle Entlastung, aber zugleich eine Einübung in gemeinsames geistiges Leben sein. Die Hausordnung sah außer gemeinschaftlichen Mahlzeiten tägliche Andacht, regelmäßigen Gottesdienstbesuch, Studienabende, Konvente (spöttisch »Spielzeugdemokratie« genannt) und, nicht zuletzt, rauschende Feste mit phantasievollen Themen vor. Eines von ihnen war, 1955, das unvergessene »Löwen-Weihfest«: Zwei ausrangierte Wappentiere von der Bremer Börse wurden zeremoniös neben der Verandatreppe aufgestellt; zweimal sind sie zum Scherz entführt, aber immer wieder zurückgebracht worden.

Die lange Liste ehemaliger Studienhäusler aus diversen Fachbereichen weist übrigens eine große Anzahl von Personen in herausragenden Stellungen aus – unter anderem sicher eine Auswirkung der anregenden Kommunität unter dem gastlichen Dach. Nicht ganz zufällig finden in den schlichten und doch behaglichen Räumen ab 1952 auch beinahe jährlich die fortbildenden Arbeitstagungen bremischer Pastoren – und theologische Prüfungen statt. Der wachsenden Quote der Talarträgerinnen entspricht seit 1979, nach jahrelang hinhaltendem Widerstand des Kirchenausschusses, die Aufnahme von jungen Frauen in das Studienhaus. Sie nehmen mittlerweile etwa die Hälfte der 14 Heimplätze ein. Dies ist freilich nur die am meisten ins Auge fallende Veränderung in der Geschichte des Studentenheimes. Auch in anderer Hinsicht hat man überkommenen Gepflogenheiten den Abschied gegeben. Das Amt des Studieninspektors ist weggefallen, eine

Hausleiterin hat Teile seiner Aufgaben übernommen, und der »Repetent« stellt die direkte Verbindung zur theologischen Fakultät her. Die universitären Verpflichtungen haben von dem häuslichen Studienbetrieb nicht mehr sehr viel übrig gelassen: Man trifft sich zu den Gesprächsabenden des Ephorus, zu den gemeinsamen Mahlzeiten und zur Abendandacht. Dennoch ist das Bremer Studienhaus etwas anderes als ein bloßes Studentenhotel. Die familiäre Wohngemeinschaft für längstens fünf Semester wird gegenüber der Anonymität der Universitätsveranstaltungen und anderer akademischer Unterkünfte als wohltuend und motivierend empfunden.

Das Bremer Studienhaus in Göttingen.

Frauenbeauftragte

Was wäre die Kirche ohne die Frauen? Dennoch: fühlen sie sich wirklich in ihr zu Hause? Können sie über ihren Kurs mitentscheiden? Fragen, die schon lange auf der Tagesordnung stehen. Weltweites Gewicht erhielten sie durch die ökumenische Dekade »Kirche in Solidarität mit den Frauen« (1988–98). Die EKD reagierte 1989 darauf mit der Forderung, weibliche Lebenswirklichkeiten in allen ihren Bereichen angemessener zu berücksichtigen. In der Hansestadt wurde 1990 offiziell ein Beirat »Frauen in der Bremischen Evangelischen Kirche« (FidBEK) berufen, und Edith *Franke* legte 1992 das Ergebnis einer Repräsentativ-Befragung zu dieser Thematik vor: Die über 1000 Stellungnahmen zu einer Reihe kritischer Problemfelder ließen das Amt einer Frauenbeauftragten als Gebot der Stunde erscheinen. In dieses Amt zur Förderung der Gemeinschaft von Frauen und Män-

Dr. Jutta Schmidt ist Frauenbeauftragte! Foto von 1994.

nern wurde erstmals 1994 die Theologin und Diakoniewissenschaftlerin Dr. Jutta *Schmidt* berufen und gottesdienstlich eingeführt.

Ihre als »Querschnittfunktion« verstandene Besuchs- und Beratungtätigkeit nahm Dr. Schmidt sogleich als Moderatorin im »Bremer Christologiestreit« wahr. Die teilweise heftigen Auseinandersetzungen um eine Satzungsformulierung machten den unerläßlichen Bedarf an theologischem Dialog in der Geschlechterperspektive deutlich. Noch ein anderes Ereignis in diesem lebhaften Jahr 1995 ist hervorzuheben: die von Beirat und Frauenbeauftragter ausgerichtete Feier des Reformationstages. Die hierbei entstandenen Thesen bezogen sich u.a. auf die weiblichen Züge Gottes, die männerbestimmte kirchliche Hierarchie und eine frauengerechtere Sprache. Und nachdem bereits 1993 ein erster »Frauentag« Vorschläge zu einer Reform des kirchlichen Ehrenamtes erarbeitet hatte, ging es der Beauftragten auf dem zweiten »Frauentag« (1996) um eine lebendigere Kirche durch mehr weibliche Kreativität, Kommunikation und Spiritualität.

Zwei Begebenheiten standen im Vordergrund von 1997. Einmal wurde der erst 50 Jahre zuvor eingeführten Frauenordination gedacht. An der Biographie der Bremer Pastorin Charlotte *Schultz* ließ sich demonstrieren, wie bedrückend und »einsam in der Männerdomäne« das Leben einer Theologin damals war. Gegen die inzwischen 17 % weiblichen Amtsträger seien trotz juristischer Gleichstellung alte Vorurteile freilich keineswegs völlig ausgeräumt. Zum zweiten konnten unter maßgeblicher Mitwirkung der Frauenbeauftragten die »Leitlinien zum Ehrenamt« erscheinen, das von immer größerer Bedeutung für den Bestand der Gesellschaft sein dürfte. Kirche, so heißt es darin, stelle eine »Lobby für freiwilliges Engagement« überhaupt dar, indem sie auf die Erwartungen und Ideen der zur Mitarbeit bereiten Menschen eingine.

Ob man nun weiterhin an die kritische Studie »Kirche und Gewalt« (1998) denkt, an die Veranstaltungen zu »Frauenhandel und Zwangsprostitution« (1998/99) oder an die Vorschläge zu »sozialverträglicher Arbeit in der Textilbranche« – in jedem Fall wenden sich Beirat »FidBEK« und Frauenbeauftragte in Verbindung mit anderen in der »Arbeitsgemeinschaft Evangelische Frauenarbeit in Bremen« zusammengeschlossenen Einrichtungen aktuellem Frauenerleben zu. Dies geschieht in der erklärten Absicht, möglichst Problemlösungen im Sinne eines besseren Zusammenwirkens von Frauen und Männern in einer gerechteren Gesellschaft zu erzielen.

Frauenhilfe

Die Fähigkeit, sich zu wandeln, ist ein Zeichen von Lebendigkeit. Dies trifft insbesondere auf den Landesverband der Evangelischen Frauenhilfe Bremen e.V. zu. Fast immer war sein Arbeitskonzept die Antwort auf eine aktuelle Herausforderung. Als er 1933 auf Anregung der Pastoren Dr. *Frick* und *Heyne* (Innere Mission) gegründet wurde, war dies die nationalsozialistische Ideologie und der Druck der braunen Organisationen. Hiergegen begann man, unter dem langjährigen Vorsitz von Elfriede *Fahrenholtz*, die gemeindlichen »Frauenvereine« zusammenzuschließen. Mehrere eigene Zeitschriften und gezielte christliche »Mütterschulung« riefen jedoch bereits 1934 den Einspruch der Partei hervor. »Kirche«, so hieß es, »ist zwar Mittelalter. Aber rein seelsorgerlich dürfen Sie weitermachen«. Unter laufender Überwachung durch die NS-Frauenschaft und behindert von »Landesbischof« Dr. Weidemann nutzte der Landesverband die verbliebenen Freiräume bis Kriegsbeginn für Unternehmen innerkirchlichen Charakters. Im Mittelpunkt standen und blieben Müttererholungen in wechselnden Heimen und Bibelfreizeiten. Während der Kriegsjahre kamen vor allem Besuchsdienste bei unzähligen Betroffenen hinzu.

Die Engpässe der Nachkriegszeit forderten zu praktischer Hilfe in vielerlei Variationen heraus: Mitarbeit im Übernachtungsbunker, Sammlungen von Kleidern und Hausrat, Nähstuben in allen Stadtteilen, Dienste in Familien von Heimkehrern und Gefangenen. Ende der 40er Jahre fädelten sich die vereinigten bremischen Frauenhilfen in die bundesweite Arbeit der EKD ein. Erstmals begingen sie den Weltgebetstag der Frauen mit und beteiligten sich bald, von Elly *Heuss-Knapp* wegen des besten Sammlungsergebnisses der Republik ausgezeichnet, am Müttergenesungswerk. Was auch immer an dringenden Aufgaben in den ersten Jahrzehnten des Verbandes in Angriff genommen wurde – es war im Rückblick von Zeitzeugen »Gemeinschaftsarbeit unter dem Worte Gottes« oder gegenwartsnäher ausgedrückt, eine »mütterlich unter die Arme greifende, helfende Zuwendung«.

So unbestreitbar die Leistungen auf erstaunlich vielen Gebieten waren – sie verlangten geraume Zeit schon nach gründlicheren Hilfen für die Helferinnen selbst. Diese neue Herausforderung wurde Anfang der 70er Jahre, allen voran von der Journalistin Margret *Schaefer* und Mitengagierten, wahrgenommen. Aus den Erkenntnissen und Erfahrungen der Müttergenesungsarbeit heraus wollten sie Frauen befähigen, ihren eigenen Standort

zu finden und sich fortzubilden. So bot die Frauenhilfe 1970 die ersten Seminare für Frauen an, viele davon mit Kinderbetreuung. Im Mittelpunkt der Erwachsenenbildungsarbeit für Frauen und der gemeindebezogenen Frauenarbeit steht die Auseinandersetzung mit der eigenen Situation, stehen theologische und (frauen-) politische Fragestellungen.

Im 1954 erworbenen Kurzentrum für Frauen und Kinder in Hahnenklee-Bockswiese (Harz) steht die vorbeugende Gesundheitserhaltung im Vordergrund. Ein weiterer Arbeitsbereich ist die häusliche Krankenpflege. »Frau und Arbeit«, ein Teil des Arbeitslosenprogramms, arbeitet in Trägerschaft der Ev. Frauenhilfe. Ein Stab von mittlerweile 37 Festangestellten und der ehrenamtliche Vorstand setzen sich für die sozialdiakonische Arbeit und das Ziel ein, Lobby für Frauen zu sein. Überhaupt unterstützt die Frauenhilfe Aktionsgruppen, die sich in der Öffentlichkeit melden. Am sichtbarsten sind die Mahnwache-Frauen, die seit 1982 jeden Donnerstag auf dem Marktplatz mit Plakatschildern gegen undemokratische Schlafmützigkeit demonstrieren.

Natürlich haben diese vielerlei Aktivitäten ihre Wurzeln im Evangelium von Jesus Christus. Einer davon wurde zehn Jahre lang in der »Werkstatt Feministische Theologie« speziell nachgegangen. Alles aber, was die Bremerinnen zeitnah bewegt, spiegelt sich in der seit 1991 vierteljährlich erscheinenden Zeitschrift FRAUEN HEUTE.

Öffentlichkeitswirksam: Neben ihren »unauffälligeren« Aktivitäten organisiert die Frauenhilfe regelmäßige Mahnwachen vor dem Roland.

Haus Hügel

Seinen Namen trägt es nicht zu unrecht: Aus dem Tal der »Schönebecker Aue« erhebt sich eine sanfte Anhöhe mit altem Baumbestand, die das »Haus Hügel« trägt. Es ist eine Villa aus den Gründerjahren, auf dem Fundament eines alten Bauernhauses als Landsitz erbaut. Nach mehreren Vorbesitzern gehörte es der Bremer Tauwerk-Fabrik F. Tecklenborg & Co. Von ihr kaufte es die Bremische Ev. Kirche für 65.000 DM als verkehrsmäßig leicht erreichbares Tagungshaus. Ab 1951 wird das »Haus Hügel« vornehmlich für die Landesjugendarbeit genutzt. Obwohl die räumliche Um- und Ausgestaltung weitergeht, werden 1952 schon 4520 Freizeitteilnehmer gezählt: Jugendgruppen, Abiturienten, Studenten, Mütterkreise. Auf die Dauer erweist sich die alte Villa mit dem legendären Kaminraum und dem schönen Wintergarten, in denen inzwischen schon mehrere Generationen anregende Stunden verbracht haben, jedoch als zu beengt. Wünsche nach einer Erweiterung werden laut. Und 1969 beschließt die Bremische Ev. Kirche den Neubau eines Schlaftraktes für 40 Betten und eines Saales für 50 Personen. Die Kosten betragen 600.000 DM, davon trägt 200.000 DM der Bremer Staat. Mit dieser architektonisch originellen Anlage am Eingang des Parkes hat das »Haus Hügel« 1970 den Charakter einer kompletten Tagungsstätte erhalten. Sie soll allen Kirchengemeinden, aber auch außer-

kirchlichen Gruppierungen zur Verfügung stehen, vielleicht sogar eine kleine Ev. Akademie werden. Seit 1994 rundet ein pavillonförmiger Anbau mit zusätzlichen Aufenthaltsmöglichkeiten das räumliche Angebot ab. Zur rechten Zeit, um 40 Mitgliedern der europäischen Sektion des Weltbundes der Pfadfinderinnen ein Tagungsort zu sein. Von weit her kam auch, nicht zum ersten Mal, 1996 eine Gruppe weißrussischer Kinder. Sie erholen sich im »Haus Hügel« von den Folgen des Unfalls im Atomkraftwerk Tschernobyl. Wenn die Wände der schönen Räume in der Nordbremer »Schafgegend« sprechen könnten: sie würden von den unterschiedlichsten Gruppen und Programmen erzählen. Immer wieder seit 1951 geht es hier darum, dem gemeinsamen Leben zu dienen.

Haus Meedland

Die erste »Meedland-Freizeit«, 1947, begann mit Pannen: Dreimal mußte zwischen Bremen und Oldenburg die Lok gewechselt werden; schließlich wollte auch die dritte nicht weiter, und der eilig gecharterte Bus fuhr erst einmal in den Graben, bevor die 70 Jungen das Schiff nach Langeoog erreichten. Dort, wo jetzt auf Kirchengelände ein schmuckes Klinkerdorf steht, erwartete die Schar damals nur eine vom Krieg übriggebliebene Holzbaracke, neben der zur Unterbringung Zelte aufgeschlagen wurden. Erst allmählich kommt die jahrzehntelang unbekannte oder auch verdrängte Tatsache zum Bewußtsein, daß diese Baracke das letzte Überbleibsel eines Lagers für sowjetische Kriegsgefangene war. Vielleicht hat es sogar den Charakter eines Konzentrationslagers gehabt. Jeder, der auf diesem Boden Erholung sucht, sollte diese Vergangenheit in seine Besinnung einbeziehen.

Haus Meedland auf Langeoog.

Das traditionsreiche Haus Hügel entwickelt sich ständig weiter: 1994 erhielt es einen Pavillonanbau.

Wie auch immer, der energische Nachkriegs-Jugendpastor Werner *Brölsch* wußte, was dieser Platz auf der Nordseeinsel, hinter einem 14 km langen, feinkörnigen Sandstrand, für die bremische Kirche wert sein würde. Mit deren Hilfe wurde nächstliegendes Land erworben, die Baracke umkonstruiert und 1950 als »Haus Meedland« (ostfr. = Weideland) eingeweiht. Der schon betagte Schriftführer Pastor *Urban* war begeistert: »Wir sind offenbar zu früh geboren!« Auf nach und nach hinzugekauftem Boden ging die Bautätigkeit bei steigender Nachfrage aus Gemeinden, anderen Landeskirchen, der Ökumene weiter. Neben insgesamt fünf Häusern weht nun die Fahne mit dem Signet der Bremischen Ev. Kirche. Nach einem Gesamtkonzept, das Schritt für Schritt auf den unterschiedlichsten Ebenen umgesetzt wird, finden laufend bauliche Veränderungen im Sinne der Erhaltung der natürlichen Lebensgrundlagen statt.

Die Gründer haben kaum fehlinvestiert. In dieser insularen Oase der Ruhe, von keinem Kraftfahrzeug gestört, sind die 162 Plätze fast immer voll belegt. War »Meedland« anfangs vorwiegend ein Jugendzentrum, so können die Häuser jetzt von allen Altersgruppen und zu allen in Betracht kommenden Zwecken genutzt werden: von Mutter-Kind-Freizeiten bis zu Seniorenreisen, für Tagungen und Seminar. Ganz überwiegend (zu ca. 90 %) nehmen Gemeinden und gesamtkirchliche Einrichtungen das Heim in Anspruch, am Rande auch Mitglieder anderer evangelischer und katholischer Kirchen sowie Schulen, Vereine und ähnliche Gruppierungen. Ob Andacht oder Gespräch, Spiel oder lockere Geselligkeit - es ist kaum zu ermessen, wie enorm das kleine »Kirchendorf« hinter den Dünen die menschliche Gemeinschaft mehrere Generationen hindurch gefördert hat.

Kindertagesstätten

Bekanntlich gilt den Jüngsten die besondere Aufmerksamkeit Jesu - nachzulesen im Matthäus-Evangelium (19,13–15). Seine Zuwendung setzt die Kirche auf vielfältige Weise fort, nicht zuletzt in Kindertagesheimen und Kindergärten, Spielkreisen und Horten. In diesen Einrichtungen bieten bremische Gemeinden Kleineren (3–6 Jahre) und Größeren (6–12 Jahre) eine Atmosphäre des Vertrauens sowie einen Raum neuer Lern- und Erfahrungsmöglichkeiten. 1963 wurde Pastor Claus v. *Aderkas*, Direktor der Inneren Mission, vom Kirchenausschuß mit der Vertretung dieses ständig wachsenden Arbeitszweiges beauftragt. Das ist auch

Die Belegschaft des Landesverbandes für evangelische Kindertageseinrichtungen. Ganz vorne Leiterin Ilse Wehrmann.

das Gründungsjahr des »Landesverbandes Evangelischer Tageseinrichtungen für Kinder e.V.«. Zu dieser Zeit befanden sich zehn Ganztags- und neun Halbtagskindergärten in evangelischer Trägerschaft. Seither hat sich der Schauplatz nicht unerheblich gewandelt. Erziehungsmethoden haben gewechselt, und unter der zielstrebigen Leitung von Ilse *Wehrmann* wurde das Programm des Landesverbandes ab 1976 entsprechend den familiären Bedürfnissen schrittweise erweitert. 1996 unterhielt die Bremische Ev. Kirche 38 Kindertagesheime mit 3092 und 6 Kindergärten (halbtags offen) mit 296 Plätzen. Dem Landesverband angeschlossen sind 3 weitere Tagesstätten bzw. Horte mit 53 Plätzen und 25 kindergartenähnliche Einrichtungen, die nochmals 667 Kinder aufnehmen konnten. Ein gewichtiger Schwerpunkt der Arbeit ist die gemeinsame Erziehung (Integration) Behinderter und Nichtbehinderter. Sie wurde zunächst im Kindergarten der Dietrich-Bonhoeffer-Gemeinde erprobt und wird inzwischen in einem Drittel der evangelischen Einrichtungen praktiziert. Die Weiterentwicklung vor allem dieses Arbeitssektors erfordert wiederum umfangreiche Fortbildungsmaßnahmen für die pädagogischen, psychologischen und therapeutischen Fachkräfte. Mit diesen beiden Sondergebieten hat die Bremische Evangelische Kirche ein »An-

gern mit Kindern leben und sich dafür qualifizieren wollen. Einen Einblick in das bunte, aber planvolle Treiben der Kindertagesstätten boten der Bremer Öffentlichkeit schon mehrere »Kindertage« im Herzen der Stadt. Sie ließen deutlich werden, daß Kindergärten nicht als »bessere Aufbewahrungsorte« mißverstanden werden dürfen. Zusammen mit den Familien wollen die Fachkräfte den deformierenden Einflüssen der Gesellschaft in ihrem Umgang mit den werdenden Bürgerinnen und Bürgern sowie Gemeindegliedern aufbauende Kräfte entgegensetzen.

Kirchenmusik – Posaunenwerk

Spielgeräte aus dem Isenbergheim für die St. Jakobi-KiTa.

Bläserprobe in Grambke.

gebotsmonopol« in der Hansestadt. Daß man auf die christlichen Werte, biblischen Inhalte und die Gestaltung christlicher Feste in der Kinderarbeit selbstverständliches Gewicht lege, ist von den meisten Eltern in einer Fragebogenaktion ausdrücklich gefordert worden. Noch im Aufbau befindet sich der Bereich der Tagespflege, in dem »Tagesväter« oder »Tagesmütter« vermittelt werden, die

Die Anfänge der bremischen Kirchenmusik sind etwa zeitgleich mit der Fertigstellung des ersten St. Petri-Domes zu datieren. Schon zu Beginn des 10. Jahrhunderts gewinnen die studierten Kantoren der Kathedrale großes Ansehen. Im hohen Mittelalter sind dann auch in den übrigen Kapitelkirchen Bremens Psalmengesang, Hymnen, mehrstimmige Motetten und Orgelspiel zu hören. Nach dem Übergang der Stadt zum Calvinismus wirken 250 Jahre hindurch Kantorei und Collegium Musicum des »Gymnasium Illustre« in den Gottesdiensten mit. Die Organisten scheinen noch lange überwiegend die Liturgie gestützt zu haben, in die nun die Gemeinde mit dem bremisch-reformierten Gesangbuch von 1683 und dessen Nachfolgeausgaben aktiv einbezogen ist.

Eine eigene Entwicklung nimmt, wegen der langfristig sowohl politischen wie konfessionellen Sonderstellung des Domes, die dortige Kirchenmusik – ab 1642 bis in die Gegenwart unter der Leitung herausragender Kantoren. Bis an die Schwelle des 19. Jahrhunderts ist sie eng mit der Domschule, dem Athenäum, verbunden. Aus ihm rekrutiert der Kantor die Chorsänger. Mit Kantor, Subkantor, Organisten, »Positivschläger« und fest angestellten Musikanten verfügt St. Petri über ein hierarchisch abgestuftes Personal, das in dichter Folge für niveauvolle Beiträge sorgt. 1703 kommt ein spezielles Dom-Gesangbuch lutherischen Gepräges in Gebrauch.

Mit der Aufklärung schießt im Musikleben der Stadt eine Überfülle öffentlicher und privater Einrichtungen empor. Bis zum Sturz Carl M. *Reinthalers* (1887) ist der Domkantor gleichwohl zugleich »Dirigent« dieses bürgerlichen Konzerttreibens und leitet innerhalb und außerhalb seiner Kirche außergewöhnliche Aufführungen geistlicher Werke. Seither

gibt es zwei unterschiedliche Konzertwesen: Neben die weltlichen Chor- und Instrumentalvereinigungen treten um 1890 die meisten Gemeinden mit ihren zum Teil anspruchsvollen Kirchenkonzerten. Leitbild bleibt jedoch weiterhin der Dom, dessen 1856 gegründeten Chor Richard *Liesche* (seit 1933 erster Landeskirchenmusikwart) zu »abrufbereiten Hochleistungen« führt, durch Reisen und Rundfunkverbreitung internationales Ansehen erlangt und eine Kette von Bach- und anderen Musikfesten nach Bremen zieht.

In den Jahrzehnten nach 1945 gewinnt nicht nur die konzertante Darbietung in den vielen Gotteshäusern neuerbauter Siedlungen zusätzliche Stützpunkte. Von der City bis an die Stadtränder bringen namhafte Kantoren in den nüchternen Predigtgottesdienst, der die kirchliche Szene seit der Reformation beinahe durchweg beherrschte, auch Ansätze wiederentdeckter und neu verstandener Liturgie ein. Zu den Einheitsgesangbüchern der Evangelischen Kirche in Deutschland steuert Bremen eine beträchtliche Summe von Melodien und Texten bei. Ungeachtet der bescheidenen Ausdehnung der Unterweserkirche gehört die Musik zu ihren beachtlichsten Lebensäußerungen: 1988 werden insgesamt 76 Kirchenmusiker und 260 musikalische Kreise mit ca. 4500 Mitgliedern gezählt. Die Koordination obliegt seit 1976 (Prof. Gerd *Reinfeldt*) auch in Bremen einem Landeskirchenmusikdirektor.

Zu den musikalischen Kreisen gehört das Posaunenwerk. Es kann auf eine längere Geschichte zurückblicken – der älteste Posaunenchor ist wahrscheinlich schon 1834 auf dem »Jünglingsverein Feierabend« von Pastor Friedrich *Mallet* (St. Stephani) hervorgegangen. Später entstandene werden häufig von Diakonen aus dem Brüderhaus Nazareth (Bethel) betreut. Sie finden dort Anregung durch Pastor Johannes *Kuhlo*, den vielgenannten »Posaunengeneral«. Zu einem Zusammenschluß der mittlerweile in vielen Gemeinden musizierenden Bläserinnen und Bläser kommt es freilich erst 1950. 1952 gibt man sich die Bezeichnung »Ev. Posaunenwerk Bremen«. Eine entscheidende Rolle neben Kantor Harald *Wolff* (Unser Lieben Frauen Kirche) spielt in der Leitung zunächst Diakon Wilhelm *Schmitz* (1905–1980). Ihm zur Seite steht ein Theologe als erster »Landesobmann«: Pastor Martin *Gresing*. Prägend für die Arbeit des Bremer Posaunenwerkes wird das Gespann Werner *Urban* und Pastor Günther *Schulz*. Schulz hat von 1986 bis 1995 das Amt des Leitenden Obmanns im Posaunendienst der EKD, mit Dienstsitz in Bremen, inne. Eine statistische Schlußbemerkung: Im Jahr 1997 musizierten 650 Bläserinnen und Bläser in 42 bremischen Posaunenchören.

Landesjugendpfarramt

Nur bei offiziellen Anlässen wird es bei seinem amtlich-strengen Titel genannt: Landesjugendpfarramt. Unter den Jungen, Abkürzungsfreudigen heißt es liebevoll-intim »Laju«. Als hätte es nicht schon ein beinahe ehrwürdiges Alter! Bereits 1947 ist es, nachdem sich seit 1933 die Pastoren Rahm, Thyssen und Fehsenfeld neben ihrer Gemeindepfarrstelle um die bremische Jugendarbeit kümmerten, aus der Taufe gehoben worden: als erstes gesamtkirchliches Amt nach dem Zweiten Weltkrieg. Aus der Totalkatastrophe auftauchend, verlangt die Jugend damals, in Mädchen- und Jungenwerk gegliedert, nach »rechter Wegweisung«. Und Gründungsleiter Werner *Brölsch* bleibt über die ansehnliche Reihe seiner Nachfolger hinweg als Rundum-Initiator unvergessen. In ihm treffen aufs glücklichste zusammen: die vorwärtsdrängenden Kräfte des Neuanfangs und ein bekennender, einfallsreicher Pastor.

Mit »entwaffnender Fröhlichkeit und in felsenfestem Vertrauen« auf Gottes Wort, so in einem Bericht, bricht die Nachkriegsgeneration auf, von den Jungscharen bis zu den Studenten. Fast im Handumdrehen stehen die organisatorischen Fundamente, sind engagierte Gremien vorhanden, entwickeln sich für Jahrzehnte gültige Veranstaltungsformen: der »Tag der Evangelischen Jugend« am

Jugendforum, organisiert vom »Laju«.

221

**Jugendarbeit:
Auf Reisen gehen...**

**Lesesaal der Landes-
kirchlichen Bibliothek.**

Sonntag Jubilate, der »Landesjugendtag« an Himmelfahrt, Jugendgottesdienste in den bremischen
Gemeinden, Mitarbeiterschulungen, Freizeiten
schließlich – von diesen lassen sich viele ohne das
»Haus Meedland« auf der Insel Langeoog (ab 1947)
und das »Haus Hügel« in Bremen-Nord (ab 1951)
nicht denken, bleibende Denkmale unternehmungslustiger Gründerzeit. Erstaunlich der Abwechslungsreichtum der zentralen und gemeindlichen
Treffen! 1954 tagen 1000 junge Leute im Park der
Egestorff-Stiftung, um Solidarität mit den Senioren zu zeigen. 1955 ziehen 1200 in langen Reihen
von Bord der »Oceana«, wo Arbeitsgruppen stattgefunden haben, durch die Böttcherstraße zum

Schlußgottesdienst in die Liebfrauenkirche. Ein
Jahrzehnt hindurch sind solche Zahlen nicht ungewöhnlich.

Obwohl nach den mehr binnenkirchlichen
Themen des Anfangs (»Gemeinde zur Heimat machen«) immer deutlicher aktuelle Probleme in den
Vordergrund rücken (»Freizeit«, »Welt von morgen«), bilden Bibelarbeit und Glaubensdenken noch
immer den selbstverständlichen Horizont aller
Vorhaben. Mit dem Weggang von Brölsch und dem
ersten einer Reihe von Umzügen des Landesjugendpfarramtes (1960) beginnen sich Veränderungen
abzuzeichnen. Nicht mehr sollen »nur die Hände
gefaltet« werden, man will auch Außenstehende
»ohne Mitgliedsbuch« erreichen. Bald halten die
institutionskritischen Ideen der Achtundsechziger
in der Ev. Jugend Einzug. Wie eine Zäsur mutet
die Einstellung des Blattes »Lebendige Steine« an,
die das Landesjugendpfarramt von 1950 bis 1969
herausgegeben hat. Dennoch zählt die Statistik für
1973 immerhin 118 feste Jugendkreise, 82 hauptamtliche und 198 ehrenamtliche Mitarbeiter.

Das Stichwort für die folgenden Jahre ist »Flexibilität«. Die Zugehörigkeit zur Ev. Jugend ist
selbst in traditionell protestantischen Familien
nicht mehr selbstverständlich. Daß »Veränderung
das Bleibende« sei, kann 1975 ein Landesjugendpfarrer erklären und daraus folgern, man solle »keine Inhalte und Normen anpreisen«, sondern sich
als älterer Mitarbeiter an der Seite der jungen Menschen auf einen dauernden »Lernprozeß« einlassen – eine Kursangabe, die einige Gemeinden als
eine Aufweichung biblischer Maßstäbe betrachten.
Wie auch immer, für längere Zeit gehören vielschichtige Bildungsarbeit, Anregungen zu kreativem Tun und sensibles Eingehen auf die unterschiedlichen Bedürfnisse der Heranwachsenden zur
Arbeit des Landesjugendpfarramtes. Workshops,
Mitmach-Tage, kurzfristige gemeinsame Projekte
stehen auf dem Programm, immer auch wieder
Ansätze, gegen die verbreitete Unlust an der Kirche zur Auseinandersetzung mit Glaubensfragen
anzuregen. Das Team in der Hollerallee versteht
sich nicht als geistliche »Schaltstelle«, sondern als
»Dienstleistungszentrum« für die bremischen Kirchengemeinden. Immer intensiver wird über eine
»Vernetzung« der Jugendarbeit in den verschiedenen Stadtteilen nachgedacht. Und die erste Frau
in der Leitung des Landesjugendpfarramtes, Ruth
Fenko – sie ist zugleich Gemeindepastorin – möchte
u.a. dem ehrenamtlichen Dienst neuen Auftrieb
geben.

Landeskirchliche Bibliothek

Unsere landeskirchliche Bibliothek kann sich einer stattlichen Vorgeschichte rühmen. Sie setzt etwa 1584 ein und endet 1918 mit der Auflösung des »Geistlichen Ministeriums«, das dem Bremer Rat bzw. Senat seit der Reformation beratend zu Seite stand. Dieses »Venerandum Ministerium«, ein Pastorenkreis, verfügte offenbar über umfangreiches Schriftgut. Es wurde z.B. 1660 von zwei Spezialisten verwaltet. Viel bescheidener beginnt 1920 die Chronik der heutigen landeskirchlichen Bibliothek: als kleine Handbücherei. Damals war sie zunächst mit der Geschäftsstelle des ersten Kirchenausschusses und im wesentlichen zu dessen Benutzung in Räumen der Domgemeinde untergebracht, wuchs aber rasch durch wertvolle Schenkungen über den Erstbestand hinaus. Auf Anregung des Pfarrervereins wurde 1946 fürs erste in den Räumen der »Arndt-Buchhandlung« am Wall eine reguläre »Bücherei der Bremischen Evangelischen Kirche« eröffnet. Sie bekam 3000 Mark Gründungsmittel, einen jährlichen Erwerbungsetat und mit Dr. Kurd *Schulz* ihren ersten hauptamtlichen Leiter. Im Jahr darauf enthielt sie schon 800 Bände und ca. 600 Broschüren. 1953–1966 existierte daneben sogar noch eine sogenannte »Zentralbücherei«, die mit schließlich rund 6000 Büchern bremische Kirchengemeinden, Heime und Krankenhäuser versorgte. Die eigentliche Bücherei, inzwischen in das »Haus der Kirche« am Franziuseck verlagert und mit idealen Arbeits- und Studienplätzen versehen, wurde 1976 in »Landeskirchliche Bibliothek« umbenannt. Sie steht mit ihren im Jahre 1997 rund 45.000 Bänden und 250 laufenden Zeitschriften theologischen, kirchenrechtlichen, aber auch belletristischen Inhaltes nicht nur den Mitarbeiterinnen und Mitarbeitern der bremischen Kirche, sondern allen Interessierten zur Verfügung – von der Schülerin bis zum Rentner. Selbstverständlich ist die Bibliothek auch an den innerkirchlichen Leihverkehr angeschlossen. Kopierer, Mikrofichelesegerät und Mikrofilmrückvergrößerer erleichtern die Benutzung, ebenso wie die im Aufbau befindliche Bibliotheks-Datenbank, die eine komfortable Recherche am Computer ermöglicht.

Medienzentrale

Nach dem Zweiten Weltkrieg wurde auch in der »Kirche des Wortes« die Bedeutung der audiovisuellen Medien für viele ihrer Arbeitsgebiete erkannt. Man nahm sie sogleich ohne merkliches Zögern in Gebrauch. Schon 1949 beauftragte der Kirchenausschuß Pastor Wolfgang *Wehowsky* mit dem Aufbau eines Filmreferates. 1951 begannen die ersten Vorführungen von »Verkündigungsfilmen« in bremischen Kirchengemeinden. Etwa gleichzeitig lief die Ausleihe von ausgewählten »Bildstreifen« und einem Epidiaskop an.

Nachdem Gemeindemitarbeiter ab 1965 selber im Umgang mit den technischen Geräten ausgebildet werden konnten, ging die mobile Versorgung durch die zentrale Filmabteilung mittels Transportbus zurück. Die Ton- und Bildstelle gab nun einen ersten Lose-Blatt-Katalog ihres Gesamtbestandes heraus und war bemüht, mehr und aktuelles audiovisuelles Material für Gemeindeveranstaltungen (Dia-Reihen, Tonbilder, Schallplatten usw.) zum Zweck der Ausleihe zu beschaffen. Daß dessen Erfassung und Pflege bei steigenden Zahlen nur von einer professionellen Kraft geleistet werden konnte, versteht sich. Sie sorgte 1988 für die Erstellung eines Kataloges in Buchform.

Medienstelle:
Doris Höppner sichtet
Filmmaterial, 1991.

Der rasante technische Fortschritt erfaßte spätestens 1995/96 auch die jetzt »Medienzentrale« genannte Einrichtung: Ton- und Bildträger wurden mit PC erfaßt, der Verleih erfolgt seither elektronisch. Auch ein »Video-Beamer« für die Nutzung der ständig wachsenden Video-Produktionen steht zur Verfügung. Seit 1998 bietet die Medienzentrale ihre nicht weniger als 1976 »Artikel« zusammen mit der Religionspädagogischen Arbeitsstelle an einem gemeinsamen Besucher-Tresen an. Ihre »Kunden« kommen zu 50 % aus Kirchengemeinden, zu 30 % aus Schulen und zu 20 % aus anderen Bildungseinrichtungen.

Religionspädagogische Arbeitsstelle

Neben Wort und Sakrament hat in den reformatorischen Kirchen der Unterricht in den Grundfragen des Lebens und des Glaubens immer eine dritte, prinzipielle Rolle gespielt. Er begann im Elternhaus, wurde fortgesetzt in den schulischen Religionsstunden und vertieft in der Kinder- und Konfirmandenarbeit. Lange freilich bestand er weithin aus sterilem Auswendiglernen. An dessen Stelle ist längst ein Unterricht getreten, der die Entwicklung des Heranwachsenden voll berücksichtigt und die biblischen Glaubensinhalte auf verschiedene Weise erfahrbar macht. Ein Trend vom »Dozieren« hin zum gemeinsamen Entdecken und Erlernen des Glaubens in allen Altersstufen ist unverkennbar.

Den kirchlichen Mitarbeitern und Lehrkräften im Fach »Biblische Geschichte« (Religionsunterricht) bei dieser anspruchsvollen Vermittlung Hilfestellung zu geben, ist die Aufgabe der Bremer Religionspädagogischen Arbeitsstelle, deren erster Leiter 1970 Dr. Horst *Heinemann* wurde. Den »Normalbürgern« kaum, den Insidern desto mehr bekannt ist das in der Hollerallee 75 zur Ausleihe bereitliegende reiche Lehrmaterial. Es setzt sich aus Büchern, Folien und Diareihen zusammen. Sehr geschätzt wird auch der pädagogische Rat der Mitarbeiter. Mangel an »Kundschaft« ist nicht zu beklagen: 1991 betreute das RPA-Team genau 1169 Leserinnen und Leser, davon ein Drittel aus der Kirche, zwei Drittel aus dem Schulbereich. »Von den 6000 Bremer Lehrern waren 1000 schon mal hier«, berichtete Pastor Klaus *Selka*. Oft stecke hinter Problemen der Unterrichtsgestaltung eine Glaubensfrage. Auch sind mit der Durchsetzung der Bremer Schulreform von 1975 Neukonzeptionen des Biblischen Geschichtsunterrichtes verbunden, die in »Fachtagen« erarbeitet werden.

Dieser »bekenntnismäßig nicht gebundene Unterricht in biblischer Geschichte auf allgemein christlicher Grundlage«, eine bremische Verfassungsspezialität, ist seit Jahrzehnten eine Quelle von Reibungen zwischen Schulbehörde und Bremischer Ev. Kirche. Bisweilen fielen sogar bis zu 80 % der vorgesehenen Stunden aus. Offenbar weigerten sich ganze Schulkollegien, das Fach Religion zu unterrichten. Die bremischen Christen, in der ersten Reihe die Religionspädagogische Arbeitsstelle, machen beharrlich darauf aufmerksam, daß ohne religiöse Bindung auf christlicher Grundlage auch ein politischer Grundkonsens undenkbar sei.

Ob der Einstieg von Pastoren als Religionslehrer in die allgemeinbildenden Schulen ein Ausweg aus der verfahrenen Lage und mit der bremischen Verfassung überhaupt kompatibel ist - diese Problemlage von 1998 muß noch abgeklärt werden.

Supervision und Gemeindeberatung

»Hilflose Helfer«, »Helfen macht müde« - hinter solchen modischen Schlagwörtern steckt mehr Wirklichkeit, als dem konsumierenden Zeitgenossen meist klar ist. Man nimmt den Dienst beispielsweise der Pastorin, des Pastors ziemlich selbstverständlich in Anspruch. Aber daß der Dauer-Umgang mit rasch wechselnden Ratsuchenden, Kranken, Sterbenden, mit Menschen in Grenzsituationen die Helferin, den Helfer selbst stark belastet, bleibt gewöhnlich ausgeblendet. Bekannter ist schon der Streß, den die Arbeit im Team und im Verhältnis zwischen Vorgesetzten und Weisungsempfängern verursacht. Von derartigen Notlagen bleibt, allen guten Vorsätzen zum Trotz, auch die Kirche nicht frei. Sie häufen sich sogar, sobald diese mit den immer rascher sich wandelnden gesellschaftlichen Gegebenheiten selber unvermeidlichen Veränderungen unterworfen ist. Deshalb muß es in ihr Menschen geben, die den Mitarbeitern müde und krank machende Belastungen abzufangen und aufzulösen helfen.

Solche Helfer für Helfer hat es zwar schon früher gegeben, seit den 70er Jahren sogar professionell in bestimmten Arbeitszweigen der bremischen Kirche: dem Ausbildungsreferat, der Familien- und Lebensberatung. Doch immer deutlicher zeigte sich, daß besonders die letztere mit Klienten geradezu überschwemmt wurde. Deshalb gliederte der Kirchentag ihr und der Telefonseelsorge 1992 eine »Arbeitsstelle für Supervision und Gemeindeberatung« an, mit der Sozialmedizinerin Dr. Rosemarie *Klesse* als Leiterin.

Was Gemeindeberatung in der Praxis erreichen kann, ist schnell einsichtig zu machen: Auch in dem bemühtesten Mitarbeiterstab kommt es aus den verschiedensten Gründen leicht zu Kommunikationsstörungen, die das unzweifelhaft hohe Maß an Einsatzbereitschaft zu zerstören drohen. Sie zu beheben ist die Absicht. Dem dient die »Supervision«: keine Kontrolle von oben, sondern

Zahlreiche Einrichtungen haben hier ihren Sitz: »Forum Kirche« in der Hollerallee.

ein Lernprozeß aller Beteiligten gemeinsam mit dem von »außen« hinzutretenden Berater. Im Laufe der Zusammenkünfte werden die wirklichen Ursachen der zwischenmenschlichen und organisatorischen Störungen überschaubar, bearbeitet und weitgehend ausgeräumt. Im günstigsten Fall können die vorhandenen Kräfte nun kooperativ eingesetzt werden. Oder es leidet ein Mitglied des Teams unter dem Gefühl, von seiner Arbeit ausgelaugt zu sein. Menschen in helfenden Berufen begegnen heute ja viel mehr existentieller Bedrohung als früher. Dann ist eine Einzelberatung dringend zu empfehlen.

Daß die ermutigende Wirkung dieser freiwilligen Supervision vielerorts erkannt worden ist, zeigt die seit 1992 stetig wachsende Zahl der von der Arbeitsstelle erreichten Personen. Von Küstern und Raumpflegerinnen über Verwaltungsangestellte bis zu Pastorinnen und Pastoren – es gibt keine Kategorie kirchlicher Mitarbeiter, die den befreienden Dienst nicht in Anspruch genommen hätte. Die Statistik für 1997 z.B. weist 651 ratsuchende Personen aus. Darunter sind allein 119 Pastorinnen bzw. Pastoren und 118 Kirchenvorstände.

Natürlich können die Supervisionen, die allen Mitarbeiterinnen und Mitarbeitern angeboten sind, nicht von Dr. Klesse allein durchgeführt werden. Um den großen Bedarf annähernd abzudecken, steht seit 1993 ein Stamm von ca. 15 Honorarkräften mit der Arbeitsstelle in fester Verbindung.

Seelsorge und Beratung

Blindendienst

Wir begegnen ihnen meist als Einzelnen, mit der gelben Armbinde versehen, dem weißen Stock, einem treuen Hund als Führer: den blinden Mitmenschen. Aber es bleibt einem gewöhnlich verborgen, daß es in Bremen viel mehr als diese wenigen gibt: etwa 1500 Menschen ohne Augenlicht und stark Sehbehinderte nämlich, davon 4,5 % Jugendliche und Kinder, 24,5 % Berufstätige und 71 % ohne Beruf. Die meisten haben ungewöhnliche Lebensläufe. Dennoch ist es ein Vorurteil, daß Blindsein eine Krankheit ist. Wie jeder von uns möchten und können die Sehbehinderten am Leben mit allen seinen Möglichkeiten teilhaben. Dazu brauchen sie allerdings Hilfestellung, untereinander und von ihren Gemeinden – rund 1200 sind evangelisch.

1956 versammelten sich 120 Blinde mit ihren Begleitern in St. Martini, um zu diesem Zweck den »Christlichen Blindendienst« zu schaffen. Erster Leiter wurde der kriegsblinde Pastor Heinrich *Schultheiss*, dem bis in die Gegenwart weitere Stadtmissionare, Pastorinnen und Pastoren in der Leitung folgten. Bereits 1957 fanden regelmäßige Treffen mit 80–100 Teilnehmern statt. Die monatlichen Versammlungen, meist in wechselnden bremischen Gemeindehäusern oder im Blindenwohnheim Osterholz, sind auf Stunden begrenzt. Großer Beliebtheit erfreuen sich die ganztägigen »Blinden-Tage«, deren erster schon 1957 für den gesamten Unterweser-Raum gehalten wurde. Freizeiten und Fernfahrten nach Berlin standen auf dem Programm, umgekehrt wurden Gäste aus der Stadt an der Spree in Bremen empfangen. Zu Abendmahlsgottesdiensten, Studientagungen, Advents- und Weihnachtsfeiern wurde eingeladen. Ganz wichtig sind gegenseitige Besuche und Telefonkontakte. Ein weites Spektrum! Man soll untereinander Tuchfühlung behalten, sich austauschen können. Biblische Besinnungen ermutigen und vertiefen den christlichen Glauben. Einer der besonders regsamen Vorsitzenden des Christlichen Blindendienstes, Pastor Hans *Drephal*, wurde 1982 mit dem Kronenkreuz in Gold des Diakonischen Werkes ausgezeichnet.

Seit 1965 hat der Verein für Innere Mission Bremen die Trägerschaft des Landesverbandes inne. Dieser wiederum ist an die größere Gruppe Niedersachsen des Christlichen Blindendienstes angeschlossen. Über sie können die Sehbehinderten hilfreiche Medien (Lektüre in Blindenschrift, Tonbandkassetten) aus der Blindenbücherei in Marburg beziehen.

Auch die Bahnhofsmission kommt blinden oder stark sehbehinderten Personen zu Hilfe.

City-Seelsorge

Wer vom Domshof in Richtung Liebfrauenkirchhof geht, sieht nach wenigen Schritten an der Nordostecke der alten Ratskirche einen flachen Anbau. Er ist von außen zugänglich und beherbergt zu bestimmten Zeiten die »City-Seelsorge«. Sie ist nicht zufällig im Herzen der Stadt eingerichtet: hier kommen viele vorbei, die einkaufen wollen oder etwas zu erledigen haben – schweren Herzens oft. Dann liegt die Gelegenheit, sich – beinahe im Vorübergehen – vertraulich auszusprechen, direkt am Weg. Dienstags und donnerstags von 17 bis 19 Uhr ist jeder willkommen. Seinen Namen, Beruf und sonstige Identitätsmerkmale braucht er nicht zu nennen.

Tatsächlich stellen sich an jedem dieser Tage mindestens ein bis drei Menschen zu einem solchen anonymen Gespräch ein. Manche von ihnen haben die Kirche nie oder lange nicht von innen gesehen. Aber danach wird hier auch nicht gefragt. Wichtiger ist, daß der Besucher seine Not ablädt. Und die hat viele Gesichter: Probleme in der Ehe, bei Trennung oder Scheidung, bei erlittener Gewalt oder bedrückender Einsamkeit, nach dem Verlust des Arbeitsplatzes oder dem Tod eines nahestehenden Menschen – um nur die am häufigsten wiederkehrenden zu nennen. Die Ratsuchenden kommen, weil sie sich spontan dazu entschlossen haben, manche haben die Liebfrauenkirche, noch unentschlossen, schon länger »umkreist« oder sie werden von einer anderen Stelle an die City-Seelsorge überwiesen. In der Regel bleibt es dann bei dem »Einmal-Gespräch«.

Das öffentliche Angebot im Stadtkern erweitert die Seelsorge der Gemeinden vor Ort. Es ergänzt das Angebot der Telefonseelsorge und verstärkt die Anwesenheit lebendiger Kirche im Herzen von Bremen. Die City-Seelsorge ist 1983 von Pastor Timm H. *Lohse* etabliert worden und wird seither von einem Team speziell dazu ausgebildeter Mitarbeiter ausgeführt. Das »Einmal-Gespräch« mit seiner Kombination von sehr aufmerksamem Hören auch auf unterschwellige Äußerungen und der Beratung »aus dem Stand« erfordert eine besondere Qualifikation. Ohne laufende Fortbildung, Fallbesprechungen und Supervision ist dieser anspruchsvolle Dienst der Kirche für »Jedermann« und »Jedefrau« nicht zu leisten.

Diakonissenanstalt

Weithin unbekannt ist, daß wir dem einfallsreichen Stephaniprediger Friedrich Mallet auch die frühesten Ideen zu einem Bremer Diakonissenhaus verdanken. Sie gewannen in einem Briefwechsel mit Theodor *Fliedner*, dem Gründer der Kaiserswerther Anstalten, Umrisse. Doch erst seinem Nachfolger an St. Stephani, Hermann *Henrici*, gelang gemeinsam mit drei Bremer Ärzten die Verwirklichung des Planes. Ein Trägerverein beschloß 1867, angesichts des steigenden Bedarfes an sachkundiger Krankenpflege in der rasch sich ausdehnenden Seehandelsstadt, die Gründung einer kleinen Krankenanstalt mit Schwesternhaus nach dem Kaiserswerther Modell.

Pastor H. Henrici realisierte den Gedanken eines Diakonissenhauses.

Schon 1880 war die Zahl der Diakonissen, die in dem großzügigen Neubau an der Nordstraße tätig waren, auf 60 emporgeschnellt. Von Anfang an wurden sie für eine zeitgemäße Patientenpflege geschult und übten sie so aus, »daß sie ein Werk der christlichen Liebe und Barmherzigkeit ist und nicht eine Tagelöhnerarbeit« (Henrici). Die Startphase des »Diako« wird für immer mit dem Namen der tatkräftigen ersten Oberin Caroline *Saxer* verbunden bleiben. Unter den folgenden Oberinnen wurde das Bremer Diakonissenhaus, der steigenden Nachfrage entsprechend, ständig erweitert und medizinisch modernisiert. Die immer größer werdende Gemeinde der Diakonissen und Patienten versorgten seit Henrici ohne Unterbrechung bremische Pastoren als theologische Vorsteher. Der herausragenden Persönlichkeit Constantin *Fricks*, später Präsident des Zentralausschusses der Inneren Mission, ist besonders die Bewältigung der schwierigen Jahre nach dem Ersten Weltkrieg zu danken.

227

Die Emmaus-Kirche
der Diakonissenanstalt.

Familien- und Lebensberatung

»Auch nach der Trauung ist die Kirche für Sie da« – das wollte die Evangelische Familien- und Lebensberatung gemeinsam mit der katholischen Parallel-Institution 1998 die in den beiden Vorjahren zum Altar gegangenen Paare wissen lassen. Etwa 1400 Jungverheiratete wurden zu einer »Woche für das Leben« in das »forum kirche« eingeladen. Und viele kamen. Natürlich war auch vom Glück der Ehe, des Kinderhabens, der vertrauten Familienwelt die Rede – zweifellos gibt es das, manchen Unkenrufen zu Trotz. Aber es ist eben nicht ohne Schwierigkeiten zu haben, denn »Schwierigkeiten sind normal.« Beruf und Haushalt, Familienplanung, Erziehungsfragen, Angst vor Sprachlosigkeit zu zweit oder zu großer Nähe – überall lauern Probleme, für Paare, Kinder und Jugendliche. Den Betroffenen diese Probleme samt Hintergründen durchschauen, sich bewußt machen und selbständig lösen zu helfen, hat sich die Familien- und Lebensberatung zur Aufgabe gemacht.

1966 wurde sie ins Leben gerufen. Eine Langzeitstudie der Evangelischen Telefonseelsorge hatte ergeben, daß von 12.000 anrufenden Frauen nicht weniger als 4000 mit Ehekrisen kämpften. Da meinte die bremische Kirche nicht untätig bleiben zu dürfen. Der Zürcher Psychologe Walter *Wydler* wurde zum ersten Leiter der Beratungsstelle berufen. Seit 1995 wird sie von einem kollegialen Team geführt. Zur Zeit arbeiten eine Pastorin, eine Diplompsychologin, ein Diplompsychologe und eine Diplomsozialpädagogin, alle mehrfach qualifiziert, in der Beratung zusammen. Deren Ziel ist, vereinfacht gesagt, auch unter komplizierten äußeren Lebensbedingungen gemeinsam Zuversicht gewinnen zu helfen – Vertrauen auf greifbare Möglichkeiten, den eigenen Lebensweg zu gestalten. Das Angebot ist facettenreich. Es ist nicht nur für Paare und Familien angelegt. Die Beratungsstelle steht ohne Ansehen der Konfession kostenlos jedem zur Verfügung, der in schwierigen Lebensphasen bei einem zum Schweigen verpflichteten, kundigen Mitmenschen Hilfe und Orientierung sucht.

Ein weiterer Aufgabenbereich ist die Beratung bei Schwangerschaftskonflikten. Jeder kennt den besonders heftig umstrittenen Punkt: Darf oder kann ich ein Kind in wirtschaftlich, sozial oder persönlich kritischer Situation austragen? Zu diesen und anderen Problemen werden Auskünfte über praktische Hilfen und Rechtsansprüche erteilt. Auch über die Geburt hinaus ist psychotherapeu-

1938 hat die Diakonissenanstalt äußerlich einen Gipfelpunkt erreicht: Über 250 Diakonissen und 46 Hilfsschwestern betreuten im Auftrag der Diakonie in Bremen und extern 33.405 Menschen. Ihre bis nach Brasilien reichende Arbeit schien im Zweiten Weltkrieg buchstäblich am Boden zerstört, als alliierte Bomben das Diakonissenmutter- und Krankenhaus in Schutt und Asche legten. Doch nach einer langen, drangvollen Periode in Übergangsquartieren entstanden ab 1956 auf dem Gelände des Ludwig-Schrage-Stiftes in Gröpelingen ganz neu ein siebengeschossiges Hospital mit Pflegeschulen und nicht weit davon das neue Mutterhaus mit Wohnheim. Auf einer Anhöhe mitten in dem parkähnlichen Areal baute Eberhard *Gildemeister* die nach Luk. 24,13ff benannte Emmaus-Kirche mit ihrem transparenten, zur Natur sich öffnenden Innenraum. Aus mehreren Gründen wurde das hochmoderne Krankenhaus, unter der Bezeichnung »DIAKO Ev. Diakonie-Krankenhaus« rechtlich vom Mutterhaus getrennt, das seinerseits Fortbildung, Altenpflege und häusliche Krankenpflege anbietet.

Beide Institutionen bleiben einander nicht nur nachbarschaftlich verbunden, sondern auch durch das christliche Selbstverständnis, die regelmäßige Feier der Gottesdienste und die seelsorgerliche Versorgung der Alten, Leidenden und Kranken. So ist aus der Eingebung zweier Stephani-Pastoren und der Opferbereitschaft evangelischer Schwestern eine Klinik gewachsen, die Jahr für Jahr etwa 15.000 Patienten betreut.

Gefangenenseelsorger
P. Hans Orlamünder
in der Kapelle der
JVA Oslebshausen.

tische Begleitung möglich. Überhaupt findet man in allen Fragen, die mit Schwangerschaft, Geburt und Elternschaft zusammenhängen, mitten in der Stadt, Domsheide 2, sachverständig wegweisende Auskunft.

Schließlich möchte mancher sich, noch nicht in akuter Bedrängnis, »für alle Fälle« informieren. Auch dafür ist gesorgt. Immer wieder veranstaltet die Familien- und Lebensberatung Zusammenkünfte, bei denen sich Jugendliche (z.B. Konfirmandinnen/Konfirmanden) und Erwachsene mit brennenden Fragestellungen der Sexualität und der Geschlechterrollen auseinandersetzen können.

Es leuchtet ein, daß die Bremische Evangelische Kirche als Gründerin und Kostenträgerin dieser Einrichtung den Gemeinden und dem Land Bremen einen unerläßlichen Dienst leistet. Übrigens ist die Bremer Beratungsstelle seit geraumer Zeit auch Ausbildungsinstitut für kirchliche Eheberater.

Gefängnisseelsorge

Von dem reisenden Engländer Thomas Lediard stammt ein farbiger Bericht aus der Stadt Bremen im 17. Jahrhundert. Außer den üblichen Sehenswürdigkeiten besichtigte er das 1645 am Stephanitor erbaute Zuchthaus. Dabei fiel ihm ein Wachmann auf, der Lieder und Psalmen singend zwischen den Zellen auf und ab schritt. Die Inhaftierten hätten von allen Seiten eingestimmt. Vielleicht hat der Brite auch den ersten Bremer Gefängnisgeistlichen mit dem eindrucksvollen Namen Abraham *Kimedoncius* (1645–?) getroffen, dem eine ansehnliche Reihe weiterer »Zuchthauspfarrer« folgte.

1874 wurde die neue Strafanstalt in Oslebshausen in Benutzung genommen. Zugleich errichtete die senatorische Kirchenleitung dort die Stelle eines Hausgeistlichen. Zweifellos war dem Seelsorger hinter Gittern von den Anfängen bis weit in das 20. Jahrhundert hinein überwiegend der Auftrag zugedacht, die Sanktionen des Staates als Strafe Gottes auszulegen. Spätestens seit den Verbrechen der nationalsozialistischen Justiz setzt eine breite Umbesinnung ein: der Gefängnisgeistliche habe im Spannungsfeld zwischen Staat, Kirche und

Verurteiltem gerade der Versöhnung im Geiste Jesu Christi zu dienen.

Seit 1974 nehmen zwei Pastoren diesen weithin unbeachteten, weil isolierten Dienst an den sechs verstreut liegenden Teilanstalten wahr. Im Schnitt befinden sich dort rund 800 Menschen im offenen oder geschlossenen Vollzug. Auch die Beamtenschaft ist in die Arbeit einbezogen. Praktiziert wird die Seelsorge hauptsächlich in Gruppenstunden, gottesdienstlichen Versammlungen, gelegentlichen Freizeiten und sehr vielen Einzelgesprächen. Diese stehen dauerhaft im Vordergrund: Der Pfarrer ist das einzige Gegenüber, dem sich der Gefangene mit all seinen menschlichen Problemen vertraulich öffnen kann. Konflikte, Ängste, Sucht- und Sexualitätsfragen sind immer wiederkehrende Themen. Gesellschaftliche Veränderungen finden ihren Weg schnell in die Zellen. Sie wirken sich sofort auf den Gottesdienstbesuch, auf das Interesse an Gesprächskreisen und Freizeitangeboten aus.

Bisweilen läuft der Trend auch quer zum Klima »draußen«: es kommt unerwarteter Bedarf an liturgischer Feierlichkeit und festlichen Amtshandlungen wie Taufe und Konfirmation auf. Gerade hinter Gittern hängt es von der Person des Geistlichen ab, wie und mit welchen Ergebnissen seine Arbeit sich gestaltet: Gefangene zu befähigen, künftig ein Leben in sozialer Verantwortung ohne Straftaten zu führen.

Themenkreis »Internet« beim Gehörlosenkirchentag 1998.

Gehörlosenseelsorge

Das dritte Haus für Gehörlose in der Bremer Humboldtstraße schmückte seinerzeit ein Wandgemälde. Es stellte den Augenblick dar, in dem der Nazarener zu einem Taubstummen sein »Tu Dich auf!« spricht. (Mk. 7,34). Diese Zuwendung Jesu segnet bis in unsere Tage alle Arbeit mit den hör- und sprachgeschädigten Mitmenschen. Ihr frommer und erfolgreicher Schrittmacher in der Hansestadt ist D.C. *Ortgies* (1786–1859), Kirchspiellehrer an St. Ansgarii. In deren Räumlichkeiten gründet er 1829 eine »Taubstummenanstalt«, und nahezu 150 Jahre hindurch ist diese Gemeinde fast allein für die geistliche Versorgung zuständig geblieben: hier findet wahrscheinlich 1831 die erste Konfirmation für Hörgeschädigte statt, der Ansgarii-Pastor Dr. M. *Rothe* (1800–1888) wird als erster Spezialseelsorger erwähnt, besondere Gottesdienste und Abendmahlsfeiern werden unter dem Dach der alten »Scharskarken« gefeiert. Durch den Einsatz der Gemeindehelferin Herta *Giesler* erfährt das Programm ab 1975 eine bedeutende Ausweitung: Gruppenarbeit beginnt sich durchzusetzen. Seit 1994 findet in zweijährigen Abständen sogar ein Nordwestdeutscher ökumenischer Kirchentag für Gehörlose statt. Und natürlich kann man ein Jahr später ein erstes eigenes Angebot im Internet finden.

Etwa 500–600 Menschen im Raum Bremen sind gehörlos oder aufs schwerste hörbehindert. Viele davon nehmen an kirchlichen Veranstaltungen teil. Man verständigt sich in der »Gebärdensprache«. So wird das Ziel verfolgt, die drohende Isolation aufzulösen und möglichst vollständig an den Vorgängen in Kirche und Gesellschaft teilzuhaben. Das geschieht längst nicht mehr nur in den monatlichen Gottesdiensten, der Einzelseelsorge und im Konfirmandenunterricht, sondern auch in Kursen »Bibel und Glaube«, Jugend- und Kaffeetreffs, im »Presseclub« zur Diskussion aktueller Ereignisse, auf Bildungsfahrten, Freizeiten und, immer wieder, auch in Amtshandlungen. 1998 wurde erstmalig ein Beirat der Gehörlosengemeinde gewählt. Er soll dafür eintreten, daß sich ihre Mitglieder selber stärker an der Gestaltung der gemeinsamen Vorhaben beteiligen. Über die Landeskirche hinaus besteht ein enges Zusammenwirken mit der Deutschen Arbeitsgemeinschaft für Evangelische Gehörlosenseelsorge (DAFEG).

In der Krankenhauskapelle St. Jürgenstraße.

Krankenhausseelsorge

Im Matthäus-Evangelium (25,36) lesen wir: »Ich bin krank gewesen, und Ihr habt mich besucht«. Damit meint Jesus die Leidenden, in denen Er selbst uns begegnet. Seither hat deren Betreuung eine mehr als humanitäre Note. Dementsprechend gehen die Fundamente des Bremer Krankenhauswesens auch bis in die Anfangszeit der Weser-Kirche zurück: Erzbischof Ansgar wird das schon im 9. Jahrhundert errichtete St. Georgii-Gasthaus (St. Jürgen-Hospital) zugeschrieben. Und nach und nach entstanden weitere Einrichtungen, die jahrhundertelang von geistlichen Genossenschaften unterhalten wurden: Stätten des Trostes eher als der medizinischen Behandlung. Im Zuge neuzeitlicher Verweltlichung kamen sie unter städtische Verwaltung und wurden schrittweise zu modernen Kliniken und ähnlichen Anstalten ausgebaut.

Das erste, nun städtische Krankenhaus St. Jürgen nahm 1851 seinen Betrieb auf. Der Senat regelte ausdrücklich auch die geistliche Versorgung. Er ernannte Georg *Meinertzhagen* (1851–1859) zum ersten Krankenhauspastor. Hierdurch ist die Krankenhausseelsorge in Bremen als gesondertes Pfarramt neben der Gemeinde etabliert worden. Allerdings kam es erst 1913 zum Bau einer im zweiten Weltkrieg zerstörten St. Jürgen-Kapelle.

Mit der Schaffung neuer Kliniken wuchs die Zahl der Pfarrstellen. Derzeit sind außer im Zentralkrankenhaus St. Jürgen-Straße Krankenhauspastorinnen und -pastoren tätig im ZKH Ost (seit 1958), im ZKH Nord (seit 1958), im ZKH Links der Weser (seit 1969), im Rotes-Kreuz-Krankenhaus (seit 1977) und im katholischen St. Joseph-Stift (seit 1963). Mit den Seelsorgerinnen und Seelsorgern des Diakoniekrankenhauses, der Egestorff-Stiftung und der Anstalten Friedehorst haben sie sich zu einem Konvent zusammengeschlossen.

Die Seelsorge in den verschiedenen Kliniken macht sich heute vorrangig die Begleitung von Mitmenschen in der kritischen Situation der Krankheit zur Aufgabe. Im Namen Gottes wendet sie sich ohne Ausnahme allen Patienten zu. Sie reagiert flexibel auf die fortgeschrittene Individualisierung und die spezifischen Bedingungen einer hochkomplexen Großinstitution. Das geschieht in seelsorgerlichen Gesprächen, im Trösten beim Sterben, in der Beratung von Angehörigen und Mitbetroffenen, Gottesdiensten, Abendmahlsfeiern, Krankensegnungen und –salbungen, in Amtshandlungen (Taufen, Bestattungen) und in kulturellen Angeboten. Zur Seelsorge im Krankenhaus gehört gleichfalls die Kooperation mit dem ärztlich-pflegerischen Personal, die Mitarbeit in Unterricht und Fortbildung und nicht zuletzt die Beratung der Mitarbeiterinnen und Mitarbeiter der jeweiligen Klinik.

231

Zwei Bände der vom Sektenbeauftragten herausgegebenen Broschürenreihe.

Sektenberatung

Man mag es bedauern, aber bezweifeln läßt es sich nicht: das Zeitalter des sogenannten »Christlichen Abendlandes« ist lange vorbei. Und niemand außer dem flüchtigen Journalisten traut sich mehr, vollmundig vom »protestantischen Bremen« zu sprechen. Die konfessionelle Lage hat sich kompliziert: Neben den großen christlichen Kirchen und der jüdischen Gemeinde sind derzeit schätzungsweise etwas über 150 religiöse und weltanschauliche Gemeinschaften in Stadt und Umgebung tätig, die politischen Organisationen ausgenommen. Sie sind zwar nur in Ausnahmefällen in aller Augen, werben gleichwohl mit ihren Heilsbotschaften – vor allem unter jungen Menschen – energisch um Anhänger. Daß diese dann zum Teil in gefahrvolle seelische und materielle Abhängigkeit geraten, ist belegbar.

Seit 1980 ist es das Amt des Sektenbeauftragten der Bremischen Evangelischen Kirche, Pastor Helmut *Langel* (St. Remberti-Gemeinde), sich mit solchen Organisationen auseinanderzusetzen, darüber zu informieren und in Not Geratenen zur Seite zu stehen. Das bis in den christlichen Bereich hineinspielende neureligiöse Umfeld ist sehr groß. Zudem verändert es sich ständig und muß stets neu sondiert werden. Bevor Auskünfte über eine fragliche

Gruppe erteilt werden, bietet ihr der Beauftragte im übrigen ein ausführliches Direktgespräch an.

Der Bedarf an Information ist laufend gewachsen, nicht nur im kirchlichen, sondern auch im außerkirchlichen Raum. Innerhalb der beiden großen Kirchen verlangen besonders katholische Gemeinden nach mehr Aufklärung über »Sekten« und »Kulte« in der Hansestadt. Im Jahresdurchschnitt wird Pastor Langel etwa 50mal um Vorträge oder Gespräche gebeten. Seine Broschüren-Reihe »Destruktive Kulte in Bremen« (z.B. Scientology, Transzendentale Meditation) hat ein ungewöhnliches Echo ausgelöst.

Außerordentlich stark gefragt ist auch die Beratung. Gut und gerne 200 Einzelgespräche stehen auf dem Jahreskalender: mit besorgten Angehörigen, mit ehemaligen Mitgliedern destruktiver Vereinigungen, mit Institutionen, die »Sektenmitglieder« unter ihrem Dach vermuten. Hilfreich ergänzt wird die Arbeit des Beauftragten durch eine Betroffenen-Initiative »Sektenberatung e.V.«: einmal im Monat trifft sie sich im St. Remberti-Gemeindehaus. Durch seinen kontinuierlichen Lehrauftrag an der Bremer Universität gewinnt Helmut Langel aus dem Kreis der StudentInnen zusätzlich weiterführende Informationen über die neureligiöse Szene.

Telefonseelsorge

Ein »Thermometer für die soziale Welt« nannte Bundespräsident Herzog die Telefonseelsorge. In der Tat: die Zahl der Anrufe, ihre Dringlichkeit und das, was vielen von ihnen gemeinsam ist, lassen die besorgniserregenden Kältegrade in unserer Gesellschaft ermessen. Um Probleme in persönlichen Beziehungen, um das Gefühl der Vereinsamung geht es vorrangig. Oft ist der Sog des Suizids spürbar. Vor den Leuten im Talar, ja vor den Nächststehenden möchte man in vielen Fällen nicht »auspacken«. Da ist es hilfreich, eine Telefonnummer wählen und einem geduldigen Unbekannten das Herz ausschütten zu können.

So ist auch in Bremen 1963 aus der Initiative des Wasserhorster Pastors Wilhelm *Gröttrup* und einiger freiwilliger Helfer die Telefonseelsorge entstanden. Bald steigert sich die Nachfrage derart, daß der Kirchentag 1979 eine eigene Pfarrstelle für diese unentbehrliche Arbeit einsetzt. Pastor Jürgen *Bartholdi* entwickelt sie hauptamtlich ab 1980 zu einer eindrucksvollen gesamtkirchlichen Einrichtung. Bis zu 12.000 Anrufe im Jahr aus dem Raum Rotenburg-Schwanewede-Osterholz-Hoya werden aufgenommen, wobei sich Tarife und Eingängigkeit der Rufnummer deutlich auf die Frequenz auswirken. Die meisten (80 %), die sich am anderen Ende des Drahtes melden, nennen keinen Namen. Ohne Rücksicht auf die Position und Leumund möchten sie ihre Nöte bis in Einzelheiten »loswerden« dürfen: berufliche, finanzielle Schwierigkeiten, Krankheiten und immer wieder das Leid, ins soziale Abseits geraten zu sein, nichts mehr zu gelten. Die Erwartung, ohne Belehrung einfach angehört zu werden, ist enorm.

Auf diese diakonische Aufgabe, »des andern Last zu tragen«, werden die etwa 100 ehrenamtlichen Mitarbeiterinnen und Mitarbeiter der Bremer Telefonseelsorge genauestens vorbereitet. Die Apparate sind rund um die Uhr in Tag-, Feiertag- und Nachtschichten besetzt. Alle Helfer verpflichten sich zu 16 Stunden Dienst am Telefon pro Monat. Es sind Frauen und Männer, vielfach in einem Beruf stehend, im Alter zwischen 25 und 55 Jahren, die verschwiegen, belastbar und »ganz Ohr« sein müssen. In einjähriger Ausbildungszeit und einer 14tägigen »Supervision« haben sie eingeübt, den Anrufer anonym zu Rede und Klage anzuregen, seinen Lebensmut zu stärken, zu beraten, Informationen zu vermitteln. Grundsatz eines jeden Gespräches ist es, nicht zu bekehren, keiner Partei oder Konfession das Wort zu reden. Zuversichtlich stimmt, daß sich in einer kaum sehr solidarischen Gesellschaft immer wieder verantwortlich denkende Menschen freiwillig zu diesem Hilfsdienst am Telefon bereit finden.

Aus ihm ist inzwischen eine »Arbeitsstelle« hervorgegangen, die auch eine dringend erforderliche Seelsorge-Aus- und -Fortbildung für Theologen anbietet. Pastor Bartholdi, wegen seiner pastoralpsychologischen Erfahrungen international gefragt, ist 1998 von der Evangelisch-Lutherischen Kirche Finnlands mit einer Ehrenmedaille für die internationale Verständigungsarbeit ausgezeichnet worden.

Pastor Jürgen Bartholdi war 19 Jahre lang Leiter der Telefonseelsorge.

Kirche in der Gesellschaft

Amt für Öffentlichkeitsdienst

Wenn in diesem Abschnitt zwanzig Einrichtungen unter der Sammelbezeichnung »Kirche in der Welt« vorgestellt werden, so rangiert das »Amt für Öffentlichkeitsdienst« nicht nur aus alphabetischen Gründen an erster Stelle. In der bewegten Geschichte dieses unter wechselnden Leitungen stehenden Amtes zeichnet sich vielleicht am farbigsten ab, wie einfallsreich die Bremische Ev. Kirche ihren Auftrag jenseits der Gemeindegrenzen wahrnimmt. Die Chronik beginnt 1937 mit der Gründung eines »volkskirchlichen Amtes« unter deutschchristlicher Zielsetzung durch Landesbischof Dr. Heinrich *Weidemann*, 1941 mit der Pressestelle verschmolzen. Nach dem zweiten Weltkrieg wird diese Informations- und Presseabteilung sowie die Rundfunk- und ab 1951 die Fernseharbeit bis in die Gegenwart zum bleibenden Kern des Öffentlichkeitsdienstes. Von 1951 an (bis 1971) tritt eine mobile Filmstelle unter der Regie von Diakon Friedrich *Reinagel* hinzu, die in jährlich rund 250 Vorführungen ausgewählte Verkündigungsstreifen zeigt. Eine dazugehörige Ton- und Bildausleihe entwickelt sich zur Medienzentrale unserer Tage. Durch Zusammenlegung der bisherigen Sparten entsteht 1955 auf Beschluß des Kirchentages das sogenannte »Amt für den Öffentlichkeitsdienst«, dessen erster Leiter Pastor Claus *Heitmann* wird. Damit beginnt – bis heute Programmpunkt Nummer Eins jeder Public-Relations-Betätigung – eine intensive Kontaktpflege mit leitenden Persönlichkeiten, verschiedenen Gruppen und Verbänden im Lande Bremen. Seit der noch im gleichen Jahr durchgeführten »Evangelischen Woche« organisiert das Amt in unregelmäßiger Folge öffentliche Großveranstaltungen (z.B. »Evangelische Filmtage 1957«, Stadtkirchentage, »1200 Jahre Kirche in Bremen 1987«). Auch veranstaltet es bald die ersten Diskussionsforen (mit politischen Parteien, Wirtschaftsunternehmen usw.); sie werden spätestens ab 1974 unter dem Dach eines »Ev. Bildungswerkes« zu einem eigenständigen Arbeitsfeld. Als mehrschichtiger Gemeindedienst (gesamtkirchliche Sammlung, Glaubensseminare etc.) und zugleich als Instrument des Hineinwirkens in die weltliche Berufsdimension ist die 1956 erfolgte und bis 1968 während An-

gliederung des Männerwerkes gedacht: Mit den Aktivitäten des Sozialsekretärs Kurt *Mehl* in Betrieben und Gewerkschaften sowie durch die Einführung eines regelmäßig stattfindenden 1. Mai-Gottesdienstes ist der Grundstock des jetzigen »Kirchlichen Dienstes in der Arbeitswelt« (KDA) gelegt. Ebenfalls bis 1968 gehört der seit 1958 von Diakon Gerhard *Gruska* begonnene Volksmissionarische Dienst zum Öffentlichkeitsamt. Zu dieser Branche zählt u.a. die Stadt-, Fremden- und Schriftenmission, desgleichen die Aktivierung von Schaukästen und die Zuhilfenahme der Plakatsäulen: eine der Wurzeln der ab 1969 immer differenzierter gehandhabten »info«-Arbeit für den inner- und außerkirchlichen Gebrauch (Faltblätter, Kirchenmusikkalender, »info-intern«, Broschüren), die sich bis in das Internet erstreckt. Kaum zu leugnen ist, daß der Öffentlichkeitsdienst wegen der Überfülle der genannten und mancher ungenannten Aufgaben einerseits und der begrenzten Möglichkeiten der kleinen bremischen Landeskirche andererseits stets von neuem in die mißliche Situation eines »Mädchens für alles« gerät, was zu einer Überlastung des Teams mit zum Teil zweitrangigen Verpflichtungen führt. Deshalb hat es in den Jahrzehnten nach 1955 an Umgliederungen und Akzentverlagerungen nicht gefehlt. Mit der Berufung der Journalistin Sabine *Hatscher* als der neunten, aber ersten nicht-theologischen Kraft in der Leitung scheint sich eine neue Phase der Straffung abzuzeichnen. Ihre Merkmale sind vor allem eine kenntnisreiche Anwendung des publizistischen Handwerks, die Einbeziehung der neuen technischen Medien, die Konzentration auf thematische Schwerpunkte (nicht zuletzt die »Mitgliederpflege«) und ungewohnte Formen, die Bremische Ev. Kirche der Öffentlichkeit zu präsentieren (Beispiel: das evangelische Informationszentrum »Kapitel 8« in der City).

Der »Stab« des Amtes
für Öffentlichkeitsdienst
im Haus der Kirche.

Bildungswerk

»Wir sind allzu lange gnug deutsche bestien gewesen. Last uns eyn mal auch der vernunft brauchen«, so Martin Luther 1524 in seiner Schrift an die Ratsherren. Die Bremer haben sich das nicht zweimal sagen lassen. Schon Mitte des 16. Jahrhunderts entstand in dem dafür umgemodelten Katharinenkloster ein protestantisches Bildungsinstitut von europäischem Ruf: das »Gymnasium Illustre«. Und auf Lüder von Bentheims kunstvoller Rathausfassade erschienen bald darauf die Bildzeichen dieser frühen Aufklärung. So weit reichen die reformatorischen Wurzeln des Bildungswerkes Evangelischer Kirchen im Lande Bremen zurück – eines gemeinsamen Unternehmens aller Gemeinden und Einrichtungen, um mitten im Leben stehenden Menschen zu einem bewußteren Umgang mit sich selbst und den Weltverhältnissen zu verhelfen.

Das »Geburtsjahr« des heutigen Bildungswerkes ist, genau genommen, 1970. Seinerzeit fand, auf Initiative von Margret *Schaefer* (Landesverband der Evangelischen Frauenhilfe) ein erstes Vormittagsseminar für jüngere, nicht berufstätige Frauen statt. Die erfolgreiche Weiterentwicklung solcher Veranstaltungen, eine inzwischen mit dem Öffentlich-

keitsamt verbundene »Arbeitsstelle« (1972) und, nicht zuletzt, die staatlichen Vorgaben einer vom Land geförderten Weiterbildung führten dann 1974 zur Gründung des »Bildungswerkes der Bremischen Evangelischen Kirche«. So lautete anfangs die offizielle Bezeichnung der Einrichtung, die Bildungswerksleiter Reinhard *Jung* (1979–90) maßgebende Prägungen verdankt.

Als »Bildungswerk Evangelischer Kirchen im Lande Bremen« – dies ist ihr jetziger Titel– hat sie einen doppelten Auftrag. Den öffentlichen einer anerkannten Bildungseinrichtung erfüllt sie, übrigens mit besten Zensuren, indem sie Selbstbestimmung und demokratische Partizipation stärkt. Andererseits sucht sie innerhalb der bremischen Kirche, entsprechend den Zielsetzungen der Weltversammlung von Vancouver (1983) und dem »Konziliaren Prozeß für Frieden, Gerechtigkeit und Bewahrung der Schöpfung«, das Bewußtsein auf den verschiedensten Ebenen zu schärfen: so etwa in biographischen Umbruchsituationen, so für die religiöse Orientierung unter Beachtung des Lebensrechtes aller Menschen, so – nicht zuletzt und in Kooperation mit dem Umweltbeauftragten – für praktische Maßnahmen, die der Erhaltung der natürlichen Lebensgrundlagen dienen. Die ca. 300 Veranstaltungen im Jahr mit etwa 4300 Unterrichtsstunden setzen sich, grob gezählt, zu 15 % aus

Bildungsurlaubswochen, zu 10 % aus Seminaren, zu 70 % aus Kursen, überwiegend in Kirchengemeinden, und zu 5 % aus Vortragsveranstaltungen zusammen.

Mit dem Bildungswerk vernetzt sind das Arbeitslosenzentrum Tenever, die Evangelische Frauenhilfe, der Kirchliche Dienst in der Arbeitswelt, bremische Kirchengemeinden, die Ökumenische Initiative und das Bildungswerk der Katholiken im Lande Bremen. Die Zusammenarbeit mit diesem ist deutlich intensiver geworden. Viele der Veranstaltungen des reichhaltigen Programms finden unter dem Dach des »forum Kirche«, Hollerallee 75, statt.

Dieses Gebäude verdient wegen seiner nicht alltäglichen Geschichte besondere Erwähnung. Gebaut wurde es 1900–1902 von Fritz *Dunkel* als Privatvilla des Bankiers J.F. Müller-Schall. Den Bildfries in der prächtigen Halle gestaltete Arthur *Fitger* nach Szenen aus Goethes »Faust I«. Außenfassade und zentrale Räume stehen unter Denkmalschutz. Schalls in New York geborener Sohn Frederick betraute 1922 den Bremer Unternehmer H. Marwede (Beck & Co.) mit der Verwaltung. Ab 1934 war das Haus Dienstsitz des für den Weser-Ems-Raum zuständigen SA-Gruppenführers. Von hier aus wurde in der sogenannten »Reichskristallnacht« 1938 die Bremer Terroraktion gegen jüdische Mitmenschen organisiert. Nach Kriegsende nutzten H. Marwede und der Unternehmer H.S. Thomas das Haus als Firmensitz, bis die Bremische Ev. Kirche es 1992 erwarb, um einige ihrer zentralen Einrichtungen in ihm zusammenzuführen. Als »forum kirche« ist die Hollerallee 75 seitdem auch eine öffentliche Stätte der Begegnung, mit der besonderen Verpflichtung, für Menschlichkeit und Frieden tätig zu sein.

Bremer Kirchenzeitung: die nächste Ausgabe kommt bestimmt…

Bremer Kirchenzeitung

Von elektronischen Medien umgeben, kann man sich heute den einstmals rauschenden kirchlichen Blätterwald kaum mehr vorstellen. Mit Druckerzeugnissen aller Art suchten einfallsreiche Prediger – allen voran Stephanipastor *Ewald* mit seiner »Christlichen Monatsschrift« (1800) – theologische Lager und größere Gemeinden in Bremen auch außerhalb der Gottesdienste zu erreichen. Zeitweilig erschienen die Journale dicht nebeneinander, in bunter Vielfalt der Inhalte und in mehr oder weniger freundlicher Spannung zueinander: so als »Richtungs«-Organe über sechs Jahrzehnte hinweg ab 1865 das »Bremer Kirchenblatt« der Konservativen, ab 1868 das »Protestantenblatt« der Liberalen. Mit diesen beiden Blättern konkurrierte, nachdem die bremische Kirche von der Aufsicht des Senates befreit war, obendrein noch als erstes wirklich gesamtkirchliches, überparteiliches Organ die »Bremer Kirchenzeitung«, 1928 auf Beschluß des Kirchentages ins Leben gerufen. Sie wurde von Schriftführer D. Otto *Hartwich* (St. Petri-Dom), Pastor *Leonhardt* (Ansgarii) und Pastor *Urban* (Friedenskirche) redigiert und kostenlos an alle evangelischen Haushalte verteilt. Wenige Monate nach Hitlers Machtergreifung freilich mußte das dreiköpfige Redaktionsteam dem deutsch-christlichen Pastor *Refer* weichen. Seitdem füllten sich die Spalten mit nationalsozialistischem Gedankengut. Verstärkt wurde diese Propaganda noch durch ein vom Nazi-Bischof *Weidemann* herausgegebenes Blatt in hoher Auflage, die »Kommende Kirche«. Während des Zweiten Weltkrieges hörten alle Kirchenzeitungen zu bestehen auf.

Ein neues Organ der bremischen Gesamtkirche erschien 1946 mit der Lizenz Nr. 101 der US-Militärregierung. Sein Titel: die »Einkehr«. Das »Sonntagsblatt« sollte, wie es in der ersten Nummer heißt, »die Herzen für die ewige Botschaft des Herrn« öffnen. Entsprechend befaßten sich die Beiträge, unter der Schriftleitung von Dr. *Lindemann* und seiner unmittelbaren Nachfolger, fast ausschließlich mit innerkirchlichen Ereignissen und Glaubensfragen. Bis in die späten 50er Jahre behielt das Blatt diesen überwiegend unpolitischen Charakter. Dann fanden mehr und mehr die auch in den Gemeinden strittigen Zeitthemen Eingang: die Ostwest-Spannung, die Wehrdienstfrage, das Grundsatzproblem politischer Betätigung der Kirche. Und natürlich gingen die Studentenunruhen mit ihrem Schweif von »Hinterfragungen« nicht spurlos an dem Blatt vorüber. Seine Rück-Benennung in »Bremer Kirchenzeitung« bedeutete auch inhaltlich einen energischen Stilwandel. Das Redaktionsprogramm, nun verantwortet von Öffentlichkeitspastor *Binder* und der professionellen Journalistin Gisela *Arnd-Quentin*, sah eine bewußt nüchterne Auseinandersetzung mit den Zeitläuften vor. Politische Streitfragen, wie die Aufarbeitung der jüngsten Vergangenheit, die Stellung der Frau in Kirche und Gesellschaft, Gerechtigkeit, Friede und Erhalt der Schöpfung, rückten in den Vordergrund. Obwohl es natürlich in dem offiziellen Organ der Bremischen Ev. Kirche nie an kirchlichen Nachrichten und geistlichen Betrachtungen fehlte, meinten viele Beantworter einer Umfrage ein Übergewicht politischer Gegenstände und mangelnden biblischen Bezug feststellen zu müssen. Manchen Beifall dagegen fanden die witzigen Randbemerkungen der Kirchenmaus »Karoline«, welche die rührige Redakteurin Hanni *Steiner* für jede Nummer schreibt. Unter welchem Titel, in welcher Aufmachung auch immer – die gesamtkirchliche Bremer Kirchenzeitung hatte es niemals leicht, sich zwischen den polittheologischen Richtungen und neben den gemeindeeigenen Blättern zur behaupten. Verzichten wird man auf sie kaum. Ist sie doch ein Dokument der Verbundenheit in dem einen Evangelium Jesu Christi.

Bremer Treff

Sie vegetieren an den Straßenrändern, in den Schattenzonen der Stadt, wohnungslose, verarmte, vereinsamte Menschen. Verwahrlost und hilfsbedürftig sind sie oft und betteln sich von einem Tag zum anderen durch. Mit wievielen dunklen Schicksalen haben es besonders die City-Gemeinden zu tun! Acht von ihnen beschlossen darum im Winter 1989 zusammen mit der Bremischen Ev. Kirche und der Inneren Mission, den Elenden wenigstens eine menschenwürdige »Heimat auf Zeit« anzubieten. Dies wurde der inzwischen weithin bekannte »Bremer Treff e.V.« am Altenwall 29.

Fast täglich finden sich hier 40–80 Gäste ein. Sie werden beköstigt, können an Spielgemeinschaften teilnehmen und sogar Lese- und Schreibunterricht erhalten. Im Laufe des Jahres finden zehn Gottesdienste und wöchentlich eine Bibelarbeit statt. Der »Bremer Treff« lebt finanziell sozusagen von der Hand in den Mund. Die Trägereinrichtungen und ca. 40 Einzelmitglieder halten die wohltätige Arbeit durch ihre Beiträge über Wasser. Jahr für Jahr finden sich – wohl in alter hanseatischer Tradition – Bürgerinnen und Bürger bereit, die kirchliche Begegnungsstätte mit großzügigen Spenden, oder, wie die katholische Gemeinde St. Johann, durch den Ankauf von Essensgutscheinen zu stützen.

Bürgermeister
Perschau besucht den
Bremer Treff.

Ebenso unerläßlich wie die finanzielle Förderung ist die persönliche Einsatzbereitschaft. Etwa 25 ehrenamtliche Mitarbeiterinnen und Mitarbeiter sorgen während der Öffnungszeiten für ein menschenfreundliches Klima. Sie schlagen erste Brücken zu den in sich Verschlossenen und vermitteln die Hilfe des Diakons und Sozialarbeiters. Die Küche wird von zwei gestandenen Hausfrauen und Müttern geführt.

Deutscher Evangelischer Frauenbund

Schon 1899 ist dem Initiator des Bundes, dem Innere-Missions-Pfarrer *Weber*, die Grundidee klar: möglichst viele Frauen sollen es verstehen, ihre Fähigkeiten zu entwickeln und einzusetzen. Genau dies ist auch der »rote Faden«, der sich durch die ganze Chronik des Ev. Frauenbundes Bremen bis in unsere Tage hindurchzieht. Kritisch denkend möchten die Mitglieder auf der Höhe der Zeit sein und sich aus christlicher Verantwortung einmischen. Das gilt bereits, 1904, für die allererste Vorsitzende, die resolute Pastorentochter Anna *Iken*

und ihre kleine, aber tatkräftige Ortsgruppe: sie erkennen die Defekte der Gründerzeit, organisieren eine spottbillige Kinderspeisung und kümmern sich um gefährdete, aus dem Strafvollzug entlassene Mädchen. Das sogenannte Dritte Reich übersteht der Frauenbund, manchmal in »Katakombenstimmung«, mit verstärkter Bildungsarbeit. Nach Kriegsende widersteht man dem ideologischen Vakuum mit Erziehungsmodellen, und Guste *Schepp* ruft noch mit 65 Jahren das Jugendgemeinschaftswerk ins Leben. Alle folgenden Präsidentinnen haben die zeitgeschichtlichen Herausforderungen mit weitgespannten Vortragsprogrammen und einem aktuellen Praxisfeld zu beantworten gesucht. So ergreift man ab 1964 speziell im Blick auf die alten Mitmenschen, die Initiative zum »Essen auf Rädern«. 1969, in der Phase der unruhigen Jugend und oft ratlosen Eltern, ist politische Bildung an der Reihe: Es entstehen insbesondere Arbeitskreise, die Funk- und Fernsehsendungen beobachten. Seit 1976 rückt das Problem von Mutterschaft und Beruf ins Gesichtsfeld. Das Konzept »Neuer Start ab 35« verschafft Frauen, die familiär »aus dem Gröbsten heraus sind«, Mut zu neuen Aktivitäten. Nicht zuletzt als Anerkennung für diese erfolgreiche Arbeit erhält Rosemarie *Steffen* das Bundesverdienstkreuz. Eine Einrichtung des Ev. Frauenbundes Bremen, der mancher Leidende dankbar sein wird, ist die »Ev. Krankenhaushilfe«, wegen ihrer farbigen Kittel bekannter unter der volkstümlichen Bezeichnung »Grüne Damen« - gelegentlich sind auch einige Herren darunter. Auf vielen Stationen kommunaler Kliniken und in Häusern der Bremer Heimstiftung erleichtert jede der ca. 120 ehrenamtlichen Helferinnen etwa 2-3 Stunden wöchentlich den Patienten den Aufenthalt: durch »Lotsen- und Bücherdienste«, Hilfe beim Essen, Besorgungen usw. Am wichtigsten freilich ist das einfühlsame Gespräch. Renate *Sprondel* hat diese freiwillige Dienstleistung in Bremen eingeführt. Das Diakonische Werk zeichnete sie mit dem Kronenkreuz in Gold aus. Die Jahresübersichten des Frauenbundes geben im übrigen einen eindrucksvollen Überblick über die von Jahr zu Jahr weiterlaufenden Vortrags- und Diskussionsreihen, Tagungen, Seminare und Studienfahrten, die über- und zwischengemeindlich Information und persönlichen Austausch vermitteln.

Ehrenamtlich:
Die »Grünen Damen«
der Evangelischen
Krankenhaushilfe.

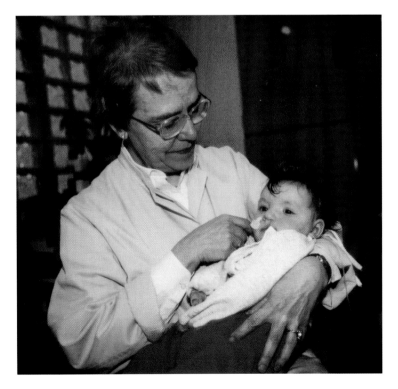

Diakonisches Werk –
Innere Mission

Bunt wie die Kirchengemeinden in der Bremischen Evangelischen Kirche sind auch die Einrichtungen, die sich in unserer Stadt zum Diakonischen Werk zusammengeschlossen haben: Mehrhundertjährige Dienste und Werke, die erst vor kurzem ins Leben gerufen wurden – Gründungen mit missionarischem Elan und Initiativen gegen Lücken in der sozialen Versorgung. Manche Einrichtungen gingen kontinuierlich aus Engagements von Kirchengemeinden hervor – andere entstanden gerade deswegen, weil Untätigkeit der Kirche den Initiatorinnen und Initiatoren unerträglich war.

Einige Mitglieder des Diakonischen Werkes sind Kirchengemeinden im Rahmen der Bremischen Evangelischen Kirche mit eigenen Parochialrechten und sehenswerten Kirchengebäuden: *Friedehorst* (Lesum), die Emmaus-Kirche auf dem Hügel zwischen *Diakonissenanstalt* und Mutterhaus (Gröpelingen) oder im traditionsreichen Gebäudekomplex der *Egestorff-Stiftung*. Hilfseinrichtungen wurden von Kirchengemeinden gestiftet oder (mit) gegründet. Andererseits entstanden Kirchengemeinden der Bremischen Evangelischen Kirche aus der Diakonie, der stadtmissionarischen Arbeit des Vereins für Innere Mission, wie dies auch in einigen Artikeln über Kirchengemeinden in diesem Buch herausgestellt wird.

In das Diakonische Werk Bremen sind, wie überall in Deutschland, die Freikirchen und ihre Werke christlicher Liebestätigkeit in vollem Umfang einbezogen. So ist das historisch älteste Verbandsmitglied das St. *Katharinenstift*, das noch auf mittelalterliche Wurzeln zurückgeht, heute Seniorenwohnanlage in Trägerschaft des Freikirchlichen Diakoniewerks (Baptisten).

In einer kleinen Kirche gelegen, hat die Bremer Diakonie doch Momente erlebt, in denen sie Verantwortung weit darüber hinaus getragen hat: so während der großen *Auswanderungswelle*, als nicht nur aus Deutschland, sondern auch aus Ostmitteleuropa die von den Bremer Reedereien angeworbenen Auswandererfamilien kürzer oder länger bei uns Unterkunft suchten. Dieser Aufgabe sozialer und seelsorgerlicher Betreuung stellte sich von 1881 bis zum Ersten Weltkrieg der bei der Inneren Mission beschäftigte Auswanderermissionar Hermann *Krone*. Ein anderer solcher Moment war, als unter dem NS-Regime der Vorsteher der Bremer Diakonissenanstalt, Pastor D. Constantin *Frick*, Repräsentant der Diakonie in Deutschland war.

Das »Haus der Diakonie« ist die Zentralstelle des Diakonischen Werkes.

Sieht man einmal von der »mittelalterlichen« Ausnahme des Katharinenstifts ab, kann man historisch die Mitglieder des Diakonischen Werkes grob in drei Gruppen einteilen und damit auch wesentliche Epochen der Diakoniegeschichte in unserem Land markieren:
1. Die frühneuzeitlichen Stiftungen christlichen Bürgerengagements,
2. Einrichtungen aus dem Impuls der Erweckungsbewegung und der darauf aufbauenden Inneren Mission des 19. Jahrhunderts und
3. Dienste und Einrichtungen, die auf Herausforderungen nach 1945 reagierten und deren Entwicklung maßgeblich durch das Sozialstaatsgebot unseres Grundgesetzes geprägt und ermöglicht wurde.

In der protestantischen Stadt Bremen der frühen Neuzeit waren Engagement für die Kirchengemeinde und für die Bürgergemeinde kaum getrennt. Was man für die eine tat, verstand man zugleich auch als Dienst für die andere, und Ämter wie die Diakonien der großen Kirchengemeinden wirkten eindeutig in beide Richtungen. So entstanden auch die *Waisenhäuser* von St. Petri und Alten Eichen oder eine Stiftung für Armenhilfe, die später durch

Zusammenschluß zur heutigen *Egestorff-Stiftung Altenheim* wurde. Auch die Stiftung *Haus Seefahrt* gehört unserem Verband an. Erst vor einigen Jahren haben Änderungen im Bremischen Stiftungsgesetz eine klare Entscheidung - kommunal oder kirchlich - notwendig gemacht. Die Entscheidung fiel in diesen drei Fällen eindeutig für den Charakter einer kirchlichen Stiftung.

Die Männer und Frauen, die als »erweckte Christen« seit den ersten Jahrzehnten des 19. Jahrhunderts die Initiative ergriffen, wollten nicht nur für sich selbst ihren Glauben lebendig werden lassen und tatkräftig den sozialen Nöten ihrer Zeit entgegenwirken. Sie wollten auch die Kirche und ihre Gemeinden erneuern. Der mit dem Namen Johann Hinrich Wichern verbundenen Tradition, der »Inneren Mission«, aus der organisatorisch das heutige Diakonische Werk hervorgegangen ist, haben sich - ohne die jeweilige Eigenständigkeit aufzugeben - andere Initiativen und Träger angeschlossen. So wurden in Bremen, seit im Jahre 1849 ein Verein für Innere Mission bestand (als maßgebliche Gründer sind mit Friedrich *Mallet* und Georg *Treviranus* zwei Bremer Pastoren zu nennen), sofort sogenannte Sektionen für eine Vielzahl von Arbeitsfeldern ins Leben gerufen, die von *Sonntagsschulen* über die Anfänge von *Ausbildungsstätten*, die *Stadtmission* bis zu der *Hilfe für Nichtseßhafte* reichten. Ein über ganz Deutschland ausgebreitetes Netz von Kontaktstellen und eine bei aller Dezentralität doch deutlich erkennbare Begleitung durch einen »*Centralausschuß*« in Hamburg bzw. Berlin überwanden die Zufälligkeit örtlichen Engagements. Ausbildungsstätten (Diakonenbruderhäuser) gaben qualifiziertes

Personal ab; sie boten zugleich eine fortdauernde persönliche Gemeinschaft. In ähnlicher Weise läßt sich dies im Rahmen des Kaiserswerther Verbandes (nach dem Ort am Rhein benannt, wo Theodor Fliedner das erste *Diakonissenmutterhaus* gründete) für Gemeindekrankenpflege, Krankenhäuser und Kindergartenarbeit feststellen. Ausgehend von einem über das gesamte Reich geknüpften Netz von Mutterhäusern wurden Kirchengemeinden und die von ihnen oder anderen Stiftungen gegründeten Diakonischen Einrichtungen mit Diakonissen »versorgt«. Die Bremer *Diakonissenanstalt* wurde im Jahre 1868 gegründet. Dieses einzige evangelische Krankenhaus in Bremen wurde nach vollständiger Zerstörung durch Bomben im Zweiten Weltkrieg 1958 als *Allgemeinkrankenhaus* mit mehreren Fachkliniken im Bremer Westen neu gebaut (»DIAKO«). Das Diakonissenmutterhaus entsandte viele Jahre hindurch Schwestern in Gemeinden und Einrichtungen überall in Norddeutschland, die - sofern sie nicht mehr tätig sein können - heute im Feierabendhaus des *Ludwig-Schrage-Stiftes* leben. Die Ausbildungstradition der Diakonie lebt bei uns fort durch die Krankenpflegeschule des »DIAKO«, eine Fachschule für Gesundheit und eine Altenpflegeschule (Friedehorst).

Zahlreiche andere Organisationen sind in und neben der inneren Mission mit dem Impuls der Erweckung verbunden, so z.B. die *Bremer Seemannsmission*, die *Bahnhofsmission*, die Bewegung des *Blauen Kreuzes*, das *Schwarze Kreuz* der Gefangenenmission oder auch die aus einem späteren Erweckungsimpuls in England entstandene und auch bald in Deutschland lebendige *Heilsarmee*.

Die dritte Phase von Gründung und Neugestaltung geschah, unmittelbar nachdem die Diakonie in Bremen unter der NS-Zeit eine eher passive und nach außen kaum erkennbare Rolle gespielt hatte, mit einem Impuls von außen. Der Amerikaner Dr. Eldon *Burke* setzte die Nutzung der Baracken eines Flakstützpunktes am Nordrand der Stadt für Menschen in den Notlagen der Nachkriegszeit mit Hilfe seiner Behörden und der Inneren Mission durch. Aus dem von der Luftwaffe aufwendig geplanten »Fliegerhorst« in Bremen-Nord wurde nun »*Friedehorst*«, heute größter Träger diakonischer Arbeit im Land Bremen.

Seitdem sich der Staat nach dem Rückfall in die Barbarei 1933-1945 nun im Grundgesetz auf die Menschenwürde als zentralen Wert auch der Sozialpolitik verpflichtet hat, haben vorher sehr stark von privaten Stiftungen und Spenden oder sonstigen freiwilligen Leistungen abhängige Arbeitsfelder einen lange Jahrzehnte anhaltenden Aufschwung nehmen können. Einrichtungen konnten

Gelebte Nächstenliebe: Freiwillige verpacken Kleiderspenden für Rumänien, 1998.

Siedlung Jagarice bei Sanski Most in Bosnien – erbaut 1997 von der Stiftung »Die Schwelle«.

von diesen Möglichkeiten aber auch nur profitieren, wenn sie zur steten Weiterentwicklung ihrer Strukturen und Angebote bereit waren, wie bei der Betreuung und Förderung behinderter Menschen oder im Bereich der Hilfen für nicht seßhafte Wohnungslose oder andere sozialgefährdete Personen (vom »Bahnhofsbunker« zum »Sozialzentrum der Inneren Mission«) mit Fachberatung und Übergangswohnangeboten. In den traditionsreichen Gebäuden des *Isenbergheimes* in der Neustadt und des *Adelenstiftes* in Lesum finden »auf der Straße« altgewordene Menschen eine Unterkunft. Wo immer möglich gilt es, Menschen mit Behinderungen oder sozialen Gefährdungen in einer Weise zu unterstützen, die sie nicht aus den Stadtteilen herausreißt und von den Lebensgewohnheiten der sogenannten normalen Bevölkerung trennt. Einen großen Schritt in diese Richtung unternahm das Land Bremen im Jahr 1988, als es sein Landeskrankenhaus im Kloster Blankenburg für psychisch Kranke auflöste und mit freien Trägern eine Betreuung in der Stadt vereinbarte. Dieser Herausforderung verdankt die *Behindertenhilfe* im Verein für Innere Mission z.B. ihr heutiges Gesicht. Ähnliche Herausforderungen einer Ausgliederung und Verselbständigung nehmen auch die anderen Einrichtungen der Behindertenhilfe in Friedehorst oder im Lebenszentrum Bethesda der Neustadt auf. Auch Jugendhilfe geschieht nur noch teilweise in »Heimen«, mehr z.B. in Wohngemeinschaften oder einzelnen »Erziehungsstellen« – stets aber ein Ort, wo gesellschaftliche Probleme früh und akut deutlich werden.

In Bremen sind eine ganze Reihe neuer diakonischer *Altenhilfeeinrichtungen* geschaffen worden, die in der Regel ursprünglich als »Altenheime« gegründet waren, aber im Laufe der Zeit zu Pflege-einrichtungen wurden, die heute durch offene Angebote, betreute Wohnungen und ambulante Pflege ergänzt werden. Im Gegensatz zu den anderen deutschen Ländern wurde auf die zentrale Planung von »Sozialstationen« verzichtet. So blieben in Bremen die traditionellen *Hauspflegeverbände* der Diakonie (Frauenhilfe oder Johanniter) in ihrer ursprünglichen Form erhalten, und es kam zu keinem durch staatliche Förderung angeregten Zusammenschluß der Kirchengemeinden und ihrer Pflege, so daß in Bremen manche Gemeinden noch »ihre« Gemeindeschwestern haben.

Bremen ist in der späten Nachkriegszeit auch durch seinen Sozialen Wohnungsbau bekannt geworden – Bauvorhaben, die wenige Jahre später bereits auf eine »Nachbesserung« angewiesen waren. In diese wiederum auf Bürgerengagement angewiesenen Projekte haben sich Christinnen und Christen haupt- und ehrenamtlich eingebracht. Ein Ergebnis dieser Verknüpfung ist das »*Haus der Zukunft*« in Lüssum, eine »Einrichtung« eigener Art, die nicht selbst Programm und Angebot bestimmen will, sondern anderen Leben in den Stadtteil bringenden Initiativen Raum geben will. Die »*Neue Arbeit*« der Diakonie Bremen bündelt Hilfsmöglichkeiten für Arbeitslose und ist damit ein Beitrag gegen die Folge des fortlaufenden Strukturwandels.

Diakonie heute wäre undenkbar ohne die ökumenisch-weltweite Dimension. Die Erfahrung, daß Deutschland in der Notsituation von 1945 ohne Vorbehalte und Gegenverpflichtungen aus aller Welt Hilfe erfahren hat, fand ein Echo, als die Not der sogenannten Dritten Welt deutlich wurde. Hier entstand das Hilfswerk »*Brot für die Welt*«, das, vom Diakonischen Werk Bremen organisiert, auch in unseren Gemeinden der Bremischen Evangelischen Kirche fest verankert ist. Mit Spendenmitteln wird versucht, so weit wie möglich die Not großer Katastrophen zu lindern, aber auch auf den »Hunger nach Gerechtigkeit« zu antworten. In der Zeit des Kalten Krieges wurden viele teilweise verschlungene Wege gesucht und gefunden, um Unterstützung und Partnerschaft nach Osteuropa zu tragen. Dies konnte nach dem Fall des Eisernen Vorhangs ebenfalls zu einer offenen Aktion »Hoffnung für Osteuropa« werden. Bremer Kontakte nach Polen und Rumänien (Raum Schäßburg, Lassler Tal) wurden hier mit zahlreichen anderen Initiativen verknüpft. Der Friedensarbeit gilt auch die Tätigkeit der Stiftung »Die Schwelle«. Sie arbeitete mit dem Diakonischen Werk 1980-83 in der Polenhilfe, 1986-88 in Vietnam zusammen. Seit Kriegsausbruch in Jugoslawien engagierte sich die Stiftung in der Flüchtlingsfürsorge. 1997 baute sie in Bosnien bei Sanski Most mit Unterstützung des bosnischen Baubüros des Diakonischen Werkes und vieler Spender eine Siedlung von 11 Häusern.

Wir können als sicher voraussetzen, daß sich die Diakonie und alle ihre Einrichtungen auch in Zukunft weiter wandeln werden. Auf längere Sicht scheint ein massiver Einbruch von Wettbewerbs und Markt-Faktoren eine Fülle von Änderungen im Großen wie im Kleinen in Gang zu setzen. Ökologische Gefährdungen und Gewalterfahrungen werfen Schatten. Hier wie anderswo ist Diakonie zum Handeln und zum Wandeln herausgefordert.

Jürgen Stein

Evangelischer Pressedienst

In der immer profaner werdenden Welt genügt es nicht, daß die Kirche »in aller Stille« das ihre tut. Die weithin entchristlichte Öffentlichkeit muß mit Hilfe spezieller Medien auch publizistisch über die sie betreffenden Vorgänge unterrichtet werden. Dies besorgt seit 1910 der Evangelische Pressedienst (epd), die umfassendste Informationsagentur im europäischen Protestantismus, mit allen Mitteln moderner Nachrichtentechnik. Außer den von der Zentrale in Frankfurt/M. veröffentlichten Ausgaben erscheinen regional gegliederte Informationsdienste. Das Bremer Büro des epd Niedersachsen-Bremen ist für die Bereiche Bremen, Bremerhaven und den großen Regierungsbezirk Stadt zuständig. Sein Träger ist der Evangelische Presseverband Niedersachsen-Bremen, der 1969 von sechs nordwestdeutschen Landeskirchen und der Missionsanstalt in Hermannsburg gegründet wurde. Der erste Leiter des 1971 in unserer Hansestadt neugegründeten epd-Büros war Hans Joachim *Biermann*. Der frühere dpa-Journalist einigte sich mit den Kirchenvertretern problemlos auf die Linie einer »ehrlich, offen und fair«, in »freier Partnerschaft« erfolgenden Berichterstattung. Die Informationen aus dem Bereich der Kirche werden sowohl an die Chefredaktion in Hannover als auch unmittelbar an die Medien in der eigenen Region weitergegeben, wobei stets auf die Eigenständigkeit Bremens geachtet wird. Der Transport der Texte findet neuerdings nur noch selten per Brief, gewöhnlich mit Mobiltelefon und Laptop statt. Die Kunden können wählen: entweder werden die Informationen über Satellit direkt in das EDV-gestützte Redaktionssystem geliefert oder werden »zugefaxt«. Der epd Bremen produziert gegenwärtig zwischen 700 und 800 Texte jährlich. Mit 2500 Belegen ist der epd Niedersachsen-Bremen einer der nachdruckstärksten Landesdienste in Deutschland.

Friedehorst

»Friedehorst« ist lebendiges Symbol eines bemerkenswerten Konversionsprozesses. Entstanden ist dieses Unternehmen nämlich auf einem Gelände in Bremen-Nord, dem seit 1938 ungewöhnliche Bauplanungen der ehemaligen Deutschen Wehrmacht gegolten haben. Nach dem Ende des Zweiten Weltkrieges betrieb die US-Army dort zeitweilig ein Zentralhospital. Mit der Räumung des Terrains, 1947, sollten zunächst alle Gebäude gesprengt werden. Dagegen aber wendete sich der amerikanische Militärarzt in Bremen, Dr. *Winebrenner*, und besonders entschieden Dr. Eldon *Burke*, Koordinator von CRALOG. Letzerer gewann rechtzeitig den Vorstand der Inneren Mission Bremen für die Idee einer sozialen Nutzung des Areals, und noch im gleichen Jahr übernahm diese das Gelände, das in einigen Karten noch als »Fliegerhorst« ausgewiesen war. Pastor Bodo *Heyne*, Direktor der Inneren Mission, kehrte die militärische Bezeichnung damals glückhaft in ihr heilsverkündendes Gegenteil um: er gab der werdenden Großgemeinde den Namen »Friedehorst«.

1962 wurden die »Vereinigten Anstalten der Inneren Mission e.V.« eigene Rechtsperson, und zweiundfünfzig Jahre nach dem so verheißungsträchtigen Anfang erheben sich nun auf Lesumer Bo-

Das Kirchlein von
»Friedehorst« in
Bremen-Nord.

den statt Kasernen die Häuser der bremischen Diakonie. Sie enthalten modernste Einrichtungen der Altenarbeit, der Elevation und Pflege, der Behindertenarbeit, der neurologischen Rehabilitation für Kinder und Jugendliche sowie der beruflichen Wiedereingliederung. Rund 1000 Menschen sind in »Friedehorst« für etwa 1250 Klienten und Bewohner tätig. Professionelle Therapie, Seelsorge und Gemeindeleben greifen dabei ständig ineinander. Als erster Vorsteher (1948–1980) hat der staatlicher- und kirchlicherseits mehrfach ausgezeichnete Pastor Heinrich Johannes *Diehl* Entscheidendes zum Aufbau dieses größten Unternehmens christlicher Nächstenliebe in der Hansestadt beigetragen.

Seine kontinuierlichen Berichte spiegeln die dynamische Entwicklung des kirchlichen Lebens in der Großgemeinde »Friedehorst« wieder. Es begann mit improvisierten Gottesdiensten in der von der amerikanischen Militärverwaltung errichteten Kirche, einer einfachen Holzkonstruktion, die noch immer in Gebrauch ist. Sie besteht aus einem Langhaus und dem etwas erhöhten Altarraum. Beim Auszug der Amerikaner blieb die Kirche zwar stehen, das gesamte Mobiliar jedoch, einschließlich der Heizung, wurde entfernt. So feierten die ersten Friedehorster, auf Kisten und rohen Brettern sitzend, 1947 ihren Einstand mit einem unvergessenen Weihnachtsgottesdienst.

Später stellte sich notwendiges Inventar ein: Friedehorster Handwerker fertigten Kanzel und Altar – im Zuge einer umfassenden Renovierung wurden sie mittlerweile ersetzt und vor der Südwand aufgestellt. Den früheren Altarraum nimmt nun eine *Oberlinger*-Orgel ein. Drei Schnitzarbeiten für den Altar von Prof. T. *Schulz-Wallbaum* fanden am Eingang Platz. In den Innenraum neu eingezogen sind neun Bildwerke mit Motiven aus der Biographie der »Friedehorst«-Bewohner von Kerstin *Holst*. Vorrichtungen für Rundfunk und Fernsehen machen die Teilnahme der Behinderten am Anstaltsgottesdienst möglich. An der Außenwand der Kirche ist eine Bronze-Plakette mit dem Kopf von Eldon Burke, dem Initiator von »Friedehorst« angebracht. Nicht zuletzt konnte 1953 ein hölzerner Glockenturm errichtet und mit zwei Glocken – »Friede« und »Freude« – ausgestattet werden.

Typisch für die sonntäglichen Gottesdienste in der Kirche ist die lebendige Mitwirkung der »Friedehorster«. Außerdem finden Wochenschlußandachten, Kindergottesdienste und in verschiedenen Gebäuden Sonderandachten, Bibelstunden und Abendmahlsfeiern statt. Den außerordentlich umfangreichen Aufgaben der Verkündigung und Einzelseelsorge widmet sich ein aus mehreren haupt- und nebenamtlichen Kräften zusammengesetztes Pastoralteam.

Gustav-Adolf-Werk

Wer erinnert sich noch an das Denkmal Gustavs II. Adolf auf der Domsheide, 1942 als Metallspende eingeschmolzen? Ursprünglich war es für Göteborg bestimmt, sank aber mit dem Transportschiff vor Helgoland. Zwölf Bremer Bürger erwarben das kostbare Strandgut und stifteten es ihrer Heimatstadt. »Massen von Zuschauern«, so das »Bremer Tageblatt«, wohnten der festlichen Einweihung am 5. September 1856 bei. Warum dieser Zulauf? Der Schwedenkönig, 1631 Sieger über die katholische Liga in der Schlacht bei Breitenfeld, ein Jahr darauf bei Lützen für die evangelische Sache gefallen, hatte Mitte des 19. Jahrhunderts eine heute kaum nachzuvollziehende Begeisterung für den Protestantismus entfacht. Angesichts des zerrissenen evangelischen Kirchentums wurde »der Löwe von Mitternacht« in allen deutschen Landeskirchen über Nacht zu einer alle theologischen Gruppierungen einigenden »Kultfigur« von nahezu messianischer Bedeutung.

In unserer Stadt hoben 1844 auf Betreiben von Pastor *Treviranus* (St. Martini) Pastoren, Senatoren, Kaufleute und Bauherren – unter ihnen der berühmte Bürgermeister Dr. Johann Smidt – die heutige Gustav-Adolf-Hauptgruppe aus der Taufe. Man wollte sich stark machen für die evangelischen Gemeinden mit Minderheitenstatus im In- und Ausland und für den Zusammenhalt der innerevangelischen Konfessionen. Dabei war nicht Mission das Ziel, sondern die Unterstützung notwendiger baulicher Maßnahmen. Das Ergebnis der Geldsammlungen und Legate war beträchtlich. Auf der von 41 Hauptvereinen und 300 renommierten Delegierten besuchten großen Hauptversammlung in Bremen 1856 wurde mitgeteilt, daß 324 evangelische Gemeinden diesseits und jenseits der Grenzen während des verstrichenen Jahres mit 83.255 Talern unterstützt worden seien.

Auf Anregung dieser Hauptversammlung wurde kurz danach auch die hiesige Gustav-Adolf-Frauen-Arbeit gegründet. War die Hauptgruppe eher ein Bauverein, so kümmerten sich die Frauen um die Ausstattung der neu entstandenen Gebäude und um persönliche Nöte in der Diaspora. Auch mit der Kinderarbeit im Gustav-Adolf-Werk wurde Bremen führend: Paul *Zauleck*, bis 1912 Pastor an der Friedenskirche, war Initiator der »Gustav-Adolf-Kindergabe«.

Nach dem Zweiten Weltkrieg ist Pastor Gustav *Lahusen* energisch für die Weiterführung der Diaspora-Arbeit in Bremen eingetreten, und Schriftführer Pastor D. Günter *Besch* leitete zeitweilig so-

gar das Gustav-Adolf-Werk der Bundesrepublik. Die Bremer Hauptgruppe fördert im weitesten Sinne Gemeindeaufbau und -erhaltung in der Diaspora: es besteht eine langjährig tätige Verbindung mit dem Fliednerwerk und der Jesusgemeinde in Madrid. Ebenso weit zurück reichen verschiedene Hilfsdienste für die Evangelische Kirche Brasiliens. Die Evangelische Gemeinde in Surdagas (Litauen) wurde beim Bau ihrer Kirche unterstützt. Die Frauengruppe ihrerseits konzentriert sich Jahr für Jahr auf ein bestimmtes sozialdiakonisches Projekt in Lateinamerika, West-, Ost-, Südwest- und Südosteuropa. So wird auch in Bremen die Grundordnung der EKD verwirklicht, die den Dienst an der Diaspora ausdrücklich hervorhebt.

Das 1942 eingeschmolzene Gustav-Adolf-Denkmal auf der Domsheide.

Islam-Beauftragter

Die Gröpelinger Fatih-Moschee mit ihrer Kuppel und ihrem charakteristischen schlanken Minarett – ist sie ein Fremdkörper in Bremen? Doch nur für den, der die etwa 20.000 in der Hansestadt lebenden Muslime nicht zur Kenntnis nimmt. In 20 größeren Gemeinschaften und Gebetshäusern, auf den ersten Blick im Straßenbild nicht auszumachen, gehen sie ihren religiösen Pflichten nach. Obwohl bereits in den 70er Jahren die erste Welle der »Gastarbeiter« unsere Stadt erreichte und mittlerweile mehrere Generationen an der Unterweser seßhaft geworden sind, ist uns der Islam mit seinen verschiedenen Richtungen bis zur Stunde recht unbekannt geblieben. Ein historisch gewachsenes Feindbild und bombende Fanatiker erschweren die Auflösung der Vorurteile.

Um so begrüßenswerter ist ein Auftrag für Islam-Fragen, der 1989 an den Gröpelinger Pastor Dr. Heinrich *Kahlert* ergangen ist. Seiner behutsamen Kontaktarbeit, in Verbindung mit der Arbeitsgemeinschaft Christlicher Kirchen, ist es zu verdanken, daß die unsichtbare Mauer zwischen den Bremer Kirchen und den Muslimen ein Stück weit abgetragen werden konnte. Begegnung mit dem anderen Glauben an den selben Gott, nicht Mission steht im Vordergrund. Kennenlernen, Unterschiede deutlich machen und sie in aufrichtiger Achtung aushalten: das sind die Stationsmerkmale des Weges zueinander. Auf diese Weise kam es und kommt es zu lehrreichen Informations- und Dialogtreffen von Kirchengemeinden und Moscheegemeinschaften, wobei jedesmal das Glaubenswissen auch der christlichen Partner auf dem Prüfstand steht.

Nicht nur als Moderator, auch als Berater ist der Islam-Beauftragte gefragt. In vielen Einzelfällen gilt es, Verständnislosigkeit abzubauen, Konflikten vorzubeugen oder Angehörige aufzuklären, wenn z.B. ein religionsverschiedenes Paar die Trauung wünscht. Aufschluß über das Verhältnis der beiden Religionen gibt Dr. Kahlert in Publikationen, Vorträgen und im Rahmen eines Lehrauftrages an der Bremer Universität. Auf seine Anregung hin erschien 1995 die informationsreiche Studie »Wir sind ja keine Gäste mehr«, die vorzüglich über den Islam in Bremen unterrichtet. Ihr folgte eine Studie über islamische Frauen in unserer Stadt. Der ortsansässige Islam befindet sich in einem Umwandlungsprozeß. Ein Beitrag hierzu war 1997 die Erste Bremer Islamwoche mit Unterstützung der Bremischen Evangelischen Kirche. Unsere Nachbarschaft mit den Muslimen ist eng – nur gemeinsam haben wir Zukunft.

Besuch einer christlich-ökumenischen Gruppe in der Fatih-Moschee in Gröpelingen.

Jugendbildungswerk

Von jeher ist Bildung im weitesten Sinne Teil der evangelischen Jugendarbeit gewesen. Mehr oder weniger thematisiert fand sie schon immer in Gemeindegruppen, gesamtkirchlichen Veranstaltungen, auf Freizeiten und Begegnungstagungen statt. Und durch Angebote des Landesjugendpfarramtes wurde und wird sie ergänzt und begleitet. Seit Beginn der siebziger Jahre ließ jedoch eine lebhafte öffentliche Diskussion die Weiterentwicklung speziell des außerschulischen Bildungswesens notwendig erscheinen. Im Bremer Parlament wurde ein entsprechendes Gesetz beschlossen, und auch in der Kirche regte sich der Wunsch, die Jugendbildung durch eine besondere Einrichtung auszubauen.

1975 kam es zu deren Gründung. Initiatoren waren die Pastoren Dieter *Tunkel*, Theodor *Immer* und Ingbert *Lindemann*. Rolf *Karkmann* wurde erster Bildungsreferent. Eine Mitgliederversammlung und ein Kuratorium machen das »Jugendbildungswerk der Bremischen Ev. Kirche« relativ selbständig. In beiden Gremien arbeiten junge Gemeindeglieder mit. Sie tragen dazu bei, daß das reichhaltige Programm einerseits die Jugend in der Kirchengemeinde anspricht, andererseits aber auch bei jungen Menschen in Schulen, Betrieben und ähnlichen Einrichtungen »ankommt«, die der Kirche ferner stehen.

Bereits in den ersten zwanzig Jahren zog das Jugendbildungswerk mehrere tausend Teilnehmer an. Inzwischen hat es sich zu einem der größten Träger außerschulischer Jugendbildungsarbeit in Bremen ausgewachsen. Der rege Zuspruch ist zweifellos auch damit zu erklären, daß eigenes Fragen und Erleben der Angesprochenen deutlich im Vordergrund steht. Sich selber und andere kennenzulernen, Unbekanntes zu erkunden, Freizeit »einmal anders« zu nutzen, sich tätig in das demokratische Gemeinwesen einzumischen: das sind die Leitlinien. Sofort erkennt man: Kirche greift meine Themen auf.

Die Inhalte - hauptsächlich Gegenstand von Seminarveranstaltungen - sind weit gefächert. Sie reichen von sehr persönlichen bis zu gesellschaftlichen Zukunftsfragen, die jeden angehen. Der individuelle »Lebenssinn« ist ebenso im Gespräch wie die neuen Technologien. Auf diese Weise werden Jugendliche dabei unterstützt, die komplizierter werdende Welt unserer Tage zu begreifen und sie mitzugestalten.

In enger Zusammenarbeit mit dem Landesjugendpfarramt werden schließlich die im Bereich der Jugendarbeit tätigen Mitarbeiterinnen und Mitarbeiter durch Beratung und Fortbildungsmaßnahmen gefördert. Außerdem hilft das Jugendbildungswerk den Kirchengemeinden bei der Jugendbildungsarbeit durch verschiedene Zuschüsse.

Gemeinsam in einem Boot – nicht zufällig dient dieses Bild auch als Titel der Informationsbroschüre des Jugendbildungswerks.

Kirchlicher Dienst in der Arbeitswelt (KDA)

Kirche und Arbeitswelt? Vor gar nicht so langer Zeit war das für viele noch ein schier unüberbrückbarer Gegensatz: Feiertag und Werktag, schwarz und rot. Inzwischen hat sich in diesem Verhältnis einiges geändert. Die scheinbaren Opponenten sind sich nicht nur nähergerückt. Sie haben sich streckenweise miteinander verbunden, wie die Bezeichnung eines Spezialpfarramtes der Bremischen Evangelischen Kirche erkennen läßt. Es heißt »Kirchlicher Dienst in der Arbeitswelt« (KDA) und richtet sich sowohl an die Christengemeinde wie vor allem nach außen: an Arbeitnehmer, Initiativen, Verbände und die bremische Öffentlichkeit. Geschaffen wurde das Amt zwar erst 1994 und mit Pastor Reinhard *Jung* besetzt. Offiziellere Aktivitäten ähnlicher Art gibt es aber schon seit 1956. Damals beschloß der Kirchenausschuß, beunruhigt durch die lange ignorierte »Arbeiterfrage«, die Anstellung des Sozialsekretärs Kurt *Mehl*, der im Rahmen der Evangelischen Männerarbeit mit Betrieben und Gewerkschaften zusammenwirkte. Einmalig in der deutschen Kirchenlandschaft war die Einführung eines Gottesdienstes zum Tag der Arbeit am 1. Mai 1957, gemeinsam mit dem DGB. Bei Rechten wie Linken umstritten, kam es gelegentlich zu handgreiflichen Auseinandersetzungen vor der Liebfrauenkirche. Dessen ungeachtet konnte dieser Gottesdienst 1997 zum 40. Male gefeiert werden, »lebendiger und besser besucht als je zuvor«. Außerdem veranstalten der KDA und die IG Metall jährlich einen »etwas anderen Erntedank-Gottesdienst«.

Als Anfang der 80er Jahre der Strukturwandel die Arbeitswelt erfaßte, die Arbeitslosigkeit rasch auf über 15 % anstieg und die AG Weser geschlossen wurde, kamen auf die bremische Kirche neue, brennende Aufgaben zu. Sie gab ihnen 1983 den Namen »Kirchlicher Dienst in der Arbeitswelt«. Mit Jürgen *Seippel* wurde ein Sozialdiakon eingestellt, der ein Jahrzehnt lang den Dienst allein profilierte. Insbesondere koordinierte er das »Arbeitslosenprogramm«, für das die Bremische Evangelische Kirche seit jenem Jahr 500.000 (später 1 Mio.) DM zur Verfügung stellt. Eine Vielzahl von Projekten für arbeitslose Jugendliche und Erwachsene entstanden, teilweise von Gemeinden getragen. So kam es in Tenever zu den Anfängen des »Arbeitslosenzentrums«, in Walle zu einer Beratungseinrichtung. Hieraus entwickelten sich eine Reihe von Jugendprojekten unter dem Stichwort »Ran an die

Zukunft« (RAZ) in verschiedenen Stadtteilen. Kontakte mit Betrieben, Gewerkschaften und Arbeitgebern sind hierbei dringend erforderlich. Interventionen während der sich häufenden Krisen waren zentrale Ansatzpunkte, etwa bei der drohenden Schließung der Klöckner-Hütte bis zur seelsorgerlichen Begleitung der Menschen, die vom Vulkan-Zusammenbruch betroffen wurden. Mehrere Initiativen gründeten gemeinsam den beim KDA angesiedelten Verein »Arbeit und Zukunft«. Ihm sind mittlerweile 25 % aller evangelischen Kirchengemeinden beigetreten – ein Zeichen dafür, wie engagiert große Teile der bremischen Kirche, nicht zuletzt ermutigt durch den KDA, an den Problemen der Arbeitswelt Anteil nehmen.

Die Initiativen des KDA sind vielgestaltig: Oben der »Arbeitslosencontainer« als Informationsmittel, unten ein Blick in die Werkstatt Tenever.

Kriegsdienstverweigerung und Zivildienst

Der Pazifismus ist so alt wie die christliche Gemeinde. Mehr als ein Passus des Neuen Testamentes, insbesondere die Bergpredigt Jesu (Matth. 5,3–12) wendet sich gegen jegliche Gewaltanwendung, und bei den Kirchenvätern des 2. und 3. Jahrhunderts (Tertullian, Origenes und Cyprian) finden sich teilweise scharfe Äußerungen gegen den Heeresdienst. Diese theologische Auffassung ist über den linken Flügel der Reformation, mit Nachdruck durch die Mennoniten und Quäker, an die Gegenwart überliefert worden. Besonders seit 1945 hat sie im deutschen Protestantismus wiederum an Boden gewonnen: Die Erfahrungen der Hitlerzeit und des Zweiten Weltkrieges ließen es nicht mehr als selbstverständlich erscheinen, daß Christen Soldaten werden. Außerdem veranlaßte das Grundrecht auf Kriegsdienstverweigerung und dessen gesetzliche Ausgestaltung die evangelische Kirche, Wehrpflichtige in ihrer gewissensmäßigen Entscheidung für oder gegen den Waffendienst zu beraten sowie gegebenenfalls im Anerkennungsverfahren zu begleiten.

Wer den Wehrdienst verweigern wollte, wandte sich zunächst an seinen Gemeindepastor bzw. an seine Pastorin. Einen hauptamtlichen Beauftragten für den Fragenkomplex von Kriegsdienstverweigerung und Zivildienst hat es in der kleinen bremischen Kirche nie gegeben. Seine spezifischen Funktionen wurden hier gewöhnlich von dem jeweiligen Landesjugendpfarrer wahrgenommen, und beim Landesjugendpfarramt verblieb bis zur Stunde auch die Beratung der Zivildienstleistenden. Nach einem Urteil des Bundesverfassungsgerichtes von 1978 komplizierten sich die Rechtsfragen im Verweigerungsverfahren jedoch derart, daß der Gemeindepastor Joachim *Stoevesandt* von 1978–1991 den landeskirchlichen Auftrag für den Bereich Kriegsdienstverweigerung übernahm. Vier Jahre hindurch war er auch ehrenamtlicher Geschäftsführer der bundesweiten »Ev. Arbeitsgemeinschaft zur Betreuung der Kriegsdienstverweigerer«, deren Sitz in Bremen ist. 1994 ging die Beauftragung wieder an das Landesjugendpfarramt zurück.

Das Anerkennungsverfahren ist zwar inzwischen einfacher geworden. Dennoch muß die Entscheidung, ob jemand zur Bundeswehr gehen soll oder nicht, in jedem Fall sorgfältig durchdacht und individuell getroffen werden. Es bleibt weiterhin Aufgabe der Bremischen Ev. Kirche, jungen Menschen dabei zur Seite zu stehen.

Militärseelsorge

Eine planmäßige geistliche Versorgung von Soldaten, die in der Hansestadt stationiert sind, setzte erst in der zweiten Hälfte des 19. Jahrhunderts ein. Für das bremische Stadtmilitär (1628–1819) sowie nachfolgend das bremische Feldbataillon (1813–1867) gab es sie noch nicht. Dann wurde Bremen Garnisonsstadt, und ein Pastor an der Liebfrauenkirche versah die Betreuung der Soldaten nebenamtlich. Erst 1935 wurde die Stelle eines hauptamtlichen Standortpfarrers geschaffen, mit dem Zusammenbruch des Deutschen Reiches aber wieder aufgehoben. In die Diskussion kam die Militärseelsorge erneut 1955, mit der Wiederbewaffnung der Bundesrepublik.

Derzeit wird die kirchliche Versorgung der Soldaten nach dem Militärseelsorgevertrag ausgeübt. Bremen war eine der ersten Landeskirchen, die diesen Vertrag unterzeichneten. Dennoch ist das Verhältnis zwischen Kirche und Bundeswehr in unserem Land von Anfang an zwiespältig gewesen. Typisch dafür ist, daß aus der Weserkirche neben Militärpfarrern nicht nur der Militärbischof H.G. *Binder*, sondern auch der Bundesvorsitzende der Beratungsstellen für Wehrdienstverweigerer, U. *Finckh*, hervorgegangen sind.

1956 übernahm zunächst der Gemeindepastor F. *Hemmelgarn*, kommissarisch, ab 1958 F.W. *Lenz* hauptamtlich die Soldatenbetreuung in den verschiedenen Unterkünften der Hansestadt. Ihr erstes Domizil fand die Militärgemeinde in der Ka-

Feldgottesdienst in der Rolandkaserne Grohn. Rechts Militärpfarrer Immo Wache.

Kulturaustausch und Zusammenarbeit: Die Norddeutsche Missionsgesellschaft brachte den Dogbedea-Chor nach Seehausen.

pelle auf dem Boden der Roland-Kaserne Bremen-Grohn, übrigens eine der in Deutschland ganz seltenen Kirchen auf Bundeswehrgelände. Zu den Aufgaben des Militärpfarrers, bei denen ihn ein Pfarrhelfer unterstützt, gehören Gottesdienste in dieser Kapelle und während der Übungen, lebenskundlicher Unterricht, Rüstzeiten, Seelsorgeangebote für Soldaten und deren Familien. Im Gegensatz zu den Kollegen in anderen Armeen trägt er keine Uniform, sondern Zivil. Er hat keinen Dienstgrad und bleibt disziplinarrechtlich dem Militärbischof der EKD unterstellt. Trotzdem gerät der Standortpfarrer manchmal »zwischen alle Stühle«. 1980 beispielsweise kam es vor dem Weserstadion zu schweren Gewalttätigkeiten anläßlich eines öffentlichen Gelöbnisses: Gemeindepastoren im Talar protestierten dagegen, Offiziere traten aus der Kirche aus. Bis heute ist es nicht leicht, mit den »Wunden von damals« umzugehen.

Mit den politischen Wandlungen seit der »Wende«, 1989, ändern sich viele Aufgaben des Militärs und damit auch der Militärseelsorge. So wird die größte Schule der Bundeswehr aus der Rolandkaserne nach Garlstedt verlegt. Zwar bleiben eine Reihe von Einheiten weiterhin in der Stadt. Doch die Dienststelle des Bremer Standortpfarrers wird auf niedersächsischem Gebiet liegen. Der Soldatengemeinde steht in Garlstedt ein von den Amerikanern hinterlassenes schönes Gemeindezentrum zur Verfügung. Dort entwickelt sich eine enge, ökumenische Zusammenarbeit mit der katholischen Militärseelsorge.

Norddeutsche Missionsgesellschaft

Noch heute spricht man in Westafrika gern und liebevoll von der »Bremer Mission« wie von einem Familienunternehmen. Nicht ohne Grund: in der Adventszeit 1819 bildet sich im Wohnzimmer des Dompredigers *Nicolai* der erste norddeutsche Missionsverein. Unter den Missionaren der Anfangszeit sind Jens *Flato* aus Horn und Lüer *Bultmann* aus der Vahr. Der erste afrikanische Pastor ist auf den Namen des berühmten Stephani-Predigers *Mallet* getauft. Bremische Pfarrer, Kaufleute und Gemeindezirkel stärken dem kleinen Missionsunternehmen beständig den Rücken. Kurz: es spielt nicht nur für die Ewe-Volksgruppe am Volta- und Mono-Fluß, sondern auch »in der Geistesgeschichte unserer Vaterstadt eine unendlich bedeutungsvolle Rolle«. (R.A. Schröder).

Zu dem Verein von 1819 stoßen 1836 fünf andere. Sie gründen in Hamburg die »Norddeutsche Missions-Gesellschaft« Für die fernere Zukunft bahnbrechend ist die in der Satzung niedergelegte Absicht, hiesige Konfessionsunterschiede nicht nach Übersee zu verpflanzen. Die dort entstehende Kirche solle sich »unter der Leitung des Herrn eigentümlich gestalten«. Das geistliche Konzept, wohl von J.H. Wicherns »Innerer Mission« übernommen, ist freilich noch geraume Zeit bestimmt durch den leidenschaftlichen Pietismus eines

»Kampfes wider die Gottlosigkeit«. Dürftig dagegen sind zunächst die Informationen über die »Heidenwelt« draußen. So erweisen sich die frühesten Aktivitäten in Neuseeland und Indien ziemlich rasch als Mißgriffe. Erst 1847, mit der Landung von vier Ausgesendeten an der westafrikanischen Sklavenküste, faßt die Norddeutsche Mission auf Dauer Fuß. Allerdings unter erheblichen Opfern: Nach sieben Jahren sind die ersten sieben Ewe-Leute getauft, aber es gibt auch sieben Missionarsgräber. Trotzdem ist das Sendungsbewußtsein ungebrochen. Ein »Schlüssel« zur Ewe-Sprache und eine Fibel erscheinen: man will die Ein-

Besuch aus Ghana bei der Norddeutschen Missionsgesellschaft.

heimischen besser verstehen und die Botschaft Jesu Christi verständlicher machen können. Die Gründung der Kolonie Deutsch-Togoland, 1884, und der einsetzende Handel bringen nicht nur Arbeitserleichterungen. Franz-Michael *Zahn*, bedeutender Inspektor der Norddeutschen Missionsgesellschaft (1862–1900), wehrt sich entschieden gegen die Vermischung von Glauben und Kolonialpolitik, vor allem gegen die Geschäftemacherei mit dem Branntwein. Seine Ziele sind die Bekehrung und geistige Befreiung des einzelnen, das Ernstnehmen der Volkssprache und die Selbständigkeit der schwarzen Kirche.

Die Besetzung des Missionsgebietes durch die Westmächte im Ersten Weltkrieg ist für die junge westafrikanische Kirche ungewollt ein erster Schritt in diese Selbständigkeit. Sie hat 1914 etwa 11.000 Mitglieder, 14 Pastoren und 237 Religionslehrer. Bibel, Gesangbuch und Katechismus liegen in der

Ewe-Sprache vor. Als Togo in eine britische und französische Mandatszone geteilt wird, konstituiert sich grenzübergreifend die »Evangelische Ewe-Kirche«. Erst zwischen 1923 und 1939 kann die Norddeutsche Missionsgesellschaft wieder Mitarbeiter entsenden. Aber der bisherige »Einbahn-Verkehr« von Deutschland nach Westafrika weicht nach und nach einer geschwisterlichen Partnerschaft. Die 150 glaubensstarken Vorträge des afrikanischen Synodalsekretärs Robert *Kwami* in Norddeutschland am Vorabend der Machtergreifung Hitlers, von einer rassistischen Hetzkampagne der Nationalsozialisten begleitet, sind ein Präludium des Kirchenkampfes.

Bei Ausbruch des Zweiten Weltkrieges hat die Kirche in British-Togo ca. 40.000, in Französisch-Togo 18.000 Mitglieder. Die Norddeutsche Missionsgesellschaft, nun für 20 Jahre wiederum aus »ihrem« Arbeitsfeld ausgesperrt, sucht unter der Direktive des begnadeten Pastors Erich *Ramsauer* (1902–84) neue Einstiege. Vorstöße in Japan erweisen sich als Zwischenspiel. Dann öffnet sich aufs neue der vertraute Wirkungskreis in Afrika. 1957 werden Britisch-Togo mit der Goldküste, 1960 Französisch-Togo unabhängige Staaten: Ghana und Togo. Und beide Kirchen, die »Evangelican Presbyterian Church, Ghana« sowie die »Eglise Evangélique du Togo«, bitten die Missionszentrale in Bremen um geschwisterliche Hilfe. Inzwischen jedoch hat sich die Konzeption der Arbeit gründlich verändert: Die Europäer unterstellen sich nun den Initiativen der Kirchenleitungen. Diese treiben Mission im Landesinneren und entwickeln eine bodenständige afrikanische Theologie: Glaubenserfahrungen, die nun auch der europäischen Christenheit zugute kommen werden.

»Das ganze Evangelium für den ganzen Menschen« ist die Devise. Unter der Assistenz von Pastor Erich *Viering* bereisen in Togo mobile Evangelisationsteams in 14tägigen Einsätzen weniger erschlossene Gebiete Togos mit Wort, Spiel, diakonischer und medizinischer Betreuung. Es entstehen neue Gemeinden, Schulen, Landwirtschaftsprojekte, Polikliniken und ein modernes Krankenhaus am Fuße des Berges Agou. Schwerpunkt der Arbeit in Ghana ist die Volta-Region. Bedeutung gewinnt das Ev. Sozialzentrum: Hunderte von Dörfern haben dem riesigen Volta-Stausee weichen müssen; die entwurzelten Bauern werden auf ihre ungewohnte Existenz in den »Resettlement Towns« und zu Fischern umgeschult. Gleichrangig ist die missionarische Arbeit im Norden des Landes.

1980 wird die Norddeutsche Mission, seit 1836 ein unabhängiger Zusammenschluß, in die Kirche integriert. Die Bremische Evangelische Kirche, die

Lippische Landeskirche, die Evangelisch-reformierte Kirche und die Evangelisch-Lutherische Kirche in Oldenburg sind fortan gemeinsam ihre Träger. Die Zusammenarbeit von Kirche zu Kirche wird intensiver. Partnerschaften zwischen Gemeinden und im Bereich der Frauen- und Jugendarbeit entstehen. Für Bremen spielt der enge Kontakt des Posaunenwerks mit der Bläserarbeit in Togo eine besondere Rolle. Der Bremer Pastor Hannes *Menke* schlägt durch seine Arbeit in der frankophonen Gemeinde von Lomé und danach als Leiter der Bibelschule in Atakpamé eine persönliche Brücke zu den Schwesterkirchen.

Auch die Kirchenleitungen begegnen sich regelmäßig. Angestrebt wird die Norddeutsche Mission als gemeinsames Werk der beiden Kirchen aus Westafrika und der vier nordwestdeutschen Landeskirchen.

Ökumenische Initiative

Es ist immer aufs neue bemerkenswert und ermutigend, welche Bewegungen einzelne »Vorreiter«-Persönlichkeiten zur rechten Zeit unter dem Gros ihrer Mitmenschen in Gang bringen können. Wir denken in diesem Zusammenhang besonders an Carl-Friedrich *von Weizsäcker*, der mit der trinitarischen Devise »Gerechtigkeit, Friede, Bewahrung der Schöpfung« das Signal für ein globales Umdenken gab, erinnern uns aber auch daran, daß Dr. Rita *Korhammer*, Delegierte auf der Vollversammlung des Ökumenischen Rates der Kirchen im kanadischen Vancouver (1983), eben diese Losung mit aktivierenden Berichten in die bremische Kirche herübertrug. Schon ein Jahr später sammelte sich eine engagierte Gruppe aus vielen Gemeinden und gesamtkirchlichen Bereichen unter diesen Leitworten. Sie konstituierte sich als »Ökumenische Initiative Bremen« und erhielt 1987 einen hauptamtlichen Geschäftsführer: Uwe *Ihssen*. Seitdem setzt sie sich in Zusammenarbeit mit den kirchlichen Bildungswerken auf unterschiedlichen Ebenen (Ökumenische Versammlungen, Aktionen, Seminare, Projekte, Studienfahrten, internationale Begegnungen), konfessionelle Trennungen überwindend, für den umfassenden biblischen Shalom ein.

Bald rückten die Probleme internationaler Weltwirtschaftsordnung und die Vision eines solidarischen Welthandels, ökologische Entwicklungsprojekte und, nicht zuletzt, Anstöße zu gewaltfreien Konfliktlösungen in den Vordergrund. Wie man auf diesem gigantischen Aufgabenfeld wenigstens eine kleine »Lobby für das Lebendige« sein kann, zeigen zwei Beispiele: In der Zeit des Golfkrieges fanden sich angeblich auf den Tod verfeindete Christen, Muslime und Juden zu gemeinsamem Fasten und Beten für den Frieden zusammen. Weiter machte eine spontane, wirksame Unterstützung durch die Ökumenische Initiative die Aufnahme bosnischer Flüchtlinge aus Orahova möglich. Ebenso anschaulich ist die »Eine-Welt-Aktion Bremen«: sie bezieht, als regionale Verteilerstelle, für etwa 30 gemeindliche Eine-Welt-Läden Produkte aus der sogenannten Dritten Welt. Auch befindet sich seit 1993 im »Haus kirchlicher Dienste«, Hollerallee 75, eine Verkaufsstelle für fair erhandelten Kaffee, Tee und andere Waren – in der Handelsstadt Bremen ein sichtbares Mahnzeichen.

Planvoll und regelmäßig ist die Ökumenische Initiative mit ihren Gemeinden und Basisgruppen an die bremische Öffentlichkeit getreten: 1986 mit einem »Markttag« für Gerechtigkeit, Frieden und Ökologie, 1990 mit einem großen ökumenischen Stadtkirchentag. Dem folgten 1992 der ökumenische Lateinamerika-Kreuzweg und 1996 der »Hafen« für Gerechtigkeit, Frieden und Bewahrung der Schöpfung. Eine herausragende Veranstaltung war die »kleine ökumenische Weltversammlung Bremen« im Jahr 1998. Anläßlich des 50jährigen Bestehens des Ökumenischen Rates der Kirchen trafen sich unter der Schirmherrschaft des Bremer Bürgermeisters Dr. Henning Scherf 35 Gemeinden und kirchennahe Gruppen mit ihren Partnern vom Nordpolarkreis bis zur Südspitze Afrikas, um gemeinsam über »Gesichter der Hoffnung« nachzudenken und Gottesdienst zu feiern.

Das Jahr 2000 wird zum »Erlaßjahr« erklärt: Die Ökumenische Initiative montiert das Schild mit dem Logo am »forum Kirche«.

Ökumenisches Wohnheim

Die Abneigung gegen Ausländer nichtweißer Hautfarbe stammt nicht erst von heute. Pastor *Bergner* (Norddeutsche Mission) fand sie schon Anfang der 60er Jahre »alarmierend«. Um wenigstens den ausländischen Studenten und Praktikanten in der Hansestadt eine Bleibe bieten zu können, gab er gemeinsam mit dem Studentenpfarrer *Küpper* den Anstoß zur Gründung des Vereins »Bremer ökumenisches Wohnheim e.V.« Der erste Vorsitzender wurde Senator a.D. *Zander*. Die Bremische Evangelische Kirche stellte ein Grundstück an der Vahrer Straße zur Verfügung, und 1962 fand, mit einem Vortrag des anglikanischen Bischofs Prof. D. Neill, die Einweihung des von Dipl.-Ing. Carsten *Schröck* entworfenen Hauses statt. Die Mischung von Weißen und Andersfarbigen in den drei Trakten mit 72 Wohnplätzen und ausgeklügelten Nebenräumen hatte damals Modellcharakter. Das Wohnheim sollte kein Hotel, sondern eine Stätte der Begegnung, der Völkerverständigung, der »praktizierten Entwicklungshilfe« sein. Und seine ökumenische Prägung bedeutet, daß »nicht nach dem Gesangbuch« gefragt, sondern den Menschen gemäß der Botschaft Jesu »in der Verantwortung vor Gott und dem Nächsten« ohne Ansehen der Person, Rasse oder Religion ein Zuhause geboten wird. Dieser Vorsatz ist in der kleinen Vahrer »Schule der Toleranz« Jahrzehnte hindurch nahezu ohne Reibung in die Wirklichkeit umgesetzt worden. Daran haben die ausländischen Gäste aus (1997) 69 Ländern, von A wie Afghanistan bis Z wie Zaire, selbst den größten Anteil: Wer daheim vielleicht in blutiger Fehde lebte, lernte hier beim »Brutzeln in der gemeinsamen Küche, beim Tischtennis oder im Schwimmbad einander besser verstehen«. Auf dem Grundstück haust im übrigen keine pure Männergesellschaft: Im gleich nebenan gelegenen Atriumhaus der Norddeutschen Mission sind immer Studentinnen aus der dritten Welt als Gäste untergebracht. Ohne die jährlichen Zuschüsse der Bremischen Evangelischen Kirche, Gemeindekollekten und Spenden aus der Wirtschaft hätte der Trägerverein das stets zu 100 % ausgelastete Wohnheim freilich nicht durch gelegentliche Tiefs hindurchsteuern können. Doch die Investitionen lohnen sich. Was hatte der Bischof Neill bei der Einweihungsfeier zum Ausdruck gebracht? Daß die Bewohner dieses Hauses wohlwollende »Interpreten Deutschlands in ihrer Heimat sein würden«.

Polizeiseelsorge / Notfallseelsorge

Die Anfänge der Evangelischen Polizeiseelsorge in Bremen gehen in das Jahr 1932 zurück. Ebenso wie die Tätigkeit des Standortgeistlichen ist sie ein außerordentlich sensibler Bereich kirchlicher Arbeit. Bewegt sich der mit ihr Beauftragte doch in mehreren Spannungsfeldern zugleich: Polizei-Justiz, Polizei-Öffentlichkeit, Polizei-Kirche. Und diese Spannungsfelder sind, entsprechend der jeweiligen innenpolitischen Lage, unterschiedlich stark aufgeladen. Daß die kleine bremische Stadtkirche lange nur einen Pfarrer nebenamtlich mit der gleichwohl immer als wichtig eingestuften Aufgabe betreuen konnte, forderte den Polizeipastor vor allem in kritischen Situationen erheblich. Andererseits unterstreicht die pastorale Bindung an eine Ortsgemeinde in erwünschter Weise seine geistliche Mittlerposition.

»Mit beneidenswertem Mut und bemerkenswerter Ausdauer«, so ein bremischer Kriminaldirektor, hat Pastor Fritz *Krüger* (1955-1974) die Sympathien der Beamten gewinnen können. In Zusammenarbeit mit dem zuständigen Beauftragten der EKD gibt er dem Arbeitsgebiet erste Konturen. Vom Innensenator erhält er als Zeichen der Anerkennung eine Gedenkmünze. Außer den verschiedenen Gruppierungen der Polizei gehören

Der Eingang zum Ökumenischen Wohnheim.

252

MER BOCK

Treffen der Polizei-
pastoren in Bremen,
Februar 1997.

auch der Zollgrenzdienst und der »Labor Service«
(eine aus deutschen Angestellten bestehende Einheit der US-Streitkräfte) zu seiner »Spezialgemein-
de«. Besondere, mit der Tätigkeit des Polizeibeam-
ten verbundene seelsorgerliche Fragen stehen im
Mittelpunkt der Arbeit. Auf den Dienstplänen finden sich regelmäßige Rüstzeiten im CVJM-Heim
Dassel (Solling), berufsethischer Unterricht, Film-
vorführungen mit Aussprache, Mitwirkung an
Weihnachtsfeiern und Vorbereitung auf die Verei-
digung, Kontakte mit den leitenden Dienststellen
und der Landespolizeischule, Sprechstunden, Ver-
teilung von kirchlichem Schrifttum.

Die Unruhen von 1968 bringen einen deutli-
chen Einschnitt in das gut eingespielte Programm.
Sondereinsätze, personelle Engpässe und Anfragen
aus den Kirchengemeinden lassen das Verhältnis
Kirche-Polizei neu überdenken. Im »Haus der Kirche« findet 1973 eine vielbeachtete Tagung über
Gewalt und Notwehrrecht statt. Der Öffentlich-
keits- und Polizeipfarrer *Sattler* begleitet Beamte
erstmalig beim Nachtdienst. Überhaupt erfährt die
menschliche Problematik des Dienstes unter den
zunehmend spannungsgeladenen Einsätzen mehr
als bisher Beachtung. Nicht wenige der bremischen
Polizisten leiden an ihrer gesellschaftlichen »Prü-
gelknaben- und Ausputzerrolle« (Walther). Ihr ge-
fahrvoller Dienst wird gemeinhin nicht angemessen anerkannt. Die unumgängliche Schnellent-
scheidung in kritischen Lagen (Problem des »To-

desschusses« etc.) macht sie möglicherweise ungewollt schuldig. Dem Familienleben schadet der
Schichtdienst. Mancher fühlt sich zum Überbrin-
gen von Todesnachrichten ungeeignet. Die Katastrophe des Hochgeschwindigkeitszuges »Wilhelm
Conrad Röntgen« bei Eschede 1998 läßt im Blick
auf die Reisenden, deren Angehörige und die Ret-
tungsmannschaften die Entwicklung einer mobilen Notfall-Seelsorge dringlich erscheinen. Seit
Mitte 1999 läuft dieser überkonfessionelle Dienst
als Netzwerk verschiedener Organisationen rund
um die Uhr.

Kurz: auf den Polizeiseelsorger rollt eine Un-
menge individueller und sozialer Notlagen zu.
Obendrein gerät er öfter zwischen alle Stühle. Bei
Zusammenstößen mit Anhängern der kirchlichen
Friedensbewegung oder Kernkraftgegnern etwa
steht seine Glaubwürdigkeit hier wie dort auf dem
Spiel. Er muß ideologische Verbitterung von beiden Seiten ertragen und aufzulösen helfen. Daß
Polizeipastor Peter *Walther* neben dem Pensum des
Seelsorgers immer häufiger diesen Mittlerdienst »an
vorderster Front« ausübt, hat die Bremische Ev.
Kirche dankbar anerkannt. Die Bedeutung der
Polizei und ihrer menschlichen, ins Religiöse hin-
überspielenden Berufsprobleme wird angesichts
wachsender Brutalität und der Globalisierung auch
des Verbrechens im 3. Jahrtausend n.Chr. nicht
geringer werden.

Rundfunkreferat

Bereits in der Pionierzeit des Rundfunks hat sich die Evangelische Kirche trotz gewisser Anfangsbedenken dem neuen Medium geöffnet. In Bremen richtete die Innere Mission 1924 eine Rundfunkabteilung ein, erster Beauftragter wurde Pastor Bodo *Heyne*. Er gestaltete ab 1927 gemeinsam mit acht nordwestdeutschen Landeskirchen evangelische Sonntagsfeiern im NORAG-Programm. In der veränderten Senderlandschaft der Nachkriegszeit hatte die Bremische Ev. Kirche das von den US-Behörden geschaffene Radio Bremen als Gegenüber. Man begann 1946 mit der Übertragung von Sonntagsgottesdiensten. Wenig später kamen kirchenmusikalische Sendungen, Andachten und eine Reihe – »Christliches Abendland« – hinzu. Für alle diese Beiträge war Radio Bremens erster Kirchenfunkredakteur Hans-Christian *Rudolphi* (1946–1982) verantwortlich. Als das Rundfunkreferat 1955 im neugegründeten Amt für den Öffentlichkeitsdienst aufging, blieb es – ungeachtet aktiver Mitwirkung seines Leiters am Kirchenfunkprogramm – bei dieser Struktur. Erst 1984, unter Rudolphis Nachfolger Ezzelino *von Wedel* ging die Betreuung der eigentlichen Verkündigungssendungen gänzlich in die Hände der Kirche über. Nun waren neben einer Überfülle sonstiger Aufgaben rund 40 Gottesdienstübertragungen sowie knapp 200 Morgenandachten im Jahr vorzubereiten und zu begleiten. Da der Leiter des Öffentlichkeitsdienstes damit offenkundig überfordert war, bewilligte der Kirchentag 1989 eine eigenständige Stelle für Rundfunkarbeit. Sie wurde noch im gleichen Jahr mit Pastor

Olaf *Droste* erstmals besetzt. Der landeskirchliche Rundfunkbeauftragte leitet – eine Besonderheit im Raum Bremen – auch die geistlichen Sendungen der Freikirchen, die etwa 20 Prozent der »evangelischen Termine« ausmachen. Eine weitere Besonderheit: die Anzahl der Verkündigungssendungen ist im Verhältnis drei zu eins auf evangelische und katholische Kirche verteilt. Zur Arbeit beim Radio Bremen-Hörfunk treten jährlich noch hinzu: zwei Reihen Morgenandachten für den Deutschlandfunk, zwei Morgenfeiern für das Deutschlandradio sowie, im Fernsehen, in der Regel zwei Gottesdienste und die Mitwirkung am »Wort zum Sonntag«. Jeweils zum Ende des Jahres gibt das Rundfunkreferat eine Broschüre mit zwölf ausgewählten Morgenandachtstexten (»kurz und gut«) heraus. Außerdem wird den Sprecherinnen und Sprechern ein regelmäßiges Fortbildungsprogramm zur weiteren Qualifikation in rhetorischer und homiletischer Hinsicht angeboten.

Seemannsmission

Spätestens seit dem Wirken des großen Predigers und geistlichen Pioniers Friedrich *Mallet* hat sich der beispiellose missionarische Elan der Stephani-Gemeinde immer neue Felder der Betätigung gesucht. Auch weitsichtige Nichttheologen ergriffen die Initiative. Als Beispiel haben wir bei der Betrachtung der Stephani-Chronik den Namen der Kaufmanns- und Pastorenfamilie *Vietor* genannt.

Mit diesem Namen ist auch die Geschichte der Bremer Seemannsmission aufs engste verbunden. Genau genommen beginnt sie in unserer weltoffenen Hafenstadt erstaunlich spät. Dafür aber hat in Bremen, sozusagen als Vorreiter, an der gleichen Stelle wie heute das erste Seemannsheim überhaupt gestanden. 1854 ist es auf Veranlassung des Stephani-Diakons, Reeders und Kaufmanns Friedrich Martin *Vietor* erbaut worden. Es sollte Matrosen und Schiffsjungen eine »angenehme und ruhige Zuflucht« bieten. Und die Hausordnung legt der bunt zusammengewürfelten Gemeinde aus aller Herren Länder ans Herz: »Ein Tag, mit Gott angefangen und beschlossen«, sei »nicht ohne Segen«. Bis 1889 haben jährlich 600–800 Seeleute Unterkunft, Zuspruch und Anregung in diesem Haus gefunden. Nach der Unterweserkorrektur wurde die Herberge an den Korffsdeich, zeitweise in die Kölner Straße, und, nach der Zerstörung während des Bombenkrieges, in das »Volkshaus« verlegt, bis 1958 Am Jippen 1 ein modernes See-

Verkündigung über den Rundfunk: Im Aufnahmestudio. Links P. Olaf Droste.

mannsheim und zwei Jahre später, daneben, ein Seemannsfrauenheim eröffnet werden konnte.

Die Beherbergungsfunktion war besonders in der Anfangszeit von erstrangiger Bedeutung. Aber stets folgte die Seemannsmission einer christlichen Zielsetzung. Schon auf den bewaffneten Convoy-Schiffen der Hanse fuhren Theologiekandidaten als sogenannte »Trostsprecher« mit. Und als man später in Deutschland endlich englischen Vorbildern folgte, wurden bald auch an unseren Küsten Seemannspastoren mit dem besonderen Auftrag betraut. In Bremen freilich gingen, nach ersten Impulsen von Pastor D. Karl *Büttner* und eines von ihm geleiteten »Komitees«, ab 1906 zunächst »Seemannsdiakone« bzw. »-missionare« an die Arbeit. Mit eigenem kleinen Boot machten sie Schiffsbesuche, verteilten Schriften - u.a. den von Büttner initiierten »Rechten Kurs« - und übten eine Beratungs- und Fürsorgetätigkeit aus. Deutlicheres Profil gewannen die kirchlichen Aktivitäten in den Häfen 1927 mit dem ersten bremischen Seemannspastor Ernst *Röbbelen*. In der damaligen Wirtschaftskrise tat er alles, um die teilweise arbeitslosen Seeleute unter Mitwirkung einiger Kirchengemeinden »aufzufangen«: An die 700 Gäste zählte man gewöhnlich bei den Weihnachtsfeiern. Doch erst 1929 wurde die »Deutsche Seemannsmission Bremen« als ein Zweig der Inneren Mission rechtsfähig.

Alle folgenden Seemannspastoren hatten sich mit der zunehmend kritischen Einstellung der Offiziere, Matrosen und Schiffer zur Kirche auseinanderzusetzen. Mag überdies der Bedarf an Schlafplätzen zurückgegangen sein - 1997 wurde das Seemannsfrauenheim verkauft, das Seemannsheim 1997/98 im Zuge einer Gesamtüberholung von 98 auf 53 Betten reduziert - das Vertrauen zu der »Besatzung von Jippen 1« (Pastoren und Diakone) ist nach wie vor ungebrochen. Das beweisen zahllose persönliche Sorgen, die im Laufe des Jahres vorgetragen werden - bei den rund 1250 Schiffsbesuchen an Bord oder an Land. Außer den Zimmern und dem Clubraum steht im Seemannsheim auch eine Kapelle für Meditation und Gebet zur Verfügung.

Studentinnengemeinde

Evangelische Studierende hat es in Bremen bereits vor der Gründung der Universität (1972) und der Hochschule (1982) an deren Vorläufer-Instituten gegeben. Sie trafen sich, wahrscheinlich schon ab 1947, im Konfirmandensaal von Unser Lieben Frau-

en oder im Landesjugendpfarramt. Einen ersten Studentenpfarrer, wenngleich im Nebenamt, verzeichnet die Chronik jedoch erst 1954: den Wasserhorster Pastor Dr. Jürgen *Moltmann*, später systematischer Theologe von Weltruf. Das volle Studentenpfarramt wurde 1958 für den bereits tätigen Paul Gerhard *Küpper* eingerichtet. Die Gemeinde (ESG), die kirchenrechtlich keine Gemeinde war und ist, blieb allerdings bis zum Bezug eines eigenen Domizils in der Thomas-Mann-Straße (1971) zwischen diversen Kirchenräumen und Freizeitplätzen noch lange »heimatlos«. Als dieser Versammlungsort mit der Gründung der Universität aus den Nähten zu platzen drohte, wurde der ESG 1984 eine formgerechte Unterkunft in der Wachmannstraße zugewiesen. Sie enthält Büro- und Gruppenräume, eine Kneipe im Souterrain und einige Wohnmöglichkeiten. Das Altbremer Haus trägt den Namen Ernst Langes: der Berliner Pfarrer und Professor entwickelte in seinem berühmt gewordenen Bäckerladen das ungewöhnliche Gemeindemodell einer »offenen Kirche«. Ihm weiß sich die Bremer StudentInnengemeinde verbunden. Kirche als ein Angebot an alle, auch an die nicht christlichen Kommilitonen - mit diesem Konzept placiert sie sich freilich bewußt zwischen alle konservativen und avantgardistischen Stühle: dem einen ist die biblische Bindung schlicht irrational, anderen paßt das kritische Engagement nicht. Aber unter diesem Spannungsbogen stehen Alltag und Feier der ESG naturgemäß. Seit den Anfängen müht man sich in unterschiedlichsten Formen um eine zeitnahe Umsetzung des Evangeliums in die Welt der Studierenden und die »verbesserliche Gesellschaft« (Lange). Zur »Überwindung von Angst, Isolierung und Sprachlosigkeit« in den universitären

Ein engagiertes Team: die »Besatzung« der Seemannsmission.

»Denkfabriken« verhelfen Studien- und Lebensberatung, die besonders auch ausländischen Kommilitoninnen und Kommilitonen zugute kommen. Einen großen Raum nimmt problemorientierte Gruppenarbeit auf wechselnden Themenfeldern, zwischen biblischen Texten und Hochschulpolitik, ein. Nicht zuletzt ist die evangelische Gemeinde der Studierenden ein Ort unbeschwerter Geselligkeit. Nach der langen Reihe Bremer Studentenpfarrer und ihrer nichttheologischen Kollegen in der zweiten Leitungsstelle (1977-97) hat 1998 zum ersten Mal eine Pastorin, Birgit *Locnikar*, dieses Amt angetreten.

Umweltbeauftragter

Auch der Engstirnige dürfte mittlerweile eingesehen haben: das Eintreten für die gefährdete Umwelt ist keineswegs ein »grünes Hobby« für ideologiebesessene Außenseiter, ist nicht nur eine Überlebensfrage. Es gehört überdies zu den zentralen Aufgaben der Kirche - folgt es doch unmittelbar aus dem Bekenntnis zu der uns umgebenden Schöpfung, die als Geschenk Gottes und Lebensraum seiner Kreaturen zu bewahren ist. Diesem hochaktuellen Auftrag sucht die bremische Kirche, wie übrigens auch die anderen Gliedkirchen der EKD, durch die vielseitige Tätigkeit eines Umweltbeauftragten gerecht zu werden. Seit 1989 ist dies Herbert *Brückner*, von 1975-1986 Mitglied des Senates der Freien Hansestadt Bremen. Als erster in dieser neu geschaffenen Dienststelle regt er die

Erfolgsbilanz des Umweltbeauftragten...

kirchliche Umweltarbeit ehrenamtlich an und verknüpft Projekte und Maßnahmen.

Noch immer ist die ökologische Krise nicht überall in ihrem vollen Umfang durchschaut, werden Möglichkeiten zu ihrer Überwindung nicht ernstlich genug erprobt. Darum besteht ein nicht überflüssiges Pensum des Umweltbeauftragten in Information und Beratung. Neben Vorträgen, Seminaren, Materialversand etc. gehört ein »Arbeitskreis Ökologie« dazu, an dem Vertreter mindestens eines Drittels der bremischen Kirchengemeinde teilnehmen. Eine Broschürenreihe findet engagierte Leser: Das Heft über umweltfreundliche Gestaltung von Kirchplätzen und Friedhöfen wurde sogar von außerhalb Bremens mehr als achtzigmal angefordert.

Das nächste Ziel solcher Informationen sollte, keinesfalls utopisch, »die ökologisch wirtschaftende Gemeinde« sein. Dies ist inzwischen, nach Beschlußfassung in den jeweiligen Vorständen, von einigen »Vorreitern« modellhaft erprobt worden, indem man nach und nach möglichst alle Bereiche auf die entsprechende Praxis umstellte. In den zurückliegenden Jahren hat sich ein großer Prozentsatz weiterer Ortsgemeinden und Einrichtungen mit der Durchführung von Einzelprojekten angeschlossen. Unter diesen sind mit am wichtigsten: umweltverträgliche Heizungsanlagen, Regenwassernutzung, Sonnenkollektoren, Stromspartechniken.

Alle diese Maßnahmen können natürlich nur in ständiger intensiver Zusammenarbeit des Umweltbeauftragten mit Gemeinden und Dienststellen der Bremischen Evangelischen Kirche, der Evangelischen Kirche in Deutschland, aber auch mit »weltlichen« Verbänden, Behörden und Institutionen verwirklicht werden. Das Ergebnis, das von der noch jungen kirchlichen Umweltinitiative im »forum Kirche« nach verhältnismäßig kurzer Arbeitsdauer vorgewiesen werden kann, ist beachtlich. Wenn nun die gesamte bremische Kirche eines schönen Tages ohne Ausnahme ökologisch konvertiert wäre, könnte dies eine bemerkenswerte Anregung für den Rest der Welt sein, ähnlich schonungsvoll mit der Schöpfung Gottes umzugehen. Ohne politische Weichenstellung in dieser Richtung, für die sich der Umweltbeauftragte ebenfalls einsetzt, würde freilich auch ein solcher dringlicher Appell verhallen.

Erleuchtung

60 Bremer Gemeinden haben
6.500 Energiesparlampen
eingesetzt und sparen
pro Jahr
260.000 Kilowattstunden,
217 Tonnen Kohlendioxid,
96.000 DM Stromkosten.

20.000 DM davon wurden
bisher für Umweltprojekte
in der Dritten Welt gespendet.

Umweltbeauftragter der BEK
Bildungswerk ev. Kirchen

Zum Schluß

Mehr als 1200 Jahre hat der Leser dieses Buches wie im Fluge durcheilt – von den Anfängen der bremischen Kirche bis heute. Nur andeutungsweise, man wird dies vielleicht bedauern, ist mancher bedeutende Vorgang, manche historische Person gestreift worden. Angesichts der gewaltigen Zeitspanne mußte sich unser »Skizzenbuch« jedoch auf eine Szenen-Auswahl beschränken. Wer auch immer damit beim 8. Jahrhundert ansetzt – er wird sich fragen lassen müssen, ob er die Bremische Evangelische Kirche nicht sozusagen mit fremden Federn schmückt. Beginnt deren Geschichte nicht erst mit der Reformation? Hätte er sich als Berichterstatter nicht auf den Zeitraum zwischen Heinrich von Zütphen und der Gegenwart beschränken? Dies, so meint der Verfasser, wäre entschieden eine unzulässige Verkürzung.

In unserem ökumenischen Jahrhundert erinnern wir uns zu Recht und mit Gewinn der gemeinsamen Wurzel, aus welcher die Kirche Jesu Christi hervorgegangen ist. Und selbst der überzeugteste Bremer Protestant wird nicht über das deutlich sichtbare Geflecht von historischen Fäden hinwegsehen können, das die evangelischen Gemeinden der Hansestadt bis ins Detail mit der Vergangenheit verknüpft.

Über der Dankbarkeit für das freimachende Evangelium, das mit der Reformation neu ans Licht getreten ist, wird er die »katholischen Jahrhunderte« nicht kurzsichtig als pure Vorgeschichte in den Wind schlagen. Die gemeinsame Herkunft dürfte ihn vielmehr dazu anregen, sich auch in unseren Tagen der Schwesterkirche in kritischer Verbundenheit zuzuwenden.

Und zum Glück hat es den Anschein, als seien wir dabei, eine Epoche schlimmer Geschichtsvergessenheit zu verlassen. Man erkennt wieder, daß die Welt nicht mit jeder Generation von neuem beginnt. Gerade wenn wir neue Wege suchen, müssen wir an das Bestehende anknüpfen. Diese Einsicht korrigiert und weitet auch das Verhältnis zur eigenen Kirchengemeinde. Zahllose Schwestern und Brüder vor uns haben den Heutigen die frohmachende Botschaft wie eine Stafette zugetragen. Sie haben in glaubender Vernunft und manchmal auch in menschlich – allzu menschlichen Irrtümern an dem lebendigen Haus gebaut, das uns Schutz und Ermutigung gibt. Etwas hiervon sichtbar werden zu lassen, war das Hauptanliegen dieses Buches. Ein Glasperlenspiel mit »ollen Kamellen« ist das nicht. Wer sich die lange Kette der Mütter und Väter im Glauben vergegenwärtigt; wer, im Tagesprogramm innehaltend, ihre Entscheidungen bedenkt – der wird das Gewicht der eigenen Lebensaufgabe, den Anruf des Herrn der Kirche, das Ausmaß seiner heutigen Verantwortung für eine menschliche Welt noch einmal so deutlich empfinden. Deshalb darf der Verfasser hoffen, daß aus der Rück-Sicht auf mehr als 1200 Jahre bremischer Kirchengeschichte jene zeitgemäße Vor-Sicht und Um-Sicht hervorgeht, die zur Bewältigung unserer problemhaltigen Weltstunde so bitter nötig ist.

Die Gemeinden
der Bremischen Evangelischen Kirche von A bis Z

1. Evangelisch-lutherische Abraham-Gemeinde
zu Bremen-Kattenturm,
Anna-Stiegler-Str. 124, 28277 Bremen

2. Alt-Hastedter Kirchengemeinde,
Bennigsenstr. 7 B, 28205 Bremen

3. Evangelische Andreas-Gemeinde,
Werner-von-Siemens-Str. 55, 28357 Bremen

4. St. Ansgarii-Gemeinde in Bremen,
Schwachhauser Heerstr. 40, 28209 Bremen

5. Evangelisch-lutherische Kirchengemeinde Bremen-Arbergen,
Arberger Heerstr. 77, 28307 Bremen

6. Evangelische Kirchengemeinde St. Johannes Arsten-Habenhausen,
In der Tränke 24, 28279 Bremen

7. Evangelische Auferstehungsgemeinde Bremen-Hastedt,
Drakenburger Str. 38 / 42, 28207 Bremen

8. Evangelisch-lutherische Christophorusgemeinde
Bremen-Aumund-Fähr,
Menkestr. 15, 28755 Bremen

9. Evangelisch-reformierte Kirchengemeinde
Bremen-Aumund,
Pezelstr. 27/29, 28755 Bremen

10. Evangelisch-lutherische Kirchengemeinde
Bremen-Aumund,
An der Aumunder Kirche 2, 28757 Bremen

11. Evangelische Kirchengemeinde Blockdiek,
Günther-Hafemann-Str. 44, 28327 Bremen

12. Evangelisch-lutherische Martin-Luther-Gemeinde in
Bremen-Blumenthal,
Wigmodistr. 33, 28779 Bremen

13. Evangelisch-reformierte Kirchengemeinde
Bremen-Blumenthal,
Landrat-Christians-Str. 78, 28779 Bremen

14. Evangelisch-lutherische Kirchengemeinde Bockhorn,
Himmelskamp 21, 28779 Bremen

15. Evangelische Kirchengemeinde Bremen-Borgfeld,
Katrepeler Landstr. 9, 28357 Bremen

16. Evangelische Christusgemeinde in der Vahr,
Adam-Stegerwald-Str. 42, 28327 Bremen

17. Evangelische Kirchengemeinde der Christuskirche
Woltmershausen,
Woltmershauser Str. 376, 28197 Bremen

18. Evangelische Dietrich-Bonhoeffer-Gemeinde in
Bremen-Huchting,
Luxemburger Str. 29, 28259 Bremen

19. St. Petri-Domgemeinde in Bremen,
Sandstr. 10/12, 28195 Bremen

20. Evangelische Dreifaltigkeits-Gemeinde,
Geschwister-Scholl-Str. 136, 28327 Bremen

21. Evangelische Kirchengemeinde Ellener Brok,
Graubündener Str. 12/14, 28325 Bremen

22. Ev.-luth. Epiphaniasgemeinde,
Bardowickstr. 83, 28329 Bremen

23. Evangelische Gemeinde der Friedenskirche zu Bremen,
Humboldtstr 175 / 177, 28203 Bremen

24. Evangelische St. Georgs-Gemeinde zu Bremen-Huchting,
Kirchhuchtinger Landstr. 24, 28259 Bremen

25. Evangelische Kirchengemeinde Grambke,
Hinter der Grambker Kirche 7, 28719 Bremen

26. Evangelische Gemeinde in Gröpelingen,
Lindenhofstr. 18, 28237 Bremen

27. Evangelisch-lutherische Kirchengemeinde Bremen-Grohn,
St. Michaelis-Kirche,
Grohner Bergstr. 1, 28759 Bremen

28. Evangelisch-lutherische Kirchengemeinde des Guten Hirten in Bremen-Hemelingen,
Forbacher Str. 18, 28309 Bremen

29. Evangelische Heiliggeist-Gemeinde
Bremen - Neue Vahr
August-Bebel-Allee 276, 28329 Bremen

30. Evang.-luth. Kirchengemeinde Bremen-Hemelingen,
Christernstr. 6, 28309 Bremen

31. Evangelische Hohentorsgemeinde in Bremen,
Hohentorsheerstr. 17, 28199 Bremen

32. Evangelische Kirchengemeinde Horn I,
Berckstr. 27, 28359 Bremen

Evangelische Kirchengemeinde Horn II,
Luisental 27, 28359 Bremen

33. Evangelische Immanuel-Gemeinde Bremen,
Elisabethstr. 18, 28217 Bremen

34. Evangelische Kirchengemeinde St. Jakobi in Bremen,
Kirchweg 57, 28201 Bremen

35. Evangelisch-lutherische Kirchengemeinde
St. Johannes-Sodenmatt,
Am Sodenmatt 34, 28259 Bremen

36. Evangelische Jona-Gemeinde,
Eislebener Str. 56/58, 28329 Bremen

37. Evang.-luth. Kirchengemeinde St. Martini zu
Bremen-Lesum,
Hindenburgstr. 30, 28717 Bremen

38. Ev.-luth. Kirchengemeinde Lüssum,
Neuenkirchener Weg 31, 28779 Bremen

39. Evangelische St. Lukas-Gemeinde in Bremen-Grolland,
Am Vorfeld 22, 28259 Bremen

40. Ev.-luth. Kirchengemeinde St. Magni in Bremen,
Unter den Linden 24, 28759 Bremen

41. Evangelische St. Markus-Gemeinde zu Bremen,
Arsterdamm 16, 28277 Bremen

42. Evangelische Gemeinde zu St. Martini in Bremen,
Martinikirchhof 3, 28195 Bremen

43. Martin-Luther-Gemeinde in Bremen,
Neukirchstr. 86, 28215 Bremen

44. Evangelische St. Matthäus-Gemeinde Bremen-Huchting,
Hermannsburg 32 E, 28259 Bremen

45. Evangelische Matthias-Claudius-Kirchengemeinde,
Wilhelm-Raabe-Str. 1, 28201 Bremen

46. Melanchthon-Gemeinde Bremen-Osterholz,
Osterholzer Heerstr. 124, 28325 Bremen

47. St. Michaelis-Gemeinde in Bremen,
Doventorsteinweg 51, 28195 Bremen

48. Kirchengemeinde Mittelsbüren,
Moorlosenkirche,
Lesumbroker Landstr. 121, 28719 Bremen

49. Ev.-luth. Kirchengemeinde St. Nikolai Bremen-Mahndorf,
Mahndorfer Deich 48, 28307 Bremen

50. Evangelische Kirchengemeinde Oberneuland,
Hohenkampsweg 6, 28355 Bremen

51. Evangelische Kirchengemeinde Bremen-Oslebshausen,
Ritterhuder Heerstr. 1/3, 28239 Bremen

52. Evangelische St. Pauli-Gemeinde in Bremen,
Große Krankenstr. 11, 28199 Bremen

53. Evangelische Gemeinde Rablinghausen zu Bremen,
Rablinghauser Deich 3, 28197 Bremen

54. St. Remberti-Gemeinde zu Bremen,
Friedhofstr. 10, 28213 Bremen

55. Evangelisch-lutherische Paul-Gerhardt-Gemeinde in
Bremen-Rönnebeck-Farge,
Lichtblickstr. 7, 28777 Bremen

56. Evangelisch-reformierte Kirchengemeinde Bremen-
Rönnebeck-Farge,
Farger Str. 19/21, 28777 Bremen

57. Ev.-luth. St. Jacobi-Kirchengemeinde Bremen-Seehausen,
St. Jacobi-Kirche,
Seehauser Landstr. 166, 28197 Bremen

58. Evangelisch-lutherische Gemeinde
der Söderblomkirche in Bremen,
Stockholmer Str. 46, 28719 Bremen

59. St. Stephani-Gemeinde Bremen,
Stephanikirchhof 8, 28195 Bremen

60. Evangelische Gemeinde Tenever in Bremen-Osterholz,
    Auf der Schevemoorer Heide 55, 28325 Bremen

61. Ev. Thomas-Gemeinde in Bremen
    Soester Str. 42 B, 28277 Bremen

62. Gemeinde von Unser Lieben Frauen,
    U. L. Frauen Kirchhof 27, 28195 Bremen

63. Vereinigte Evangelisch-Protestantische Kirchengemeinde zu
    Bremen-Vegesack,
    Kirchheide 18, 28757 Bremen

64. Vereinigte Protestantische Gemeinde zur Bürgermeister-
    Smidt-Gedächtniskirche Bremerhaven,
    Bürgermeister-Smidt-Str. 45, 27568 Bremerhaven

65. Evangelische Versöhnungsgemeinde
    Bremen-Sebaldsbrück,
    Sebaldsbrücker Heerstr. 52, 28309 Bremen

66. Evangelische Kirchengemeinde Bremen-Walle,
    Ritter-Raschen-Str. 41, 28219 Bremen

67. Kirchengemeinde Wasserhorst – evangelisch-reformiert –,
    Wasserhorst 12 B, 28719 Bremen

68. Evangelische Wilhadi-Gemeinde zu Bremen,
    Steffensweg 89, 28217 Bremen

69. Evangelische Zionsgemeinde in Bremen,
    Kornstr. 31, 28201 Bremen

Dienste und Einrichtungen der Bremischen Evangelischen Kirche

Kirchenkanzlei
Haus der Kirche,
Franziuseck 2-4, 28199 Bremen
Tel.   0421-5597-0
Fax   0421-5597-265
Internetadresse: www.bremen.de/info/bek
email: bek@magicvillage.de

Amt für Öffentlichkeitsdienst,
Haus der Kirche, Franziuseck 2-4, 28199 Bremen

Ausbildungsreferat der Bremischen Evangelischen Kirche,
Haus der Kirche, Franziuseck 2-4, 28199 Bremen

Bildungswerk der Bremischen Evangelischen Kirche,
Forum Kirche, Hollerallee 75, 28209 Bremen

Bremer Kirchenzeitung,
Haus der Kirche, Franziuseck 2-4, 28199 Bremen

Bremer Ökumenisches Wohnheim,
Vahrer Str. 249, 28329 Bremen

Bremer Seemannsmission e.V.,
Jippen 1, 28195 Bremen

Bremer Studienhaus Göttingen,
Nikolausberger Weg 21a, 37073 Göttingen

Bremische Evangelische Bibelgesellschaft,
Haus der Kirche, Franziuseck 2-4, 28199 Bremen

Christlicher Blindendienst,
Verein für Innere Mission in Bremen,
Blumenthalstr. 10/11, 28209 Bremen

DIAKO
Ev. Diakonie-Krankenhaus Bremen gGmbH,
Gröpelinger Heerstr. 406, 28239 Bremen

Diakonisches Werk Bremen e.V.,
Blumenthalstr. 10/11, 28209 Bremen

Ev. Arbeitsstelle für Supervision und Gemeindeberatung,
Sandstr. 14, 28195 Bremen

Ev. Diakonissenmutterhaus Bremen e.V.,
Adelenstr. 68, 28239 Bremen

Ev. Familien- und Lebensberatung,
Domsheide 2, 28195 Bremen

Ev. Pressedienst /ept, Landesdienst Niederseachsen–Bremen,
Haus der Kirche, Franziuseck 2-4, 28199 Bremen
Ev. Krankenhauspfarramt Bremen-Mitte,
Krankenanstalten St. -Jürgen-Str., 28205 Bremen

Ev. Krankenhauspfarramt Bremen-Nord,
Hammersbecker Str. 228, 28755 Bremen

Ev. Krankenhauspfarramt Bremen-Ost,
Züricher Str. 40, 28325 Bremen

Ev. Krankenhauspfarramt Links der Weser,
Senator-Wessling-Str. 1, 28277 Bremen

Ev. Medienzentrale/EMZ,
Forum Kirche, Hollerallee 75, 28209 Bremen

Ev. Standortpfarrer:
Roland-Kaserne, Bremen-Grohn,
Pastor Immo Wache, Birkenhof 10, 28759 Bremen

Ev. Studentengemeinde,
Wachmannstr. 81, 28209 Bremen

Frauenbeauftragte der Bremischen Evangelischen Kirche,
Haus der Kirche, Franziuseck 2-4, 28199 Bremen

Gehörlosenseelsorge: Pastor Ronald Ilenborg,
Forum Kirche, Hollerallee 75, 28209 Bremen

Gustav-Adolf-Werk e.V., Hauptgruppe Bremen,
Vorsitzender: Pastor Manfred Schulken,
Behringstr. 4, 27574 Bremerhaven

»Haus Hügel«,
Auf dem Krümpel 95, 28757 Bremen

»Haus Meedland«,
Gartenstr. 7–11, 26465 Nordseebad Langeoog

Islam-Beauftragter
Haus der Kirche, Franziuseck 2-4, 28199 Bremen

Jugendbildungswerk der Bremischen Evangelischen Kirche
Forum Kirche, Hollerallee 75, 28209 Bremen

Kirchlicher Dienst in der Arbeitswelt,
Forum Kirche, Hollerallee 75, 28209 Bremen

Kriegsdienstverweigerung / Zivldienst,
Landesjugendpfarramt der Bremischen Evangelischen Kirche,
Forum Kirche, Hollerallee 74, 28209 Bremen

Landesjugendpfarramt der Bremischen Evangelischen Kirche,
Forum Kirche, Hollerallee 74, 28209 Bremen

Landeskirchenmusikdirektor Ansgar Müller-Nanninga,
Ellhornstr. 24, 28195 Bremen

Landeskirchliche Bibliothek
der Bremischen Evangelischen Kirche,
Haus der Kirche, Franziuseck 2-4, 28199 Bremen

Landesposaunenwart,
Forum Kirche, Hollerallee 75, 28209 Bremen

Landesverband der Ev. Frauenhilfe e.V.,
Hohenlohestr. 9, 28209 Bremen

Landesverband Ev. Tageseinrichtungen für Kinder,
Slevogtstr. 52, 28209 Bremen

Norddeutsche Mission,
Vahrer Str. 243, 28329 Bremen

Notfallseelsorge und Polizeiseelsorge:
Pastor Peter Walther,
Petersenweg 7, 28717 Bremen

Ökumenische Initiative
Ev. Bildungswerk,
Forum Kirche, Hollerallee 75, 28209 Bremen

Religionspädagogische Arbeitsstelle,
Forum Kirche, Hollerallee 75, 28209 Bremen

Rundfunkbeauftragter der Bremischen Evangelischen Kirche,
Haus der Kirche, Franziuseck 2-4, 28199 Bremen

Sektenbeauftragter der Bremischen Evangelischen Kirche,
Haus der Kirche, Franziuseck 2-4, 28199 Bremen

Strafanstaltspfarrer:
Jusitzvollzugsanstalt, Sonnemannstr. 2, 28239 Bremen

Telefonseelsorge:
Postfach 10 69 29, 28069 Bremen

Umweltbeauftragter der Bremischen Evangelischen Kirche,
Forum Kirche, Hollerallee 75, 28209 Bremen

Verein für Innere Mission in Bremen,
Blumenthalstr. 10/11, 28209 Bremen

Vereinigte Anstalten der Inneren Mission
»Friedehorst« e.V.,
Rotdornallee 64, 28717 Bremen

Bildquellen

H. Ammann: 86 u.

Archiv der Bremischen Evangelischen Kirche: 42, 119

Archiv Bürgerhaus G. Heinemann, Vegesack: 159 u.

G. Arnd: 204 u.

Bremer Landesmuseum / Focke-Museum: 24 o., 24 u., 28 u., 35 u., 48 o., 58 u.r., 77 u., 97 u., 99 m.l., 112 o., 130 u., 159 o., 183 u., 208 r.

Brüggemann: 145 u.

W. Delwes: 112 u.

Dokumentationszentrum Blumenthal: 144 u.

GS Design Bremen: 186 (2)

Herzog-August-Bibliothek Wolfenbüttel: 30 l.o.(2)

Hoffmann/Nachschubschule der Bundeswehr: 248

W. Juschkat: 109 u.

S. Kiedel, Bremerhaven: 205, 207 o.

Klein, Weyhe: 182 u.

L. Klimek, Worpswede: 108

W. Krysl: 52 u.

Der Landesarchäologe: 27 o.l.

Landesbildstelle Bremen: 17, 34 u., 100, 176

H. Landwehr: 238

P. Martin-Mayeur: 28 o.

Museum Schloß Schönebeck: 152 u.

J. Nogai: 11, 22, 26 o., 27 u.

Nowak: 105 u., 249

H. Ohlsen: 65 u., 124, 135

Foto Studio Penz: 175 r. (2)

U. Perrey, Bremen: 16, 23, 29, 31, 36 (2) , 37, 38 o., 40 o., 41 o., 43, 46 o., 49 o., 50, 51 o., 52 o., 53 o., 54, 55, 57 o., 58 o., 59 o., 60 o., 61 r.u., 63 (2), 64 u., 65 o., 66 o. (2), 67, 68 (2), 69 o., 70 o., 71 (2), 72, 73 (2), 74, 75 o., 78, 79 r.(2), 80 o., 81 o., 82 (2), 84, 85, 86 o., 87, 88 (2), 89 o., 90, 91, 92 o., 93 o., 94, 95, 96 o., 97 o., 98, 101, 102, 103 o., 105 o., 106, 107, 108, 110, 113, 114,117, 119 o., 120–123, 125 o., 126 o., 127 u., 131, 132 o., 134, 136, 137 u., 138 o., 140, 142, 143 o., 144 o., 145 o., 146 o., 147 o., 148 o., 149 o., 150, 153, 154 o., 155 o., 156, 158, 167 o., 168 o., 169, 172, 173 u., 174 l., 177, 178 u., 179, 181, 182 o., 184, 188, 191 o., 192 o., 193 o., 194 o., 195, 196 , 197 o., 199, 200, 201, 203 o., 210, 243

F. Pusch: 15

O. Rheinländer, Hamburg: 33

A. Rostek: 187, 189 l.

H. Saebens, Worpswede: 47

H. Saebens-Wiesner: 25 u.

H. Schimmler: 59 u.

D. Schmoll: 25 o., 137 o., 141 o., 147 u., 155 u., 180, 202 u.

Sammlung Prof. Schwarzwälder: 8, 20, 24 m., 34 o., 39 u.r., 44 o., 51 u. , 57 u., 76, 99 o., 111, 116, 126 u., 127 o., 165 (2), 183 o., 198

D. Sell: 226, 233

Staatsarchiv Bremen: 27 r.o., 35 o., 46 u., 49 u., 70 u., 132 u., 165 m.

Staats- und Universitätsbibliothek Bremen: 30 r.u.

H. Steiner: 212, 214, 216, 218 u., 219–225, 229, 230, 236, 237, 239, 240, 247 (2), 250–253, 255, 256

J. Stoevesandt: 185 l.

Strohbach & Krey: 191 u.

K. Tebben-Johannes: 165 u.

H. Winkler: 202 o.

H. Wöbbeking: 92 u.

M. Wortmann: Hamburg, 166 m.

Zahlreiche Abbildungen in diesem Buch stammen aus Gemeindearchiven.

Autor und Verlag möchten an dieser Stelle allen Leihgebern herzlich für ihre Mitarbeit danken. Besonderer Dank gilt Frau Hanni Steiner, die mit ihrem Archiv die Lücken in der Bebilderung schließen konnte.

263